三訂版

Looking from Trial Example

裁判例からみる消費税法

Consumption Tax Act

池本 征男 著

一般財団法人 大蔵財務協会

三訂版はしがき

令和５年10月１日からインボイス制度が施行される。インボイス制度とは、「適格請求書等保存方式」をいい、この制度の下では、多くの事業者が「適格請求書」の発行や保存が求められる。インボイス制度は、事業者の不当な利益（いわゆる“益税問題”）や計算ミスを防ぐため、「適格請求書」等によって消費税を計算し、納付しようとするものである。インボイス制度の導入に伴い、免税事業者であった者がインボイス発行事業者（課税事業者）になるなど、事業者の納税負担も増大する。このため、令和５年度の改正では、①インボイス発行事業者となる小規模事業者に対する負担軽減措置［２割特例］、②一定規模以下の事業者の行う１万円未満の取引について、「適格請求書」等の保存を不要とする事務負担の軽減措置等が講じられている。

消費税率は、現在、標準税率（10%）と軽減税率（８%）の二段階となっているが、税率の引上げに伴い、消費税等の還付申告に係る件数や金額が増加傾向にあるという。かつては、不動産販売業者を筆頭に様々な節税スキームが行われていたが、数次による税制改正により、抜け穴封じの措置が講じられた。最近は、事業者が国内で商品を仕入れ（仕入税額控除）、この商品を国外で販売する（輸出免税）という仕組みを採ることにより、消費税等の還付を巡る事例が増加している。

近年の税制改正をみると、①金地金の密輸に対応するための仕入税額控除制度の見直し（令和元年度）、②輸出物品販売場制度の見直し（令和元年度、令和４年度、令和５年度）、③居住用賃貸建物の取得等に係る仕入税額控除制度等の適正化（令和２年度）、④郵便物として輸出した場合の輸出証明書類の見直し（令和３年度）、⑤適格請求書等保存方式に係る見直し（令和５年度）のほか、⑥国税通則法では加算税制度の見直し（令和４年度、令和５年度）などが実現実施されている。

本書は、令和元年度から令和５年度までの税制改正及び消費税法基本通達の改正並びに最近の裁判例等を幅広く取り上げるとともに、その他の箇所もできる限りの見直しを行ったものである。改訂にあたり、大蔵財務協会の編集局の諸氏にには数々のご協力を賜った。心からお礼を申し上げる。

令和５年９月

池 本 征 男

二訂版はしがき

政府は、令和元年６月21日、経済財政運営と改革の基本方針2019（骨太の方針）を閣議決定し、「消費税率の引上げに当たって、低所得者に配慮する観点から、酒類及び外食を除く飲食料品と定期購読契約が締結された週２回以上発行される新聞について軽減税率制度を実施する。レジ導入などへの支援を行うことで準備を更に促し、制度の円滑な実施のための万全を期す。」と明記した。将来世代の負担を減らすためにも、消費税率の引上げが求められている。

消費税法は、平成元年に税率３％でスタートし、税率（５％及び８％）の引上げを経て、令和元年10月から、標準税率（10％）と軽減税率（８％）の複数税率制度になり、令和５年には、ヨーロッパ諸国等の主要国で採用されている“インボイス方式”も導入される。また、平成27年度には、国内外の事業者間の競争条件を揃える観点から、インターネットを介して海外から行われる電子書籍、映像、広告の配信などの国境を越えて行われる役務の提供が課税の対象とされており、消費税法の仕組みは、より精緻なものとなっている。

本書の初版を上梓して５年が過ぎた。本書は、平成26年度から平成31年度までの税制改正及びその後の裁判例等を幅広く採り上げて補正・加筆するとともに、その他の箇所もできる限りの見直しを行ったものである。改訂に当たり、大蔵財務協会の編集局の諸氏には数々のご助力を賜った。心から御礼を申し上げる。

令和元年７月

池 本 征 男

はしがき

消費税は、物品やサービスの消費に担税力を見出して課税を行うものであり、税負担が物品やサービスのコストに含められて最終的に消費者に転嫁されることが予定されている間接税である。最終的な税の負担者は消費者であるが、消費税の納税義務者は、製造、卸、小売り等の各段階の事業者であり、その事業者が国内において行った課税資産の譲渡等について消費税額を計算し、自ら正しい申告と納税をする申告納税制度を採用している。この消費税法は、昭和63年12月に公布されて、翌年の平成元年から施行されているが、消費税は３％の税率でスタートした後、平成９年４月の地方消費税の施行を経て、この４月から17年ぶりの増税となっており、今や、所得税を抜いて税収のトップに躍り出ている（平成26年度予算）。

消費税法が創設された当時、筆者は、国税庁直税部（現在の課税部）に在職していたが、消費税の課税標準等が所得税や法人税の計算過程に準じて算定されることから、間税部（現在の課税部）の職員とともに、消費税法の取扱通達の作成や各種業界団体への説明会講師に従事するという貴重な経験を得た。国税庁では、消費税法案の国会審議と並行して質疑応答事例等を整備するとともに、消費税法の公布と同時に、昭和63年12月30日付間消１－63「消費税法取扱通達の制定について」通達を発遣したのである。

この消費税法が創設されてから四半世紀が過ぎた今日、消費税法の解釈や適用に関する多数の裁判例が存在するようになった。裁判例の中には、消費課税の本質について論ずるもののほか、課税実務の取扱いを是認するものがある反面、課税実務の取扱いの合理性を認めながらも、その適用が妥当でないとするもの、課税実務の取扱いを否定するものなども少なくない。

本書は、大学等で租税法を学ぶ学生やすでに税務の仕事に従事している方々が、消費税法の基本的仕組みを理解できるように、大蔵財務協会の『裁判例からみる税法』のシリーズ本として企画されたものである。したがって、本書では、多くの裁判例を取り上げ、その裁判例を中心として消費税法の主要条文と課税実務の取扱いを紹介することとし、裁判例の少ない項目については簡記するに留めている。

本書の出版に当たっては、大蔵財務協会出版編集部の諸氏に数々のご助力を賜った。心から感謝申し上げる次第である。

平成26年４月

池　本　征　男

〔凡　例〕

1　法令等は令和５年８月10日現在による。

2　法令等の引用に当たっては、次の略号を用いた。

消法……………消費税法（令和５年10月１日以降に適用されるもの）
消令……………消費税法施行令
消規……………消費税法施行規則
所法……………所得税法
所令……………所得税法施行令
法法……………法人税法
法令……………法人税法施行令
措法……………租税特別措置法
通則法…………国税通則法
通則令…………国税通則法施行令
消基通…………消費税法基本通達
所基通…………所得税基本通達
法基通…………法人税基本通達
民集……………最高裁判所民事判例集
集民……………最高裁判所裁判集民事
行集……………行政事件裁判例集
訟月……………訟務月報
判タ……………判例タイムズ
判時……………判例時報
税資……………税務訴訟資料
国税庁ＨＰ……国税庁ホームページ
裁判所ＨＰ……裁判所ホームページ
TAINS…………一般社団法人日税連税法データベース

税制抜本改革法改正附則……社会保障の安定財源の確保等を図る税制の抜本的な改革を行うための消費税法等の一部を改正する等の法律（平成24年法律第68号）附則

平成28年所法等改正附則……所得税法等の一部を改正する法律（平成28年法律第15号）附則

平成28年消令改正附則……消費税法施行令等の一部を改正する政令（平成28年政令第148号）附則

平成30年消令改正附則……消費税法施行令等の一部を改正する政令（平成30年政令第135号）附則

令和４年所法等改正附則……所得税法等の一部を改正する法律（令和４年法律第４号）附則

令和５年所法等改正附則……所得税法等の一部を改正する法律（令和５年法律第３号）附則

〔本文目次〕

第１章　消費税の納税義務

第2章　消費税の課税対象

第3章 非課税と免税

第４章　インボイス制度

第５章 課税標準及び税率

第６章　税額控除等（その１）

第7章 税額控除等（その2）

第8章　申告・納付・還付等

第9章　国、地方公共団体等の特例

〔裁判例・裁決例目次〕

	番号	事例名称	場所	月日	出典	頁数
第3章	㉒	宗教法人が霊園の墓地等の使用者から永代使用料等として収受した金員のうち墓石及びカロートに係る部分は、消費税等の課税対象となるとされた事例	東京地裁 東京高裁	平成24年1月24日 平成25年4月25日	判時2147号44頁 税資263号順号11209	146
	㉓	カード会社に支払ったクレジット手数料は、金銭債権の譲受けその他の承継の対価に該当するとされた事例	東京地裁 東京高裁 最高裁（一小）	平成11年1月29日 平成11年8月31日 平成12年6月8日	判タ1041号176頁 税資244号552頁 税資247号1165頁	152
	㉔	保険医療機関である麻酔科クリニックを個人で開設する麻酔専門医が他の保険医療機関で実施された手術について業務委託契約に基づき行った麻酔関連医療業務に係る報酬は、非課税資産の譲渡等に該当しないとされた事例	東京地裁 東京高裁	令和2年1月30日 令和3年1月27日	訟月68巻2号143頁 訟月68巻2号134頁	159
	㉕	集合賃貸住宅の敷地内に設けられた駐車場の収入は課税資産の譲渡等の対価の額に該当するとされた事例	名古屋地裁 名古屋高裁 最高裁（三小）	平成17年3月3日 平成17年9月8日 平成18年10月3日	判タ1238号204頁 税資255号順号10120 税資256号順号10522	168
	㉖	外国人に対する中古自動車の販売は輸出取引に当たらないとされた事例	東京地裁	平成18年11月9日	裁判所HP「行集」	176
	㉗	輸出代行者が行った輸出取引には仕入税額控除の適用がないとされた事例	東京地裁	令和3年10月19日	税資271号順号13619	180
	㉘	中国を仕向地とする航空貨物の運送業務が輸出取引に該当しないとされた事例	名古屋地裁 名古屋高裁 最高裁（三小）	平成20年10月30日 平成21年11月20日 平成23年1月25日	裁判所HP「行集」 税資259号順号11320 税資261号順号11597	186
	㉙	国内の旅行会社が訪日旅行ツアーを主催する海外旅行会社との間で国内の旅行に係る部分についてした取引は、輸出免税取引に当たらないとされた事例	東京地裁	平成28年2月24日	判時2308号43頁	190

	番号	事例名称	場所	月日	出典	頁数
第3章	㉚	本邦内の港湾に停泊中の外国船舶の乗組員に対する船内販売及び国際スピード郵便等を用いた土産品等の販売等は、輸出免税の適用がないとした事例	大阪地裁	令和元年5月24日	税資269号順号13273	197
			大阪高裁	令和元年11月29日	税資269号順号13347	
			最高裁（一小）	令和2年10月22日	税資270号順号13471	
	㉛	輸出物品販売場での非居住者に対する多額の販売は、輸出免税の対象とされなかった事例	山口地裁	平成25年4月10日	訟月60巻4号918頁	202
			広島高裁	平成25年10月17日	税資263号順号12309	
			最高裁（三小）	平成27年3月3日	税資265号順号12617	
	㉜	輸出物品販売場での金工芸品の販売は、外国人旅行者の名義貸しであり、非居住者に対する譲渡とは認められないとされた事例	東京地裁	令和2年6月19日	税資270号順号13415	206
			東京高裁	令和3年9月2日	税資271号順号13599	
	㉝	輸出物品販売場の許可をするかどうかの判断は、税務署長の合理的な裁量に委ねられているとされた事例	東京地裁	平成18年11月9日	税資256号順号10569	211
第4章	㉞	課税仕入れの相手先を仮名で記載していた場合には仕入税額控除の適用がないとされた事例	東京地裁	平成9年8月28日	行集48巻7＝8号385頁	219
			東京高裁	平成10年9月30日	税資238号450頁	
			最高裁（二小）	平成11年2月5日	税資240号627頁	
	㉟	税務調査において帳簿書類等を提示しなかった場合には、仕入税額控除の適用がないとされた事例	最高裁（一小）	平成16年12月16日	民集58巻9号2458頁	221
第5章	㊱	賃貸人が賃借人に負担させた共同管理費は課税売上げに当たるとされた事例	那覇地裁	平成31年1月18日	税資269号順号13227	238
			福岡高裁那覇支部	令和2年2月25日	税資270号順号13384	
	㊲	財団法人が厚生労働省に納入したワクチンの販売金額には、国からの補助金が含まれておらず、その全額が課税資産の譲渡等の対価に当たるとされた事例	熊本地裁	平成21年2月19日	税資219号順号11146	241

	番号	事例名称	場所	月日	出典	頁数
第5章	㊳	温泉旅館業等を営む法人が入湯客から受け取った入湯税相当額は、課税資産の譲渡等の対価の額に含まれないとされた事例	東京地裁	平成18年10月27日	判タ1264号195頁	249
	㊴	ガソリンスタンド経営者に係る消費税の課税標準額を類似同業者の売上原価率により推計するに当たって、軽油引取税相当額を課税資産の譲渡等の対価の額に含めたことは相当であるとされた事例	徳島地裁	平成10年3月20日	税資231号179頁	253
			高松高裁	平成11年4月26日	税資242号295頁	
			最高裁（一小）	平成11年9月30日	税資244号1021頁	
	㊵	風俗営業等を営む事業者の課税売上高には接客従業者に対する報酬が含まれるとされた事例	東京地裁	令和元年10月25日	税資269号順号13331	257
	㊶	土地と建物を一括して購入した場合の課税仕入れに係る支払対価の額は、売買契約書に記載されている土地及び建物の価額の比によって算出すべきであるとされた事例	前橋地裁	平成28年9月14日	税資266号順号12901	262
			東京高裁	平成29年5月11日	税資267号順号13018	
	㊷	パチンコ業に係る課税資産の譲渡等の対価の額は、顧客から収受する貸玉料の総額であるとされた事例	新潟地裁	平成15年2月7日	税資253号順号9277	267
			東京高裁	平成15年12月18日	税資253号順号9493	
	㊸	販売した商品ごとに消費税額を計算し、その合計額を「課税標準に対する消費税額」とすることができるかが争われた事例	東京高裁	平成12年3月30日	判時1715号3頁	282
第6章（その1）	㊹	免税事業者が課税事業者選択届出書を提出していない場合には、仕入税額控除を行うことができないとされた事例	和歌山地裁	令和3年10月26日	税資271号順号13621	291
	㊺	香港へ輸出したとする商品購入は課税仕入れに該当しないとした事例	東京地裁	平成31年2月20日	税資269号順号13244	294
			東京高裁	令和元年11月6日	税資270号順号13337	
	㊻	電気配線工事等に従事していた支払先は、自己の計算と危険において独立して電気配線工事業等を営んでいたものと認めることができないとされた事例	東京高裁	平成20年4月23日	税資258号順号10947	297
			最高裁（二小）	平成20年10月10日	税資258号順号11048	

	番号	事例名称	場所	月日	出典	頁数
第6章（その1）	⑤⑤	地方公共団体からの委託業務を行うために設立された法人が設立に当たって支出した施設整備等の費用は、「課税資産の譲渡等にのみ要する課税仕入れ」に当たらないとされた事例	東京地裁	平成24年9月7日	裁判所HP「行集」	350
	⑤⑥	不動産販売業者が転売目的で取得した居住用建物の課税仕入れは、「課税資産の譲渡等とその他の資産の譲渡等に共通して要するもの」に該当するとされた事例	最高裁（一小）	令和5年3月6日	裁判所HP「最近の最高裁判例」	354
	⑤⑦	住宅用賃貸部分を含む建物を販売目的で仕入れて、課税仕入れの用途区分を「課税売上対応分」として申告したことは、通則法65条4項にいう「正当な理由」がないとされた事例	最高裁（一小）	令和5年3月6日	裁判所HP「最近の最高裁判例」	358
	⑤⑧	一括比例配分方式により課税仕入れ等の税額を計算して確定申告をした後、個別対応方式による計算に変更する更正の請求は認められないとされた事例	福岡地裁	平成9年5月27日	行集48巻5＝6号456頁	363
	⑤⑨	課税売上割合が0％である事業者は、調整対象固定資産の仕入れに係る消費税額を仕入れ時に控除できないとされた事例	福岡地裁	平成7年9月27日	税資213号728頁	373
第7章（その2）	⑥⓪	簡易課税制度を選択した事業者は、本則課税による仕入税額控除が有利であるとしても、簡易課税制度が適用されるとした事例	名古屋高裁	平成15年8月19日	税資253号順号9408	380
	⑥①	税理士が提出した簡易課税制度選択適用届出書の有効性が争われた事例	東京地裁	令和元年11月1日	税資269号順号13336	383
	⑥②	簡易課税制度選択不適用届出書を提出していないから、簡易課税を適用した課税処分は適法であるとされた事例	東京地裁	令和4年4月12日	公刊物未登載	389
			東京高裁	令和4年10月26日	公刊物未登載	
	⑥③	みなし仕入率の適用に当たって、事業の種類ごとに課税売上高が区分されていないとした事例	大阪地裁	平成12年9月28日	訟月47巻10号3155頁	395

第1章　消費税の納税義務

1　消費課税

租税の分類の一つに、「所得課税・消費課税・資産課税」というものがある。経済活動のいかなる局面において税負担を求めるかに着目した分類であり、広義の消費税は、物品やサービスの消費に担税力（税の負担能力）を見出して課税する「消費課税」である。この広義の消費税は、①最終的な消費行為そのものを対象として課税する「直接消費税」（例えば、ゴルフ場施設利用税や入湯税）と、②最終的な消費行為より前の段階で物品やサービスの消費に対する課税がなされ、その税負担は最終的な消費者に転嫁することが予定されている「間接消費税」（例えば、消費税・地方消費税や酒税）に区別される。また、間接消費税は、①その対象となる物品やサービスを特定しないで、原則として、すべての物品やサービスを課税対象とする「一般消費税」（例えば、消費税・地方消費税）と、②特定の物品やサービスを課税対象とする「個別消費税」（例えば、酒税やたばこ税）に区別され、さらに、単段階消費税と多段階消費税とがある。単段階消費税とは、物品の製造から小売りに至る一つの取引段階でのみ課税する方式であるのに対し、多段階消費税は、物品の製造から小売りに至る取引の各段階において課税する方式である。

消費課税とは

消費課税とは、財貨・サービスの消費に対して負担を求めるものです。消費課税の中には、消費一般に広く公平に負担を求める消費税及び地方消費税のほか、酒類やたばこに対し、その特殊なし好品としての性格に着目して負担を求める酒税・たばこ税、揮発油の消費に対して負担を求めるとともに道路整備に充てることとされている揮発油税などの特定財源等があります。

　財貨・サービスの消費は、所得の稼得や資産の取崩しなどによって得られる経済力の行使であることから、消費に租税を負担する能力を見出せると考えます。所得を稼得していない時であっても、資産の取崩しや将来を見越した借入れによって消費を行うことができます。また、一生を通じてみれば、財貨・サービスの消費は、生涯所得（親などからの遺産・贈与を含む。）の処分に当たりますので、生涯における租税負担能力を示す指標であるとも考えます。

　さらに、各種の財貨・サービスの消費は、多くの人々の生産活動などにより産み出される成果であり、これらを消費し、その効用を享受する際に負担を求めることが、税負担のあり方として公正であるという考え方もあります。

　消費税をはじめとする消費課税は、これらの考え方に基づき、経済活動の各局面のうち、財貨・サービスの消費に対して負担を求めているのです。

〔出典：加藤 寛 監修『わが国税制の現状と課題－21世紀に向けた国民の参加と選択』（大蔵財務協会2000年）223頁〕

2　消費税の基本的な仕組み

ア　消費税は、事業者に負担を求めるのではなく、事業者などに課される税相当額が販売する物品やサービスの価格に上乗せされて転嫁され、最終的には消費者が負担する間接税である。

イ　消費税は、消費に広く公平に負担を求めるという観点から、土地取引、金融取引、資本取引などのほか、医療、福祉、教育の一部（非課税取引）を除き、すべての国内取引や外国貨物を対象として課される「課税ベースの広い間接税」である。

＊　①消費税としての性格になじまないもの、②政策的な配慮から、消費税の非課税取引が設けられている。

ウ　消費税は、生産や流通の各段階で二重、三重に税が課されることのないよう、売上げに係る税額から仕入れに係る税額を控除し（前段階税額控除方式）、税が累積しない仕組みが採られている。

エ　消費税の納税義務者は、製造、卸、小売等の各段階の事業者であり、免税事業者を除き、国内において行った課税資産の譲渡等について納税義務がある。

オ　国内における消費に負担を求める税としての性格上、①輸入取引については保税地域から外国貨物を引き取る輸入者を納税義務者とし、②輸出取引等に該当するものについては消費税が免除される（国境税調整）。

3　消費税の創設と歩み

消費税は、昭和63年12月24日、①従来の我が国税制が抱えていた様々のゆがみの是正、②サラリーマン層を中心とする重税感の解消、③急速に進む高齢化社会に備えた安定的な財源確保を目的として行われた抜本的な税制改革の一環として創設され、平成元年４月１日から施行された。

税制改革法

第４条　今次の税制改革は、所得課税において税負担の不公平の確保を図るための措置を高ずるとともに、税体系全体として税負担の公平に資するため、所得課税を軽減し、消費に広く薄く負担を求め、資産に対する負担を適正化すること等により、国民が公平感をもって納税し得る税体系の構築を目指して行われるものとする。

第10条　現行の個別間接税が直面している諸問題を根本的に解決し、税体系全体を通ずる税負担の公平の確保を図るとともに、国民福祉の充実等に必要な歳入構造の安定化に資するため、消費に広く薄く負担を求める消費税を創設する。

第11条　事業者は、消費に広く薄く負担を求めるという消費税の性格にかんがみ、消費税を円滑かつ適正に転嫁するものとする。

＊　大阪高裁平成6年12月13日判決（判時1532号69頁）は、税制改革法11条の規定につき、「消費税の形式上の納税義務者は事業者であるものの、実質上の負担者は消費者であるとの消費税の趣旨を明確にしたものであり、したがって、同項については、国の政治的責務を定めたものにすぎないということはできず、国やその機関は、消費税に関連した施策や行政上の事務処理をするに当たり、この趣旨に沿った判断、運用をすべき義務があるのは当然である」旨を説示している。

上記の税制改革の下で創設された消費税の基本的構造とその後の改正は、次のとおりである。

ア　課税の対象

消費税は、特定の物品やサービスに課税する個別消費税とは異なり、消費に広く薄く負担を求めるという観点から、国内におけるすべての商品の販売やサービスの提供及び保税地域から引き取られる外国貨物を課税対象とし、取引の各段階ごとに課税する。

平成27年度の改正では、インターネットを介して海外から行われる電子書籍、映像、広告の配信などの役務の提供を「電気通信利用役務の提供」と位置付け、「事業者向け電気通信利用役務の提供」については、役務の提供を受ける事業者に消費税を課すこととし（リバースチャージ方式）、国内の事業者や消費者が提供を受けるものは、国内、国外いずれから行われるものであっても、国内取引として消費税等の課税対象とされた（平成27年10月１日以後の資産の譲渡等について適用）。

イ　税率

消費税の税率は、３％でスタートし、平成６年度には４％のほかに地方消費税１％が創設され、平成９年４月１日以降に適用された。さらに、平成24年度には、社会保障・税一体改革に関し、①平成26年４月１日から消費税の税率を８％（地方消費税1.7％を含む。）、②平成27年10月１日から消費税の税率を10％（地方消費税2.2％を含む。）に段階的に引き上げることとされ、第一段階目の税率引上げについては、平成26年４月１日に実施された。その後、平成27年度の改正において、第二段階目の税率（10％）引上げは、経済状況等を総合的に勘案し平成29年４月１日に変更された後、平成28年11月28日公布の「抜本改革法等改正法」により令和元年10月１日に再延長されている。

また、平成28年度の改正において、第二段階目の税率（10％）引上げに伴う低所得者対策として、平成29年４月１日から「軽減税率制度」を導入することとされたが、上記の「抜本改革法等改正法」により、令和元年10月１日の実施に再延長されている。

ウ　非課税取引

消費税の非課税取引は、①消費に負担を求める税としての性格上課税対象とならないもの（土地等の譲渡、金融取引や資本取引など）のほか、②政策的配慮に基づく医療、福祉、教育の一部の取引に限定されていたが、平成３年度の改正により、第二種社会福祉事業として行われる資産の譲渡等、助産に係る資産の譲渡等、埋葬料及び火葬料を対価とする役務の提供、身体障害者用物品の譲渡等、学校教育に係る入学金や施設設備費等を対価とする役務の提供、教科用図書の譲渡並びに住宅の貸付等が新たに非課税とされた。

エ　納税義務者と税の転嫁・累積排除

消費税の納税義務者は、製造、卸、小売、サービス等の各取引段階の事業者及び外国貨物を保税地域から引き取る者（輸入者）であるが、消費税はこれらの事業者に負担を求めるのではなく、その事業者の販売する商品やサービスに上乗せ（転嫁）され、最終的に商品を消費し又はサービスの提供を受ける消費者が負担することを予定している。また、生産や流通の各段階で二重、三重に税が課されることのないよう、課税売上げに係る消費税額から課税仕入れに係る税額を控除し、税の累積を排除する仕組みが採られている。

オ　消費税の申告・納付

事業者は、課税期間（個人事業者は暦年、法人は事業年度）の終了後2月以内（個人事業者は翌年3月末まで）に所轄税務署長に消費税の確定申告書を提出し、消費税を納付する。そして、課税期間が6月を超える事業者は、課税期間の開始の日以後6月を超えた日から2月以内に中間申告により申告・納付を要することとされた。この中間申告・納付の制度は、①平成3年度の改正により、直前の課税期間の確定消費税額が500万円（平成6年度で400万円に引下げ）を超える事業者につき年3回に改められた後、②平成15年度の改正では、直前の課税期間の確定消費税額が4,800万円を超える事業者は年11回とされた。

また、令和2年度の改正では、法人の申告に係る事務負担を軽減する観点から、法人に係る消費税の申告期限の特例（法人税の確定申告書の提出期限が延長されている法人については、消費税の確定申告書の提出期限を1月間延長する）が創設されている。

カ　納税義務の負担軽減等

① 小規模事業者に係る納税義務の免除

その課税期間の基準期間における課税売上高が3,000万円以下の事業者は、その課税期間の課税取引に係る消費税の納税義務が免除される。

平成６年度には、資本金1,000万円以上の法人の設立当初２年間については、納税義務が免除されないこととされたほか、平成15年度には、上記の適用上限額3,000万円以下が1,000万円以下に引き下げられた。さらに、平成23年６月の改正では、その課税期間の基準期間における課税売上高が1,000万円以下であっても、特定期間の課税売上高が1,000万円を超えた場合には、課税事業者となることとされた。

その後においても、いわゆる“益税問題”を解消するなどの観点から、①新設法人の納税義務の免除の特例、②特定新規設立法人の納税義務の免除の特例、③高額特定資産を取得した場合の免除等の特例、④高度特定資産である棚卸資産等について調整の適用を受けた場合の免除等の特例が設けられており、小規模事業者の係る納税義務の範囲が縮減されている。

＊　消費税は、消費者が事業者に税金を預け、預けられた税金を事業者が代わりに納める“間接税”であるが、消費者が預けたはずの税金が国庫に納められず、事業者の取り分になってしまうことを消費税の「いわゆる益税問題」という。

②　帳簿方式の採用

仕入税額控除の適用に当たっては、前段階税額控除方式になじみの薄い取引慣行や納税者の事務負担に配慮する観点から、インボイス（税額票、税額別記の書類）方式によらず、帳簿又は請求書等の保存を要件とされたが、平成６年度には、帳簿及び請求書等の保存を要件とする改正が行われた。

また、平成28年度の改正では、軽減税率制度の導入に伴い、「適格請求書保存方式」（インボイス方式）が施行されるまでの間、「区分記載請求書保存方式」で対応することとされたほか、「適格請求書保存方式」は、令和５年10月１日以後の仕入税額控除に適用されることとされた。

なお、令和５年度の改正において、適格請求書等保存方式の円滑な実施に向けた所要の措置が講じられている。

③　簡易課税制度の採用

仕入税額控除の計算に当たっては、その基準期間における課税売上高が５億円以下であると、選択によって、課税売上高の消費税額にみなし仕入率（卸売業90％、その他の事業80％の２段階）を乗じて算出することができるとされた。その後、簡易課税の適用上限である５億円は、４億円（平成３年度）、２億円（平成６年度）、5,000万円（平成15年度）にそれぞれ引き下げられたほか、みなし仕入率についても、ⓐ平成３年度には、第一種事業（卸売業90％）、第二種事業（小売業80％）、第三種事業（製造業等70％）、第四種事業（その他の事業60％）に細分化され、ⓑ平成８年度には、第四種事業（その他の事業60％）と第五種事業（サービス業等50％）に区分され、ⓒ平成26年度には、第六種事業（不動産業40％）に区分されている。

④　限界控除制度の採用

その課税期間における課税売上高が6,000万円未満の事業者は、課税売上高に応じて納付税額の全部又は一部を軽減され、限界控除の適用上限は平成３年度の改正により5,000万円引き下げられた後、平成６年度には廃止された。

$$納付税額 = 本来納付すべき税額 \times \frac{課税売上高 - 3{,}000万円}{3{,}000万円}$$

4　納税義務者

消費税の納税義務者は、①国内において課税資産の譲渡等を行った事業者及び②外国貨物を保税地域から引き取る者（輸入者）である。

取引区分	納　税　義　務　者
国内取引	課税資産の譲渡等（特定資産の譲渡等に該当するものを除く。）を行う事業者
	特定課税仕入れを行う事業者
輸入取引	課税貨物を保税地域から引き取る者

(1)　国内取引に係る納税義務者

ア　国内取引に係る納税義務者は、①課税資産の譲渡等（特定資産の譲渡等に該当するものを除く。）を行う事業者及び②特定課税仕入れを行う事業者である（消法５①）。課税資産の譲渡等とは、事業として対価を得て行われる資産の譲渡及び貸付け並びに役務の提供（資産の譲渡等）のうち、非課税とされるもの以外をいい（消法２①八、九）、特定資産の譲渡等とは、①事業者向け電気通信利用役務の提供及び②特定役務の提供をいう（消法２①八の二）。事業者向け電気通信利用役務の提供とは、国外事業者が行う電気通信利用役務の提供のうち、役務の性質又は役務の提供に係る取引条件等から当該役務の提供を受ける者が通常事業者に限られるものをいい（消法２①八の四）、特定役務の提供とは、映画若しくは演劇の俳優、音楽家その他の芸能人又は職業運動家の役務の提供を主たる内容とする事業として行う役務の提供のうち、その国外事業者が他の事業者に対して行うものをいう（消法２①八の五、消令２の２）。また、特定課税仕入れとは、課税仕入れのうち、事業として他の者から受けた特定資産の譲渡等に該当するもの（特定仕入れ）をいう（消法４①、５①）。

事業として商品の販売、サービスの提供及び資産の貸付け等の取引を行った者のほか、「事業者向け電気通信利用役務の提供」や「特定役務の提供」を受けた事業者も納税義務者となるのである。

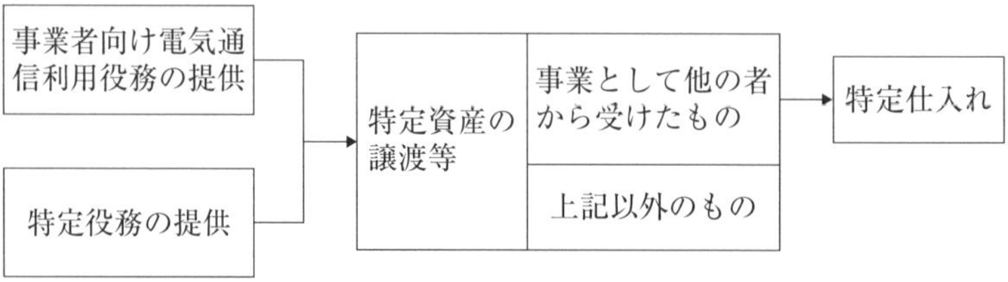

イ　事業者とは個人事業者（事業を行う個人）及び法人をいう（消法２①三、四)。個人事業者には、卸・小売業、農業、漁業等、自由業（弁護士、作家、タレント等）の事業を営む居住者のほか、非居住者であっても、国内において課税資産の譲渡等を行う限り、納税義務者となる。また、法人には、株式会社、合資会社、合名会社、合同会社のほか、国、地方公共団体、公共法人、公益法人等、協同組合等も含まれるし、外国法人であっても、国内において課税資産の譲渡等を行う限り、納税義務者となる。人格のない社団又は財団（法人でない社団又は財団で代表者又は管理人の定めがあるものをいう。）は法人とみなされる（消法２①七、３)。

なお、事業者とは、自己の計算において独立して事業を行う者をいうから、個人が雇用契約又はこれに準ずる契約に基づき他の者に従属し、かつ、当該他の者の計算により行われる事業に役務を提供する場合は、事業者に該当しない（消基通１－１－１)。

＊　上記通達では、出来高払の給与（非事業）と請負による報酬（事業）との区分について、①その契約に係る役務の提供の内容が他人の代替を容れるかどうか、②役務の提供に当たり事業者の指揮監督を受けるかどうか、③引渡しを了しない完成品が不可抗力のため滅失した場合等においても、当該個人が権利として既に提供した役務に係る報酬の請求をなすことができるかどうか、④役務の提供に係る材料又は用具等を供与されているかどうかを総合勘案して判定するとしている。

裁判例の紹介①

消費税の不正還付申告をして還付金を受領した者は、消費税の納税義務者に当たるとされた事例

（大阪高裁平成16年９月29日判決・判タ1185号176頁〔確定〕）

〔事案の概要〕

Ｘ（原告・控訴人）は、平成７年９月12日、Ｘ名義で「個人事業の開廃業等の届出書」及び「課税事業者選択届出書」を提出した上で、平成８年３月18日にＸ名義で平成７年分の「消費税（確定）申告書」を提出した。この申告内容は、アメリカ合衆国に所在する２社への電子機器等の輸出取引（以下「本件輸出取引」という。）により、Ｘが課税仕入れ等の税額（以下「控除対象仕入税額」という。）分218万円余の還付を受けるとしたものである。Ｙ（税務署長、被告・被控訴人）は、平成８年８月30日、当該申告書に記載された控除不足額に相当する消費税の還付金218万円余に還付加算金１万３千円を加算した219万円余（以下「本件還付金等」という。）をＸ名義の普通預金口座に振り込んだ。その後、Ｙは、本件輸出取引がＸによるものではなく、訴外Ａ社によるものであると判断し、Ｘには控除対象仕入税額がないとして、Ｘに対し、控除対象仕入税額及び控除不足還付税額はいずれも０円である旨の更正処分及び重加算税の賦課決定処分をした。

〔争点〕

事業者でなかった者がした不正還付申告に係る還付金に重加算税が課されるか。

〔判決の要旨〕

1　申告納税方式の場合、一旦私人が自ら納税義務を負担するとして納税申告をしたならば、実体上の課税要件の充足を必要的な前提条件とすることなく、同申告行為に租税債権関係に関する形成的効力が与えられ、税額の確定された具体的納税義務が成立すると解するべきであるから、納税申告行為が無効ではなく、有効に成立している以上、結果的に実体上の課税要件事実が発生しなかったというだけで、形成された納税義務者としての地位が否定されるものではないと解される。

2　Xは、本来消費税が免除されている小規模事業者であるが、自ら消費税課税事業者選択届出書を提出したことによって、消費税の納税義務者となったものであり、課税要件を満たす国内取引があれば、現実に納付すべき消費税額が発生する可能性がある反面、輸出等を行った場合は、国内での仕入れに係る消費税額が免除され、免除された消費税額の還付を受けることができる地位を得た。Xは、この地位を前提として、本件輸出取引以外の課税対象取引がなかったことから、還付申告をし、課税標準額を0円、課税標準額に対する消費税額を0円、控除対象仕入税額を218万円余、控除不足還付税額を218万円余として、控除不足還付税額の還付を求めたものである。そして、本件還付申告書の提出は、その主体がXであり、かつ、Xの意思に基づいて行われたものであることが明らかであるから、本件還付申告は無効ではなく、有効である。

3　国税通則法上、有効な納税申告があった場合には、課税標準等又は税額等を是正するためには、更正によるべきことが定められており、更正によって増減した国税の納付や還付についても、同法に定められた規定によることになる。したがって、Yは、本件還付申告に基づいて、控除対象仕入の有無や本件輸出取引以外の課税対象取引の有無等を調査し、必要な更正処分をし得ることになるのであって、本件の場合は、本件輸出取引がＸに帰属するものでないことが判明したことにより、本件更正処分により、控除対象仕入税額及び控除不足還付税額が０円とされて、Ｘは、減少した還付金の返還義務を負うこととされたものである（なお、これに対し、納税申告自体が無効である場合には、更正処分によることができず、国が当該還付金を取り戻すための手続に係る租税法上の定めはないことから、民法上の不当利得ないし不法行為の規定によらざるを得ないものと解される。)。

ここでいう「還付金」とは、「各税法の規定により、納税者に特に付与された公法上の金銭請求権」であり、その実質は不当利得であるが、一定の納税額を前提とする以上、還付金自身、「国税」の性質を有するものであり、更正処分により減少した還付金の返還義務はまさに納税義務である。

以上によれば、Ｘは、本件還付申告の時点では、具体的な納税義務はないものの、還付金の額を確定する前提としての観念的・抽象的な納税義務はあり、これが本件更正処分により、還付金が減少されたことにより、納税義務が具体化したものというべきであるから、申告時点においても、Ｘは、納税義務を負っている、すなわち「納税者」であると解して差し支えないものというべきであり、国税通則法２条５号及び65条１項の「納税者」に該当するものと認めるのが相当である。

〔コメント〕

Ａ社は、コンピュータ部品を輸入し、国内のパソコンの販売業者に卸売りすること等を業とする有限会社（代表者はＢ）で、Ｘはその従業員であるところ、Ｂは、本件輸出取引に係る売上げをＡ社の益金の額に計上せず、本件輸出取引はＸがしたものであると仮装し、Ａ社の法人税を免れるとともに、Ｘに本件輸出取引に係る仕入税額控除分の還付申告をさせて、その還付金をＸ

からＡ社が取得しようと企てた。そこで、Ｘは、Ｂの指示に基づき、本件還付申告を含む消費税の確定申告手続等を行うために、自己が営業を営んだ事実がなかったにもかかわらず、自己が個人事業者であるかのように装った。このような事実認定の下で、本件は、消費税の事業者でなく納税義務者でない者がした還付申告について、還付税額を０円とする更正処分に伴って、重加算税を賦課することの可否が争われたものである。重加算税は、納税者が国税の課税標準等又は税額等の計算の基礎となるべき事実の全部又は一部を隠蔽・仮装し、その隠蔽・仮装したところに基づいて納税申告書を提出したときに課されるのであり（通則法68①)、「納税者」とは、国税に関する法律の規定により国税を収める義務がある者及び源泉徴収による国税を徴収して国に納付しなければならない者をいう（通則法２五)。そして、消費税法では、「事業者は、国内において行った課税資産の譲渡等につき、この法律により、消費税を納める義務がある。」と規定しているところ（消法５①)、Ｘは、認定事実によれば、本件輸出取引の帰属者ではないから、本件課税期間の消費税の課税要件を充足する者（納税義務者）に該当しない。

本件の第一審判決（京都地裁平成15年７月10日判決・訟月51巻９号2500頁）は、「国税通則法は、納税者について２条５号において定義規定を置いており、『納税者』とは、国税に関する法律の規定により国税を納める義務がある者及び源泉徴収による国税を徴収して国に納付しなければならない者をいうと明確に規定している。そして、国税通則法56条１項所定の還付金の還付の法的性質は、実体法上、国が保有すべき正当な理由がないため還付を要する利得の返還であって、……その還付金が更正によって減少した場合に、その部分について、常にその納税義務の増加があるわけではない。」と説示して、Ｘは、国税通則法65条１項の当該納税者に当たらないことを理由に重加算税の賦課決定処分を取り消した。これに対し、本判決は、要旨３のとおり、「更正処分により、還付金が減少されたことにより、納税義務が具体化したものというべきであるから、申告時点においても、Ｘは、納税義務を負っている」と断じて、原判決を覆している。

(2)　国境を越えた役務の提供に係る納税義務

国外の事業者がインターネット等の電気通信回線を介して行う役務の提供等は、その国外事業者の事務所等の拠点が国内に存在すると納税義務を負うことは明らかであるが、国内に事務所等の拠点を有しない事業者に対しても課税できるかという問題が生じていた。そこで、平成27年度の改正においては、国内外の事業者間の競争条件を揃える観点から、国境を越えて行う電子書籍・音楽・広告の配信等の役務提供を受けた事業者は、国内において行った「特定課税仕入れ」について納税義務を負うとした（消法５①)。「特定課税仕入れ」とは、課税仕入れのうち、事業として他の者から受けた特定資産の譲渡等（事業者向け電気通信利用役務及び特定役務の提供をいう。）に該当するものをいう（消法４①、５①)。

ア　事業者向け電気通信利用役務の提供

「電気通信利用役務の提供」とは、資産の譲渡等のうち、電気通信回線を介して行われる著作物の提供（著作物の利用の許諾に係る取引を含む。）その他電気通信回線を介して行われる役務の提供（電話、電信その他の通信設備を用いて他人の通信を媒介する役務の提供を除く。）であって、他の資産の譲渡等の結果の通知その他の他の資産の譲渡等に付随して行われる役務の提供以外のものをいう（消法２①八の三)。電気通信利用役務の提供には、電子書籍・音楽・ソフトウエア等の配信のほか、ネット広告の配信、クラウドサービスの提供、電話・電子メールを通じたコンサルタント等が該当する（消基通５－８－３)。

なお、電話、ファックス、インターネット回線の利用等（いわゆる通信)、ソフトウエアの製作等、国外事業者に依頼する情報の収集・分析等は、電気通信利用役務の提供に該当しない（消法２①八の三、消基通５－８－３)。

電気通信利用役務の提供に当たるか（参考）

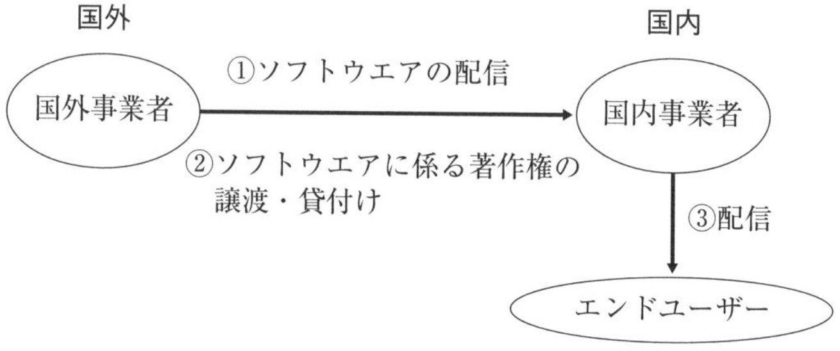

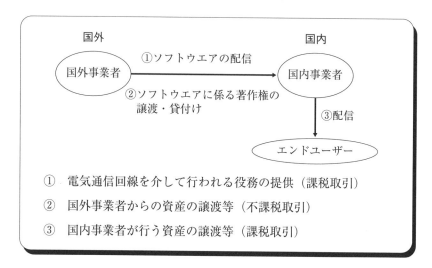

①　電気通信回線を介して行われる役務の提供（課税取引）

②　国外事業者からの資産の譲渡等（不課税取引）

③　国内事業者が行う資産の譲渡等（課税取引）

国外事業者が行う「電気通信利用役務の提供」のうち、役務の性質や取引条件等から当該役務の提供を受ける者が通常事業者に限られるものを「事業者向け電気通信利用役務の提供」といい、インターネット上の広告配信やゲームをはじめとするアプリケーションソフトをWEBサイトで販売する場所等を提供するサービスなどが該当する（消法２①八の四、消基通５－８－４）。国外事業者が行う「電気通信利用役務の提供」については「事業者向け電気通信利用役務の提供」とそれ以外のもの（いわゆる「消費者向け電気通信利用役務の提供」）とに区分され、「事業者向け電気通信利用役務の提供」については、役務の提供を行った事業者ではなく、役務の提供を受ける事業者に申告・納税義務が課される（リバースチャージ方式、消法４①、５①）。

＊「国外事業者」とは、所得税法に規定する非居住者である個人事業者及び法人税法に規定する外国法人をいう（消法２①四の二）。これらの事業者が国内に電気通信利用役務の提供を行う事務所等を有していたとしても国外事業者に該当する（消基通１－６－１）。

【事業者向け電気通信利用役務の提供に係る課税方式（リバースチャージ方式）】

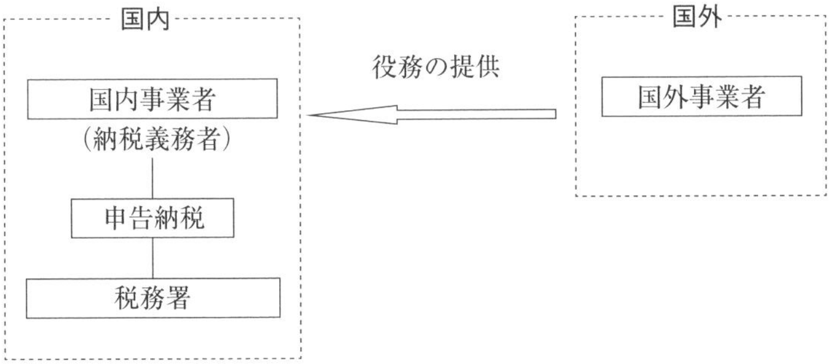

【消費者向け電気通信利用役務の提供に係る課税方式（国外事業者申告納税方式）】

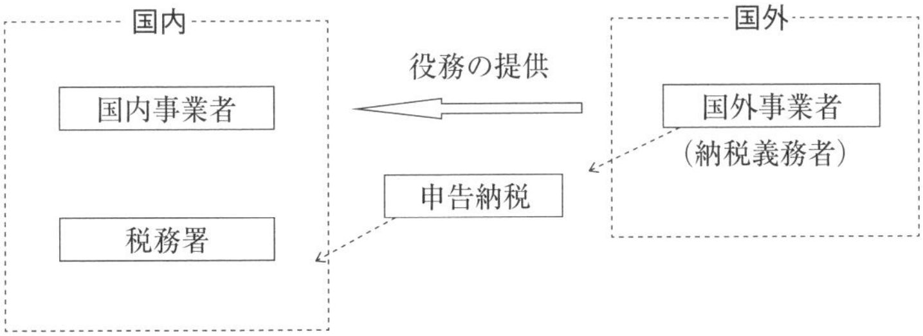

＊　我が国の事業者に「事業者向け電気通信利用役務」を提供する国外の事業者は、取引に際して、国内事業者にリバースチャージによる納税義務が発生する旨をあらかじめ表示しなければならない（消法62、消基通５－８－２）。

イ　特定役務の提供

資産の譲渡等のうち、映画若しくは演劇の俳優、音楽家その他の芸能人又は職業運動家の役務の提供を主たる内容とする事業として行う役務の提供（電気通信利用役務の提供に該当するものを除く。）のうち、国外事業者が他の事業者に対して行うもの（不特定かつ多数の者に対して行う役務の提供を除く。）については、「特定課税仕入れ」として、役務の提供を受ける事業者に申告・納税義務が課される（リバースチャージ方式、消法4①、5①、消令2の2）。

＊　運動家のうち、いわゆるアマチュア、ノンプロ等と称される者であっても、競技等の役務の提供を行うことにより報酬・賞金を受ける場合には、「職業運動家」に含まれる（消基通5-8-5）。

＊　国外事業者である音楽家自身が国内で演奏会等を主催し、不特定かつ多数の者に役務の提供を行う場合においては、それらの者の中に事業者が含まれていたとしても、当該役務の提供は特定役務の提供には該当しない（消基通5-8-6）。

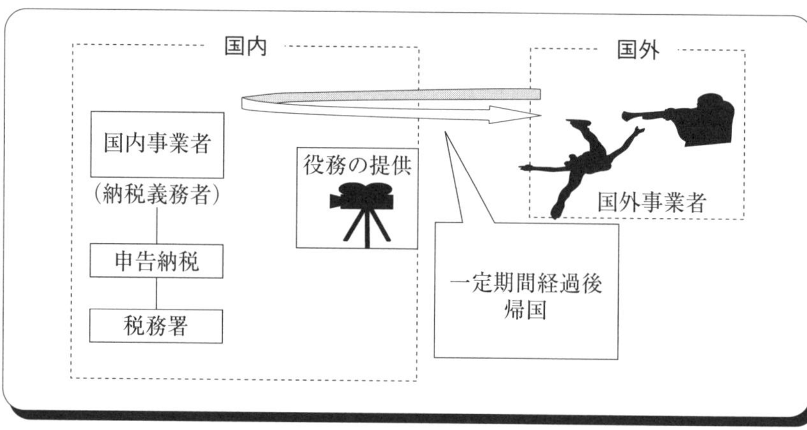

⑶　共同事業に係る納税義務

民法上の組合も匿名組合も広い意味では共同事業組織ということができるが、これらの組合は、法人格がなく人格のない社団等にも当たらないので、組合自身が消費税の帰属主体となることはない。したがって、組合契約又は民法674条の規定により損益分配割合を定めて金銭又は役務等を出資して共同事業を行う場合には、その共同事業の持分割合又は利益分配割合に応じて構成員が資産の譲渡等又は課税仕入れ等を行ったことになる（消基通1-3-1）。他方、匿名組合は、共同事業組織といっても、事業遂行の主体である営業者と営業から生ずる利益の分配を目的として営業に出資する匿名組合員の結合であって、匿名組合に属する財産及び匿名組合の行為は営業者に帰属するのであるから、匿名組合の事業に属する資産の譲渡等又は課税仕入れ等については、匿名組合を主宰する営業者が単独で行ったことになる（消基通1－3－2）。

＊　匿名組合契約とは、当事者の一方が相手方の営業のために出資をなし、その営業より生ずる利益を分配することを約する組合契約であり（商法535）、匿名組合員の出資は営業者の財産に帰属し、匿名組合員は営業者の行為につき第三者に対して権利義務を有しない（商法536）。

裁判例の紹介②

共同事業に係る課税売上げは出資割合に応じて各構成員に帰属するとされた事例

（福岡地裁平成11年１月26日判決・税資240号222頁〔確定〕）

〔事案の概要〕

Ｘ（原告）は造園工事業を営み、簡易課税制度を適用する法人であるところ、他の造園工事業者５名とともに、ゴルフ建設工事に係る植栽工事を施工するために本件企業体を結成し、その構成員となっている。各構成員は均等の出資をしており、その出資割合は各々６分の１である。Ｘは、本件企業体から支払われた分配金を消費税の課税売上げに算入して確定申告をしたところ、所轄税務署長は、本件共同事業に係る課税売上げが出資割合（均等の６分の１）に応じて各構成員に帰属するから、本件企業体における計算期間の終了する日の属するＸの課税期間における課税売上げは、本件企業体の課税売上げの６分の１相当額であるとして更正処分等をした。

〔争点〕

共同企業体の構成員の課税売上高は、当該企業体の課税売上高に構成員の持分割合を乗じた金額によるべきか、それとも当該企業体から支払われた分配金の額によるべきか。

〔判決の要旨〕

1　本件企業体の請負契約については、構成員が連帯して責任を負うことになっていること、本件企業体の構成員であるXが本件企業体の代表者とされていること、各構成員の権利義務の譲渡及び本件企業体からの脱退が制限されていること、各構成員は6分の1の共同出資者の関係にあり、構成員の出資割合が本件企業体の利益金配当や欠損金負担の計算の基礎とされていること、本件企業体は自らの名で本件企業体構成員以外の者と取引を行っていたこと等を総合すれば、本件企業体は組合に該当すると解される。そして、組合の場合、組合そのものは法人格を有しないから、権利義務の主体は組合員であることになり、したがって、本件企業体に生じた権利義務は、組合員である各構成員に直接的に帰属する。

2　事業者は、消費税を納付する義務がある（消法5①）が、右の事業者とは、個人事業者及び法人をいい（消法2①三、四)、民法上の組合はこれに含まれないから、民法上の組合である本件企業体は、独立した消費税の納税義務者には当たらない。しかしながら、組合が資産の譲渡等を行った場合は、組合が法人格を有しないことから、その権利義務が組合員に帰属することになり、右の場合、消費税は組合員がその持分の割合又は利益の分配割合に応じて負担すべきものである。したがって、消費税法基本通達1－3－1の定める取扱いは、正当なものとして是認することができる。

〔コメント〕

民法上の組合は、２人以上の者が出資をして共同事業を営むことを約することにより成立し（民法667①）、内部的には全組合員が参画して業務執行の意思決定をし（多数決原理）、外部的にも全組合員の名で業務執行がなされることを原則とするが（民法670）、組合は権利義務の主体となり得ないから、組合と第三者との間の法律関係は、直接組合員に帰属する。また、組合財産は全組合員の共有であり（民法668）、組合の業務執行は組合員の過半数をもって行うこととされており（民法670①）、組合の事業を通じて損益が生じたときは、一定の割合に従って各組合員に利益を分配し又は各組合員が損失を分担する（民法674）。

本判決は、当該企業体の業務運営の実態について事実認定を行った上で、本件企業体は民法上の組合に当たるとし、したがって、組合が資産の譲渡等を行った場合の消費税は、組合員がその持分の割合又は利益の分配割合に応じて負担すべきである旨判示しているところである。

＊　本件企業体における資産の譲渡等の時期については、本書127頁を参照されたい。

(4)　輸入取引に係る納税義務者

輸入取引については、外国貨物を保税地域から引き取る者が課税貨物について納税義務者となる（消法５②）。国内取引の納税義務者は事業者に限られるが、輸入取引の場合には、事業者のほか消費者たる個人及び免税事業者も、外国貨物を保税地域から引き取る者はすべて納税義務者である。外国貨物を保税地域から引き取る者とは、輸入申告の名義人をいい、例えば、商社がメーカーの輸入事務代行契約を締結し、商社が通関業務を代行する場合には、商社が消費税の納税義務者となるのである。

なお、保税地域において外国貨物が消費又は使用された場合には、その消費又は使用した者が納税義務者となる（消法４⑥）。

＊　外国貨物とは、関税法２条１項３号に規定する外国貨物をいい、輸出の許可を受けた貨物及び外国から本邦に到着した貨物（外国の船舶により公海上で

採捕された水産物を含む。）で輸入が許可される前のものをいう（消法２①十）。

＊　課税貨物とは、保税地域から引き取られる外国貨物（関税法３条に規定する信書を除く。）のうち、消費税が課税されるものをいう（消法２①十一）。

＊　保税地域とは、関税法29条に規定する保税地域をいい、外国貨物を蔵置、加工、展示等することができる場所として、財務大臣が指定し又は税関長が許可した場所がこれに当たる（消法２①二）。

5　小規模事業者に係る納税義務の免除

(1)　納税義務の免除

消費一般に広く負担を求めるという消費税の性格や産業経済に対する中立性を確保するという観点からは、いわゆる免税事業者を極力設けないことが望ましいが、すべての事業者を対象とする消費税の導入は、我が国にとって初めての経験であり、小規模零細事業者の納税事務負担や税務執行面を配慮する観点から、一定事業規模の小規模事業者については、納税義務を免除することとしている。すなわち、事業者のうち、その課税期間の基準期間における課税売上高が1,000万円以下である者については、その課税期間中の国内において行った課税資産の譲渡等及び特定課税仕入れについて、納税義務が免除される（消法９①）。ただし、当該課税期間の基準期間における課税売上高が1,000万円以下であっても、特定期間における課税売上高（課税売上高に代えて給与等の支払額の合計額によることもできる。）が1,000万円を超えた場合には、当該課税期間においては課税事業者となる（消法９の２①）。この納税義務の免除を事業者免税点制度という。

＊　鳥取地裁平成12年５月16日判決（税資247号721頁）は、「消費税法９条１項の趣旨は、一定の事業者については納税事務の負担に対する配慮から消費税の納税義務を免除することにあると解されるのであり、また、消費税法２条１項14号において課税期間に係る基準期間を課税期間である事業年度の前々事業年度と定めたのは、消費税が転嫁を予定している税であることにかんがみ、

当該課税期間の当初から事業者が当該課税期間における納税義務の免除の有無について確定的な判断をもって取引することが可能となるように、当該課税期間の当初の時点において確実に課税売上高を把握できる前々事業年度を当該課税期間に係る基準期間と定めたものと解され」ると説示している。

＊　基準期間における課税売上高が1,000万円を超えることとなった場合には、「課税事業者届出書」を速やかに納税地の所轄税務署長に提出しなければならない（消法57①）。また、基準期間における課税売上高が1,000万円以下となった場合には、「消費税の納税義務者でなくなった旨の届出書」を提出しなければならない（消法57①）。

＊　国税不服審判所平成30年２月23日裁決（裁決事例集110号）は、「消費税法９条の２第１項に規定する『法人のその事業年度の基準期間における課税売上高が1,000万円以下である場合』には、『その事業年度の基準期間がない』場合が含まれる。」と判断している。

＊　インボイス発行事業者には、免税事業者制度が適用されない（消法９①かっこ書、消基通１－４－１の２）。

(2)　基準期間とは

基準期間とは、①個人事業者についてはその年の前々年をいい、②法人についてはその事業年度の前々事業年度をいう（消法２①十四）。前々事業年度が１年未満の法人にあっては、その事業年度開始の日の２年前の日の前日から同日以後１年を経過する日までの間に開始した各事業年度を合わせた期間が基準期間となる（消法２①十四かっこ書）。

基準期間の具体例

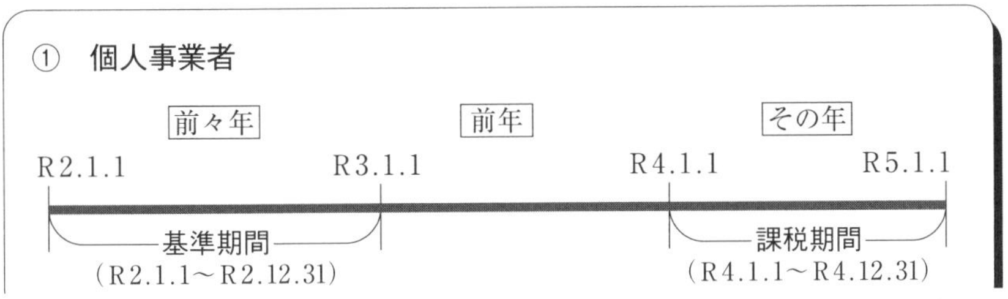

② 法人（1年決算）

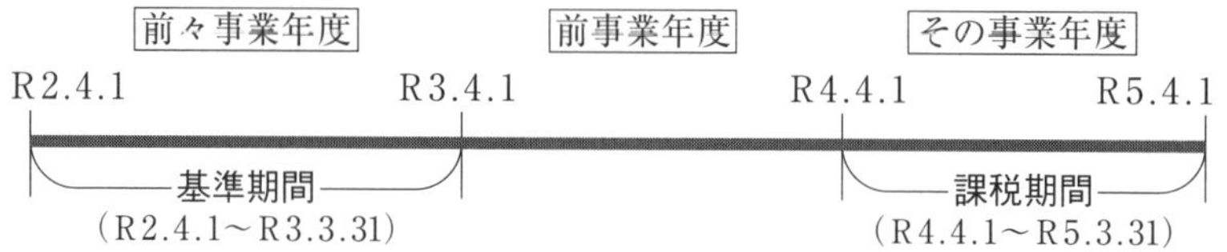

③ 法人（6か月決算）

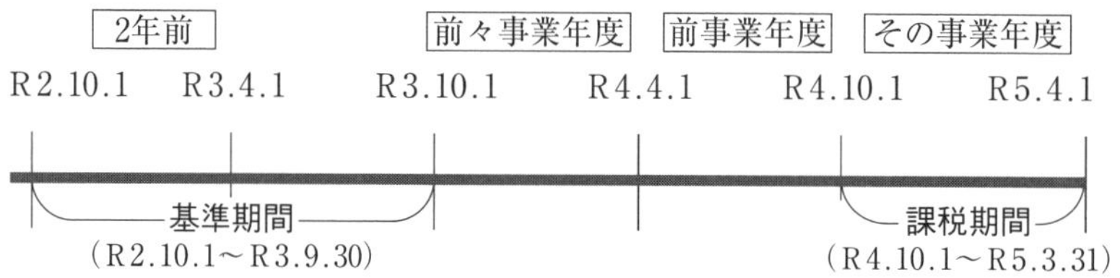

⑶　基準期間における課税売上高

「基準期間における課税売上高」とは、具体的には次の金額をいう。

ア　個人事業者及び基準期間が1年である法人

基準期間中に国内において行った課税資産の譲渡等（輸出取引を含む。）の対価の額（税抜き）の合計額から、基準期間中の売上げに係る対価の返還等（輸出取引を含む。）の金額（税抜き）の合計額を控除した金額（消法9②一）。

基準期間における課税売上高	＝	課税資産の譲渡等の対価の額の合計額（税抜き）	－	売上げに係る対価の返還等の金額の合計額（税抜き）

＊　個人事業者が年の中途において事業を開始した場合や事業を廃止した場合など、その基準期間において事業を行っていた期間が1年に満たないときであっても、その基準期間における課税売上高が1,000万円以下かどうかで判定する（1年分に換算しない。消基通1－4－9）。

＊　基準期間における課税売上高及び特定期間における課税売上高には、特定資産の譲渡等の対価の額を含まない。また、特定課税仕入れを行った事業者の基準期間における課税売上高及び特定期間における課税売上高には、特定課税仕入れに係る支払対価の額を含まない（消基通１－４－２）。

イ　基準期間が１年でない法人

上記アで計算した金額をもとに、当該法人の基準期間に含まれる事業年度の月数の合計額で除し、12を乗じて計算した金額（消法９②二）。

$$\text{基準期間における課税売上高} = \left(\text{課税資産の譲渡等の対価の額の合計額（税抜き）} - \text{売上げに係る対価の返還等の金額の合計額（税抜き）}\right) \times \frac{12}{\text{基準期間に含まれる事業年度の月数}}$$

＊　月数は暦に従って計算し、１月に満たない端数が生じたときは、これを１月とする（消法９③）。

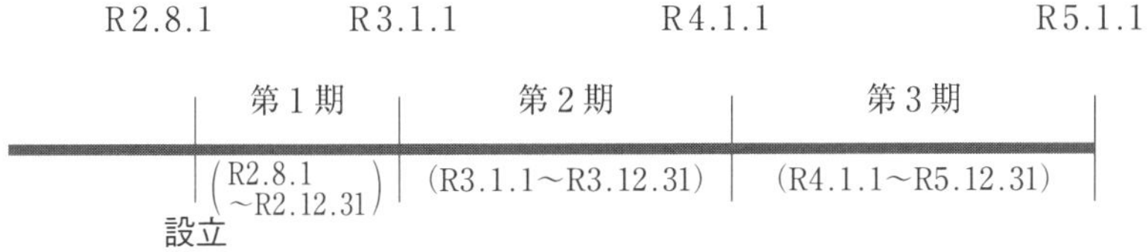

例えば、設立第１期の課税売上高が500万円とすると、第３期の基準期間の課税売上高は、500万円×12÷５＝1,200万円となるから、第３期は課税事業者に該当する。

裁判例の紹介③

基準期間が免税事業者であった場合の課税売上高は消費税相当額を含まないとされた事例

（最高裁平成17年２月１日第三小法廷判決・民集59巻２号245頁）

〔事案の概要〕

X社（原告·控訴人・上告人）は、本件課税期間（平5.10.1～平6.9.30）の消費税につき、平成3年10月1日から平成4年9月30日までの課税期間（本件基準期間）における課税売上高が3,000万円以下（売上総額3,052万9,410円×100/103＝2,964万203円）であることを理由に、消費税の申告をしていなかった。これに対して、所轄税務署長は、X社が本件基準期間において免税事業者であったことから、本件基準期間の課税売上高は3,052万9,410円であるとして、本件課税期間に係る消費税の決定処分をした。

〔争点〕

課税期間に係る基準期間が免税事業者であった場合には、その基準期間の課税売上高を消費税等相当額を含んだところで判定すべきか。

〔判決の要旨〕

1　消費税法（以下「法」という。）9条1項に規定する「基準期間における課税売上高」とは、事業者が小規模事業者として納税義務を免除されるべきものに当たるかどうかを決定する基準であり、事業者の取引の規模を測定し、把握するためのものにほかならない。ところで、資産の譲渡等を課税対象とする消費税の課税標準は、事業者が行う課税資産の譲渡等の対価であり（消法28①)、売上高と同様の概念であって、事業者が行う取引の規模を直接示すものである。そこで、法9条2項1号は、上記の売上高の意義について、消費税の課税標準を定める法28条1項の規定するところに基づいてこれを定義している。

2　法28条1項の趣旨は、課税資産の譲渡等の対価として収受された金銭等の額の中には、当該資産の譲渡等の相手方に転嫁された消費税に相当するものが含まれることから、課税標準を定めるに当たって上記のとおりこれを控除することが相当であるというものである。したがって、消費税の納税義務を負わず、課税資産の譲渡等の相手方に対して自ら課される消費税に相当する額を転嫁すべき立場にない免税事業者については、消費税相当額を上記のとおり控除することは、法の予定しないところというべきである。

3　以上の法9条及び28条の趣旨、目的に照らせば、法9条2項に規定する「基準期間における課税売上高」を算定するに当たり、課税資産の譲渡等の対価の額に含まれないものとされる「課されるべき消費税に相当する額」とは、基準期間に当たる課税期間について事業者に現実に課されることになる消費税の額をいい、事業者が同条1項に該当するとして納税義務を免除される消費税の額を含まないと解するのが相当である。

〔コメント〕

本件の問題は、課税期間に係る基準期間において免税事業者であった者について、当該課税期間が免税事業者に該当するか否かを判断する場合には、「基準期間における課税売上高」の算定に際して消費税相当額を控除すべきか否かである。消費税法9条1項は、基準期間における課税売上高が3,000万円（現行1,000万円）以下の事業者について、その課税期間中の課税資産の譲渡等に係る消費税額の納税義務を免除すると規定し、この場合の「基準期間における課税売上高」とは、課税資産の譲渡等の対価の額（消費税法28条1項に規定する対価の額をいう。）の合計額から税抜対価の返還等の金額を控除した残額をいい（消法9②）、消費税法28条1項は、「課税資産の譲渡等の対価の額につき課されるべき消費税額に相当する額を含まないものとする。」と規定している。消費税法28条1項は、課税事業者に課される消費税の課税標準につき、課税資産の対価の額から「課されるべき消費税額に相当する額」を控除すると規定しているから、基準期間において課税事業者であった場合には、基準期間の課税売上高の計算上消費税相当額を控除するのは明らかであるが、基準期間において免税事業者であった場合においても、基準期間の課税売上高の計算上消費税相当額を控除するどうかは明確でない。かくして、X社は、免税事業者に該当するか否かを判定するに当たって、基準期間において課税事業者であったか免税事業者であったかにかかわらず、基準期間における売上高から課されるべき消費税に相当する額を控除した金額によるべきであると主張した。学説では、この見解を肯定する“控除説”と“非控除説”とに分かれていたところであり、本判決の第一審判決（東京地裁平成11年1月29日判決・判タ1039号133頁）及び控訴審判決（東京高裁平成12年1月13日判決・税資246号1頁）は、いずれも“非控除説”に立っている。本判決は、「消費税法28条に定める消費税の課税標準は、転嫁された消費税相当額を控除するものであるところ、納税義務を負わない免税事業者は、消費税相当額を転嫁すべき立場にないから、これを控除することは法の予定しないところである。」として、“非控除説”に立つことを明らかにして、この問題について決着をつけた。

なお、課税実務では、国税不服審判所平成8年11月22日裁決（裁決事例集52号145頁）を受けて、基準期間において免税事業者である者は、消費税が課されていないので、収受した金銭等の全額が基準期間における課税売上高になることに留意する旨の通達を発遣している（消基通1－4－5）。

裁判例の紹介④

破産財団が免税事業者に当たるかどうかは、破産法人の基準期間における課税売上高により判定すべきであるとされた事例

（名古屋高裁金沢支部平成20年6月16日判決・判タ1303号141頁）

〔事案の概要〕

所轄税務署長は、平成16年2月2日付けで破産法人に対して、同社の破産宣告後の本件課税期間（平14.2.21～平15.2.20）における国内において行った課税資産の譲渡等について、消費税等の額の決定処分並びに無申告加算税の賦課決定処分を行った。これに対し、X（破産管財人、原告・被控訴人）は、破産法人の破産財団（以下「本件破産財団」という。）は、破産法人とは別の法的主体であるので、本件破産財団は、本件課税期間に係る基準期間（平成12年２月21日から平成13年２月20日、以下「平成13年２月期」という。）における破産法人の課税売上高を引き継がず、本件破産財団は、破産宣告後に生じた新規の法人となり、少なくとも破産宣告後２年間は基準期間がないので納税義務を負わないとして、上記各処分の取消しを求めた。

〔争点〕

破産財団は、破産法人の基準期間における課税売上高を承継し、消費税の納税義務が免除されないか。

〔判決の要旨〕

破産者が破産宣告を受けると、破産管財人が選任されるとともに（旧破産法142条１項、157条）、破産者が破産宣告時において有する一切の財産の集合体は破産財団を構成し（同法６条）、その管理処分権は破産管財人に専属することとなり（同法７条）、破産者は破産財団の管理処分権を喪失する。しかしながら、破産者は、あくまで破産財団の管理処分権を喪失するにすぎず、その財産の帰属主体たる地位や所有権を喪失するものではなく、破産手続終了後に残余財産が存在すれば、その管理処分権を回復するし、破産管財人の行った換価処分の効果は、すべて破産者に帰属するというべきである。

また、仮に、破産財団は破産法人とは別の権利主体であり「事業者」にあたると解すると、破産宣告から２年間は消費税の基準期間がないため、消費税の納税義務を負わないことになる（消費税法９条１項、２条１項14号）。そうすると、破産管財人が破産財団に属する財産を換価した際に譲受人から受領したものと取り扱われる消費税額相当分（消費税法28条１項参照）は、破産債権者に対する配当原資に充てられることになるが、上記の消費税額相当分は、破産財団に属する財産の譲受人からの預り金にすぎず、本来、国に納付すべきものであるから、これが破産債権者への配当に充てられる結果となるのは、消費税法の趣旨・目的に反し相当でないことが明らかである。

したがって、破産財団は、破産法人の基準期間（消費税法２条１項14号）における課税売上高を引き継がない別の法的主体と解することはできず、破産法人が「事業者」として消費税の納税義務を負うと解するのが相当である。

〔コメント〕

本件の第一審判決（福井地裁平成19年９月12日判決・金融法務事情1827号46頁）は、「破産財団は、破産法人とは別個の社会的実体を有する『人格のない財団』であるので、本件破産財団に属する財産の換価については、本件破産財団自身が『事業者』として本来的な納税義務者となり、この限りにおいて本件破産財団は、破産法人の基準期間における課税売上高を引き継がない別の法的主体であり、本件課税期間に係る基準期間がないから、本件課税期間中の譲渡等につき納税義務を負わず、破産管財人であるＸもまた申告納税義務を負うことはない。」としてＸの請求を認容した。

これに対し、本判決は、破産法人が破産手続中も破産財団の帰属主体たる地位や所有権を喪失するものではないと解すべきであると説示して、破産財団が免税事業者に当たるか否かは、破産法人の基準期間における課税売上高によって判定すべきであると断じて、原判決を覆している。その理由として、①旧破産法４条は、解散した法人は破産の目的の範囲内で存続したものとみなす旨規定し、破産法人が破産手続中も破産財団の帰属主体たる地位や所有権を喪失するものでないことを前提としていると考えられること、②消費税法45条４項は、「清算中の法人」の残余財産が確定した場合には当該法人に消費税を課す旨を規定しているところ、破産法人が「清算中の法人」に該当し、消費税の納税義務者は、破産財団ではなく破産法人であると考えられること、③最高裁昭和43年10月８日第三小法廷判決（民集22巻10号2093頁）は、破産宣告後に破産財団に属する財産が別除権の行使により競売された場合の所得税の納税義務者を、破産財団ではなく破産法人としていること、④所得税法は、破産手続による資産の譲渡による所得は当該破産者の所得であることを前提として、その担税能力に鑑み、これを非課税所得とする旨規定していると考えられること、⑤法人税法は、解散の場合の清算所得に対する法人税を規定し、破産清算の場合につき適用除外とする規定を設けていないから、破産法人を納税義務者としているものと解されること、⑥最高裁昭和62年４月21日第三小法廷判決（民集41巻３号329頁）は、破産法人に法人税法102条、105条（清算中の所得に係る予納法人税の予納申告、納付義務規定）の適用があることを前提とするものであるし、最高裁平成４年10月20日第三小法廷判決（集民166号105頁）は、破産法人にこれらの規定の適用がある旨判示していること等の諸点からも裏づけられると説示している。

（最高裁平成22年３月30日第三小法廷決定・税資260号順号11410は、Ｘの上告を不受理）

⑷　特定期間とは

特定期間は、事業者の区分に応じ、次のとおりとなる（消法９の２④）。

①　個人事業者……前年１月１日から６月30日までの期間

②　法人（③を除く。）……前事業年度開始の日以後６月の期間

③　前事業年度が短期事業年度である法人……前々事業年度開始の日以後６月の期間

＊　短期事業年度とは、①前事業年度が７月以下であるもの、②前事業年度が７月を超え８月未満の場合であって、前事業年度開始の日以後６月の期間の末日の翌日から前事業年度終了の日までの期間が２月未満であるものをいう（消令20の５①）。

＊　法人の特定期間は、原則として、前事業年度開始の日以後６月の期間となるが、６月の期間の末日が月末でない場合（前事業年度の終了の日が月末で

ある場合に限る。）には、その期間の前月の末日までの期間が特定期間となる（消法９の２⑤、消令20の６①一）。また、前事業年度開始の日以後６月の期間の末日が事業年度の終了応当日でない場合には、その末日の直前の終了応当日までの期間が特定期間となる（消令20の６①二）。

特定期間の具体例

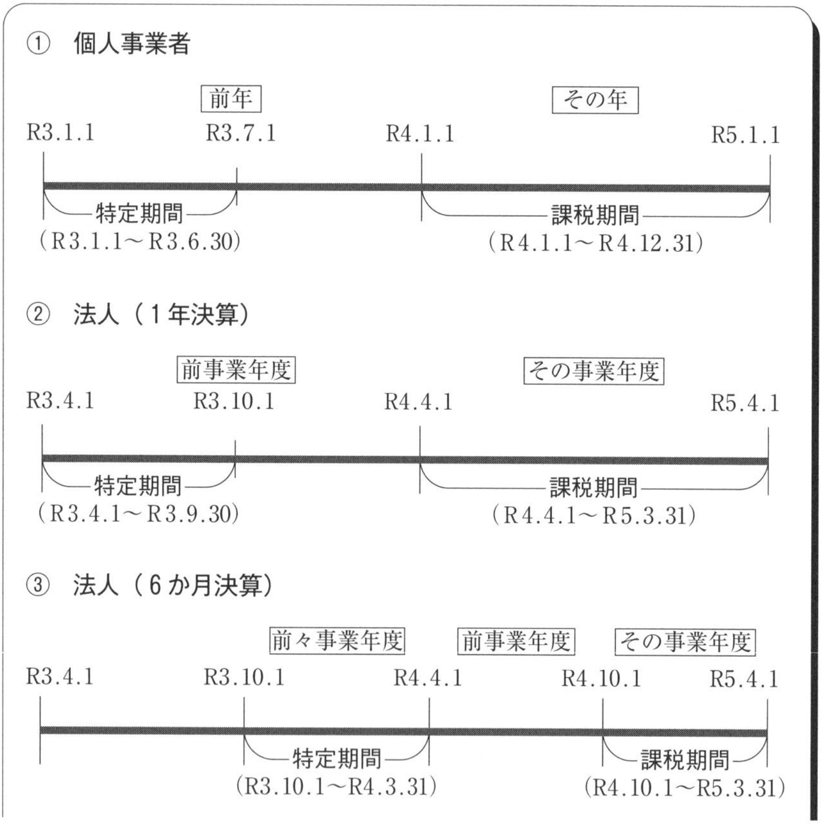

④　新設法人

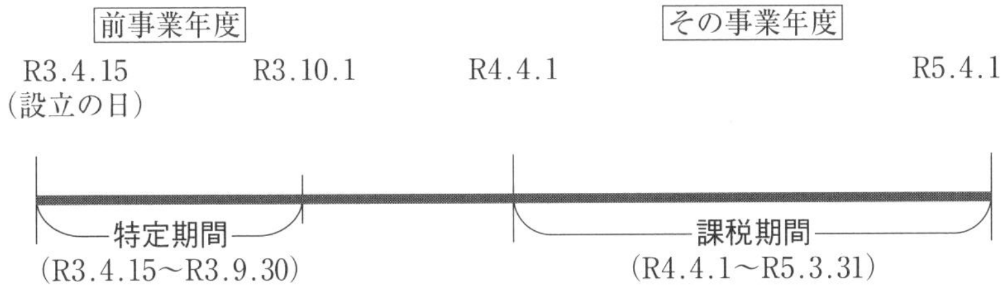

＊　特定期間は、設立の日（R３.４.15）から６か月の期間の末日（R4.10.14）ではなく、その前月の末日（R４.９.30）となる。

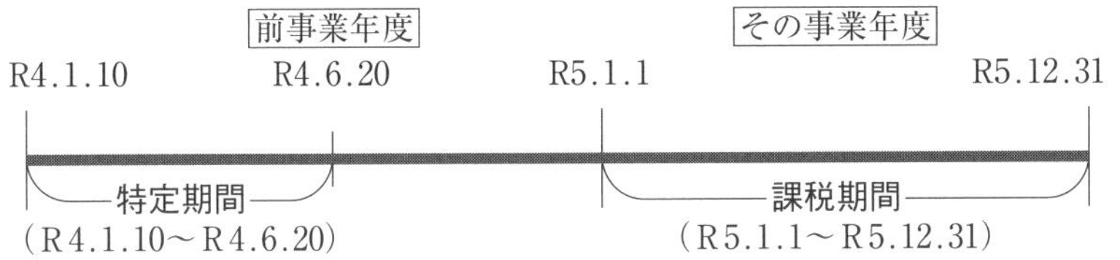

＊　特定期間は、設立の日（R４.１.10）から事業年度の終了応当日（R４.７.９）ではなく、その末日の直前の終了応当日（R４.６.20）となる。

(5)　特定期間における課税売上高

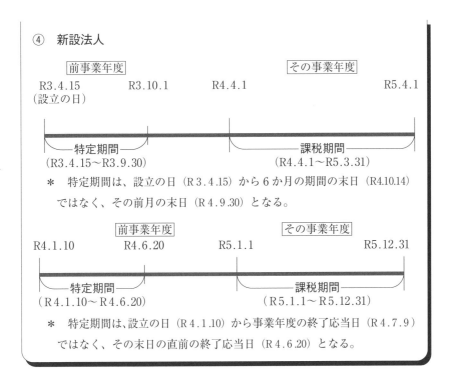

「特定期間における課税売上高」とは、特定期間中に国内において行った課税資産の譲渡等（輸出取引を含む。）の対価の額（税抜き）の合計額から、特定期間中の売上げに係る対価の返還等（輸出取引を含む。）の金額（税抜き）の合計額を控除した金額をいう（消法９の２②）。また、個人事業者又は法人がその特定期間中に支払った給与等の金額の合計額をもって、「特定期間における課税売上高」とすることができる（消法９の２③）。したがって、給与等の金額により判定する場合において当該金額が1,000万円以下である場合には、特定期間における課税売上高が1,000万円を超えていても事業者免税点制度が適用されることになる（基準期間における課税売上高が1,000万円以下であることはいうまでもない。）。

＊　給与等の金額とは、所得税法施行規則100条１項１号に規定する支払明細書に記載すべき金額をいい（消規11の２）、所得税の課税対象とされる給与、賞与等がこれに該当するが、未払給与等を含まない（消基通１－５－23）。

＊　特定期間における課税売上高が1,000万円を超えることとなった場合には、「課税事業者届出書」を速やかに納税地の所轄税務署長に提出しなければならない（消法57①）。

免税事業者に該当するかどうかの判定

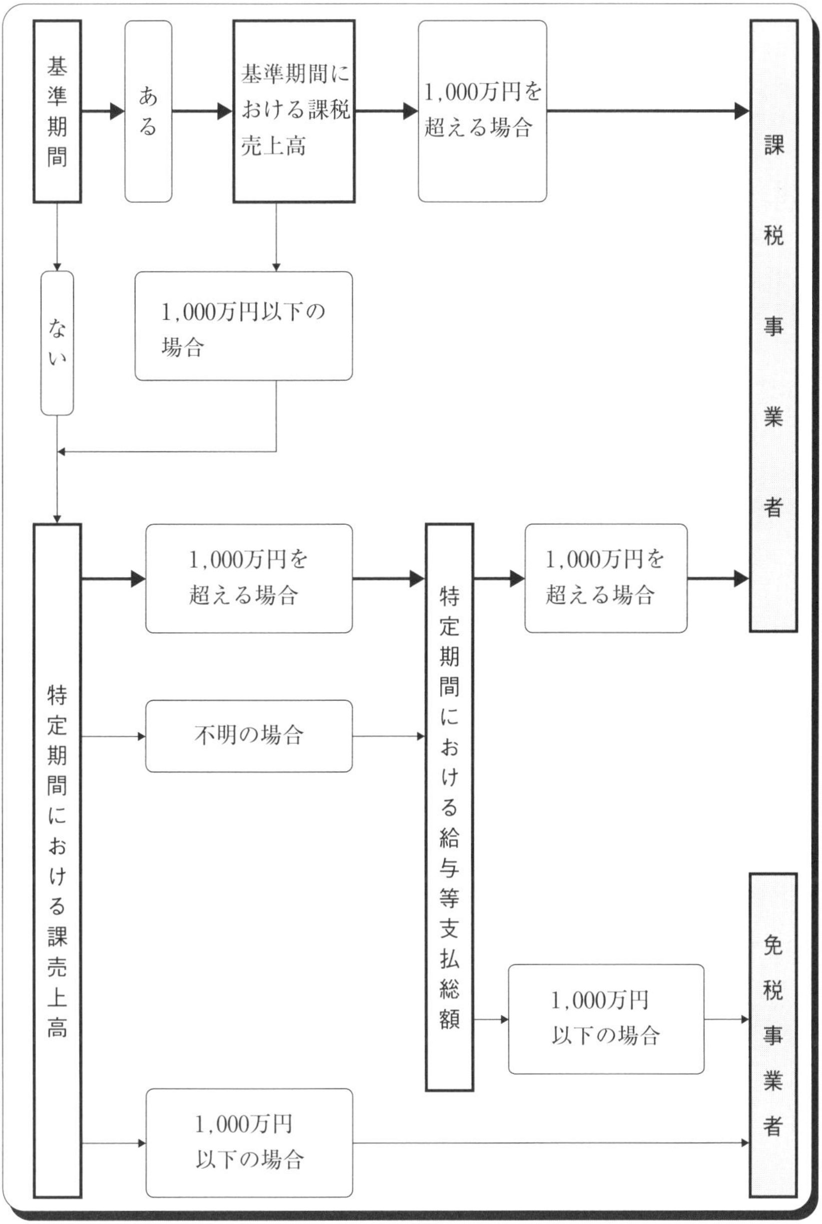

(6)　課税事業者の選択等

ア　課税事業者の選択

事業者は、基準期間における課税売上高が1,000万円以下である課税期間について、「課税事業者選択届出書」を所轄税務署長に提出することにより課税事業者になることができる（消法9④）。輸出業者のように、売上げに係る消費税額よりも仕入れに係る消費税額が多く、経常的に還付が生ずる事業者については、免税事業者であっても課税事業者となることを選択することによって、消費税の還付を受けることができるという観点から設けられたものである。

課税事業者選択届出書を提出した場合には、次のとおり課税事業者となる。

・**原則**……「課税事業者選択届出書」の提出があった日の属する課税期間の翌課税期間以後の各課税期間が課税事業者となる（消法9④）。

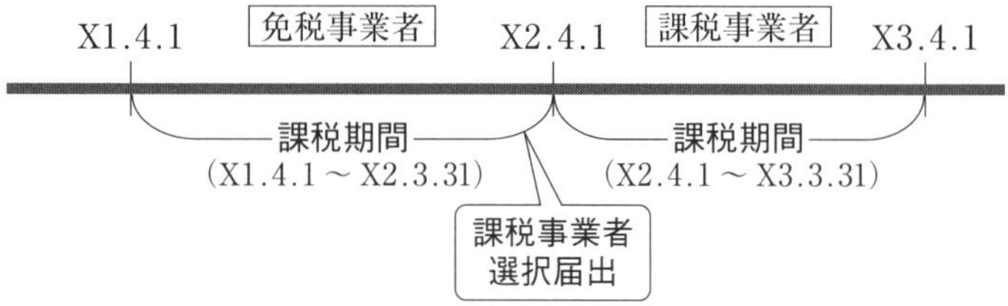

・**例外**……「課税事業者選択届出書」を提出した日が次の課税期間内である場合には、その提出があった日の属する課税期間以後の各課税期間を課税事業者とすることができる（消法9④かっこ書、消令20）。

①　国内において課税資産の譲渡等に係る事業を開始した日の属する課税期間

②　個人事業者が相続により課税事業者選択の適用を受けていた被相続人の事業を承継した場合におけるその相続があった日の属する課税期間

③　法人が合併（合併により法人を設立する場合を除く。）により課税事業者選択の適用を受けていた被合併法人の事業を承継した場合におけるその合併があった日の属する課税期間

④　法人が吸収分割により課税事業者選択の適用を受けていた分割法人の事業を承継した場合におけるその吸収分割があった日の属する課税期間

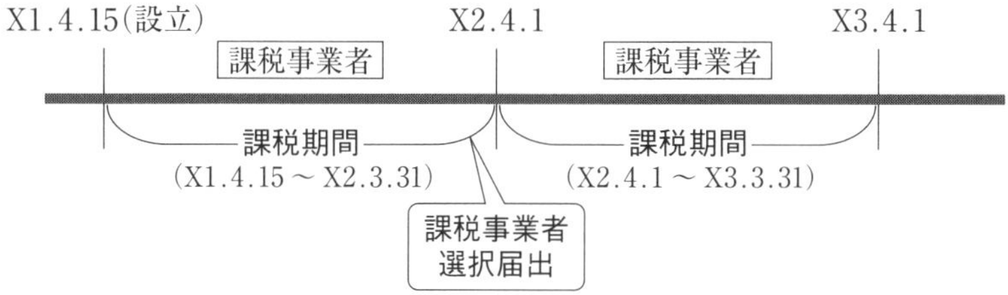

又は

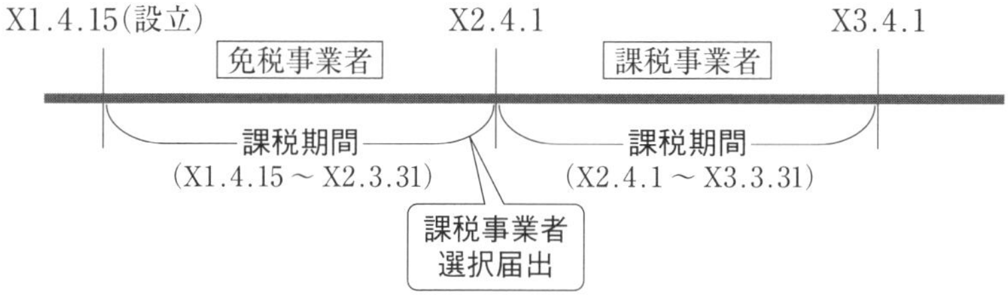

＊　「課税事業者選択届出書」を提出した課税期間又は提出した日の翌課税期間のいずれかを課税事業者として選択することができる。翌課税期間以後に課税事業者になることを選択する場合には、その旨を届出書に記載する必要がある（消基通１－４－14）。

裁判例の紹介⑤

課税事業者選択届出書は、事業を開始した日の属する課税期間に提出したものではないとされた事例

（東京高裁平成16年８月31日判決・税資254号順号9731〔確定〕）

〔事案の概要〕

1　X（原告・控訴人）は、平成11年2月、本件課税期間（平10.8.1～平11.7.31）について消費税法（平成15年法律第8号による改正前のもの。以下「法」という。）9条4項に基づいて、「課税事業者選択届出書」をY（税務署長、被告・被控訴人）に提出し、平成11年9月27日、消費税等の合計還付税額を2億1,434万円余とする消費税等の確定申告書をYに提出した。Yは、還付金を還付した後、Xが免税事業者に該当するとして還付金の額を減少する更正処分等を行った。

2　Xは、平成5年9月7日に設立されたゴルフ場を経営する株式会社であり、Xの本件課税期間の基準期間（平8.8.1～平9.7.31、以下「平成9年7月期」という。）における課税売上高は、3,000万円以下である。Xは、平成9年7月期において広告宣伝費100万円余を、また、平成10年7月期において広告宣伝費81万円余を計上し、決済している。そして、Xは本件ゴルフ場を、平成11年4月に開場した。

〔争点〕

課税事業者選択の届出書を提出した日の属する課税期間から課税事業者として取り扱わるか否か。

〔判決の要旨〕

1　一般に、事業を開始した事業者は、その開始当初に開業準備資金を投下する場合が多く、反面、課税売上高が芳しくない場合が多いが、こうした事業者においては、法45条、46条との関係で、確定申告をすることにより、消費税の還付を受け得る可能性があるところ、事業を開始した課税期間及び翌課税期間においては、その課税期間に係る基準期間における事業活動は存しないから、当然に法9条1項本文に該当するし、その後の課税期間においても、その基準期間の課税売上高が3,000万円以下の場合には、これに該当し、消費税の免税事業者となってしまうことになる。法９条４項の課税事業者選択届出書の制度は、こうした事情に配慮して、基準期間における課税売上高が存在しないか又はその額が低い場合にも、消費税の課税事業者となる道を開くためのものである。この枠組のみでは、事業を開始した者ないしは国内において課税資産の譲渡に係る事業を開始した者において、当該事業を開始した日を含む課税期間についても課税事業者となるためには、事業開始の日より前に課税事業者選択届出書を提出しなければならないことになり、これが不合理であることは明らかであるから、課税事業者選択届出書を提出した日の属する課税期間が事業を開始した日の属する課税期間あるいは国内において課税資産の譲渡に係る事業を開始した日の属する課税期間である場合には、当該課税事業者選択届出書を提出した日を含む課税期間以後の課税期間について、課税事業者となる道を開いたものなのである。

2　Ｘは、平成５年９月７日にゴルフ場の経営等を目的として設立された法人であり、設立以来ゴルフ場開場のための事業を行ってきたことは明らかであり、現に、Ｘは、本件課税期間前の平成９年７月期において、課税仕入れにあたる広告宣伝費を、平成10年７月期にも広告宣伝費を計上し、決済していることが認められる。したがって、Ｘが、課税事業者選択届出書を提出した日である平成11年２月４日の属する課税期間である本件課税期間が、Ｘにとって法９条４項括弧書きの「事業を開始した日の属する課税期間」にも、令20条１号の「国内において課税資産の譲渡に係る事業を開始した日の属する課税期間」にも当たらないことは明らかであるから、Ｘに法９条４項括弧書き（令20条１号の場合も含む。）が適用される余地はないというべきである。ちなみに、令20条１号は、「課税資産の譲渡等に係る事業」と規定しているのであるから、「課税資産の譲渡等」がない場合であっても、

「課税資産の譲渡等」を行うために必要な資材、商品等の仕入れや広告宣伝等の準備行為を行った場合には、「課税資産の譲渡等に係る事業」を行ったことになることは、文理上明らかであり、法9条4項括弧書きの「事業を開始した日」の「事業」も同様に解すべきであることも明らかである。

〔コメント〕

課税事業者の選択は、原則として、課税事業者選択届出書を提出した日の属する課税期間の翌課税期間以後において適用されるのであるが（消法9④）、課税資産の譲渡等に係る事業を開始した場合には、その事業を開始した日の属する課税期間から適用をすることができる（消法9④かっこ書、消令20）。本判決は、課税資産の譲渡等に係る事業を開始した日とは、課税資産の譲渡等がない場合であっても、「課税資産の譲渡等」を行うために必要な資材、商品等の仕入れや広告宣伝等の準備行為を行った場合には、「課税資産の譲渡等に係る事業」を行ったことになると判示している。課税実務上、法人における課税資産の譲渡等に係る事業を開始した日の属する課税期間とは、原則として、その法人の設立の日の属する課税期間をいうのであるが、設立登記を行ったのみで事業活動を行ってなく、その翌課税期間において実質的に事業活動をした場合には、その事業活動をした日の属する課税期間も含まれる（消基通1－4－7）。また、課税資産の譲渡等に係る事業を開始した日に属する課税期間には、その課税期間開始の日の前日まで2年以上にわたって国内において行った課税資産の譲渡等又は課税仕入れ及び保税地域からの課税貨物の引取りがなかった事業者が課税資産の譲渡等に係る事業を再び開始した課税期間も該当する旨の取扱いもある（消基通1－4－8）。Xは、平成9年7月期と同10年7月期において広告宣伝費の支出をしているから、同通達のいう「その課税期間（本件課税期間）開始の日の前日まで2年以上にわたって国内において行った課税資産の譲渡等又は課税仕入れ及び保税地域からの課税貨物の引取りがなかった事業者」に該当しないことは明らかであろう。そうすると、Xは、課税事業者選択届出書を提出した日の属する課税期間の翌課税期間（平成12年7月期）から課税事業者となるのであって、本件課税期間は免税事業者に該当するわけである。

＊　事業を行うために必要な準備行為を行った日の属する課税期間は「課税資産の譲渡等に係る事業を開始した日の属する課税期間」に当たる（国税不服審判所平成29年6月16日裁決・裁決事例集107号157頁）。

＊　国税不服審判所平成5年7月1日裁決（裁決事例集46号225頁）は、請求人が平成2年4月に駐車場を廃業した後、その跡地にマンションを新築し、平成3年6月から事業を開業して、同年7月新規事業の開業届とともに「課税事業者選択届出書」（以下「本件届出書」という。）を提出した上で、消費税の還付申告をした事案につき、「請求人は、廃業した駐車場以外の場所で土地を整備して駐車場として貸し付けており、対価を得て同種の行為を反復、継続、独立して行っていると認められるので、平成元年から課税資産の譲渡等に該当する事業を継続しており、本件課税期間は消費税法第9条第4項に定める「事業を開始した日の属する課税期間」には当たらない。また、本件課税期間に係る基準期間における課税売上高は959万円で免税事業者であるから、本件届出書の提出により課税事業者とされるのは、本件届出書を提出した日の属する課税期間の翌課税期間以後になるので、還付を受けるための申告はできないとするのが相当である。」と説示して、請求を棄却している。

イ　課税事業者選択の不適用

課税事業者となることを選択した事業者は、課税選択の適用をやめようとするとき又は事業を廃止したとき、「課税事業者選択不適用届出書」を所轄税務署長に提出しなければならない（消法9⑤）。「課税事業者選択不適用届出書」を提出した場合には、提出があった日の属する翌課税期間からその効力が生ずる（消法9⑧）。

ただし、課税事業者となることを選択した事業者は、事業を廃止する場合を除き、課税事業者となった課税期間の初日から2年を経過する日の属する課税期間の初日以後でなければ、「課税事業者選択不適用届出書」を提出することができない（消法9⑥）。

また、課税事業者となることを選択した事業者が、①課税事業者となった課税期間の初日から2年を経過する日までの間に開始した各課税期間中に、②調整対象固定資産の仕入れ等を行い、かつ、その仕入れた日の属する課税期間における消費税の確定申告を一般課税で行う（簡易課税制度の適用を受けない）場合には、調整対象固定資産の仕入れ等を行った課税期間の初日から3年を経過する日の属する課税期間の初日以後でなければ、「課税事業者選択不適用届出書」を提出することができない（消法9⑦）。

＊　調整対象固定資産とは、建物及びその附属設備、構築物、機械及び装置、船舶、航空機、車両及び運搬具、工具、器具及び備品、鉱業権等の無形固定資産その他の資産で、消費税等に相当する金額を除いた金額が100万円以上のものをいう（消法2①十六、消令5）。

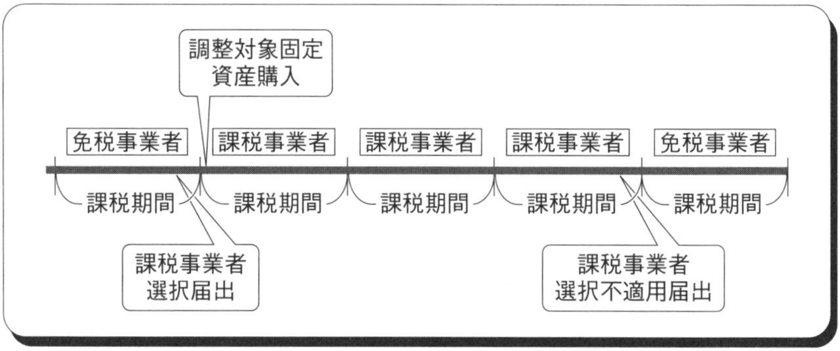

ウ　課税事業者選択届出書等の提出に係る特例

やむを得ない事情があるため「課税事業者選択（不適用）届出書」を提出期限までに提出できなかった場合には、所轄税務署長の承認を受けることにより、その適用を受けようとする課税期間の初日の前日に同届出書を提出したものとみなされる（消法9⑨、消令20の2①②）。

この場合の「やむを得ない事情」には、次のものがある（消基通1－4－16）。

①　天災、火災、自己の責めに帰さない人災が生じた場合など

② その課税期間の末日前おおむね１月以内に相続があった場合で、課税事業者を選択していた被相続人の事業を承継した場合

なお、承認を受けるに際しては、課税事業者選択届出書等について、課税期間開始前に提出できなかった事情等を記載した上で、その事情等がやんだ日から２月以内の申請が必要である（消令20の２③、消基通１－４－17）。

＊ 「特定非常災害」として指定された災害による被災事業者は、国税庁長官が定めた指定日までに「課税事業者選択（不適用）届出書」を提出することにより、本来の期限までに届出書を提出したものとして取り扱われる（措法85の５①③）。

6 相続、合併又は分割があった場合の納税義務の免除の特例

(1) 相続による事業承継があった場合の納税義務の免除

免税事業者である個人事業者が相続により被相続人の事業を承継した場合の納税義務については、次のとおりとなる。

① その年に相続があった場合……相続人のその年の基準期間における課税売上高及び特定期間における課税売上高等が1,000万円以下であっても、被相続人の基準期間における課税売上高が1,000万円を超える場合には、その相続があった日からその年の12月31日までの間における課税資産の譲渡等及び特定課税仕入れについて、納税義務が免除されない（消法10①）。

② その年の前年又は前々年に相続があった場合……相続人のその年の基準期間における課税売上高及び特定期間における課税売上高等が1,000万円以下であっても、相続人及び被相続人のその年の基準期間における課税売上高の合計額が1,000万円を超える場合には、その年における課税資産の譲渡等及び特定課税仕入れについて、納税義務が免除されない（消法10②）。

③ 被相続人が２以上の事業場を有している場合で、２人以上の相続人が

各事業場ごとに分割して承継したときは、「被相続人のその年の基準期間における課税売上高」は、各相続人が承継した事業場に係る部分の課税売上高となる（消法10③、消令21）。

なお、相続財産の分割が実行されるまでの間は、各相続人が共同して被相続人の事業を承継したものとして取り扱う（消基通１－５－５）。

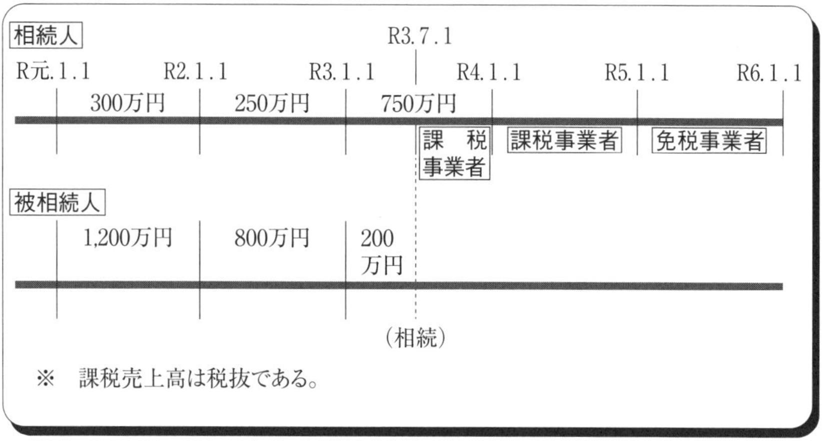

＊「被相続人の事業を承継したとき」とは、相続により被相続人の行っていた事業の全部又は一部を継続して行うため財産の全部又は一部を承継した場合をいう（消基通１－５－３）。国税不服審判所平成17年６月10日裁決（裁決事例集77号469頁）は、「消費税法10条の相続により事業が承継されたか否かについては、請求人及び被相続人が営んでいた労働者の派遣業において、事業遂行上不可欠な要素である取引先及び取引先に派遣する塗装工が被相続人から請求人に承継されているか否かで判断するのが相当であると解されるところ、取引先に関しては、①被相続人の事業を行う上で一身専属的な性質を有するものは必要でないこと、②請求人は被相続人の取引先との取引を継続していること、③請求人と取引先との取引条件は、被相続人が取引していた時と変更されていないことから、被相続人から請求人に承継されていると認めるのが相当である。また、取引先に派遣する塗装工に関しては、①被相続人の相続に際し、被相続人が取引先に派遣していた塗装工を請求人が解雇した具体的事実はないこと、②請求人は、塗装工を継続して取引先に派遣していること、

③請求人が取引先に派遣している塗装工の雇用条件は、被相続人の事業に従事していた時と変更されていないことから、実態として、被相続人から請求人に承継されていると認めるのが相当である。」と判断している。

⑵　合併があった場合の納税義務の免除

ア　吸収合併の場合

①　合併法人の合併があった日の属する事業年度……合併法人の合併事業年度の基準期間における課税売上高及び特定期間における課税売上高等が1,000万円以下であっても、合併法人の合併事業年度の基準期間に対応する期間における被合併法人の課税売上高が1,000万円を超える場合には、その合併があった日からその事業年度終了の日までの間における課税資産の譲渡等及び特定課税仕入れについて、納税義務が免除されない（消法11①）。

②　合併法人の合併があった日の属する事業年度の翌事業年度及び翌々事業年度……合併法人のその事業年度の基準期間における課税売上高及び特定期間における課税売上高等が1,000万円以下であっても、合併法人のその事業年度の基準期間における課税売上高に、その基準期間に対応する期間における被合併法人の課税売上高を加算した金額が1,000万円を超える場合には、その事業年度における課税資産の譲渡等及び特定課税仕入れについて、納税義務が免除されない（消法11②）。

＊　合併法人とは、合併後存続する法人又は合併により設立された法人をいい、被合併法人とは、合併により消滅する法人をいう（消法２①五、五の二）。

イ　新設合併の場合

①　合併法人の合併があった日の属する事業年度……被合併法人のうち、いずれかの法人の合併事業年度の基準期間に対応する期間における課税売上高が1,000万円を超える場合には、その合併があった日の属する事業年度における課税資産の譲渡等及び特定課税仕入れについて、納税義

務が免除されない（消法11③）。

② 合併法人の合併があった日の属する事業年度の翌事業年度及び翌々事業年度……合併法人のその事業年度の基準期間における課税売上高に、その基準期間に対応する期間における各被合併法人の課税売上高を加算した金額が1,000万円を超える場合には、その事業年度における課税資産の譲渡等及び特定課税仕入れについて、納税義務が免除されない（消法11④）。

＊「吸収合併」とは、会社が他の会社とする合併であって、合併により消滅する会社の権利義務の全部を合併後存続する会社に承継させるものをいい、「新設合併」とは、２以上の会社がする合併であって、合併により消滅する会社の権利義務の全部を合併により新設する会社に承継させるものをいう（会社法２①二十七、二十八）。

⑶ 分割等があった場合の納税義務の免除

ア 新設分割等の場合

① 新設分割子法人の分割等があった日の属する事業年度及び翌事業年度……新設分割子法人の基準期間に対応する期間における新設分割親法人の課税売上高が1,000万円を超える場合には、その事業年度における課税資産の譲渡等及び特定課税仕入れについて、納税義務が免除されない（消法12①②）。

② 新設分割子法人の分割等があった日の属する事業年度の翌々事業年度……新設分割子法人が特定要件に該当し、かつ、新設分割子法人の基準期間における課税売上高と新設分割子法人の基準期間に対応する期間における新設分割親法人の課税売上高の合計額が1,000万円を超える場合には、その事業年度における課税資産の譲渡等及び特定課税仕入れについて、納税義務が免除されない（消法12③）。

③ 新設分割親法人の分割等があった日の属する事業年度の翌々事業年度……新設分割子法人が特定要件に該当し、かつ、新設分割親法人の基準

期間における新設分割親法人の課税売上高と新設分割親法人の基準期間に対応する期間における新設分割子法人の課税売上高の合計額が1,000万円を超える場合には、その事業年度における課税資産の譲渡等及び特定課税仕入れについて、納税義務が免除されない（消法12④）。

＊　新設分割等とは、①法人がその事業に関して有する権利義務の全部又は一部を分割により設立する法人に承継させる新設分割（会社法２三十）、②法人が出資割合100％の現物出資をし、その出資により新たに設立する法人に事業の全部又は一部を引き継ぐ場合の新たな法人の設立、③法人が出資割合100％の金銭出資をし、その出資により該当した法人に事後設立契約に基づいて金銭以外の資産を引き継ぐ場合をいう（消法12⑦）。

＊　特定要件とは、新設分割子法人の発行済株式数の50％超を新設分割親法人及びこれと特殊な関係にある者が所有する場合をいう（消法12③）。

イ　吸収分割の場合

①　分割承継法人の分割があった日の属する事業年度及び翌事業年度……分割承継法人の基準期間における課税売上高又はその分割承継法人の基準期間に対応する期間における各分割法人の課税売上高のうちいずれかが1,000万円を超える場合には、その事業年度における課税資産の譲渡等及び特定課税仕入れについて、納税義務が免除されない（消法12⑤⑥）。

②　分割承継法人の分割があった日の属する事業年度の翌々事業年度……分割承継法人の基準期間における課税売上高が1,000万円を超える場合には、その事業年度における課税資産の譲渡等及び特定課税仕入れについて、納税義務が免除されない（消法９①）。

＊　吸収分割とは、株式会社又は合同会社がその事業に関して有する権利義務の全部又は一部を分割後他の会社に承継させることをいう（会社法２二十九）。

＊　分割法人とは、分割した法人をいい、分割承継法人とは、分割により分割法人の事業を承継した法人をいう（消法２①六、六の二）。

7　新設法人の納税義務の免除の特例

その事業年度の基準期間のない法人（社会福祉法22条に規定する社会福祉法人を除く。）のうち、その事業年度開始の日における資本金の額又は出資の金額が1,000万円以上である法人（以下「新設法人」という。）は、その新設法人の基準期間がない事業年度に含まれる各課税期間における課税資産の譲渡等及び特定課税仕入れについて納税義務が免除されない（消法12の2①）。すなわち、新設法人の資本金の額等が1,000万円以上であると、設立当初から課税事業者となる。

また、新設法人及び特定新規設立法人（49頁参照）が、①その基準期間がない事業年度（基本的に2年間）に含まれる各課税期間中に、②調整対象固定資産の仕入れ等を行い、かつ、その仕入れた日の属する課税期間における消費税の確定申告を一般課税で行う（簡易課税制度の適用を受けない）場合には、調整対象固定資産の仕入れ等を行った課税期間の初日から3年を経過する日の属する課税期間までの各課税期間について免税事業者となることができない（消法12の2②、12の3③）。

＊　新設法人及び特定新規設立法人に該当することとなった場合には、その旨を記載した届出書を速やかに納税地の所轄税務署長に提出しなければならない（消法57②）。

＊　調整対象固定資産については371頁を参照されたい。

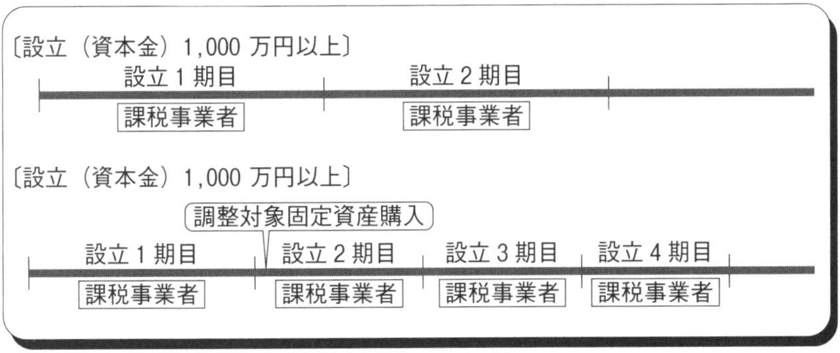

8　特定新規設立法人の納税義務の免除の特例

その事業年度の基準期間がない法人（社会福祉法22条に規定する社会福祉法人を除く。）で、その事業年度開始の日における資本金の額又は出資の金額が1,000万円未満の法人（新規設立法人）のうち、次の①及び②のいずれにも該当するもの（特定新規設立法人）は、当該法人の基準期間のない事業年度に含まれる各課税期間における課税資産の譲渡等及び特定課税仕入れについて納税義務が免除されない（消法12の３①）。

①　その基準期間がない事業年度開始の日において、他の者により当該新規設立法人の株式等の50％超を直接又は間接に保有される場合など、他の者により当該新規設立法人が支配される一定の場合（特定要件）に該当すること。

②　上記①の特定要件に該当するかどうかの判定の基礎となった他の者及び当該他の者と一定の特殊な関係にある法人のうちいずれかの者（判定対象者）の当該新規設立法人の当該事業年度の基準期間に相当する期間（基準期間相当期間）における課税売上高が５億円を超えていること。

9　高額特定資産を取得した場合の納税義務の免除の特例

事業者が事業者免税点制度及び簡易課税制度の適用を受けない課税期間中に、国内における高額特定資産の課税仕入れ又は高額特定資産に該当する課税貨物の保税地域からの引取り（以下「高額特定資産の仕入れ等」という。）を行った場合には、高額特定資産の仕入れ等の日の属する課税期間の翌課税期間からその高額特定資産の仕入れ等の日の属する課税期間の初日以後3年を経過する日の属する課税期間までの各課税期間においては、事業者免税点制度を適用できない（消法12の4①）。

また、事業者が事業者免税点制度及び簡易課税制度の適用を受けない課税期間中に、自己建設高額特定資産の仕入れを行った場合には、その該当することとなった日の属する課税期間の翌課税期間からその建設等が完了した日の属する課税期間の初日以後3年を経過する日の属する課税期間までの各課税期間においては、事業者免税点制度を適用できない（消法12の4①）。

＊　「高額特定資産」とは、棚卸資産又は調整対象固定資産であって、課税仕入れに係る支払対価の額の110分の100に相当する金額、特定課税仕入れに係る支払対価の額又は保税地域から引き取られる資産の課税標準である金額、すなわち税抜価額が一の取引の単位につき、1,000万円以上のものをいう（消令25の5①一）。また、「自己建設高額特定資産の仕入れを行った場合」とは、自己建設高額特定資産の建設等に要した原材料費及び経費に係る税抜価額（事業者免税点制度及び簡易課税制度の適用を受ける課税期間に行ったものを除く。）の累計額が1,000万円以上となった場合をいう（消令25の5①二）。

＊　自己建設高額特定資産とは、他の者との契約に基づき自ら建設等をした資産又は事業者の棚卸資産若しくは調整対象固定資産として自ら建設等をした資産であって、その建設等に要した原材料費及び経費に係る税抜価額（事業者免税点制度及び簡易課税制度の適用を受ける課税期間に行ったものを除く。）の合計額が1,000万円以上のものをいう（消令25の5①二）。

＊　「高額特定資産を取得した場合の納税義務の免除の特例」の適用を受ける課税期間の基準期間における課税売上高が1,000万円以下となった場合には、「高

額特定資産の取得に係る課税事業者である旨の届出書」を速やかに納税地の所轄税務署長に提出しなければならない（消法57①）。

10　高額特定資産である棚卸資産等について調整の適用を受けた場合の納税義務の免除の特例

事業者が高額特定資産である棚卸資産又は課税貨物について、棚卸資産の調整措置の適用を受けた場合には、その適用を受けた課税期間の翌課税期間からその適用を受けた課税期間の初日以後３年を経過する日の属する課税期間までの各課税期間においては、事業者免税点制度を適用できない。また、事業者が、調整対象自己建設高額資産について棚卸資産の調整措置の適用を受けた場合にも、その適用を受けた課税期間の翌課税期間からその適用を受けた課税期間（その適用を受けることとなった日の前日までに建設等が完了していない調整対象自己建設高額資産にあっては、その建設等が完了した日の属する課税期間）の初日以後３年を経過する日の属する課税期間までの各課税期間においては、事業者免税点制度を適用できない（消法12の４②）。

＊　棚卸資産の調整措置については377頁を参照されたい。

＊　「調整対象自己建設高額資産」とは、他の者との契約に基づき自ら建設等をした棚卸資産で、その建設等に要した課税仕入れに係る支払対価の額の110分の100に相当する金額、特定課税仕入れに係る支払対価の額及び保税地域から引き取られる課税貨物の課税標準である金額、すなわち、その建設等のために要した原材料費及び経費に係る税抜価額の累計額が1,000万円以上のものをいう（消令25の５③）。この累計額の計算には、事業者免税点制度及び簡易課税制度の適用を受ける課税期間に行ったものが含まれており、この点が自己建設高額特定資産の計算（消令25の５①二、②）とは異なる。

11　資産の譲渡等を行った者の実質判定

国内取引における消費税の納税義務者は、課税資産の譲渡等及び特定課税仕入れを行った事業者であるが（消法５①）、事業者が事業者免税点制度を利用するため、その売上高の一部を親族等の名義にして課税売上高を1,000万円以下にするなど、租税回避を図る者が出ることも考えられる。そこで、消費税法は、所得税法12条や法人税法11条の例にならい、法律上資産の譲渡等を行ったとみられる者（法律上特定仕入れを行ったとみられる者を含む。）が単なる名義人であって、その対価を享受せず、他の者が享受しているときは、その享受する者が資産の譲渡等を行ったものとすると定めている（消法13①②）。この条文の解釈については、法的実質主義（法律的帰属説）と経済的実質主義（経済的帰属説）の二つの見解がある。課税実務は、「事業に係る事業者がだれであるかは、資産の譲渡等に係る対価を実質的に享受している者がだれであるかにより判定する。」とし（消基通４－１－１）、「生計を一にしている親族間における事業に係る事業者がだれであるかの判定にする場合には、その事業の経営方針につき支配的影響力を有すると認められる者が当該事業の事業主に該当するものと推定する。」旨を明らかにしている（消基通４－１－２）。

＊　大阪地裁平成25年６月18日判決（裁判所HP「行集」）は、消費税法13条が法的実質によるべきことを規定していると判示している（418頁参照）。

裁判例の紹介⑥

公共関連施設の管理運営委託をされた法人が他の法人に再委託した場合の収益の帰属が争われた事例

（広島地裁平成18年６月28日判決・裁判所HP「行集」〔確定〕）

〔事案の概要〕

1　地方公共団体Ａ町は、その所有する温泉旅館等の公共関連施設（以下「本件施設」という。）の運営をＢ社に委託していたが、地方自治法

（平成15年改正前）244条の２に違反するおそれがあるため、平成11年３月31日に公益法人Ｘ（原告）を設立し、Ｘに本件施設の管理運営を委託することとした。そこで、Ａ町とＸは、平成11年４月１日付けで本件施設の管理運営委託契約を締結するとともに、Ｘは、同日付で本件施設の管理運営をＢ社に再委託する契約を締結した。その後、ＸとＢ社は、平成13年３月29日付けで本件施設に関する営業譲渡契約を締結し、以降は、Ｘが本件施設の管理運営を実施するようになった。

2　Ｘは、平成14年６月20日、本件課税期間（平13.４.１～平14.３.31）において、本件施設に係る利用料等が課税資産の譲渡等に当たるとして消費税の申告をした後、平成14年10月11日、「本件課税期間は、設立第１期に当たるので、課税事業者に該当しない」として、更正の請求をした。これに対し、所轄税務署長は、Ｘの基準期間における課税売上高が3,000万円を超えているとして（平成15年改正前の法９条１項）、更正をすべき理由がない旨の通知をした。

〔争点〕

本件施設の管理運営委託された法人が別法人に再委託した場合において、その施設の利用料に係る収益は、再委託を受けた別法人に帰属するか否か。

〔判決の要旨〕

1　消費税法13条は、課税物件（資産の譲渡等）の法律上（私法上）の帰属について、その形式と実質とが相違している場合には、実質に即して帰属を判定すべきであるとするものと解される。すなわち、この規定は、単なる名義人と法律上の真の資産の譲渡等を行った者とがいるとみられる場合には、真の（私法上の）法律関係を明確にし、真の（私法上の）法律関係に従って課税すべきことを要求する趣旨であると解するのが相当である。そして、上記の場合において、真の（私法上の）法律関係を明確にするに当たり、その他の事情に加えて経済的効果や経済的目的をも総合的に考慮するのは、（私法上の）法律関係の解釈において当然なすべきことであって、このことは、真実に存在する法律関係から離れてその経済的効果なり目的なりに即して法律要件の存否を判断することにはならない。したがって、利用料金等が法律上XとBのいずれに帰属するかが争われている本件においては、両者間の契約の内容等を総合的に判断して真の法律上の帰属者を判定する必要がある。

この点、消費税法基本通達4－1－3は、「資産の譲渡等が委託販売の方法その他業務代行契約に基づいて行われるのであるかどうかの判定は、当該委託者等と受託者等との間の契約の内容、価格の決定経緯、当該資産の譲渡等に係る代金の最終的な帰属者がだれであるか等を総合判断して行う。」と定めているところ、これは単なる名義人と法律上の真の資産の譲渡等を行った者とがいるとみられる場合には、仮に形式的には委託という法形式を用いているときであっても、同通達記載の事情等を総合的に考慮することにより真の（私法上の）法律関係を明らかにし、真の（私法上の）法律関係に従って資産の譲渡等を行った者を判定すべきことを規定したものと解されるのであるから、前項の解釈を裏付けるものといえる。

2　事実関係によれば、利用客からB社が受け取った入浴料などの本件施設の利用料金等はいったんはXに振り込まれるが、賃料や電気代、水道代等のいわゆるランニングコストを除いた金額がB社に再度振り込まれるのであるから、Xは一定の賃料（月60万円）とXが負担すべき電気代等を得ることになるにすぎない。そして、それらも結局は別途直ちに支出されることになるのであるから、B社から振り込まれた本件施設の利用料金等による利益はXの手元には残らないようになっているのであって、利用料金等の利益の大半をＢ社が最終的に受け取ることになることは明らかである。したがって、本件施設における事業により挙げられた収入については、経済的にはＢ社に帰属するというほかはない。

〔コメント〕

消費税法13条は、資産の譲渡等の帰属について、名義と実体、形式と実質が一致しない場合の判定基準として、いわゆる実質行為者課税の原則を定めたものであるとされている。本件は、この実質行為者課税の原則に関する裁判例であり、法的実質主義（法律的帰属説）の立場に立っているが、その解釈に当たっては、経済的効果や経済的目的をも総合的に考慮する必要があると論じている。ＸとＢ社との間の委託契約では、①ＸはＢ社に本件施設の管理運営を委託すること、②Ｂ社はＸの指示に従って誠実に管理運営を実施すること、③Ｘに支払う賃料は月60万円とすること、④Ｂ社の施設管理運営に関連する諸費用はＢ社の負担とすること等が定められ、また、⑤ＸとＢ社との間の申合せ事項によれば、本件施設の利用料金及び売上金については、Ｘの指定する口座に振り込むものとし、Ｘは、振り込まれた金額から、賃料、電気代、水道代等のランニングコスト等を差し引いた額をＢ社の指定する口座に委託料として振り込むこととされていることに照らすと、本件施設の管理運営は、形式的にはＸが行っているものの、その実質はＢ社であると判断しているところである。その結果、Ｘの基準期間における課税売上高は、3,000万円以下となり、課税処分は違法であるとした。

12　信託財産に係る資産の譲渡等の帰属

信託とは、委託者が受託者に対して、財産権の移転等をし、受託者が信託目的に従って、受益者のために信託財産の管理・処分等をすることをいう。

信託の受益者（受益者としての権利を現に有するものに限る。）は、当該信託の信託財産に属する資産を有するものとみなし、かつ、当該信託財産に係る資産等取引（資産の譲渡等、課税仕入れ及び課税貨物の保税地域からの引取りをいう。以下、この項に同じ。）は当該受益者の資産等取引とみなして、消費税の規定が適用される（パス・スルー課税、消法14①）。また、信託の変更をする権限を現に有し、かつ、当該信託の信託財産の給付を受けることとされている者（受益者を除く。）は、受益者とみなして上記の規定が適用される（消法14②、以下、受益者及び受益者とみなされる者を併せて「受益者等」という。）。信託契約が成立した場合には、その信託財産の所有権が受託者に移転するから、法律上はその信託財産に係る資産等取引も受託者に帰属するのである。しかし、受託者は信託報酬を受けるのみであって、実質的には受益者等が信託利益を享受するものであるから、法律上の権利者である受託者に課税せず、受益者等がその信託財産を有するものとして課税関係を律することとしたものである（信託課税の原則）。したがって、信託の開始又は信託の終了に伴う信託財産の委託者及び受託者間の資産の移転は、原則として、資産の譲渡等に該当しない（消基通４－２－１）。

ただし、集団投資信託、法人課税信託、退職年金等信託又は特定公益信託等については、現実に信託財産を所有し、その運用等を行っている取引当事者である受託者がその信託財産に属する資産を有しその信託財産に係る資産等取引を行ったものとされる（消法14①、消基通４－２－２）。

なお、法人課税信託の受託者は、各法人課税信託の信託資産等（信託財産に属する資産及び当該信託財産に係る資産等取引をいう。）及び固有資産等（法人課税信託の信託資産等以外の資産及び資産等取引をいう。）ごとに、それぞれ別の者とみなして、消費税法の規定が適用される（消法15②）。

＊　集団投資信託とは、①合同運用信託、②証券投資信託、国内公募型投資信託、外国投資信託、③特定受益証券発行信託をいう（法法２二十九）。

＊　法人課税信託とは、①受益証券発行信託（特定受益証券発行信託を除く。）、②受益者等が存しない信託、③法人が委託者となる信託で一定のもの、④投資

信託（集団投資信託及び退職年金等信託を除く。）、⑤特定目的信託をいう（法法2二十九の二）。

＊　退職年金等信託とは、厚生年金基金契約、確定給付年金資産管理運用契約、確定給付年金基金資産運用契約、確定拠出年金資産管理契約、勤労者財産形成給付契約若しくは勤労者財産形成基金給付契約、国民年金基金若しくは国民年金基金連合会の締結した契約又はこれらに類する退職年金に関する契約で一定のものに係る信託をいう（法法12④一）。

＊　特定公益信託等とは、特定公益信託及び加入者保護信託をいう（法法12④二）。

13　法人課税信託の受託者に関する消費税法の適用

法人課税信託の受託者は、各法人課税信託の信託資産等及び固有資産等ごとに、それぞれ別の者とみなして消費税法が適用される（消法15①）。この場合において、各法人課税信託の信託財産等及び固有資産等は、そのみなされた各別の者にそれぞれ帰属するものとされる（消法15②）。

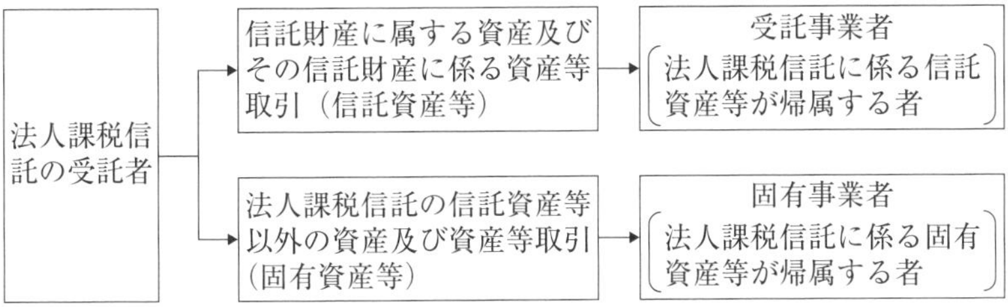

14　消費税の納税地

納税地は、租税に関し納税者と国との間の法律関係の結びつきを決定する場所である。納税者が国税に関する法律に基づいて申告、申請、請求、届出、納付等の行為をするには、その相手方となるべき税務官庁を決定する基準となるのが納税地であり、また、国が納税者に対して国税に関する法律に基づく承認、更正、決定、徴収等の行為をなす場合には、その権限を有する税務官庁を決定する基準となるのが納税地である。

(1) 個人事業者の納税地

原則として、住所地とされるが、国内に住所を有しない場合は、居所、事務所等又は資産を有するかどうかなどの態様に応じて、それぞれの納税地が定められている（消法20）。また、①国内に住所のほか居所を有する者、②国内に住所又は居所を有し、かつ、事務所等を有する者にあっては、所轄税務署長に届け出ることにより居所地又は事務所等の所在地を納税地とすることができる（納税地の特例、消法21）。

(2) 法人の納税地

国内に本店又は主たる事務所を有する法人（内国法人）は、その本店又は主たる事務所の所在地とされるが、外国法人で国内に事務所等を有する法人はその事務所等の所在地が納税地となる（消法22）。

* 納税地が不適当を認められる場合には、国税局長等は納税地の指定をすることができる（消法23）。

* 納税地に異動があった場合には、納税者は、遅滞なくその異動前の納税地の所轄税務署長にその旨を届け出なければならない（消法25）。ただし、個人事業者にあっては、令和5年1月1日以後、納税地の変更等の届出を要しない（令和4年所法等改正附則1三、19②③）。

(3) 外国貨物に係る納税地

保税地域から引き取られる外国貨物に係る納税地は、その保税地域の所在地となる（消法25）。

第2章　消費税の課税対象

1　概　要

消費税の課税対象は、国内において事業者が行った資産の譲渡等及び特定仕入れ（国内取引）並びに保税地域から引き取られる外国貨物（輸入取引）である（消法4①②）。消費税は内国消費税であり、国内で消費される財貨やサービスに対して負担を求めるからである。したがって、国外で行われる取引は、課税の対象とならないし、国内取引であっても資産の譲渡等及び特定仕入れに当たらない取引や事業者以外の者が行う取引は、課税の対象外である（これらの取引を「不課税取引」という。）。

また、課税の対象となるものであっても、①消費税の性格や社会政策的見地等から非課税取引とするもの、②消費地課税主義の見地から輸出取引を免税とするものがある。

事業者が行う取引の関係

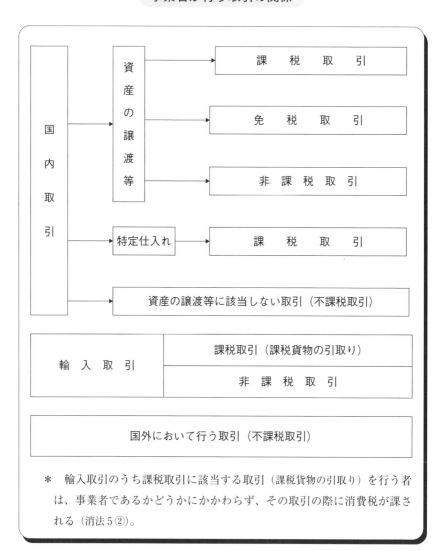

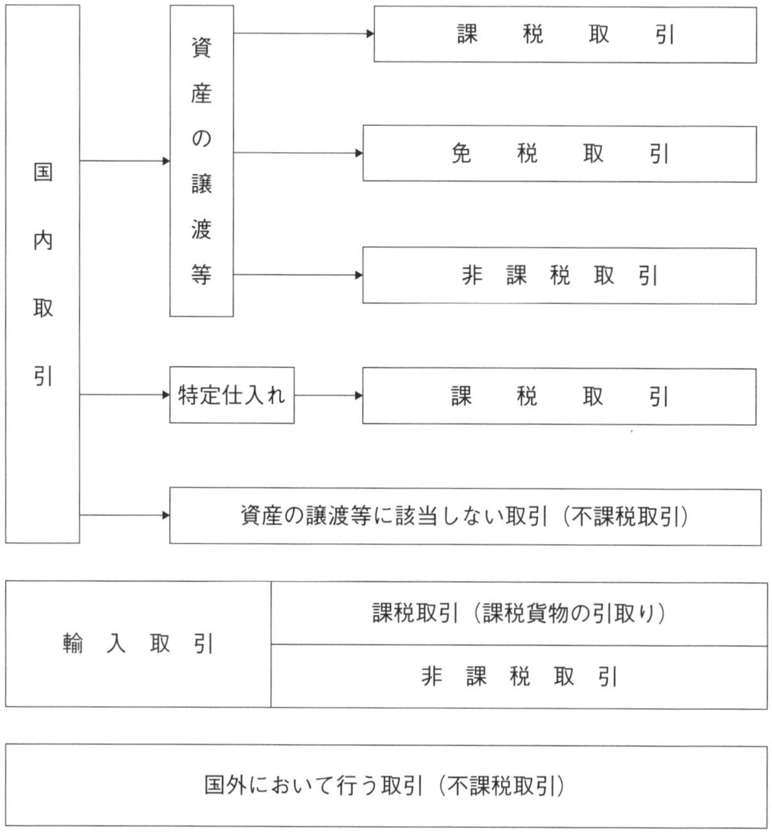

＊　輸入取引のうち課税取引に該当する取引（課税貨物の引取り）を行う者は、事業者であるかどうかにかかわらず、その取引の際に消費税が課される（消法５②）。

2　国内取引に係る課税の対象

国内取引に係る課税の対象は、国内において事業者が行う資産の譲渡等及び特定仕入れである。資産の譲渡等とは、事業として対価を得て行われる資産の譲渡及び貸付け（資産に係る権利の設定等の資産を使用させる一切の行為を含む。）並びに役務の提供をいう（消法２①八、２②、４①）。資産とは、棚卸資産・固定資産等の有形資産のほか、商標権・特許権等の無形資産等の取引の対象となる一切の資産をいう（消基通５－１－３、82頁参照）。また、「特定仕入れ」とは、事業として他の者から受けた特定資産等の譲渡等をいい、「特定資産等の譲渡等」とは「事業者向け電気通信利用役務の提供」及び「特定役務の提供」をいう（消法２①八の二）。

したがって、国内取引の課税範囲は、次の要件のすべてを満たす取引をいうことになる。

① 国内において行うものであること。

② 事業者が事業として行うものであること。

③ 対価を得て行われるものであること。

④ 資産の譲渡等及び特定仕入れであること。

(1) 国内取引の判定

ア 資産の譲渡等

資産の譲渡等とは、事業として対価を得て行われる資産の譲渡及び貸付け並びに役務の提供をいい（消法２①八、②）、特定資産の譲渡等に該当するものは除かれる（消法４①かっこ書）。

資産の譲渡等の行われた場所が国内にあるかどうかは、次の区分に応じ、それぞれの場所が国内にあるかどうかにより判定する（消法４③④、消令６）。

(ア) 資産の譲渡又は貸付け

原則……取引の時における資産の所在場所。

例外……資産の所在場所の判定が困難なもの。

・船舶……船舶の登録をした機関の所在地。登録を受けていない船舶は、譲渡又は貸付けを行う者の譲渡又は貸付けに係る事務所等の所在地。

・航空機……航空機の登録をした機関の所在地。

・鉱業権、租鉱権、採石権等……鉱区、租鉱区、採石場、樹木採取区の所在地。

・特許権、実用新案権、意匠権、商標権等……権利の登録をした機関の所在地。

・著作権（出版権、著作隣接権を含む。）……譲渡又は貸付けを行う者の所在地。

・営業権、漁業権、入漁権……これらの権利に係る事業を行う者の住所地。

・券面のある有価証券……券面の所在していた場所の所在地。

・券面のない有価証券……原則として、振替機関の所在地。

(イ)　役務の提供（電気通信利用役務の提供を除く。）

原則……役務の提供を行った場所。

例外……役務の提供が国内及び国内以外の地域にわたって行われるもの。

・国際運輸……出発地若しくは発送地又は到着地。

・国際通信……発信地又は受信地。

・国際郵便……差出地又は配達地。

・保険……保険事業者の事務所等の所在地。

・専門的な科学技術に関する知識を必要とする調査、企画、立案等に係る役務の提供で生産施設等の建設又は製造に関するもの……生産設備等の建設又は製造に必要な資材の大部分が調達される場所。

・上記以外の役務の提供で国内及び国内以外の地域にわたって行われる役務の提供……役務の提供を行う者の役務の提供に係る事務所等の所在地。

㈦ 電気通信利用役務の提供の場合

電気通信利用役務の提供を受ける者の住所若しくは居所（現在まで引き続いて１年以上居住する場所をいう。）又は本店若しくは主たる事務所の所在地。

＊ 電気通信利用役務の提供が国内において行われたかどうかは、事業者が行う次のような電気通信利用役務の提供であっても、国内取引に該当する（消基通５-７-15の２）。

① 国内に住所を有する者に対して、その者が国外に滞在している間に行うもの

② 内国法人の国外に有する事務所に対して行うもの

㈣ 金融取引

当該貸付け又は行為に係る事務所等の所在地。

イ 特定仕入れ

特定仕入れである特定資産の譲渡等が国内で行われたかどうかの判定は、次のとおりである（消法４③二、三、④）。

㈠ 事業者向け電気通信利用役務の提供の場合

事業者向け電気通信利用役務の提供を受ける者の住所若しくは居所（現在まで引き続いて１年以上居住する場所をいう。）又は本店若しくは主たる事務所の所在地。

ただし、国内事業者が国外事業所等において受ける「事業者向け電気通信利用役務の提供」のうち、国内以外の地域で行う資産の譲渡等のみに要するものである場合は国外取引とする。また、国外事業者が恒久的施設で受ける「事業者向け電気通信利用役務の提供」のうち、国内で行う資産の譲渡等に要するものである場合は国内取引とする。

＊ 国外事業所等とは、所得税法95条４項１号又は法人税法69条４項１号に規定する国外事業所等（国外にある恒久的施設に該当するもの等）をいう。

㈡ 特定役務の提供の場合

役務の提供を行った場所。

裁判例の紹介⑦

スポンサー企業との間の契約に基づくカーレース参戦等の事業は、国内及び国内以外の地域にわたって行われる役務の提供に当たるとされた事例

（東京地裁平成22年10月13日判決・訟月57巻２号549頁〔確定〕）

〔事案の概要〕

Ｘ（原告）は、東京都に本店を有し、国内外におけるカーレースへの参戦等の企画運営を行う法人であるところ、各スポンサー企業Ｐら４社との間において、アメリカを中心として開催されている自動車レース（インディーレーシングレース）の参戦等に係る契約を締結した。そのうち、Ｐとの間の契約内容は、①Ｘは、本レース（日本国内において開催される１レースを含む。）に参戦するチームを運営すること、②Ｘは、本レースの参戦につき、ドライバーの管理及びマネジメント業務を行うこと、③Ｐは、契約金として470万米ドル及びこれに係る消費税等相当額をＸに支払うこと、④Ｘは、本レースに使用されるレーシングカー、ドライバースーツ等にスポンサー企業指定のステッカー又はワッペンを貼付すること、⑤Ｐは、ドライバー、チームスタッフ及びレーシングカーを撮影した写真、映画、ビデオ等の著作物につき、販売促進及び宣伝のために使用することができること等であった（Ｐ以外の各社との契約もほぼ同様である。）。

〔争点〕

カーレースへの参戦等を行う法人がスポンサー契約に基づいてした役務の提供は、国内又は国外のいずれの地で行われたかどうか。

〔判決の要旨〕

1　消費税法施行令6条2項7号（現行6号）の趣旨は、消費税法上の原則的な扱いとしては役務の提供が行われた場所を管轄の基準とするが、個々の役務の提供が国内及び国内以外の地域にわたって行われる場合には、役務の提供場所の把握が事実上極めて困難であることにかんがみ、国内に事務所等の物理的な存在のある事業者についてのみ課税を行うことで課税上の便宜及び明確化を図ったものと解される。そうすると、国内及び国内以外の地域にわたって行われる役務の提供であっても、当該役務の現実的な提供場所が国内と国内以外の地域とに区分することができ、かつ、これらの役務の提供に係る対価の額が国内の役務に対応するものと国内以外の地域の役務に対応するものとに合理的に区分されるものは、国内の役務に対応する対価の額をもって消費税等の課税標準を定めることが可能である（消法28①参照）から、同号にいう「国内及び国内以外の地域にわたって行われる役務の提供その他の役務の提供」には当たらないものと解される。一方、国内及び国内以外の地域にわたって行われる役務の提供のうち、役務の提供に係る対価の額が国内の役務に対応するものと国内以外の地域の役務に対応するものとに合理的に区分されていないものについては、当該役務の現実的な提供場所が国内と国内以外の地域とに区分することができたとしても、対価の額に対応する役務の提供場所の特定ができないから、同号の趣旨が当てはまるものといえる。

したがって、同号における「国内及び国内以外の地域にわたって行われる役務の提供」とは、役務の提供が国内と国外との間で連続して行われるもののほか、同一の者に対して行われる役務の提供で役務の提供場所が国内及び国内以外の地域にわたって行われるもののうち、その対価の額が国内の役務に対応するものと国内以外の地域の役務に対応するものとに合理的に区別されていないものをいうと解するべきである（消基通5-7-15後段参照）。

2　Pとのスポンサー契約においてXが負担した役務の提供は個々のレース参戦に限定されていると評価することはできず、ドライバーの管理及びマネジメント業務やドライバー等の肖像権のPによる無償使用等にわたるものと解するべきであり、各年における16戦ないし17戦のレース参戦と上記のその余の役務提供に対し、一括して470万米ドルの契約金が定められたものといえ、もとより、これらXが受領する対価が、国内を提供場所とする役務の対価と国内以外の場所を提供場所とする役務の対価とに合理的に区別できるとも解されない。したがって、XがPとのスポンサー契約において負担した上記役務の提供は、その全体が各年の契約金を対価としているものと認められ、その対価の額が国内の役務に対応するものと国内以外の地域の役務に対応するものとに合理的に区別されていない（仮にレース参戦の点だけからみるとしても、その役務の提供自体が国内及び国内以外の地域にわたって行われるものであるだけでなく、その対価の額が国内の役務に対応するものと国内以外の地域の役務に対応するものとに合理的に区別されているとはいえない。）から、「国内及び国内以外の地域にわたって行われる役務の提供」（消令6②六）に当たる。

そうすると、XとPとのスポンサー契約においてXの役務の提供に係る事務所等の所在地が国内にあるか否かにより課税対象該当性の有無が判断される。そして、同号にいう「事務所等」とは、役務の提供に直接関連する事業活動を行う施設をいうものと解され、その所在地をもって、役務の提供場所に代わる課税対象となるか否かの管轄の基準としている趣旨からすれば、当該役務の提供の管理・支配を行うことを前提とした事務所等がこれに当たると解されるというべきである。

3　Pとのスポンサー契約においてXが負担した役務の提供はレース参戦に尽きるものではなく、ドライバーの管理及びマネジメント業務、ドライバー等の肖像権の無償使用等にわたるものであるところ、Xは、国内に本店事務所、カート事務所及び工場を有する一方、レースについてはアメリカ所在のＰ７社とのレースオペレーション契約に基づいて専ら同社により行われていることから、Xの上記役務の提供に係る事務所等に当たるのはXの本店事務所であると認められる。したがって、XがＰとのスポンサー契約よって行った役務の提供に係る事務所等の所在地は日本国内であると認められる。

〔コメント〕

資産の譲渡等の行われた場所が国内にあるかどうかは、原則として、役務の提供を行った場所により判定するのであるところ、Xは、「本件スポンサー契約が国外レースへの参戦を目的として締結され、Xの役務提供は国外で行われることが契約において予定されていると認められるというべきであるから、本件各スポンサー契約における契約金は、国外での役務提供の対価であり、消費税の課税対象とならない。」と主張した。これに対し、本判決は、Xが負担した役務の提供はレース参戦に尽きるものではなく、ドライバーの管理及びマネジメント業務、ドライバー等の肖像権の無償使用等にわたるものであるとし、また、Xが受領する役務提供の対価の額が国内の役務に対応するものと国内以外の地域の役務に対応するものとに合理的に区別されていないから、消費税法施行令６条２項６号に規定する「国内及び国内以外の地域にわたって行われる役務の提供」に当たると説示した上で、役務の提供はXの本店事務所等の所在地である国内で行われたものと結論づけている。

なお、本件では、消費税法施行令６条２項６号に規定する「役務の提供に係る事務所等」が日本国内におけるXの本店事務所等であるか、それとも、アメリカに所在するＰ７社の工場内にあるかどうかという点も争点となっている。

裁判例の紹介⑧

米国アマゾン社から受けた役務の提供に対する支払手数料は、仕入税額控除の対象とならないとされた事例

（東京地裁令和４年４月15日判決・公刊物未登載、TAINS）

（東京高裁令和４年12月８日判決・公刊物未登載、TAINS〔確定〕）

〔事案の概要〕

1　X（原告・控訴人）は、米国アマゾン社及び日本アマゾンとの間の「アマゾン契約」に基づき、平成18年12月頃から、インターネット上のウェブサイトであるアマゾンに、主としてCD、DVD、書籍等の商品を出品し、販売していた。アマゾン契約におけるサービスは、販売者向けの自由選択制のサービスであり、出品サービス及びFBAサービスを含んでいる。出品サービス及びFBAサービスの利用が日本で行われた場合、出品サービスの契約当事者は米国アマゾン社であり、FBAサービスの契約当事者は日本アマゾン社である。

①　出品サービス……サービスの利用者がアマゾンにおいて直接販売するために商品を掲載するためのサービスであり、サービス利用者の商品を特定のアマゾンサイトに掲載し、販売促進及びプロモーションを行うことを内容とする。出品サービスの利用者は、「販売手数料」、「カテゴリー成約料」、「毎月前払いかつ返品不可である出品手数料」及び「アマゾン契約に定められたその他の適用料金」を支払う。

②　FBAサービス……サービスの利用者の商品の出荷・配送に関連するサービスである。FBAサービスの利用者は、料金価格表に規定する料金を支払う。

2　Xは、平成27年１月30日、税務調査を受けて、本件各課税期間（平成21年から平成25年までの５期間）の消費税等の期限後申告書を提出したところ、所轄税務署長は、平成29年３月30日付けで、Xに対し、本件各課税期間に係る消費税等の各更正処分及び無申告加算税の各賦課決定処分をした。

〔争点〕

出品サービスに係る役務の提供に対してXが支払った手数料（以下「出品手数料」という。）は、消費税法30条１項に規定する仕入税額控除の対象となる課税仕入れに該当するかどうか。

〔判決の要旨〕

1　消費税法30条１項は、事業者が、国内において行う課税仕入れについては、仕入税額控除の対象となる旨を定めているところ、同法施行令６条２項７号（現行６号）は、同項１号ないし６号において列挙された役務の提供以外のもので国内及び国内以外の地域にわたって行われる役務の提供その他の役務の提供が行われた場所が明らかでないものについては、役務の提供を行う者の役務の提供に係る事務所等の所在地が国内にあるかどうかにより判断するものとしている。そして、消費税法施行令６条２項７号にいう「事務所等」とは、当該役務の提供に直接関連する事業活動を行う施設をいうものと解される。

2　出品サービスは、サービス利用者がアマゾンにおいて直接販売するために商品を掲載するためのサービスであり、サービス利用者の商品を特定のアマゾンサイトに掲載し、販売促進及びプロモーションを行うことを内容とするものであるところ、掲載された商品はインターネット上に開設されたアマゾンのサイトを通じて、全世界の人々が閲覧できるのであるから、出品サービスは、全世界の人々がXの商品に関する情報を閲覧することを可能にするものといえ、また、その役務提供の対価である出品手数料が国内の役務に対応する部分と国内以外の地域の役務に対応する部分とに合理的に区分されているとはいえない。そうすると、出品サービスは、「国内及び国内以外の地域にわたって行われる役務の提供その他の役務の提供が行われた場所が明らかでないもの」（消令6条2項7号）に該当するものと認められる。

3　出品サービスの契約当事者及び出品手数料の支払先はいずれも米国アマゾン社であると認められることからすれば、出品サービスに係る「役務の提供を行う者」は、米国アマゾン社であるといえ、米国アマゾン社の事務所等の所在地が米国にあることからすれば、出品サービスの役務の提供に直接関連する事業活動を行う施設であって、当該役務の提供の管理・支配を行うことを前提とした事務所等は、米国国内に所在していると認めるのが相当である。

4　消費税法施行令6条2項2号は、国内及び国内以外の地域にわたって行われる通信については、当該役務の提供が行われた場所は発信地又は受信地とする旨を定めている。平成27年度改正により、FAX、電報、データ伝送、インターネット回線等の電気通信回線を介して行われる役務の提供は「電気通信利用役務の提供」に該当することとなった一方で、消費税法施行令6条2項2号については、上記改正の対象とはされなかったことに鑑みると、同号の「通信」とは、FAX、電報、データ伝送、インターネット回線等の電気通信回線を利用して行う通信そのものをいうと解するのが相当である。これを本件についてみると、出品サービスは、サービス利用者がアマゾンにおいて直接販売するために商品を掲載するためのサービスであり、米国アマゾン社は、サービス利用者の商品を特定のアマゾンサイトに掲載し、販売促進及びプロモーションを行うこととされているのであって、その内容は、電気通信回線を利用して行う通信そのものにとどまらないのであるから、消費税法施行令6条2項2号の「通信」に該当するものとは認められない。

〔コメント〕

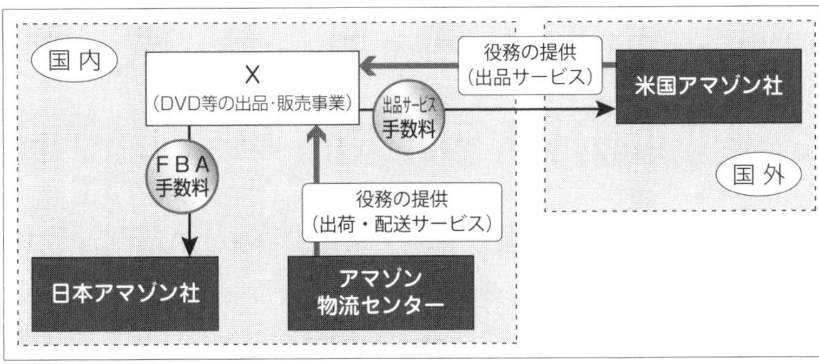

本件は、インターネット上のウェブサイトにDVD等の商品を出品し、販売する事業を営んでいたXが米国アマゾン社に支払った役務提供の対価(出品サービス手数料)について、仕入税額控除となるか否かが争われたものである。本判決は、①出品サービスは、サービス利用者がアマゾンにおいて直接販売するために商品を掲載するためのサービスであること、②アマゾンサイトに掲載された商品はインターネット上に開設されたアマゾンのサイトを通じて、全世界の人々が閲覧できること、③出品手数料が国内の役務に対応する部分と国内以外の地域の役務に対応する部分とに合理的に区分されていないこと等から、出品サービスは、「国内及び国内以外の地域にわたって行われる役務の提供その他の役務の提供が行われた場所が明らかでないもの」に該当するとし、出品サービスに係る「役務の提供を行う者」は、米国アマゾン社であり、同社の事務所等は米国国内に所在するから、仕入税額控除の対象ではないと判断している。Xは、「出品サービスは、国内及び国内以外の地域にわたって行われる通信に該当し(消令6②二)、その受信地は日本国内であるから、出品サービスに係る役務の提供は日本国内で行われたものと認められる」旨主張するが、裁判所は、「出品サービスは、サービス利用者がアマゾンにおいて直接販売するために商品を掲載するためのサービスであり、電気

通信回線を利用して行う通信そのものにとどまらない」と説示してＸの主張を排斥している。

なお、FBAサービスの契約当事者は日本アマゾン社であり、課税庁も、本件各課税期間のうち平成22年12月期を除く部分を仕入税額控除の対象としている。平成22年12月期については、帳簿及び請求書等の保存の有無が争点となったのである。

＊　東京地裁令和３年６月２日判決（税資271号順号13572、Ｘは控訴）は、輸出物品販売場の許可を得て、主に海外からの訪日ツアー客向けに商品の販売を行う店舗の経営を行うＸ（原告・控訴人）が、３月ごとに区分した各課税期間につき、国外のランドオペレーター（集客旅行社の依頼を受け、旅行先のホテル、レストラン、ガイドやバス・鉄道等の手配・予約を専門に行う会社をいう。）から受けた役務の提供が「国内において行った課税仕入れ」に該当するものとして、課税仕入れに係る支払対価の額に含めて消費税等の確定申告をしたことの当否が争われた事案である。裁判所は、「ランドオペレーターの役務の内容は、①ガイドを選任し、Ｘの店舗に訪日ツアー客を誘引して、買物をさせること、②ランドオペレーター又はその指示を受けたガイドがＸに対し、訪日ツアー客の名簿を送付し、手数料の額の計算ができるようにすることにより構成されるＸの商品の購入に向けられた一連の行為である。」とした上で、「ランドオペレーターは国内に事務所等を有しておらず、その役務の提供は、ランドオペレーターの国外事務等から国内のＸ及びガイドに対して行われたものであり、一方、ガイドによって行われたＸの店舗に訪日ツアー客を誘引して買物をさせるなどの役務の提供は、国内において行われたものといえるから、ランドオペレーターの提供した役務の対価である手数料の額は国内役務に対応するものと国内以外の地域の役務に対応するものとに合理的に区分されているとはいえない。

そうすると、本件手数料と対価関係にあるランドオペレータがＸに対して行った役務の提供は、消費税法施行令６条２項６号に規定する「国内及び国内以外の地域にわたって行われる役務の提供」に該当するものと認められるところ、ランドオペレータは国内に事務所等を有していないから、当該役務の提供は、消費税法30条1項に規定する「国内において行った課税仕入れ」に該当しない。」と結論づけている。

＊　国内の旅行会社が訪日旅行ツアーを主催する海外旅行会社との間で行った取引は、輸出免税に当たらないとする判決がある（190頁参照）。

⑵　事業者が事業として行う取引

消費税は、国内において事業者が事業として行う取引を課税対象としており、事業者以外の者が行う取引や個人事業者が非事業として行う取引は課税の対象外である。「事業者」とは、個人事業者（事業を行う個人）及び法人をいい（消法２①三、四）、人格のない社団等は法人とみなされるし（消法３）、国や地方公共団体も法人であり事業者に該当する（消法60①）。

なお、「事業」とは、同種の行為を反復、継続、独立して行うことをいい（消基通５-１-１）、規模の大小を問わないし、事業活動に付随して行われる取引もこれに含まれる（消令２③）。

＊　消費税法施行令２条３項に規定する「その性質上事業に付随して対価を得て行われる資産の譲渡及び貸付け並びに役務の提供」には、次に掲げるものが該当する（消基通５-１-７）。

① 職業運動家、作家、映画･演劇の出演者等で事業者に該当するものが対価を得て行う他の事業者の広告宣伝のための役務の提供（コマーシャル出演等）。

② 職業運動家、作家等で事業者に該当するものが対価を得て行う催物への参加又はラジオ放送若しくはテレビ放送等に係る出演その他これらに類するもののための役務の提供。

③ 事業の用に供している建物、機械等の売却。

④ 利子を対価とする事業資金の預入れ。

⑤ 事業の遂行のための取引先又は使用人に対する利子を対価とする金銭の貸付け。

⑥ 新聞販売店における折込広告。

⑦ 浴場業、飲食業等における広告の掲示。

＊　個人事業者が生活の用に供している資産を譲渡する場合の当該譲渡は、「事業」として行われるものではないから、課税対象とならない（消基通５-１-１㈱１）。したがって、例えば、会社員が自宅に設置した太陽光発電設備による

余剰電力を売却しても、課税対象に該当しないのであるが、その発電した全量を売却した場合には、「事業」として行われた取引に該当し、課税対象となる（国税庁HP「質疑応答事例」参照）。

裁判例の紹介⑨

消費税法にいう「事業」の意義が問われた事例

（名古屋高裁金沢支部平成15年11月26日判決・税資253号順号9473）
（最高裁平成16年6月10日第一小法廷決定・税資254号順号9666は上告棄却）

〔事案の概要〕

X（原告･控訴人・上告人）は、平成9年4月8日にA社を設立し、それまで個人で営んでいた建設機械修理業をA社に引き継ぐとともに、A社に対し、X所有の工場、倉庫及び事務所（3棟の建物）を月額15万円で賃貸した。Xは、平成11年2月26日、本件課税期間（平10.1.1～平10.12.31）の消費税等に関して、課税標準額を171万円余とする申告をした後、平成12年3月31日、A社に対する建物の賃貸（以下「本件賃貸」という。）が消費税法上の事業に該当しないとして、消費税の課税標準額を0円とする更正の請求を行った。これに対し、所轄税務署長は、更正をすべき理由がない旨の通知処分をした。

〔争点〕

個人が所有する建物（3棟）の貸付けは、「事業者が事業として行う取引」に該当するか。

〔判決の要旨〕

1　消費税法は、「国内において事業者が行った資産の譲渡等には、この法律により、消費税を課する。」と規定し、「事業者」については「個人事業者及び法人をいう。」と、「個人事業者」について「事業を行う個人をいう。」とそれぞれ定義し、併せて、「資産の譲渡等」について「事業として対価を得て行われる資産の譲渡等及び貸付け並びに役務の提供（中略）をいう。」と定義しているが、「事業」自体の一般的な定義規定を置いていない。そこで、「事業」の意義については、消費税法の制定趣旨及び目的等に照らして解釈すべきものである。

2　消費税法と所得税法とは、着目する担税力や課税対象を異にするものであるから、このような性質の異なる両法の規定中に同一の文言があるからといって、直ちに、それを同一に解釈すべきことにはならない。そして、消費税法が、消費に広く負担を求めるという観点から制定されたこと（税制改革法11条１項）に照らすと、その課税対象を、所得税法上の１課税区分を生じさせるにすぎない「事業」と同一の範囲における資産の譲渡等に限定しているものと解すことはできない。以上説示したとおり、消費税の趣旨・目的等に照らすと、消費税法の「事業」の意義内容は、所得税法上の「事業」の概念と異なり、その規模を問わず、「反復･継続･独立して行われる」ものであるというべきである。したがって、本件賃貸は、Ｘが反復･継続･独立して対価を得て行った資産の貸付けであるから、Ｘは、消費税法２条３号の「個人事業者」に、本件賃貸は同条８号の「資産の譲渡等」にそれぞれ該当する。

〔コメント〕

所得税法にいう「事業」とは、「自己の危険と計算において利益を得ることを目的として継続的に行われる経済活動」と定義することができるが、裁判例では、「営利性・有償性を有し、かつ、反復・継続して営まれる業務であって、社会通念上事業と認められるもの」をいうとするものが少なくない。不動産の貸付けが「事業」として行われているかどうかの判定に当たっても、社会通念上事業と称する程度の規模であるかどうかによるのであるが、所得税の課税実務は、①貸間、アパート等については、貸与することができる独立した室数が概ね10以上、②独立家屋の貸付けについては、概ね5棟以上のいずれかの形式基準に該当すると、その不動産の貸付けは「事業」として行われているものとされている（所基通26-9）。他方、消費税の課税実務では、「事業として」とは、対価を得て行われる資産の譲渡及び貸付け並びに役務の提供が反復、継続、独立して行われることをいうとされており、所得税のような形式基準を採っていない（消基通5-1-1）。本判決は、消費税法上の「事業」概念は、所得税法上の事業とは異なると説示している。

所得税法等の規定では、不動産所得を生ずべき業務が事業として行われているか否かによって、①資産損失の必要経費算入（所法51①④、72①）、②貸倒損失（所法51②、64①）、③貸倒引当金（所法52①②）、④事業専従者給与等（所法57①③）、⑤青色申告特別控除（措法25の2③）、⑥確定申告における延納に係る利子（所法45①二、所令97①一）の取扱いについて差異を向けているから、本判決が指摘するとおり、消費税法の「事業」概念と異なるといえよう。

なお、東京地裁平成7年6月30日判決（訟月42巻2号397頁〔確定〕）では、租税特別措置法69条の4（小規模宅地等についての相続税の課税価格の計算特例）の適用の有無が争われた事案につき、「租税特別措置法及び相続税法においては、事業概念についての定義規定等の特別の定めが置かれてないことから、その事業の意義については、税法の一般概念及び本件特例制定の趣旨、目的により解釈すべきことになる。」とした上で、「租税特別措置法の立法の経緯、目的からすれば、本件特例は、個人の生活基盤の保護という側面のみならず、個人事業の承継の保護の側面や事業が雇用の場であり取引先等との密接な関係を有することによる処分面での制約等をも考慮したものといわざるを得ず、その事業概念を所得税法上の事業と別異に解すべき制度趣旨からの要請があるとまでは断定できないものといわざるを得ない。」として、本件特例における事業概念は、所得税法上の事業概念と同一の意義のものと解している。

＊　東京地裁平成30年１月23日判決（裁判所HP「行集」）〔確定〕は、パチンコ業を営むＸ（原告）が不動産売買業Ａ社から受ける宅地等分譲により生じた利益に係る所得につき、所得税法上の所得区分等が争われた事例である。裁判所は、「Ｘが本件宅地等分譲において果たした役割あるいは関与の程度に加え、Ｘが本件宅地等分譲の意思決定に関わり得る地位にあったことに鑑みれば、Ｘは、本件宅地等分譲に関して、実質的にＡ社と共同してその事業を営む者としての地位を有するものと認めるのが相当である。」と説示して、Ｘが受ける宅地等分譲による利益は事業所得を生ずべき「事業」に当たり、ＸがＡ社との間の損失負担を巡る裁判に要した弁護士費用等については、消費税法に規定する「課税仕入れ」に該当すると断じている。

(3)　対価を得て行う取引

消費税は、対価を得て行われる取引に課税することとしており、対価性のない無償の取引等は、個人事業者の家事消費及び法人の役員に対する資産の贈与（みなし譲渡）を除き、課税の対象外としている（消法２①八、４⑤、消基通５－１－２）。対価を得て行われる資産の譲渡等には、次の行為が含まれる（消法２①八、消令２①）。

①　代物弁済による資産の譲渡……債務者が約定された弁済の手段に代えた他の給付をもって弁済する場合の資産の譲渡をいう（消基通５－１－４）。

②　負担付贈与による資産の譲渡……その贈与に係る受贈者に一定の給付をする義務を負担させる資産の贈与をいう（消基通５－１－５）。

③　金銭以外の資産の出資（特別の法律に基づく承継に係るものを除く。）……法人の設立又は新株の発行に際して、金銭出資に代えて金銭以外の資産を出資（現物出資）することをいい、事後設立に係る金銭以外の資産の譲渡を含まない（消基通５－１－６）。

④　特定受益証券発行信託又は法人課税信託の委託者がその有する資産の信託をした場合におけるその資産の移転、受益者がその信託財産に属する資

産を有するものとみなされる信託が法人課税信託に該当することとなった場合に出資があったものとみなされるもの（金銭以外の資産につき出資があったものとみなされるものに限る。）。

⑤　貸付金その他の金銭債権の譲受けその他の承継（包括承継を除く。）。

⑥　法律により受信料を徴収して行われる無線通信の送信。

裁判例の紹介⑩

ポイント交換の際に受領した金員は課税資産の譲渡等の対価に該当しないとされた事例

（大阪高裁令和3年9月29日判決・税資271号順号13609〔確定〕）

〔事案の概要〕

1　X（原告・控訴人）は、共通ストアードフェアカードシステム協議会の企画推進及びコンピュータによる計算業務等を目的として設立された株式会社である。Xは、交通系ICカードを発行し、その利用契約を締結した会員（F会員）に対し、鉄道等の旅客運賃等及び商品購入代金等を決済するサービスを行うとともに、ICカードの利用者には利用金額に応じて企業ポイント（以下「本件ポイント」という。）を付与している。また、Xは、提携法人との間で、F会員であり提携法人の企業ポイントプログラム会員でもある者（双方会員）に関し、当該プログラムに係る提携ポイントと本件ポイントとを交換することを主な内容とする提携契約を締結した。その内容は、①提携法人は、交換対象の提携ポイント数を消滅させるとともに、Xに対し当該提携ポイント数等を通知し、②Xは、双方会員に対し当該提携ポイント数を基に算出した数の本件ポイントを付与し、③提携法人は、ポイント交換後、Xに対しXが付与した本件ポイント数を基に算出した額の金員

（本件金員）を支払うというのである。

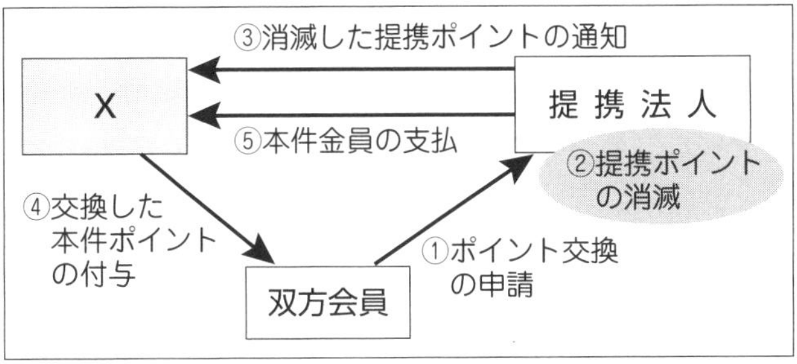

（出典：「国税速報」第6704号６頁）

2　Xは、本件課税期間（平23.4.1～平24.3.31）の消費税等について、本件金員を消費税の課税標準である課税資産の譲渡等の対価の額に算入した上で、確定申告をしたが、その後、本件金員が消費税の課税標準である課税資産の譲渡等の対価の額に算入されないなどとして、本件各課税期間の消費税等について更正の請求をしたところ、更正をすべき理由がない旨の各通知処分を受けた。

〔争点〕

本件金員が消費税法２条１項８号に規定する「対価」に該当するか否か。

〔判決の要旨〕

1　消費税法２条１項８号にいう「対価を得て」とは、資産の譲渡若しくは貸付け又は役務の提供に対して反対給付を受けることをいい、無償による資産の譲渡及び貸付け並びに役務の提供は資産の譲渡等に該当しないと解するのが相当である（消基通５－１－２参照）。

2　Xと提携法人との間で行われるポイント交換は、提携法人が双方会員に付与した提携ポイントを本件ポイントに交換することにより、双方会員をして、ポイント交換をしなければ当該提携法人の企業ポイントプログラムによって本件ポイント還元のような財・サービスの提供等の経済的利益を受け得たところを、その代わりに、Xの企業ポイントプログラムの対象に組み込むことにより、Xの企業ポイントプログラムに基づくポイント還元（本件ポイント還元）を受けさせるものということができる。

3　本件金員の支払は、ポイント交換に係る提携ポイントを発行した者としてその利用に係る経済的負担を負うべき立場にある提携法人が、本件ポイント還元を行うXのために、その原資を提供する行為にほかならないというべきであり、本件金員は、Xが本件提携契約に基づいて双方会員に付与した本件ポイントにつき本件ポイント還元を行うための原資としての性格を有するものというべきであって、本件金員に本件ポイント還元に係る原資以外の性格ないし要素を見いだすことはできない。そして、本件提携契約に基づくポイント交換に当たり、提携法人とXとの間で本件金員の支払以外に交換手数料その他の金銭の授受等も一切されていないというのである。そうであるとすれば、提携法人とXとの間のポイント交換は、無償取引というべきであり、Xは、提携法人に対し、本件ポイントへの交換の意思表示をするなどした双方会員に対してXの企業ポイントプログラムの対象に組み込むことを目的として本件ポイントを付与するという役務を無償で提供し、提携法人はXの企業ポイントプログラムによる本件ポイント還元に係る原資の提供として本件金員をXに支払うものであって、本件金員がXが提携法人に対して行う上記役務の提供の反対給付としての性質を有するとみるのは困難というべきである。

〔コメント〕

「共通ポイント」とは、複数の企業で共通して利用できるポイントプログラムの総称とされる。企業ポイントは、企業が顧客の囲い込みや販売促進等のために販売促進費や広告宣伝費を負担して発行し、利用者から対価を受け取ることなく無償で利用者に付与するものとされ、その法的性質については、ポイント発行企業と当該ポイントの付与を受ける利用者との間の合意内容（企業ポイントプログラム）によって定まるものであるが、一定の条件の下で当該ポイントを利用して財・サービスの提供等の経済的利益を受けることができるものとされている点において、一定の財産的価値を有するものとされている。本件におけるポイント交換は、①提携法人が双方会員からポイント交換の意思表示を受けてXにその旨を通知し（提携ポイントは消滅する。）、②Xが双方会員に本件ポイントを付与する仕組みである。

第一審の大阪地裁令和元年12月13日判決（税資269号順号13358）は、「Xは、本件各提携契約に基づき、提携法人に対し、ポイント交換がされた提携ポイントを保有していた双方会員に関し、当該提携ポイント数を基に所定の割合により算出した数の本件ポイントを付与し、もって、当該数の本件ポイントにつきXの実施する本件ポイントサービスの対象に組み込むことを内容とする役務を提供する債務を負うものであるということができ、しかも、本件金員は、Xによって当該債務（当該役務の提供）が行われることを条件として、Xにおいて収受されるという対応関係にある。したがって、本件金員は、提携法人に対し、ポイント交換がされた提携ポイントを保有していた双方会員に関し、当該提携ポイント数を基に所定の割合により算出した数の本件ポイントを付与し、もって、当該数の本件ポイントにつきXの実施する本件ポイントサービスの対象に組み込むという役務の提供に対する反対給付として、『対価』に該当するものということができる。」と判示した。これに対し、本件高裁判決は、「本件ポイント還元に係る経済的負担はXではなく当該提携法人が負わなければならないはずである」から、本件ポイントは、提携法人がXのためにポイント還元の原資を提供する行為にほかならず、したがって、本件金員は役務の提供の反対給付ではないと判断しているのである。

Xは、提携法人との間で本件ポイント交換したことに伴い、本件ポイントを双方会員に付与したのであるから、形式的に見れば、本件金員は、Xが双方会員に役務を提供した対価として課税資産の譲渡等に該当するといえよう。しかし、提携法人は、もともと転換ポイントを還元すべき義務を有するところ、本件ポイント交換により転換ポイントが消滅し、ポイント還元に係る経済的負担を免れたことになるのであって、実質的に見れば、Xが本件ポイントを双方会員に付与したことに伴う本件金員は、ポイント還元に係る原資を交換元法人（提携法人）から交換先法人（X）に移転させたにすぎないのである。そうすると、本件金員が役務の提供の反対給付ではないと解するのが相当であろう。

(4)　資産の譲渡に係る取引

資産の譲渡等とは、事業として対価を得て行われる資産の譲渡、資産の貸付け及び役務の提供をいう（消法①八）。そして、「資産の譲渡」とは、資産の同一性を保持しつつ、その所有権を他人に移転させることをいい、資産の交換も含まれる（消基通５－２－１）。また、「資産」とは、取引の対象となる一切の資産をいうから、棚卸資産、機械装置、土地、建物などの有形資産に限らず、商標権、特許権などの無形資産も含まれる（消基通５－１－３）。

なお、土地収用法等に基づいて事業者の所有権その他の権利が収用され、かつ、当該権利を取得する者から権利の消滅に係る補償金を取得した場合には、対価を得て資産の譲渡を行ったものとされる（消令２②）。土地収用法では、収用により所有権等の権利がいったん消滅し、収用者が原始取得するという法律構成を採っているから、所有権その他の権利の消滅に係る補償金は資産の譲渡には当たらないのであるが、その実態は資産の譲渡と異ならないので課税対象としているのである。権利を取得する者から交付されるものではないもの、すなわち、収益補償金、経費補償金、移転補償金などは不課税である（消基通５－２－10）。

（参考）

補償金の区分	内　容　等	課否判定
対価補償金	所有権その他の権利の対価たる補償金	課　税
	公有水面埋立法の規定に基づく公有水面の埋立てによる漁業権又は入漁権の消滅若しくはこれらの価値の減少に伴う補償金	不課税
収益補償金	事業について減少することとなる収益又は生ずることとなる損失の補填に充てるものとして交付を受ける補償金	不課税
経費補償金	休廃業等により生ずる事業上の費用の補填又は収用等による譲渡の目的となった資産以外の資産について実現した損失の補填に充てるものとして交付を受ける補償金	不課税
移転補償金	資産の移転に要する費用の補填に充てるものとして交付を受ける補償金	不課税
その他の補償金	その他対価補償金たる実質を有しない補償金	不課税

裁判例の紹介⑪

建物等移転補償費、動産移転料及び移転雑費の名目の金員は、課税資産の譲渡等の対価に該当しないとされた事例

（札幌地裁平成17年11月24日判決・裁判所HP「行集」〔確定〕）

〔事案の概要〕

1　北海道は、平成12年９月14日、都市計画事業のために必要な土地として、亡A（平成14年５月死亡）から「本件土地」を買い受けるとともに、その居宅を区域外に移転し、物件の移転料及びその他通常受ける損失の補償として、建物等移転補償費、動産移転料及び移転雑費の名目で、合計２億798万円余（以下「本件補償金」という。）を支払う旨の契約（以下「本件物件移転契約」という。）を締結した。

2　亡Ａは、本件物件移転契約に基づき、北海道から本件補償金の支払を受けたが、平成12年11月20日、本件建物を区域外に移転せずに取り壊した。

3　亡Ａの妻子であるＸら（原告）は、平成14年９月24日、所轄税務署長Ｙに対し、本件補償金の取得により亡Ａの本件課税期間（平14.1.1～平14.12.31）に係る基準期間における課税売上高が3,000万円を超えることとなったとして、還付申告をした。これに対し、Ｙは、本件補償金が移転補償金であり、課税売上高には含まれず、亡Ａの本件基準期間における課税売上高が3,000万円以下であるから、亡Ａは、消費税法（平成15年改正前のもの。以下「法」という。）９条１項本文に規定する免税事業者に該当するとして、更正処分等をした。

〔争点〕

建物等移転補償金は、資産の譲渡等に該当するか。

〔判決の要旨〕

1　法は、権利等の資産の譲渡により譲渡人の下で生じた付加価値が移転することをとらえ、消費税の課税対象としているのであり、他方、単に権利等の資産が消滅する場合には、当該資産を有する者の下で発生した付加価値が移転すると観念することはできないから、理論上は課税の問題は生じないものとしている。したがって、「資産の譲渡」（法２条１項８号）とは、資産につきその同一性を保持しつつ他人に移転することをいい、単に資産が消滅したという場合はこれに含まれないものと解するのが相当であり、これと同旨の消費税法基本通達５－２－１は合理性を有するものということができる。起業者が事業のために必要があるとして土地収用法等に基づき資産を収用する場合、当該資産の所有権その他の権利はいったん消滅し、起業者（収用者）

が当該権利を原始取得するものと解されるから、当該資産につきその同一性を保持しつつ他人に移転することとみることはできず、当該収用する行為は、本来、前記の「資産の譲渡」には当たらないということになる。しかし、起業者が当該権利を取得し、当該資産をそのまま使用するという実態に着目すれば、実質的には資産の譲渡と変わらないことから、法施行令２条２項は、例外的に同項に規定する「補償金」を取得した場合に限り、「対価を得て資産の譲渡」を行ったものと扱うこととしたのである。したがって、法施行令２条２項に規定する「補償金」とは、収用の目的となった資産の所有権その他の権利を取得する者から、原権利者の権利が収用によって消滅することの対価として支払われる補償金（対価補償金）に限られると解すべきであって、当該資産の移転に要する費用の補塡に充てるために支払われる補償金（移転補償金）はこれに含まれないものと解するのが相当である。

2　これに対し、Ｘらは、土地の収用等に伴い、起業者から支払われる当該土地上にある建物の移転補償金であっても、当該建物を取り壊した場合には、当該建物の所有権その他の権利の消滅に対する補償金といえるから、法施行令２条２項に規定する「補償金」に該当すると解すべきであると主張する。しかし、この場合、当該建物の所有権その他の権利は、被収用者が当該建物を移転することはせず、取り壊すことによって消滅するのであって、収用によって消滅するものではなく、また、起業者（収用者）が当該建物につき所有権その他の権利を取得して使用するという実態もないから、前記の資産の譲渡とみることはできない。

3　Ｘらは、本件建物を移転せずに全て取り壊した上、その後、代替事業資産として立体駐車場を購入しているものであり、本件補償金は実質的には対価補償金であり、法施行令２条２項に規定する「補償金」に該当すると主張する。しかしながら、起業者である北海道が事業のために必要であるとして亡Ａから取得したものは本件土地の所有権であって本件建物の所有権ではなく、北海道が本件建物をそのまま使用するという実態もないこと、本件物件移転契約の契約書には、本件補償金が本件建物の移転料及びその他通常受ける損失の補償であり、具体的には「建物等移転補償費」、「動産移転料」及び「移転雑費」であることが明記されていること、また、「公共事業用資産の買取り等の申出証明書」の「摘要」欄には、「建物等移転補償住宅１棟」と記載されていること等に照らせば、本件補償金は、本件建物の対価補償金とは認められず、亡Ａが本件建物を移転するのに要する費用を補填するために支払われた補償金（移転補償金）であることは明らかである。したがって、本件補償金は、法施行令２条２項に規定する「補償金」に該当しないものというべきである。

〔コメント〕

消費税法施行令２条２項は、「事業者が、土地収用法その他の法律の規定に基づいてその所有権その他の権利を収用され、かつ、当該権利を取得する者から当該権利の消滅に係る補償金を取得した場合には、対価を得て資産の譲渡を行ったものとする。」と規定しているところ、本判決が指摘するように、起業者である北海道が事業のために必要であるとして亡Ａから取得したものは、本件土地の所有権であって、本件建物の所有権ではないことは明らかである。Ｘらは、法人税法上、土地の収用等に伴い、起業者から支払われる当該土地上にある建物の移転補償金であっても、当該建物を取り壊したときは当該補償金を当該建物の対価補償金として扱われているのであるから（措通64⑵-８）、亡Ａが支払を受けた建物等移転補償費等についても、消費税法上の「資産の譲渡」に該当する旨を主張した。この点に関して、本判決は、「租税特別措置法関係通達64⑵-８は、建物を移転させて再度これを使用することが事実上困難な場合、被収用者は、収用等に伴い代替資産の取得を余儀なくされることから、対価補償金の支払を受けた場合と同様に、法人税に関する措置法64条の解釈通達として、代替資産の帳簿価額の圧縮記帳等の特例の適用を認めたものであるのに対し、消費税法施行令２条２項は、消費税の課税対象の範囲を定める規定であって、租税法律主義（課税要件法定主義）の観点から厳格な解釈によるべきであり、移転補償金の解釈や取扱いに差異を設けることは、法人税課税と消費税課税の趣旨や税目等が異なる以上、何ら不合理ではない。」と説示して、Ｘらの主張を排斥しているところである。

裁判例の紹介⑫

船舶の建造に係る留保トン数使用承諾書取引は資産の譲渡に当たるとされた事例

（福岡高裁平成24年３月22日判決･裁判所HP「行集」〔確定〕）

〔事案の概要〕

1　船腹調整事業を行うＡ連合会においては、①既存の船舶の解体・撤去等（解撤等）を行う組合員に対して当該船舶のトン数に応じて解撤等交付金を交付し、②新たな船舶の建造等を行う組合員には、その船舶の対象トン数に応じた建造等納付金を納付させるとともに、③建造等をする船舶に相当する船種の船舶を解撤等する組合員に対しては、解撤等交付金相当額を限度に建造等納付金の納付を免除するとしていた。その後、Ａは、暫定措置として、上記の解撤等交付金相当額が納付金免除限度額を超える場合に生じる余剰トン数等について、これを当該交付金対象認定トン数として留保する（留保対象トン数）とした上で、留保対象トン数を有する組合員（以下「留保者」という。）が「留保対象トン数使用承諾書」を発行して、これを他の組合員に使用させることができるようにした。

なお、解撤等交付金を受けようとする組合員は、解撤等交付金の認定額の20％相当額をAに預託し、その同意の下に同預託金に係る債権の譲渡ができることとされている。

2　X（原告・被控訴人）は、新たな船舶を建造するに当たり、組合員Ｂ及びＣから「留保対象トン数使用承諾書」の発行を受けてその留保対象トン数を譲り受ける（以下「本件承諾書取引」という。）とともに、組合員Ｄ及びＥから預託金預り証書の譲渡を受けた（以下「本件預託金証書取引」という。）上で、所定の免除手続を経て新造船舶（2隻）の建造等交付金を納付した。そこで、Ｘは、上記各取引に係る取得費用を課税仕入れに含めて消費税等の確定申告書を提出したところ、所轄税務署長は、上記各取引が消費税法上の課税資産の譲渡等（課税取引）に当たらず、課税仕入れに該当しないとして更正処分等をした。

〔争点〕

内航海運業者の組合における船舶建造の調整事業の解消に伴う暫定措置事業に関し、内航海運業者間で行われた「留保対象トン数使用承諾書」の取引は、課税資産の譲渡に当たるかどうか。

〔判決の要旨〕

1　消費税は、物品やサービスの個人の消費に担税力を見出して課税を行うものであるところ、消費税法（以下「法」という。）は、消費税を最終的な消費行為よりも前の各取引段階で物品やサービスに対する課税が行われ、税負担が物品やサービスのコストに含められて最終的に消費者に転嫁することが予定されている間接消費税として位置付けている。そして、各取引段階で課税する多段階消費税の制度を採った上、税負担の累積を防止するため、各取引段階で移転、付与される附加価値を課税標準として課税する附加価値税の制度を採るものである。このように多段階一般消費税である我が国の消費税は、生産、流通過程のあらゆる段階において発生する附加価値に対して課税を行うものとして、原則として広くあらゆる物品、サービスを課税の対象とするものというべきである。

2　本件承諾書取引については、契約書上、目的物として種々の記載がされているが、これは、本件要領の趣旨に照らすと、留保者である売主（B及びC）がその保有する留保対象トン数を、新船舶建造を計画していた買主（X）に使用できるようにAとの関係で手続を行い、買主がこれに対価を支払う一方、売主がその譲渡代金により解撤等交付金の回収を図り、買主は留保対象トン数による建造等納付金納付義務の免除によりその負担を軽減しようとの目的の下に行われたことが明らかである。本件承諾書取引は、買主であるXが新造船舶を建造するに当たって、留保者である売主がXの新造船舶建造認定手続において建造等交付金の免除を受けるべく、Aの手続に協力するという内容であり、これにより、Aが要件を満たした申請についてはこれを認定するものと解されるから、留保者が行使する場合と同様、取得者もAに対し、Aに対する債権ないし債権類以の権利を行使しうるものというべきである。そうすると、本件承諾書取引の対象は、「取引の対象となる権利」にほかならず、法2条1項8号にいう「資産」に該当するというべきである。

3　法は、経済取引において附加価値の移転等がある場合は課税対象とするものであり、これらについては私法によって規律されているのであるから、課税要件該当性を判断する際にも、まず私法に基づいて検討するのが原則であり、第一次的には当事者が選択した法律形式、契約内容等を踏まえ、その取引の実態に即して判断すべきである。もっとも、当事者が租税回避等の目的で、真に意図する法律形式を回避して殊更別の形式を採用して法律行為を行ったような場合にはこの限りでないというべきである。これを本件についてみると前記認定の各事実によれば、本件承諾書取引は、いずれも売買契約の形式を取っており、Xは、留保対象トン数を使用して、建造等納付金の免除を受ける権利（以下「本件権利」という。）の移転を受け、その対価として売買代金を支払ったものと認められ、Xはその上で本件権利を使用して建造等納付金の免除を受けたものと認められる。そうすると、本件権利は、本件承諾書取引によって消滅したり、減少したりすることはなく、本件承諾書取引は、売買契約によって、資産の同一性を保持しつつ他人に資産を移転したものであるから、資産の「譲渡」に該当するというべきである。

4　法6条1項は、「国内において行われる資産の譲渡等のうち、別表第1に掲げるものには、消費税を課さない。」と規定し、法施行令9条1項6号には、有価証券に類するものとして、「貸付金、預金、売掛金その他の金銭債権」を掲げている。したがって、一般的に金銭債権の譲渡は、非課税取引に該当し、「課税資産の譲渡等」に該当しない。これを本件についてみると、前記認定のとおり、本件預託金証書取引に係る各契約書には、預託金証書を譲渡する旨記載されている。そして、預託金証書には、預託金額が表示され、預託金の預託を受けたこと及び預託金の返還期限が記載されているところ、かかる預託金は、Aにおいて、解撤等交付金の資金が不足する事態となったことから、その対応策として、解撤等交付金を申請し交付を受けようとする本件組合員から、その交付予定である解撤等交付金の一部の金額の預託を受け、解撤等交付金の原資に充てることとして実施したものであり、本件理事会決定8条③には、預託金に係る債権はAが同意した場合に限って本件組合員に譲渡することができる旨定められている。そうすると、預託金証書は、本件組合員がAに対して預託した預託金返還請求権を表象したものであることが認められる。このように本件預託金証書取引は、預託金返還請求権についての取引であると解されるから、「金銭債権」の譲渡として非課税取引に当たり、「課税仕入れ」（法２②十二）には該当しないというべきである。

〔コメント〕

本件は、内航海運業を営むＸと同業者との間の「留保トン数使用承諾書取引」が消費税法に規定する「資産の譲渡」に当たるかが争点となっている。国（課税庁）は、「消費税法における『資産』と観念できる無形資産は、商標権や特許権等の権利と同様に一般的に権利と認知され、取引の対象となり得る無形資産をいうものと解すべきであり、無制限に『およそ取引の対象となる全ての資産』をいうと解することはできない。」と主張したが、本判決は、消費税法の文理に照らしても、そのような限定をすべき根拠は見当たらないし、消費税法基本通達５－１－３自体が取引の対象となる「一切の」資産をいうとしているのであるから、上記のような解釈は採用できないと説示してこれを排斥している。その上で、本判決は、「本件承諾書取引は、売買契約によって、資産の同一性を保持しつつ他人に資産を移転したものであるから、資産の『譲渡』に該当するというべきである。」と結論づけている。

なお、本件預託金証書取引は、要旨４のとおり、「金銭債権」の譲渡として非課税取引に当たる旨を判示している

裁判例の紹介⑬

預託金返還訴訟においてゴルフクラブ会員権を第三者に譲渡する旨の裁判外の和解契約が成立し、その譲渡契約が通謀虚偽表示に当たるかどうかが争われた事例

（名古屋地裁平成17年８月31日判決・裁判所HP「下級裁判所判例集」）

（名古屋高裁平成18年11月25日判決・税資250号順号10282〔確定〕）

〔事案の概要〕

X（原告・控訴人）は、ゴルフクラブ会員となっているゴルフ場を経営するB社を相手に預託金返還請求訴訟を提起した。Xは、その訴訟において、Xの所有するゴルフクラブ会員権をゴルフ会員権取引業者であるA社に譲渡し、その譲渡代金の支払を受ける内容の裁判外の和解が成立した。所轄税務署長は、このゴルフ会員権の譲渡が資産の譲渡に当たるとして、消費税等の更正処分等をした。Xは、上記和解に基づくゴルフクラブ会員権の譲渡が消費税の課税の対象とならない預託金の返還であると主張して各処分の取消しを求めた。

〔争点〕

XとA社の取引は、ゴルフクラブ会員権の譲渡の形式を仮装した通謀虚偽表示であり、実質は預託金の返還にすぎないか。

〔判決の要旨〕

1　国民が一定の経済的目的を達成しようとする場合、私法上は複数の手段・形式が考えられることがあるが、私的自治の原則ないし契約自由の原則が存在する以上、当該国民は、どのような法的手段・形式を用いるかについて選択の自由を有するというべきである。このように、国民がその判断によって特定の法的手段・形式を選択した以上、課税要件が充足されるか否かの判断も、当該手段・形式に即して行われるべきことは当然である。もっとも、当事者が自由に選択した結果であっても、特段の合理的理由がないのに、ある法的・経済的目的を達成するための法的形式としては著しく迂遠、複雑なものであって、社会通念上、到底その合理性を是認できないと客観的に判断される場合には、その有効性が問題となり得るが、その場合であっても、当該法律行為が無効とされるのは、租税法にその旨の規定がある場合か、当該表示行為に対応する内心的効果意思を欠くものとして、民法93条ただし書ないし同法94条１項の適用が肯定される場合に限られるというべきである。そして、その成否については、当該法律行為を行った当事者の目的、それに至る経緯、これによって享受することとなった効果などを総合して、判断されなければならない。

2　消費税法において、課税資産の譲渡等に係る消費税の課税標準は、課税資産の譲渡等の対価の額（対価として収受し、又は収受すべき一切の金銭又は金銭以外の物若しくは権利その他の経済的な利益の額とし、課税資産の譲渡等につき課されるべき消費税額等を含まないものとする。）と規定されているところ（消法28①）、資産の譲渡等とは、事業として対価を得て行われる資産の譲渡及び貸付け並びに役務の提供をいうとされている（消法２①八）。ここでいう「資産」とは、取引の客体となり得る経済的価値を有するもの一切を指し、有体物に限られず、無形の財産権を含む。また、「譲渡」とは、上記資産につきその同一性を保持しつつ、他人に移転させることと解される（消基通５－２－１参照）ところ、その典型例は、売買による所有権の移転である。

3　本件取引は、預託金の返還を求めた別件訴訟の係属中に、Ｂ社から提案された和解案に起因するものであり、Ｘが当初の800万円の返還による和解案を拒絶した結果、金額を900万円に増額する代償として、Ａ社との売買契約の形式を取ることにしたものである。このような法形式を採用した主たる背景には、預託金の返還という形式を取ると、他の会員からの預託金返還請求が殺到し、本件ゴルフクラブの経営が危機に瀕しかねないとのＢ社の判断があったと推認されるが、他方で、Ｘとしても、投下資本をできる限り多く回収したいとの意図があり、そのためには、法形式としては預託金返還にこだわらず、第三者への売買であってもかまわないとの判断があったことは否定し難いというべきである。そうだとすると、Ｘ及びＢ社において、売買契約という表示行為に対応した内心的効果意思が存在しなかったと認めることはできない。現に、Ｘ自身、収受した金員については、売買を前提とした会計処理を行っているし、Ａ社においても、Ｂ社との関係で、本件取引が売買であることを前提とした事後措置を講じている。

4　本件取引は、その法形式どおり、本件会員権の売買契約と評価されるべきものであるから、これの対価たる代金は消費税の課税標準となる。

〔コメント〕

相手方と通謀してされる真意でない意思表示を通謀虚偽表示といい、当事者間では法律効果を生じない（民法94①）。Ｘは、①本件取引の実体は本件預託金の返還を求める別件訴訟を解決するためにされたものであること、②本件取引における代金額は、当時の市場価格と比較して不合理なものであることなどを理由に、売買契約の形式を取る本件取引は通謀虚偽表示によって無効であり、当事者の真意は預託金の返還にあった旨主張する。これに対し、本判決は、「本件取引が預託金の返還を求めた別件訴訟の係属中に、Ｂ社から提案された和解案に起因するものであるが、最終的に、ＸとＡ社との間で本件会員権を売買することによって、Ｂ社との間の紛争を終了させることで当事者は合意している以上、預託金の返還請求は、単なる契機としての意味しか持ち得ない」と説示して、本件取引が通謀虚偽表示によって無効であると認めることができないと断じている。

また、Ｘは、本件取引が売買契約ではなく預託金の返還であって、消費税等の課税の対象とすべきではないとも主張するが、いわゆる預託金会員制ゴルフ会員権の法的性質は、①ゴルフ場施設の優先的利用権、②預託金返還請求権、③会費納入義務等が一体となった契約上の地位であると解されているところ、会員は、預託金の据置期間が経過するか否かにかかわらず、これらの権利義務関係を一体のものとして、一定の手続に従い自由に第三者に譲渡することができるのであるから（名古屋地裁平成17年７月27日判決・判タ

1204号136頁参照)、本件会員権が売買契約と評価される以上、消費税等の課税標準となるというべきであろう。

(参考) 「ゴルフ会員権の所有者の債務と当該会員権の預託金部分とを相殺した場合の消費税の取扱い」(国税庁HP「質疑応答事例・消費税」)。

(5) 「資産の譲渡」に当たるかどうかの判定

資産の譲渡に該当するかどうかは、対価性の有無が重要な判定要素であるところ、その判定に当たっての具体的な取扱いは、次のとおりである。

① 会報、機関誌の発行……同業者団体等が対価を得て行う会報等の発行は資産の譲渡等に該当するが、業務運営の一環として発行し、その構成員に配布される場合は、その会報等の発行費用が構成員からの会費、組合費等によって賄われているときであっても、資産の譲渡等に該当しない(消基通5－2－3)。

② 保険金、共済金等……保険事故の発生に伴い受けるものであるから、資産の譲渡等の対価に該当しない(消基通5－2－4)。

③ 損害賠償金……心身又は資産につき加えられた損害の発生に伴い受けるものは資産の譲渡等に該当しない。ただし、加害者から受けるもので、その実質が資産の譲渡代金又は使用料に該当するものは、課税の対象となる(消基通5－2－5)。

* 課税の対象となる損害賠償金には、次のようなものがある。

㋐ 損害を受けた棚卸資産である製品が加害者に対して引き渡される場合において、その資産がそのまま又は軽微な修理を加えることによって使用することができるときにその資産の所有者が収受する損害賠償金。

㋑ 特許権や商標権などの無体財産権の侵害を受けた場合に権利者が収受する損害賠償金。

㋒ 事務所の明渡しが遅れた場合に賃貸人が収受する損害賠償金。

④ 容器保証金等……容器等を返却したときに返還される保証金等は、資産

の譲渡等の対価に該当しない（消基通５－２－６）。返還しないこととなった保証金等は、当事者間において容器等の譲渡の対価として処理することとしている場合は課税の対象となる。

＊　国税不服審判所平成11年３月30日裁決（裁決事例集57号529頁）は、上記通達にいう「容器等保証金とは、あくまで容器等の返却を担保するためにビール等の売主が買主から預かり、容器等が現実に返却された場合に売主から買主に返還されるものであるから、ビール等の売主と買主の間においてのみ授受される保証金、つまりビール等の売主と容器等保証金の受領者が同一であり、また、ビール等の買主と容器等保証金の差入者が同一である場合において、授受される保証金と解されるところ、酒販店等よりビール等の空壜を購入回収し、製造メーカー等に販売する業務を行っている請求人は、特約店等から回収先を指定されることもなければ、酒類小売店から搬入先を指定されることもなく、自己の判断において任意の酒類小売店等から容器等を引き取って、これを自己の判断において任意の特約店等に納入しているのであるから、単なる役務提供をしているのではなく、自己の計算において容器等の売買をしているのである。」と説示して、当該取引は、消費税法基本通達５－２－６の適用対象外の取引であり、受領する金額の全額が消費税の課税対象となる旨判断している。

⑤　利益の配当等……株主又は出資者としての地位に基づくものであるから、資産の譲渡等の対価に該当しない（消基通５－２－８）。

⑥　譲渡担保等……契約書において、担保に係る資産をその事業者が従来どおり使用収益すること、通常支払うと認められるその債務に係る利子等に関する定めがあることが明らかにされているときは、譲渡はなかったものとされる（消基通５－２－11）。

⑦　資産の廃棄、盗難、滅失……資産の譲渡等に該当しない（消基通５－２－13）。

⑧　寄附金、祝金、見舞金等……原則として資産の譲渡等の対価に該当しない（消基通５－２－14）。

⑨　補助金、奨励金、助成金等……特定の政策目的の実現を図るための給付

金は、資産の譲渡等の対価に該当しない（消基通5－2－15）。

⑩　原材料の支給……有償支給は資産の譲渡等の対価に該当するが、その支給をした事業者が自己の資産として管理しているときは、資産の譲渡等の対価に該当しない（消基通5－2－16）。

裁判例の紹介⑭

有償支給を受けた原材料に加工等を行って製品を納入した場合は「資産の譲渡」に該当するとされた事例

（東京高裁平成10年4月21日判決・税資231号718頁）

（最高裁平成10年11月6日第二小法廷決定・税資239号1頁は上告棄却）

〔事案の概要〕

電気メッキ加工業を営む法人X（原告・控訴人・上告人）は、メッキ加工の発注元業者A社等から原材料部品の有償支給を受けて、これに加工をした上で完成品を同社に納入している。Xは、本件各期課税期間（平元.8.1～平2.7.31、平2.8.1～平3.7.31及び平3.8.1～平4.7.31）の消費税について、A社等からの原材料部品の代金相当額を課税売上げに含めないで、すなわち、加工賃相当額のみを課税売上げとする方法で消費税額を計算し、簡易課税制度（消法37）を適用して確定申告書を提出した。これに対し、所轄税務署長は、原材料部品の代金相当額を課税売上げに加算して本件各課税期間の課税標準額を計算し、これを基礎として納付すべき消費税額を増額する更正処分等を行った。

〔争点〕

有償支給を受けた原材料に加工等を行って完成品を引渡した場合は、

役務提供の対価として加工費等が課税対象となるか。

〔判決の要旨〕

1　課税資産の譲渡等に係る消費税の課税標準は、原則として、課税資産の譲渡等の対価の額であり（消法28①）、資産の譲渡等とは、事業として対価を得て行われる資産の譲渡及び貸付け並びに役務の提供をいう。したがって、事業として対価を得て行われる課税資産の譲渡等の対価の額は消費税の課税標準となる。この場合の譲渡の意義は、私法上用いられる譲渡と区別して用いられるべき理由もないから、これと同義に理解するのが相当である。そうだとすると、取引の実質に照らして、当事者間で客観的に所有権の移転を目的とする有償の合意があったと見られれば、原則として、これによって所有権が移転し、消費税法上の譲渡もあったものと認めるべきである。合意が客観的にいかなる性質を有するかを判断するに当たっては、当事者の動機や合意に至る経緯がその一資料にはなりうるが、契約の当事者はそれぞれの思惑をもって契約に望むのが通常であり、それらの思惑のいちいちによって合意の性質が決まるものではない。

2　当事者の客観的な意思は、A社等が一旦Xに原材料部品を売り渡し、その上にメッキ加工をすべきことを依頼し、Xは加工が終わった部品を再びA社等に売り渡す趣旨であることは明らかである。XとA社等の取引については、原材料の所有権は、Xが代金をA社等に支払ったときにその所有権がA社等からXに移転するとの定めが置かれているのであるが、他方で加工後の完成品の所有権もA社等において検収が終わったときにA社等に帰すると定められているところであって、全ての場合に右のとおり相殺することによって代金の決済が終わるものであるから、結局、所有権の移転の事実を否定するに足りない。

〔コメント〕

事業者が他の事業者から原材料の支給を受けてこれに加工を施した上で、完成品を当該他の事業者に引き渡す場合の契約には、①製造販売契約の方式により原材料等の有償支給を受けるものと、②賃加工契約の方式により原材料等の無償支給を受けるものとがある。前者に該当すれば、原則として、「資産の譲渡等の対価の額」は、加工等を行った完成品の譲渡対価の額となり、後者に該当すれば、加工賃相当額（役務の対価）が「資産の譲渡等の対価の額」となるのである（消基通1－4－3参照。）。Xは、有償支給を受けたメッキ加工の対象となる原材料部品の所有権がXに移転しておらず、有償契約は形式的なものであると主張したのであるが、本判決は、取引の実態について詳細な事実認定を行った上で、当事者の客観的な意思は製造販売契約であると結論づけている。

なお、Xが課税仕入れの消費税額の計算を本則計算方式（消法30①②一）により行っている場合には、製造販売契約であろうと、賃加工契約であろうと、納付すべき税額の差は生じないのであるが、本件では、Xが簡易課税制度を適用しているため、消費税額に影響が生ずることとなったものである。

＊　福岡高裁平成12年9月29日判決・税資248号1017頁〔確定〕は、取引先から支給された原材料のみを用いて電子部品の組立加工をし、その製品を同取引先に納入している事案につき、消費税法基本通達1－4－3及び5－2－16通達は当該課税処分後に制定されたものであるが、消費税法の立法趣旨に照らして合理性が認められるから、当該取引が消費税法にいう「資産の譲渡等」に該当するか否かは、同通達の基準に従って判断すべきであると説示している。

裁判例の紹介⑮

建物賃貸借立退料は「資産の譲渡」の対価に該当しないとされた事例

（東京地裁平成9年8月8日判決・行集48巻7＝8号539頁〔確定〕）

〔事案の概要〕

Ｘ（原告）は、その所有する建物について、賃借人であるＡほか７名（以下「賃借人ら」という。）に対し立退料として合計３億3,509万9,800円（以下「本件立退料」という。）を支払い、賃借人らから本件建物の明渡しを受けた。Ｘと賃借人らとの間の覚書による右立退料の支払に関する合意内容は、①賃借人らがＸの賃貸借契約の解除の申入れに合意し、②Ｘは賃借人らに対し、平成元年10月から平成２年６月までの間に、賃借人らに賃貸していた建物の明渡しに伴う費用を支払い、③賃借人らは指定の期日までにＸに対し賃借している本件建物を明け渡し、返還するというものであり、このことは、当事者間に争いがない。

〔争点〕

Ｘが賃借人らに対し支払った立退料は課税仕入れに係る支払対価に該当するか。

〔判決の要旨〕

1　消費税は、最終的な消費行為よりも前の段階で物品やサービスに対する課税が行われ、税負担が物品やサービスのコストに含められて最終的に消費者に転嫁することが予定されている間接消費税であり、しかも、各取引段階において移転、付与される附加価値に着目して課される附加価値税の性質を有する多段階一般消費税であって、各取引において附加価値の移転等がある場合は課税の問題が生じるが、附加価値の移転等が生じない場合は理論上は課税の問題は生じないものである。これを国内取引のうちの資産の譲渡についてみるに、本来、資産の譲渡とは、権利、財産、法律上の地位等を同一性を保持しつつ、他人に移転することをいうものであるところ、消費税法は、右の資産の譲渡により譲渡人のもとで生じた附加価値が移転するのをとらえ、消費税の課税の対象としているのである。これに対し、単に権利等の資産が消滅する場合には、当該資産を有する者のもとで発生した附加価値が移転すると観念することはできない。また、仮に資産の消滅が「資産の譲渡」に該当するものとすれば、その見返りとして支払われた補償金等を課税仕入れに係る支払対価と解する余地が生ずるが、単に資産が消滅したというような場合には、その次の段階の取引というものを観念することができず、税負担の累積という現象が生じる余地がないのであって、このような場合に、附加価値税制度の一環をなす「仕入れに係る消費税額の控除」（消法30①）の規定を適用するのは、前記で述べた右規定の趣旨に沿わないものである。したがって、「資産の譲渡」（消法２①八）とは、資産につきその同一性を保持しつつ他人に移転することをいい、単に資産が消滅したという場合はこれに含まれないものと解するのが相当である。これと同旨の消費税法基本通達はいずれも合理性を有するものということができる。

2　建物の賃貸借契約を合意解除する場合には、権利金等の金額と比較して高額の立退料が支払われることが多い。一般に、建物等の賃借人が賃貸借の目的とされている建物の契約の解除に伴い賃貸人から収受する立退料は、①通常予想される期間まで当該家屋を使用できないことから生ずる損失の補填、つまり、現在と同程度の住宅等を借りる際の権利金等、従前の敷金等と新たに支払われるべき敷金等との差額、新旧借家の家賃差額の補填という性格、②営業用家屋については、移転に伴う損失、すなわち、移転期間中の無収入、新しい土地で従来と同程度の顧客を得るまでの損失などの補償という性格、③その他引越し費用等の補填という性格など、補償という性格を有しているが、都市部の建物の賃貸借等では、賃借人に借家権なるものが発生していると観念し、賃貸借を合意解除する際に借家権の対価としての性格を有する金員が立退料という形で支払われる場合がある。

3　本件立退料は、都市部の営業用建物の賃貸借の合意解除に際し、事業者である賃借人らに立退料として支払われたものであり、右の補償金としての性格を有することは明らかであるが、その額が高額であることも考え併せると、借家権の対価としての性格を併せ有する可能性も否定できない。しかし、本件立退料の中に借家権の対価とみるべき部分があるとしても、その借家権はあくまでも観念上のものであり、本件立退料が右の補償金としての性格をも有することからすれば、本件建物の賃借権は、右認定のとおり、あくまでもXと賃借人らとの合意解除により終了し消滅したものとみるほかはなく、Xと賃借人らとの間で本件建物の賃借権の売買がされたということはできない。また、本件で賃借人らに借家権なる権利が発生していると観念できるとしても、それは右合意解除により消滅するものであり、これが合意解除による本件建物の明渡しという取引に際してXに移転するとみるのは困難である。

したがって、本件立退料の支払を受けて本件建物を明け渡す行為をもって、資産につきその同一性を保持しつつ他人に移転することとみることはできず、右の行為は「資産の譲渡等」には該当しない。

〔コメント〕

本件は、所有建物の明渡しを求めるに当たって、賃借人に支払った立退料が課税仕入れに係る支払対価に該当するかどうかが争われた事例である。課税実務における立退料の取扱いは、「建物等の賃借人が賃貸借の目的とされている建物等の契約の解除に伴い賃貸人から収受する立退料は、賃貸借の権利が消滅することに対する補償、営業上の損失又は移転等に要する実費補償などに伴い授受されるものであり、資産の譲渡等に該当しない。」（消基通5-2-7）とされており、本判決は、この取扱いを全面的に容認したものである。

Xは、所得税法上、借家権の消滅の対価として支払われる立退料も「資産の譲渡」として扱われているから、消費税法上も同様に扱われるべきであると主張したが、本判決は、①所得税法は、キャピタル・ゲインを所得としてとらえて課税するものであるところ、資産の消滅であっても、その代償たる経済的利得ないし成果が資産の譲渡による所得と異ならないものについては、課税所得の範ちゅうに取り入れて課税対象に取り込むべき必要性が高いことから、資産の譲渡の概念を拡張したのに対し、消費税法上は、資産につき同一性を保持しつつ、他人に移転するという事実がない以上、資産の譲渡があったものとはみないとしているのであり、右取扱いの差異は、消費課税と譲渡所得課税の趣旨、課税の対象についての法律の定めが異なることに起因するものであって、何ら不合理な点はないと断じている。

⑹ 資産の貸付けに係る取引

「資産の貸付け」とは、資産を他の者に使用させることをいい、資産に係る権利（地上権又は地役権、工業所有権に係る実施権等、出版権）の設定その他他の者に資産を使用させる一切の行為を含む（消法２②、消令１③、消基通５-４-１）。資産を使用させる一切の行為とは、例えば、①工業所有権等の使用、提供又は伝授、②著作物の複製、上演、放送、展示、上映、翻訳、編曲、脚色、映画化その他著作物を利用させる行為、③工業所有権等の目的になっていないが、生産その他業務に関し繰り返し使用し得るまでに形成された創作の使用、提供又は伝授をいう（消基通５-４-２）。

資産の貸付けに該当するかどうかは、対価性の有無が重要な判定要素であるところ、その判定に当たっての具体的な取扱いは、次のとおりである。

① 借家保証金、権利金等……賃貸借契約等の終了又は一定期間の経過等に伴って返還することとされているものは、資産の貸付けに該当しない（消

基通５－４－３）。

＊　建物の賃借人が退去する際に賃貸人が敷金等から差し引く原状回復費用は、役務の提供の対価に該当する（国税不服審判所平成21年４月21日裁決・裁決事例集77号495頁）。

②　福利厚生施設の利用……対価を得て役員又は使用人等に利用させる場合は、資産の貸付けに該当する（消基通５－４－４）。

③　資産の無償貸付け……資産の貸付けに該当しない（消基通５－４－５）。

④　リース取引……リース取引は資産の賃貸借であるが、リース資産の耐用年数よりも短い期間をリース期間とすると、賃借人は実質的に資産を賦払いで購入したにもかかわらず早期に費用化できるし、逆に、リース資産の耐用年数よりも長い期間をリース期間とした場合、賃貸人はそのリース資産を定率法により償却すると、数年間は、リース収入よりも償却費の方が多くなる。そこで、所得税法や法人税法においては、一定の要件に該当するリース取引について、資産の賃貸借という法形式にかかわらず、リース資産の売買又は金銭の貸付けがあったものとして取り扱っている（所法67の２、法法64の２）。消費税においても、事業者が行うリース取引が資産の譲渡又は貸付けのいずれに該当するかは、所得税又は法人税の課税所得の計算における取扱いの例により判定することなるから（消基通５－１－９）、ファイナンス・リース（売買取引とされるリース取引）にあっては、リース資産の引渡しの日において賃貸人が資産の譲渡を行い、賃借人が課税仕入れを行ったというわけである。

＊　ファイナンス・リース（売買取引とされるリース取引）については131頁参照。

裁判例の紹介⑯

診療所用建物の賃貸借は売買があったものとされるリース取引に該当

しないとされた事例

（松山地裁平成27年6月9日判決・判タ1422号199頁〔確定〕）

〔事案の概要〕

1　X（原告）は、平成22年3月31日に設立された診療所の経営等を目的とする医療法人であり、B社は、医薬品の販売、医療機関のコンサルティング業務等を目的とする株式会社である。Xは、平成22年7月12日、B社から本件土地上に建築された鉄筋コンクリート3階建の診療所（以下「本件建物」という。）につき、賃貸借期間を平成22年7月15日から令和12年7月31日まで、賃料を1か月520万円で借り受けた。XとB社は、本件賃貸借契約の契約書において、中途解約に関し、①Xが本件賃貸借契約を中途解約しようとするときは、6か月前に解約の申入れを書面でしなければならないこと、②Xは、賃貸借期間の区分に従って違約金をB社に支払うことについて合意した。また、その違約金の額は、ほとんどの期間において未経過賃貸借期間に係るリース料総額の50％以下であった。

2　Xは、本件課税期間（平22.3.31～平22.7.31）の消費税等につき、当初、本件建物賃貸借が法人税法64条の2第1項に規定する「リース取引」（以下、単に「リース取引」という。）に該当しないとして申告をしたが、その後、本件建物賃貸借が「リース取引」に該当するとして更正の請求をした。所轄税務署長は、本件建物賃貸借が「リース取引」に該当しないとして法人税の更正処分をするとともに、消費税等の更正の請求を認めないことを前提として更正処分をした。

〔争点〕

本件建物賃貸借は「リース取引」に該当するか。

〔判決の要旨〕

1　法人税法64条の２第１項は、「リース取引」については売買があったものとして取扱う旨を定めている。これは、資産の賃貸借の中には、その実態が売買に類するものも存することから、このような売買に類する賃貸借については、その実態に即して売買があったものとして課税するとの趣旨の規定である。賃貸借の態様は様々であり、同法64条の２第３項は、課税上、売買として扱うものと、扱わないものとを区別するため、①中途解約の可否と、②経済的利益の享受及び費用負担という２つの観点から基準（要件）を設けた。それが、①中途解約不能要件と②フルペイアウト要件である。「リース取引」を行った場合には、リース資産の賃貸人から賃借人への引渡しの時に当該リース資産の売買があったものとして、当該賃貸人又は賃借人である内国法人の各事業年度の所得の金額を計算する（法法64の２①）。そして、この場合、賃借人である事業者は、当該リース資産の引渡しの時に資産の譲渡があったものとして、リース料総額を一括して当該譲渡事業年度に帰属する課税仕入として計上し、仕入税額控除を受けることができる（消法２①十二、30）。

2　このような法人税法64条の２第１項及び第３項の趣旨並びに規定文言からすると、中途解約不能要件における「賃貸借期間の中途においてその解除をすることができない」（３項１号前段）とは、賃貸借契約において中途解約禁止の合意がされていることをいい、「準ずるもの」（同号後段）とは、中途解約禁止の合意がされていない場合であっても、当該賃貸借契約の実態に照らし、事実上解約不能であると認められるものをいうと解するのが相当である。

3　本件中途解約条項は、解約の手続のほか、解約の時期に応じた違約金を取り決めたものであり、Ｘによる中途解約権行使の条件等を具体的かつ明確に取り決めた条項である。Ｘ及びＢ社がこのような具体的かつ明確な合意をしていたとの事実からは、状況次第ではXによる解約権の行使があり得るとの認識の下、この解約の場合の条件等を取り決めたものと考えられる。X及びB社は、本件中途解約条項に基づく解約権が法律上行使可能ということにとどまらず、事実上も行使されることがあり得るとの認識であったと考えられるのであり、建物賃貸借を事実上解約不能なものと考えていたとは認め難い。

4　法人税基本通達5－1－1⑴は、違約金の額が「未経過期間に対するリース料の額の合計額のおおむね全部（原則として100分の90以上）」である場合を「準ずるもの」の例示として挙げており、また、企業会計基準適用指針第16号「リース取引に関する会計基準の適用指針」第6項1号は、違約金の額が「未経過のリース期間に係るリース料の概ね全額」である場合を解約不能のリース取引に準ずるリース取引として扱うとしているが、本件中途解約条項における違約金の額は、本件通達及びリース指針第6項1号が掲げる基準を大きく下回っている。この点からも、本件建物賃貸借を事実上解約不能とみるのは相当とは言い難い。以上のとおり、本件建物は「準ずるもの」とはいえず、建物賃貸借が「リース取引」に該当しない。

〔コメント〕

Xは、本件建物賃貸借が「リース取引」に該当することを前提に、本件建物に引渡し時に売買があったものとして法人税の確定申告をするとともに、消費税等については、当初「リース取引」に該当しないとして申告をしたが、その後、「リース取引」に該当するとして更正の請求をしたのである。本件建物賃貸借が「リース取引」に該当しない場合の消費税等の還付税額は1,370万円余となるのに対し、「リース取引」に該当する場合の消費税等の還付税額は7,070万円余となるのである。

本判決は、「本件建物賃貸借は、フルペイアウト要件を充たすものであるが、

「賃貸借期間の中途においてその解除をすることができないもの」（法法64の２③一前段）には該当しない（当事者間に争いがない。）とした上で、本件建物賃貸借が中途解約不能要件のうちの「準ずるもの」（同後段）といえるか否かについて、本件建物賃貸借は「リース取引」に該当しないと結論づけている。本判決は、法人税法上の「リース取引」に該当するか否かの観点から、法人税及び消費税等の更正処分の適否を判断したが、消費税等更正処分を適法とする理由付けについては、明記していない。消費税法には「リース取引」に関する規定を置いてないから、本件建物賃貸借が「リース取引」に該当しないとことを理由に、本件建物の貸付けに係る課税仕入れに該当するものであろう。

＊　国税不服審判所平成26年12月10日裁決（裁決事例集97号237頁）は、有料老人ホームの賃貸借契約について、法人税法上売買があったものとされるリース取引に該当するとした上で、その有料老人ホームにおいては、入居者に対して、非課税売上げである居住スペースの貸付け及び介護サービスの提供だけでなく、課税売上げである居室清掃や洗濯等の各種サービスの提供が予定されており、実際にこれらの売上げに必要な設備を備えていたことが認められるから、課税仕入れの用途区分は、個別対応方式の計算上、課税売上げと非課税売上げに共通して要する課税仕入れに該当すると判断している。

(7)　役務の提供に係る取引

「役務の提供」とは、請負契約に代表される土木工事、修繕、運送、保管、印刷、広告、仲介、興行、宿泊、飲食、技術援助、情報の提供、便益、出演、著述その他種々のサービスを提供することをいい、弁護士、公認会計士、税理士、作家、スポーツ選手、映画監督、技士等による専門的知識、技能等に基づく役務の提供もこれに含まれる（消基通５－５－１）。

＊　横浜地裁平成12年２月16日判決・税資246号659頁〔確定〕は、パチンコ景品交換業務に係る収入が資産の譲渡対価（景品売上げ）に該当するのか、それとも役務の提供対価（委託手数料）に該当するのかについて争われた事案である。原告は、パチンコの景品交換が役務の提供に該当するので、その課税期間に係る基準期間の課税売上高は3,000万円以下となり（平成15年改正前の

もの)、免税事業者であると主張したが、裁判所は、「経済的にみると、原告の利益はいわば手数料収入といえなくもないが、売買という法形式にすることを原告を含む関係者が不可欠のこととして合意している以上、原告の利益は売買による譲渡益と捉えるべきである。したがって、本件消費税の課税の対象は本件景品の譲渡であったというべきである。」と説示して、原告の請求を排斥している。

役務の提供に該当するかどうかは、対価性の有無が重要な判定要素であるところ、その判定に当たっての具体的な取扱いは、次のとおりである。

① 解約手数料、払戻手数料等……約款等において解約等の時期にかかわらず、一定額を手数料等として授受するものは、役務の提供の対価に該当するが、逸失利益等の損害賠償に当たるものは不課税となる（消基通5－5－2）。例えば、宿泊の予約やゴルフ場のプレーの予約等を取り消した場合に授受されるキャンセル料は不課税となるが、航空運賃のキャンセル料などで、払戻しの時期に関係なく一定額を受け取ることとされている部分の金額は、解約に伴う事務手数料（課税対象）に該当する。

② 会費、組合費等、入会金、公共施設の負担金等……役務の提供等との間に明白な対価関係があるかどうかによるが、判定が困難な場合は、継続して、同業者団体等が資産の譲渡等の対価に該当しないものとし、かつ、支払者側も課税仕入れに該当しないとしている場合は、その処理が認められる（消基通5－5－3～5－5－6）。

＊ 徳島地裁平成16年6月11日判決・税資254号順号9671〔確定〕は、有線テレビジョン放送事業を行う農業協同組合が組合員から徴収した賦課金につき、「組合等の団体における賦課金が消費税法上の課税売上に該当しないと判断されるのは、当該団体がその種々の業務を運営するために要する費用について、個別の業務ごとに費用を賦課することが相当ではなく、当該業務全体に要する費用を構成員に配分して徴収するような団体の業務と徴収金との対価関係の把握が困難な場合であると解すべきである。」と説示した上で、当該賦課金は、その名目にかかわらず、実質的にベーシック放送の送信（役務の提供）と対価関係にあるものと認めるのが相当であると断じて

いる。

③　ゴルフクラブ等の入会金……ゴルフクラブ、宿泊施設その他レジャー施設の利用又は一定の割引率で商品等を販売するなど会員に対する役務の提供を目的とする事業者が会員等の資格を付与することと引換えに収受する入会金（返還しないものに限る。）は、資産の譲渡等の対価に該当する（消基通５－５－５）。

④　共同事業に係る負担金等……同業者団体等の構成員が共同して行う宣伝、販売促進、会議等に要した費用を賄うために、その共同事業等の主宰者がその参加者から収受する負担金、賦課金等については、当該主宰者において資産の譲渡等の対価に該当する。ただし、当該共同事業の主宰者が収受した負担金、賦課金等について資産の譲渡等の対価とせず、その負担割合に応じて各参加者ごとにその共同事業を実施したものとして、当該負担金、賦課金等につき仮勘定として経理したときは、その処理が認められる（消基通５-５-７）。

⑤　賞金等……受賞者がその受賞に係る役務の提供を業とする者であり、かつ、賞金等の給付が予定されている催物等に参加し、その結果として賞金等の給付を受けるものである場合は、役務の提供の対価に該当する（消基通５-５-８）。

⑥　滞船料……役務の提供の対価に該当する（消基通５-５-９）。

＊　滞船料とは、貨物の積卸期間が当初契約で予定した期間を超過して運送期間が長期になった場合に徴収する割増運賃をいう。貨物の積卸期間が短縮され運送期間が短縮したために運賃の割り戻しを行う場合の割戻運賃（早出料という。）は、売上げに係る対価の返還等に該当する（消基通14-１-１）。

⑦　出向先事業者が支出する給与負担金……給与（不課税）に該当する（消基通５-５-10）。

＊　国税不服審判所平成21年５月22日裁決（裁決事例集77号482頁）は、医療法人（審査請求人）の職員を社会福祉法人が行う通所介護業務に従事させて同

法人から得た金員が出向者に係る給与負担金に該当するかどうかにつき、「出向とは、出向者が出向元との労働契約を維持して雇用関係が存続する一方、出向先の指揮命令に服して就労することから、出向先とも雇用関係に基づいて勤務する形態であると解されるところ、本件職員との雇用関係は審査請求人との間にのみ存在することからすれば、審査請求人が本件職員を社会福祉法人に出向させていたとみることはできず、社会福祉法人から収受した金員は、出向に基づく給与負担金とは認められない。」と説示して、当該金員は役務提供の対価に該当すると判断している（請求棄却）。

⑧　労働者派遣に係る派遣料…… 役務の提供の対価に該当する（消基通5－5－11）。

⑨　電気通信役務に係る回線使用料……役務の提供の対価に該当する（消基通5－5－12）。

裁判例の紹介⑰

電力会社から支払を受けた電化手数料は課税資産等の譲渡等の対価に該当しないとされた事例

（大阪地裁平成21年11月12日判決・税資259号順号11310〔確定〕）

〔事案の概要〕

X（原告）は、平成18年1月26日、オール電化設備を備えた賃貸マンションを取得するとともに、本件課税期間（平18.1.1～平18.1.31）中に電力会社A社から支払を受けた「電化手数料」が消費税の課税対象である「資産の譲渡等」の対価であり、「電化手数料」に係る消費税額（7万2,800円）から、同期間中に支払った賃貸マンションの建築請負代金等に係る消費税額（1,392万4,607円）を控除して消費税等の還付申告を行ったところ、所轄税務署長は、本件課税期間の消費税等についての更正処分等をした。

〔争点〕

電力会社から支払を受けた電化手数料は課税資産等の譲渡等（役務の提供）の対価に該当するかどうか。

〔判決の要旨〕

1　本件電化手数料のような金銭の支払を受けた場合に、それが「資産の譲渡等の対価」に当たるというためには、資産の譲渡等の反対給付としてその支払を受けたことが必要であり、それが反対給付に当たらない場合には、消費税の課税対象とはならない。本件においては、専ら、Ｘが電力会社Ａ社との間で作成した「給湯、厨房、空調設備の電化採用に関する覚書」（本件覚書）の役務の提供が「資産の譲渡等」であり、本件電化手数料がその対価（反対給付）として支払われたものであるかどうかが問題となる。

Ａ社は、マンション等の集合住宅において、オール電化の採用を推奨し、採用された場合に電化手数料を支払うこととしているものであって、オール電化の住宅を普及させることで、将来的に安定した電力需要を確保することを目的として電化手数料を支払っているものと認められる。そして、電化手数料の算定方法は役務の履行回数や履行期間に応じて定められるのではなく、専ら給湯器の種類や契約電力による区分で定まる基本単価に、採用した戸数を乗じて得られる額とされているのであり、本件電化手数料がオール電化の採用それ自体に対する謝礼又は報奨金としての性質を有することは疑いのないところである。

2　これに対し、Ｘは、本件電化手数料に、オール電化の採用に対する報奨金的要素があるとしても、本件覚書に係る役務の提供対価関係は否定できないと主張しており、実際に、本件覚書でも、本件電化手数料を役務の提供の対価として支払う旨が定められている（５条１項）。

確かに、契約当事者間の合意内容を定めたものである本件覚書の文言は、本件電化手数料がいかなる性質を有するかについての重要な判断資料となるものであるが、その文言が実体を反映していないような場合には、その文言を離れて、実体に即して本件電化手数料の性質を判断していく必要がある。そして、Y（被告）は、本件覚書は実体を反映したものではなく、本件電化手数料が実質的に役務の対価として支払われたものではないと主張するので、その性質・実体がどのようなものであるかにつき更に具体的な検討を加える。

3　本件覚書は、「対象物件の建設に関する情報の提供並びに全電化等の採用に関する勧奨活動の実施」を行うこととされているところ、設計図面の提出をもって、オール電化の採用とは別個・独立の役務の提供であり、対価を支払ってその履行を義務付けるような性質のものであると評価することはできず、本件電化手数料が、X主張の勧奨活動の対価としての性質を有するとはいえない。

また、本件覚書は、「ユーザーに対する電化設備機器の使用方法等に関するコンサルティングの実施」を行うこととされているところ、Xが主張する電化設備機器の使用方法や電気料金が通常と異なることの説明については、マンションの賃貸人が、賃借人に対して入居時に行う一般的な説明の範疇を出るものではないのであって、対価を支払ってその履行を義務付けるような性質の役務とはいい難い。

4　そうすると、本件電化手数料は、専ら本件マンションにオール電化を採用したことに対する謝礼又は報奨金として授受されたものと認めるのが相当であり、これに加えて、役務の提供の対価としての性質を有しているということはできず、「資産の譲渡等の対価」には当たらないというほかない。

〔コメント〕

A社は、オール電化住宅の普及を推進し、「電化手数料制度のご案内」と題するパンフレットにおいて、①オール電化等の採用が決定した段階で「給湯、厨房、空調設備の電化採用に関する覚書」等の覚書を作成すること、②覚書の作成時と電化手数料請求時に設計図面を提出すること、③当該物件について所定の電気受給契約が締結されていること、④電気温水器の契約電力を確認して電化手数料の支払条件とすることが記載されている。そこで、Xは、A社に対する覚書の作成及び設計図面の提出が役務の提供であり、その対価として電化手数料がA社から支払われた旨主張するのであるが、本判決は、設計図面の提出等をもって役務の提供に当たらず、「電化手数料は専ら本件マンションにオール電化を採用したことに対する謝礼又は報奨金として授受されたもの」と断じている。

この事例は、賃貸マンションの取得に伴い、電力会社から受ける電化手数料を課税売上げに計上することにより、当該マンションの建築費を仕入税額控除に算入するという“還付スキーム”の一例ともいえる（130頁参照）。

裁判例の紹介⑱

会員制リゾートクラブが会員から入会時に収受した金員は、資産の譲渡等の対価に該当しないとされた事例

（東京地裁平成26年2月18日判決・裁判所HP「行集」〔確定〕）

〔事案の概要〕

本件は、会員制リゾートクラブを主宰していた破産会社Aが同クラブに入会した会員から入会時に収受した金員について、課税資産の譲渡等に該当するかどうかが争われた事案である。

1　Aは、リゾート施設会員組織の運営、管理、会員権の販売等を目的に設立された法人であり、会員制リゾートクラブであるＢ倶楽部を主宰していた。Ｂ倶楽部は、入会した会員（本件各会員）がＡの提携する各ホテルにおいて、宿泊サービス等の提供を受けることができる会員制組織である。そして、Ｂ倶楽部に入会しようとする者は、Ａとの入会契約を締結し、Ａに会員としての「施設使用料」（本件金員）及び「施設使用預託金」（本件預託金）の払込みを終えたとき、会員資格を取得する。本件預託金は、入会時から５年後に本件各会員に返還するものとされている。

2　Ａは、本件各会員に対し、各ホテルにおいて現金と同様に使用することができる宿泊ポイント（１ポイント当たり１円の価値を持つ）を付与し、本件各会員は、各ホテルにおいて宿泊ポイントにより宿泊料金等を支払うことができる。本件各会員が各ホテルにおいて宿泊ポイントを使用した場合には、①各ホテルの運営会社は、Ａに対し、本件各会員がホテルにおいて使用した宿泊ポイントに相当する金額を請求し、②Ａは、各ホテルの運営会社に対し、宿泊料金の20％に相当する額を請求する。

3　本件金員の収受につき、①Ｙ（被告）は、本件金員がＢ倶楽部の会員資格の付与というＡの役務提供に対する対価として支払われたものであるから、資産の譲渡等に該当すると主張し、②Ｘ（Ａの破産管財人、原告）は、本件金員が宿泊ポイントを発行する対価として支払われたものであるから、資産の譲渡等には該当しないと主張している。

〔争点〕

会員制リゾートクラブを主宰していた法人が会員から入会時に収受した金員のうち、預託金として返還することとされている部分を除いた残りの部分は、物品切手等の対価に当たるかどうか。

〔判決の要旨〕

1　課税の対象である経済活動ないし経済現象は、第一次的には私法によって規律されているところ、課税は、租税法律主義の目的である法的安定性を確保するという観点から、原則として私法上の法律関係に即して行われるべきである。そして、本件金員は、Ｂ倶楽部の会員になろうとする者が、本件入会契約に基づき、Ａに対して支払うものであるから、本件金員が何に対する対価であるかについては、本件各会員及びＡの両者を規律している本件入会契約の解釈によって定まるというべきである。さらに、Ａ及び本件各会員が、本件入会契約について、本件契約書を作成していることに鑑みれば、本件入会契約の解釈は、原則として、本件契約書の解釈を通じて行われるべきものであるが、その際、本件入会契約の前提とされていた了解事項（共通認識）やＡによる勧誘時の説明内容といった、本件入会契約の締結に至る経緯等の事情をも総合的に考慮して判断する必要があるというべきである。

2　Ａは、第１次募集において、本件入会時費用の全てを本件預託金としており、本件１次会員から入会金等を収受していなかったことは明らかであり、第２次ないし第４次募集においても、一貫して入会金等が不要である旨を宣伝して、各パンフレット等においても、その旨を明記していたのであるから、Ａ及び本件各会員が、本件入会契約の締結時において、Ｂ倶楽部に入会する際には入会金等が不要であるとの共通認識を有していたことは優に推認することができる。また、本件各会員の大半は、第２次募集に応じてＢ倶楽部に入会した会員であるところ、Ａが、第２次募集の際、本件金員について同額の宿泊ポイントを初年度（入会時）に付与する旨を説明し、その資料においても同趣旨を強調していたことが認められるから、本件金員（施設使用料）は、第２次募集において、初年度（入会時）に付与される宿泊ポイント（少なくとも本件金員と同額分）の対価として収受されたものであると認めることができる。本件契約書の文言（「施設使用料」）の解釈という観点からみても、各ホテルの使用料（宿泊代金等）は、宿泊ポイントを用いて支払われることが予定されており、本件各会員は、本件入会時費用を払い込みさえすれば、５年間にわたり、新たな支出を全くすることなく、各ホテルを使用することができることに鑑みれば、本件金員が宿泊ポイントの対価であると解釈することに、特段不自然、不合理な点はないというべきである。

3　以上のとおり、本件金員（施設使用料）は、これと同額の宿泊ポイントに対する対価として収受されたものと解することができるところ、宿泊ポイントは、本件カードに表彰され、本件各会員は、宿泊ポイントと引換えに、各ホテルにおける宿泊サービス等を受けることができ、かつ、当該宿泊サービス等を受けたことによって、その対価の支払債務を負担しないものであるから、宿泊ポイントは物品切手等に該当する。本件金員が物品切手等（宿泊ポイント）の発行に対する対価である以上、その収受は、「資産等の譲渡」（消法２①八）には該当しないというべきである（消基通６－４－５参照）。

〔コメント〕

Ｂ倶楽部の会員は、ブロンズ会員、シルバー会員、ゴールド会員及びプラチナ会員に分されているところ、例えば、ブロンズ会員は、入会時費用として100万円（預託金80万円、本件金員20万円）を支払うことにより、Ａから28万円分の宿泊ポイントと５年間にわたり毎年８万円の宿泊ポイントを受け取ることができるというのである（Ａの実質的な経営者らは、組織的詐欺の罪で有罪判決を受けている。）。本判決は、Ｂ倶楽部への入会契約書、会員募集に際してのパンフレット、テレホンアポインターのセールストークの内容等、会員勧誘に際しての説明資料などから、「本件金員（施設使用料）は、これと同額の宿泊ポイントに対する対価として収受されたものと解することができる」と判示するとともに、本件金員が消費税法基本通達５－５－５にいう「入会金」と解釈することは困難であるとして、Ｙの主張を排斥している。

裁判例の紹介⑲

弁護士会が会員から受領した受任事件負担金等は役務の提供の対価に該当するとされた事例

（京都地裁平成23年４月28日判決・訟月58巻12号4182頁）

〔事案の概要〕

弁護士会Ｘ（原告）は、①会員から受領した受任事件負担金、②弁護士協同組合等から受領した事務委託金等 、③国から受領した司法修習委託金について、消費税の課税売上げに計上していなかったところ、Ｙ（税務署長、被告は国）は、これらの金額が課税売上げに該当するとして更正処分等をした。

＊　受任事件負担金……Ｘに設置されている法律相談センター等（以下「本件各センター」という。）において、相談を担当した弁護士が申込者から受任等しあるいは申込者と顧問契約を締結した場合に、当該弁護士からＸに支払われる負担金である。

＊　事務委託金等……弁護士が弁護士協同組合及び法律扶助協会（以下「本件組合等」という。）から法律扶助事業の事務の委託を受けていること等に基づきＸに支払われる事務委託金等である。

＊　司法修習委託金……司法修習生の実務修習に要する経費に充てるため、国からＸに支払われる司法修習生研修委託費である。

〔争点〕

弁護士会が収受する受任事件負担金等の金員は役務の提供の「対価」

に該当するか。

〔判決の要旨〕

1　本件各センターにおける名簿の作成、紹介の仲介などの事務処理があることによって、各弁護士が相談者等と接触することになり、その後に当該相談者等から事件を受任した場合には、その受任は、上記の事務処理があったことに起因しているといえるから、各弁護士は、本件各センターの運営とその事務処理によって、受任の機会を得ている面があると評価することができる。本件各センターの運営は、Xに置かれた各種委員会により行われている以上、本件各センターの事務処理は、Xによる事務処理であるということができるから、Xの事務処理によって、各弁護士は、受任の機会を得ていると評価することができる。 また、本件受任事件負担金の支払をするのは、実際に事件を受任した会員弁護士であり、事件を受任しなかった会員弁護士は支払をすることにはなっていないが、これは、少なくとも、本件受任事件負担金が、受任によって得た利益を一定程度拠出することを求める趣旨のものであるからということができる。以上によれば、結局、各弁護士は、Xの事務処理という役務の提供によって受任の機会を得たため、その反対給付として本件受任事件負担金を支払うこととされているものということができ、当該役務の提供と本件受任事件負担金との間には明白な対価関係がある。

2　①本件組合等とXとの間で交わされた契約書の標題は「事務委託契約書」であり、そこには、本件組合等がXに事務を委託し、事務委託金として450万円を支払う旨の記載があり、このことからして、Xに支払われる金員は、この事務委託に対する反対給付（対価）であると解するのがごく自然であること、②同契約書には、職員の出向に関する事項は何ら記載されておらず、本件組合等とXとの間では、職員の出向に関し何ら具体的な合意がされていなかったとうかがわれること、③Xの職員に、本件組合等の事務を担当させることができる旨定めていることなどからすれば、本件組合等の事務はXの職員がXの職員として行っていると強くうかがわれる上、当該職員は、Xの職員給与規則に基づいて給与等を受け取り、かつ、その源泉所得税の徴収及び納付もXが行っていること、④Xも、本件組合等も、その会計上、出向に係る人件費としてではなく、事務委託金等として処理していることなどの事情が認められる。以上によれば、Xの職員が本件組合等に出向していたとはいえず、むしろ、Xの職員が、Xの職員として、本件組合等から委託を受けた事務を行っていたものと認められるから、本件事務委託金等は、その実質も本件組合等がXに事務を委託し、その委託された事務をXが行うという役務の提供に対する反対給付（対価）であると認められる。

3　司法修習生に関する規則の定め等によれば、Xが、司法研修所長から弁護実務修習の委託を受け、実際に、弁護実務修習を実施するという役務を、司法研修所、ひいては最高裁判所や国に対し、提供したことが認められる。司法修習委託金については、①Xと司法研修所や最高裁判所、国との間で合意されるものではなく、予算として一方から示達されるだけであって、Xは、これについて決定する権限を一切有していないこと、②司法修習委託金を支払う旨の定めは、法律等にも存在せず、司法研修所における予算に係る事務処理として、Xなどの弁護士会に司法修習委託金を支払うこととされているにすぎないことなどを考量すると、司法修習委託金は、特定の事務又は事業を助長するために恩恵的に交付される給付金である補助金に近い性質を有するということも不可能ではない。しかし、司法修習委託金は、弁護実務修習の指導に要する経費に充てることをその使途とすることが明らかであり、Xなど弁護士会が弁護実務修習の委託を受けてこれを実施したからこそ支払われるものであることは否定できなく、補助金等に係る予算の執行の適正化に関する法律の定める手続がとられていないことなどにも照らせば、司法修習委託金は、消費税法基本通達５－２－15の規定するような、特定の政策目的を図るための給付金であるとまではいえないと解される。したがって、司法修習委託金は、役務の提供に対して受ける反対給付であり、対価性があって、その役務の提供は対価を得て行われたものであるということができるから、当該役務の提供は課税対象である「国内において事業者が行つた資産の譲渡等」（消法４①）に該当し、当該役務の提供は課税対象となる。

〔コメント〕

本件において、Ｘは、①受任事件負担金は、弁護士会全体の活動に充てるために各弁護士からＸに対して支払われる会費であること、②Ｘの職員は、本件組合等の事務を遂行するために本件組合等に出向したものであるから、事務委託金等は出向給与負担金に該当すること、③司法修習委託金は、最高裁判所より一方的に示達され、弁護士会に諾否の自由はなく、契約関係に基づく支払とみることができないから、補助金に該当することを理由に、いずれの負担金も不課税である旨の主張をしている。これに対し、本判決は、①受任事件負担金はＸの役務の提供と明白な対価関係があり、会費であることから直ちに対価性が否定されるものではないこと（消基通５－５－３）、②本件組合等から委託を受けた事務は、Ｘの職員として行ったものであり、出向給与負担金の趣旨であったとは認められないこと、③司法修習委託金は、補助金に近い性質を有するということも不可能ではないとしつつも、特定の政策目的を図るための給付金であるとまではいえないこと（消基通５－２－15）を説示して、Ｘの主張を排斥しているのである。

本件の控訴審である大阪高裁平成24年３月16日判決（訟月58巻12号4163頁）は、「趣旨及び消費税法の規定からすれば、本来、消費税は広く薄く課税対象を設定し、最終的に消費者への転嫁が予定されている税であるから、事業者が収受する経済的利益が、消費税の課税要件としての『資産等の譲渡（本件においては役務の提供）』における対価に該当するためには、事業者が行った当該個別具体的な役務提供との間に、少なくとも対応関係がある、すなわち、当該具体的な役務提供があることを条件として、当該経済的利益が収受されるといい得ることを必要とするものの、それ以上の要件は法には要求されていないと考えられる。」と説示した上で、Xの控訴を棄却している（最高裁平成27年２月24日第三小法廷決定・税資265号順号12609は上告棄却）。

⑻　みなし譲渡

消費税の課税対象は、事業者が事業として対価を得て行う資産の譲渡等であり、無償で行う資産の譲渡等は課税の対象とならない。しかし、①個人事業者が棚卸資産又は棚卸資産以外の資産で事業の用に供していたものを家事のために消費し又は使用した場合のその消費又は使用、②法人が資産をその役員に対して贈与した場合のその贈与は、消費税が消費に負担を求める税としての性格上、事業として対価を得て行われる資産の譲渡とみなして課税される（消法４⑤）。

＊「棚卸資産又は棚卸資産以外の資産で事業の用に供していたものを家事のために消費し又は使用した」とは、個人事業者又は個人事業者と生計を一にする親族の用に消費し、又は使用することをいう（消基通５－３－１）。

⑼　特定仕入れ

「特定仕入れ」とは、事業として他の者から受けた特定資産の譲渡等をいい（消法４①）、「特定資産の譲渡等」とは事業者向け電気通信利用役務の提供及び特定役務の提供をいう（消法２①八の二）。平成27年度の改正により、国内外の事業者間の不均衡を是正する観点から、国外の事業者が国境を越えた役務の提供を課税対象としたものである。

3　課税の対象となる輸入取引

保税地域から引き取られる外国貨物には、消費税が課税される（消法4②）。

外国から輸入されて国内で消費される資産については、国内取引とのバランス上、課税することとしている（消費地課税主義）。

なお、保税地域から引き取られる外国貨物については、「事業として対価を得て行われる」ものに限られないので、①保税地域から引き取られる外国貨物に係る対価が無償の場合、②保税地域からの外国貨物の引取りが事業として行われるものでない場合であっても、課税の対象となる（消基通5－6－2）。

＊　保税地域及び外国貨物の意義については、21、22頁を参照されたい。

＊　課税貨物に係る消費税の徴収は、輸入品に対する内国消費税の徴収等に関する法律に基づいて税関で行われる。

4　資産の譲渡等の時期

資産の譲渡等に係る消費税の納税義務の成立時期は、課税資産の譲渡等又は特定課税仕入れをした時である（通則法15②七）。この資産の譲渡等をした時がいつであるかは、所得税法や法人税法の課税所得の計算における総収入金額又は益金の額の算入時期と同じである。

なお、輸入取引に係る消費税の納税義務は、課税貨物を保税地域から引き取る時に成立する（通則法15②七）。

(1)　棚卸資産の譲渡の時期

棚卸資産の譲渡を行った日は、その引渡しのあった日である（消基通9－1－1）。棚卸資産の引渡しの日がいつであるかについては、出荷基準、検収基準、使用収益開始基準、検針日基準など、その棚卸資産の種類及び性質、その販売に係る契約の内容等に応じてその引渡しの日として合理的であると認められる日のうち、事業者が継続して棚卸資産の譲渡を行ったこととしている日による（消基通9-1-2）。

＊　棚卸資産が土地又は土地の上に存する権利であり、その引渡しの日がいつであるかが明らかでないときは、①代金の相当部分（おおむね50％以上）を収受するに至った日、②所有権移転登記の申請（その登記の申請に必要な書類の相手方への交付を含む。）をした日のうちいずれか早い日にその引渡しがあったものとすることができる（消基通9-1-2）。

棚卸資産を委託販売した場合には、受託者がその委託品を譲渡した日をもって委託者の譲渡した日となる。ただし、委託品についての売上計算書が売上げのつど作成されている場合には、継続適用を要件に、売上計算書の到着した日によることもできる（消基通9-1-3）。また、荷受人が船荷証券や貨物証券を他に譲渡した場合あるいは寄託者が倉庫証券を他に譲渡した場合には、その引渡しの日にその船荷証券等に係る資産の譲渡が行われたことになる（消基通9-1-4）。

＊　委託者がインボイス発行事業者の登録を取りやめる場合、受託者が行った委託者の譲渡について、その譲渡に係る売上計算書の到着した日が「適格請求書発行事業者の登録の取消しを求める場合の届出」に定める日後となるときは、到着した日の譲渡とすることはできない（消基通9-1-3）。

⑵　固定資産の譲渡の時期

固定資産の譲渡の時期は、原則として、その引渡しがあった日である。ただし、その固定資産が土地、建物その他これらに類する資産である場合には、譲渡に関する契約の効力発生の日を資産の譲渡の時期とすることもできる（消基通9-1-13）。譲渡した資産が農地等の場合には、次の特例が認められる。

ア　農地……農地法上の許可のあった日（消基通9-1-14）。

イ　工業所有権等……譲渡又は実施権の設定に関する契約効力の発生日、契約の効力が登録により生ずる場合は登録の日（消基通9-1-15）。

ウ　ノウハウの頭金等……ノウハウの開示を完了した日、ノウハウの開示が

２回以上にわたって分割して行われ、かつ、その一時金又は頭金の支払がほぼこれに見合って分割して行われることとなっている場合には、その開示をした日（消基通９－１－16）。

⑶　有価証券の譲渡の時期

有価証券の譲渡の時期は、原則として、その引渡しがあった日である（消基通９－１－17）。信用取引又は発行日取引の方法により株式の売付けを行った場合は、売付けに係る取引の決済を行った日になる（消基通９－１－18）。

⑷　請負による資産の譲渡等の時期

請負による資産の譲渡等の時期は、原則として、物の引渡しを要する請負契約にあってはその目的物の全部を完成して相手方に引き渡した日であり、物の引渡しを要しない請負契約にあってはその約した役務の全部を完了した日である（消基通９－１－５）。

ア　請負契約の内容が建設、造船その他これらに類する工事（以下「建設工事等」という。）であるときは、完成引渡基準によるが、その引渡しの日がいつであるかについては、作業を結了した日、相手方の受入場所に搬入した日、相手方が検収した日、相手方において使用収益ができることとなった日など、その建設工事等の種類及び性質、契約の内容等に応じその引渡しの日として合理的であると認められる日のうち、事業者が継続して資産の譲渡等を行ったこととしている日による（消基通９－１－６）。また、引渡量に従い又は引き渡したつど工事代金を収入する旨の特約等がある場合には、部分完成基準による（消基通９－１－８）。

イ　機械設備等の販売をしたことに伴いその据付工事を行った場合には、据付工事に係る対価の額を含む販売代金の全額が資産の譲渡等の対価となるのであるが、その据付工事が相当の規模のものであり、その据付工事に係る対価の額を契約等に基づいて合理的に区分できるときは、機械設備等に係る販売代金の額と据付工事に係る対価の額とを区分して、機械設備等の販売については通常の引渡基準により、また、据付工事については完成工事引渡基準によることができる（消基通9－1－9）。

ウ　不動産の仲介あっせんに係る資産の譲渡等については、原則として、契約の効力が発生した日によるのであるが、継続適用を要件として、その契約に係る取引が完了した日によることができる（消基通9－1－10）。

エ　設計、作業の指揮監督、技術指導等の役務の提供については、原則として、その約した役務の全部の提供を完了した日によるのであるが、①現地に派遣する技術者等の数及び滞在期間の日数等によって報酬の額が算定され、かつ、一定の期間ごとに報酬の額を確定させて支払を受けることとなっている場合、②報酬の額が作業の段階ごとに区分され、かつ、一定の期間ごとにその金額を確定させて支払を受けることとなっている場合には、その支払を受けるべき報酬の額が確定した日による（消基通9－1－11）。

オ　運送収入については、原則として、その運送に係る役務の提供を完了した日によるのであるが、継続適用を要件として、運送契約の種類、性質、内容等に応じ、発売日基準、積切出帆基準、航海完了基準、発生日（月）割基準によることができる（消基通9－1－12）。

＊　発売日基準……乗車券、乗船券、搭乗券等を発売した日（自動販売機によるものについては集金時）にその発売に係る運送収入を対価とする資産の譲渡等を行ったものとする方法。

＊　積切出帆基準……船舶、航空機等が積地を出発した日にその船舶、航空機等に積載した貨物又は乗客に係る運送収入を対価とする資産の譲渡等を行ったものとする方法。

＊　航海完了基準……一航海（船舶が発港地を出発してから寄港地に到着するまでの航海をいう。）に通常要する期間がおおむね4月以内である場合において、その一航海を完了した日にその一航海に係る運送収入を対価とする資産の譲渡等を行ったものとする方法。

＊　発生日（月）割基準……一の運送に通常要する期間又は運送を約した期間の経過に応じ日割又は月割等により一定の日にその運送収入を対価とする

資産の譲渡等を行ったものとする方法。

裁判例の紹介⑳

企業体が行う共同事業としての資産の譲渡等の時期が争われた事例

（福岡地裁平成11年１月26日判決・税資240号222頁〔確定〕）

〔事案の概要及び争点〕

本書19頁を参照されたい。

〔判決の要旨〕

組合が組合契約に基づく共同事業を営んでいる場合、組合がする共同事業としての資産の譲渡等は、組合の権利義務が直接組合員に帰属することから、その共同事業に係る組合員の持分又は利益の分配割合に対応する部分については、それぞれ組合員が行ったことになるといえるが、右の、組合員が資産の譲渡等を行ったことになる部分についての資産の譲渡等の時期は、現実にその資産の譲渡等が行われた時が原則である。しかしながら、組合の会計処理上、組合が共同事業として行った資産の譲渡等の内容をそのつど逐一組合員に報告することは煩さに耐えないから、組合としては、その計算期間に応じ、組合員に対し、資産の譲渡等の内容を一定期間まとめて報告するほうが便利であり、組合員も、右の報告を受けることによって資産の内容を知ることができ、特に不都合もないといえるから、組合が資産の譲渡等の報告に当たって、右の方法をとることが多いことは容易に推察できるところであり、右の方法によることも、一般社会通念に照らし、公正妥当と評価できる会計処理の基準といえる。したがって、組合の会計処理の計算期間と組合員自身の課税期間が異なる場合には、組合が共同事業として行った資産の譲渡等については、組合の会計処理上の計算期間の終了する日の属する各組合員の課税期間中に行われたものとして取り扱うことも公正妥当な会計処理基準として認められるというべきである。

これを本件企業体についてみると、本件企業体は民法上の組合といえるところ、本件企業体の会計報告はいずれもそのつど構成員全員が承認しているし、右の会計報告以外に各構成員に対して本件企業体の経理内容が示されたことや、各構成員の事業年度に応じた会計報告がされたことはないから、本件企業体に係る平成2年11月期課税期間及び平成3年11月期課税期間の消費税の計算は、右の会計報告の計算期間によるのが相当であり、本件企業体の各会計報告に係る計算期間の終了する日の属する各構成員の課税期間中に本件企業体の資産の譲渡等が行われたものとして、Xに対して行った平成2年11月期課税期間及び平成3年11月期課税期間に係る消費税更正処分には、違法はない。

〔コメント〕

民法上の組合である共同事業に属する資産の譲渡等は、当該共同事業の構成員が行ったことになるのであり（パススルー、消基通1－3－1参照）、その資産の譲渡等の時期は、その共同事業体が現実に資産の譲渡等を行った時となるのが原則である。もっとも、所得税や法人税の課税実務では、任意組合等の組合員に係る損益を毎年1回以上一定の時期において計算し、かつ、各組合員への個々の損益の帰属がその損益の発生後1年以内である場合には、当該任意組合等の計算期間を基として計算し、当該計算期間の終了する日の属する時期の損益に計上することを認めている（所基通36・37共-19の2、法基通14-1-1の2）。本件は、本件企業体に係る課税資産の譲渡等の6分の1相当額がXに帰属し、その譲渡等の時期は、本件企業体の会計報告に係る計算期間の終了する日の属する課税期間であるとした課税処分の適否が争われたものである。本判決は、消費税においても、上記の取扱いが公正妥当な会計処理基準に該当すると説示して、その合理性を認めているところである。

なお、消費税法基本通達９－１－28は、「各構成員が、当該資産の譲渡等の時期を、当該共同事業の計算期間（１年以内のものに限る。）の終了する日の属する自己の課税期間において行ったものとして取り扱っている場合には、これを認める。」旨を明らかにしている。

＊　構成員がインボイス発行事業者の登録を取りやめる場合、共同事業として行った資産の譲渡について、その譲渡等に係る共同事業の計算期間の終了する日が「適格請求書発行事業者の登録の取消しを求める場合の届出」に定める日後となるときは、共同事業の計算期間の終了する日の属する課税期間における資産の譲渡等とすることはできない（消基通９－１－28）。

カ　その他

国税不服審判所平成20年７月４日裁決（裁決事例集76号465頁）は、自動販売機の販売手数料の課税時期が争われた事案である（いわゆる「自販機による還付スキーム」）。審査請求人は、賃貸アパートを取得すると同時に、飲料の自動販売機を設置し、販売した飲料に係る販売手数料を受領したことについて、当該手数料は、自動販売機による飲料の販売本数に対して支払われるから、飲料を販売するたびに生じるものであるところ、当該アパートを取得した課税期間にも飲料は販売されていることから、当該課税期間の課税売上割合は100％となり、当該アパートの取得に係る消費税等は仕入税額控除ができる旨主張する。

これに対し、裁決は、「当該手数料は、自動販売機の設置場所の提供、電気の供給及び人的役務の提供が一体となった課税資産の譲渡等の対価である。消費税法上、課税資産の譲渡等の時期についての規定はなく、その時期は、個人事業者の場合には所得税の所得金額を計算する際の収益の認識基準によりこれを把握することとなるが、所得税法第36条で規定する、その年分において収入すべき金額とは、その年において収入すべきことが確定し、相手方にその支払を請求し得ることとなった金額、すなわち、収入すべき権利の確定した金額であると解されるところ、自動販売機の設置に係る協定書に当該手数料の支払条件は、毎月20日締切りの翌月10日振込みとする旨定めていることからすると、毎月20日に収入すべき権利が確定するとみるのが相当であるから、課税資産の譲渡等の時期も毎月20日であり、当該課税期間には、当該締切日が到来しておらず、当該課税期間の課税売上げとはならない。」と判断している。

＊「自販機による還付金スキーム」とは、賃貸マンションを営む事業者が自動販売機を設置することで消費税の還付を受けようとするスキームをいう。具体的には、①事業者が賃貸マンションの新築に際して、所轄税務署長に「課税事業者選択届出書」を提出した上で、②賃料収入が発生するまでの間に、マンションに自動販売機を設置する。③これにより、自動販売機からの売上げが「課税売上げ」、賃料収入が「非課税売上」となる。④結果、課税売上100%」となって、マンションの建築費の全額を仕入税額控除の対象とするわけである。この抜け穴封じとして、「高額特定資産を取得した場合の納税義務の免除の特例」が創設されている（50頁参照）。

(5)　利子、使用料等を対価とする資産の譲渡等の時期

ア　貸付金、預貯金又は有価証券から生ずる利子等の額は、その利子の計算期間の経過に応じて課税期間における資産の譲渡等の対価の額とする（発生主義）。ただし、金融業及び保険業を営む事業者以外の者は、継続適用を要件として利払期基準によることができる（消基通９－１－19）。

＊　利払期基準…支払期日が１年以内の一定の期間ごとに到来する利子について、その支払期日の属する課税期間における資産の譲渡等の対価の額とする方法。

イ　資産の賃貸借契約に基づいて支払を受ける使用料等の額（前受けに係る額を除く。）は、原則として、契約又は慣習により支払を受ける日である（消基通９－１－20）。賃貸借契約の存否について係争がある場合には、その係争が解決してその使用料等の額が確定しその支払を受けることとなる日

によることができる。

ウ　資産の賃貸借契約に基づいて保証金、敷金等として受け入れた金額のうち、期間の経過その他賃貸借契約等の終了前における一定事由の発生により返還しないこととなる部分の金額は、その返還をしないこととなった日の属する課税期間において行った資産の譲渡等に係る対価になる（消基通9-1-23）。

エ　工業所有権又はノウハウを他の者に使用させたことにより支払を受ける使用料は、原則として、その使用料が確定した日となるが、継続適用を要件に、契約によりその支払を受けることとなっている日によることができる（消基通9-1-21）。

(6)　リース取引に係る資産の譲渡等の時期

ア　売買取引とされるリース取引

所得税法又は法人税法の規定により売買があったものとされるリース取引については、原則として、賃貸人が賃借人にその取引の目的となる資産（以下「リース資産」という。）の引渡しを行った日に資産の譲渡があったことになる（消基通5-1-9）。したがって、事業者が行ったリース取引が課税資産の譲渡等に該当する場合には、そのリース資産の譲渡対価の全額がその引渡しを行った日の属する課税期間における資産の譲渡等の対価の額に含まれる。

＊　売買取引とされるリース取引とは、資産の賃貸借のうち、①リース期間中の中途解約が禁止されているもの又はこれに準ずるもの、②賃借人がリース資産からもたらされる経済的な利益を実質的に享受することができ、かつ、リース資産の使用に伴って生ずる費用を実質的に負担すべきこととされているものをいう（所法67の2③、法法64の2③）。

イ　金銭の賃借とされるリース取引

譲受人から譲渡人に対する賃貸を条件に資産の売買（リースバック取引）を行った場合において、その資産の種類、売買及び賃貸に至るまでの事情その他の状況に照らし、これら一連の取引が実質的に金銭の賃借と認められるときは、売買がなかったものとされる（所法67の２②、法法64の２②）。したがって、この場合には、リース資産に係る譲渡代金の支払の時に金銭の貸付けがあったことになる（消基通５－１－９）。

5　資産の譲渡等の時期の特例

(1)　リース譲渡に係る資産の譲渡等の時期

ア　延払基準の方法により経理する場合

事業者が所得税法65条１項又は法人税法63条１項に規定するリース譲渡を行った場合において、これらの規定による延払基準の方法により経理することとしているときは、その賦払金の額でそのリース譲渡をした日の属する課税期間においてその支払期日が到来しないものに係る部分については、その課税期間において資産の譲渡等を行わなかったものとみなして、売上げの計上時期を繰り延べることができる（消法16①②）。ただし、支払期日が到来していなかったとしても、その課税期間において支払を受けたものに係る部分は、その課税期間において資産の譲渡等を行ったことになる（消法16①）。

なお、この特例の適用を受けようとする事業者は、申告書にその旨を付記しなければならない（消法16③）。

延払基準の方法は、次のとおりである（消令32の２）。

延払基準の計算

$$\text{譲渡等の対価の額} \times \frac{\text{当期に支払期日が到来する賦払金の合計額}}{\text{リース譲渡の対価の額}}$$

$$= \text{当期の売上高}$$

イ　延払基準の方法により経理しなかった場合

リース譲渡について、所得税又は法人税において延払基準により経理しなかった場合は、その経理しなかった年の12月31日の属する課税期間又は経理しなかった決算に係る事業年度終了の日の属する課税期間において、繰り延べられた部分の資産の譲渡等があったものとみなされる（消法16②、消令32）。

ウ　納税義務の変更があった場合

・課税事業者から免税事業者になる場合……賦払金の課税未済分について、課税事業者であった課税期間の末日に資産の譲渡があったものとみなされる（消令33一）。

・免税事業者から課税事業者になる場合……免税事業者である課税期間にリース譲渡販売等したものについて、その免税事業者であった課税期間の末日に資産の譲渡があったものとして処理する（消令33二）。すなわち、課税事業者になった後の課税期間に賦払金の支払期が到来しても課税対象とならない。

エ　リース譲渡の特例計算の方法により経理した場合

事業者がリース譲渡を行った場合において、その事業者がリース譲渡につき所得税法65条２項又は法人税法63条２項本文の規定の適用を受けるときには、次のように取り扱われる（消令36の２）。

①　そのリース譲渡に係る各年又は各事業年度のリース譲渡収益額（収入金額又は収益の額）に係る部分……その課税期間において資産の譲渡等を行わなかったものとみなして、その部分に係る対価の額をその課税期間におけるリース対価の額から控除することができる。

②　上記①により譲渡をした日の属する課税期間において資産の譲渡等を行わなかったものとみなされた部分……各年又は各事業年度のリース譲渡収益額に係る部分につきそれぞれの事業年度終了の日（個人事業者の

場合は暦年）の属する課税期間において資産の譲渡を行ったものとみなされる。

(2)　工事の請負に係る資産の譲渡等の時期

ア　長期大規模工事に係る特例

長期大規模工事の請負に係る契約に基づき資産の譲渡等を行う場合において、所得税法66条２項又は法人税法64条２項に規定する「工事進行基準の方法」により経理した収入金額又は収益の額に係る部分については、これらの収入金額又は収益の額が計上された事業年度（個人事業者の場合は暦年）の終了日の属する課税期間にその部分の課税資産の譲渡等を行ったものとすることができる（消法17①）。

＊　長期大規模工事とは、①請負期間が１年以上、②請負金額が10億円以上、③請負の対価の額の２分の１以上が引渡期日から１年を経過する日後に支払われるものでないことの要件を満たす工事をいう（消法17、所法66①、所令192①②、法法64①、法令129①②）。

なお、工事進行基準とは、工事の進行割合に応じ、引渡しの前に予想工事利益を分割して繰上計上する方法である（所法66①②、所令192③、法法64①②、法令129③）。

工事進行基準の計算

$$\text{工事の請負対価の額} \times \frac{\text{当期までの工事原価}}{\text{見積工事原価の総額}} - \text{前期までの売上計上額}$$
$$= \text{当期の売上高}$$

イ　長期大規模工事に該当しない工事に係る特例

事業者が所得税法66条２項又は法人税法64条２項に規定する工事の請負（目的物の引渡しが翌事業年度、個人事業者の場合は翌年）以後となる工事に係る契約に基づき資産の譲渡等を行う場合において、その事業者がこれらの規定の適用を受けるため、その工事の請負に係る対価の額につき「工事進行基準の方法」により経理することとしているときには、その工事の目的物のうちその方法により経理した収入金額又は収益の額に係る部分については、これらの収入金額又は収益の額が計上された事業年度（個人事業者の場合は暦年）の終了日の属する課税期間に課税資産の譲渡等を行ったものとすることができる（消法17②）。

ただし、翌課税期間以後の課税期間において「工事進行基準の方法」により経理しなかった場合は、その経理しなかった年の12月31日の属する課税期間又は経理しなかった決算に係る事業年度の終了日の属する課税期間以後の課税期間において、繰り延べられた資産の譲渡等があったものとみなされる（消法17②）。

ウ　適用関係

上記ア又はイの特例の適用を受けた事業者が長期大規模工事又は工事の目的物の引渡しを行った場合、その長期大規模工事又は工事の請負に係る資産の譲渡等のうち、その着手の日の属する課税期間からその引渡しの属する課税期間の直前の課税期間までの各課税期間において、これらの特例により資産の譲渡等を行ったものとされた部分については、同日の属する課税期間においては資産の譲渡等がなかったものとして、その部分に係る対価の合計額を長期大規模工事又は工事の請負に係る対価の額から控除する（消法17③）。

(3)　小規模事業者に係る資産の譲渡等の時期

資産の譲渡等の時期は、その現金の受領とは直接関係なく、いわゆる発生主義的な立場から判定するのが原則であるが、所得税法において、現金主義による所得計算の特例が認められている事業者は、消費税法においても、資産の譲渡等の時期を現金主義によることができる（消法18）。この場合の小規模事業者とは、青色申告者のうち、前々年の事業所得の金額と不動産所得の金額の合計額（青色専従者給与又は事業専従者控除額を引く前の金額をいう。）が300万円以下のもので、現金主義による所得計算の特例を受けることの届出書を提出しているものをいう（所令195）。

なお、現金主義の適用を受けている小規模事業者が手形又は小切手で取引した場合には、次により資産の譲渡等及び課税仕入れを行ったことになる（消基通９－５－２）。

①　受取手形……支払を受けた時又は割引をした時に資産の譲渡等を行ったものとする。

②　支払手形……支払をした時に課税仕入れを行ったものとする。

③　受取小切手……受け取った時に資産の譲渡等を行ったものとする。

④　支払小切手……振り出した時に課税仕入れを行ったものとする。

6　課税期間

課税期間とは、課税標準額及び納付すべき税額を計算する基礎となる期間のことである。消費税は消費に対して負担を求める税であるから、納付すべき税額は事業者が代金の一部として受領しているはずであり、本来、できるだけ早く納付すべきであるが、課税期間を余り短く定めると、納税者及び税務当局双方の事務負担が大きくなるという難点がある。そこで、消費税法では、①個人事業者は暦年、②法人は事業年度とする一方で、還付を受ける者のために課税期間の特例が設けられている。

(1)　個人事業者の課税期間

個人事業者の課税期間は、その年の１月１日から12月31日までの期間である（消法19①一）。新たに事業を開始した場合であっても、その課税期間の初日は、その年の１月１日であり（消基通３－１－１）、事業を廃止した場合であっても、その年の１月１日から12月31日までが課税期間となる（消基通３－１－２）。

(2) 法人の課税期間

法人の課税期間は、法人税法に規定する事業年度である（消法２①十三、19①二）。公共法人等の課税期間は、会計期間その他これに準ずる期間で、法令で定めるもの又は定款等に定めるものをいい、法令又は定款等に定めがない場合には、所轄税務署長に届け出た会計年度等による（消令３①②）。

(3) 課税期間の特例

ア 個人事業者

課税期間の特例を選択することにより、①１月から３月まで、４月から６月まで、７月から９月まで、10月から12月までの３月ごとの課税期間、又は②１月ごとの課税期間によることができる（消法19①三、三の二）。

イ 法人の課税期間

課税期間の特例を選択することにより、①事業年度の開始の日以後３月ごとに区分した課税期間、又は②事業年度の開始の日以後１月ごとに区分した課税期間によることができる（消法19①四、四の二）。

ウ 課税期間特例の選択

課税期間の特例の適用を受けるためには、原則として、適用を受けようとする課税期間の初日の前日までに「課税期間特例選択・変更届出書」を納税地の所轄税務署長に提出しなければならないが、①事業者が国内において課税資産の譲渡等に係る事業を開始した場合、②課税期間の特例を受けていた被相続人の事業を相続により承継した場合、③課税期間の特例を受けていた被合併法人の事業を合併により承継した場合、④課税期間の特例を受けていた分割法人の事業を吸収分割により承継した場合にあっては、「課税期間特例選択・変更届出書」を提出した日の属する期間から適用できる（消法19②かっこ書、消令41①）。

また、課税期間の特例の適用を受けることをやめようとするとき又は事業を廃止したときは、適用をやめようとする課税期間の初日の前日までに「課税期間特例選択不適用届出書」を納税地の所轄税務署長に提出する必要がある（消法19③）。

なお、課税期間の特例の届出をした事業者は、事業を廃止した場合を除き、課税期間の特例の届出の効力を生ずる日から２年を経過する日の属する課税期間の初日以後でなければ、その特例の適用をやめようとする旨の届出書を提出することができない（消法19⑤）。

課税期間特例の選択事例（３か月ごと）

①　個人事業者

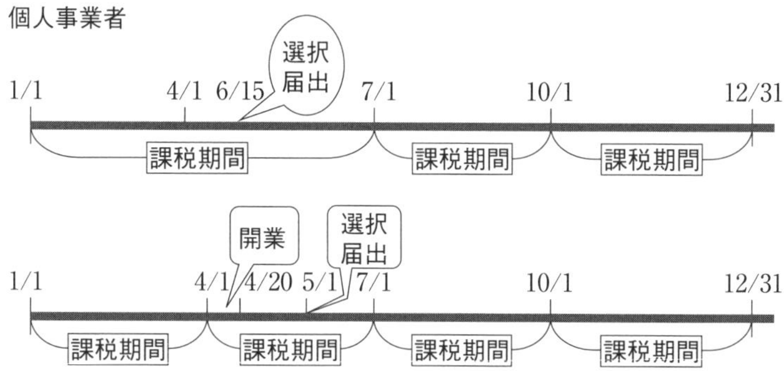

＊　個人が新たに事業を開始した場合における最初の課税期間の開始の日は、その事業を開始した日がいつであるかにかかわらず、その年の１月１日になる（消基通３－１－１）。

② 法人（３月決算）

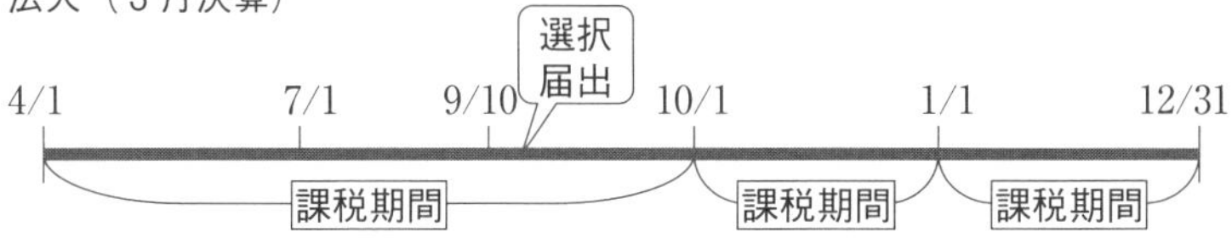

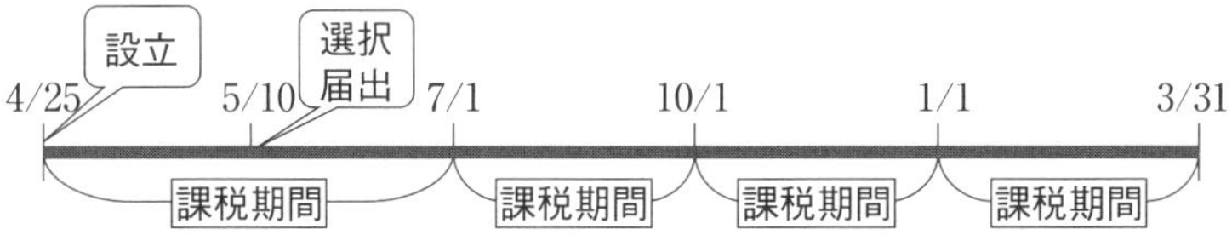

＊　新たに設立された法人の最初の課税期間の開始の日は、法人の設立の日になる。この場合において、設立の日は、設立の登記により成立する法人にあっては設立の登記をした日、行政官庁の認可又は許可によって成立する法人にあってはその認可又は許可の日をいう（消基通3－2－1）。

第３章　非課税と免税

１　概　説

消費税は、国内において行われる資産の譲渡等及び特定課税仕入れ並びに保税地域から引き取られる外国貨物を課税の対象としているが、消費に対して負担を求める税として性格及び社会政策的見地から、消費税法別表２に掲げる資産及び別表２に掲げる保税地域から引き取られる外国貨物については、非課税としている（消法６）。また、国内において課税資産の譲渡等を行った場合でも、それが輸出取引等に該当する場合には、消費税及び地方消費税（以下「消費税等」という。）が内国消費税であり、国内において消費される財貨やサービスに税負担を求めることとしている趣旨から、消費税等を免除することとしている（消法７、８）。

非課税取引及び免税取引は、いずれも資産の譲渡等に対して消費税等が課税されないが、非課税取引については、その仕入れに係る消費税等の額が課税標準等の額から控除できないのに対して、免税取引については、その売上げに対して消費税等が課されない（免除される）とともに、その仕入れに係る消費税等の額が課税標準等の額から控除できる。また、非課税の適用を受けるには何らの手続も必要とされないのに対して、免税とされるためには、輸出許可書等の所定の書類を保存することが必要である。以上の点において、非課税と免税は異なる。

なお、国内において非課税資産の譲渡等が行われた場合において、それが輸出取引等に該当する場合は、課税資産の譲渡等に係る輸出取引等とみなされ、また、事業者が国内以外の地域において資産の譲渡等をするため又は自己が使用するため資産を輸出した場合においても、課税資産の譲渡等に係る輸出取引等とみなされる（消法31①②）。

2　国内取引に係る非課税

消費税等は、生産、流通過程を経て事業者から消費者に提供される財貨・サービスの流れに着目して、事業者の課税資産の譲渡等を課税の対象とすることにより、間接的に財貨・サービスの消費に税負担を求めるものであり、課税の対象を資産の譲渡及び貸付け並びに役務の提供というように包括的に規定している（消法４、２①八）。したがって、この規定によると、本来、消費になじまない土地の譲渡や資本取引の性格を持つ有価証券の譲渡も課税対象となることから、消費税法は、別途、非課税の規定を設け、本来的に消費になじまない土地等の取引や社会政策的な見地からの取引については、消費税等を課税しないこととしている（消法６）。

非課税取引		
	消費税の性格から課税対象とすることになじまないもの	土地等の譲渡及び貸付け 有価証券、支払手段の譲渡 利子、保証料、保険料等 郵便切手、印紙等の譲渡 商品券、プリペードカード等の譲渡 住民票、戸籍謄本等の行政手数料 国際郵便為替、外国為替に係る役務の提供
	社会政策的な配慮に基づくもの	社会保険医療等 介護保険サービス、社会福祉事業等 出産費用 埋葬料、火葬料 身体障害者用物品の譲渡及び貸付け等 一定の学校の授業料、入学金・入園料、施設設備費等 教科用図書の譲渡 住宅の貸付け

(1)　土地の譲渡及び貸付け

ア　土地（土地の上に存する権利を含む。）の譲渡及び貸付けは、次に掲げる場合を除き、非課税である（消法６①、別表２一、消令８①）。

①　土地の貸付けに係る期間が１月に満たない場合

１月に満たないかどうかは、その土地の貸付けに係る契約において定められた貸付期間によって判定する（消基通６－１－４）。

②　駐車場その他の施設の利用に伴って土地が使用される場合

例えば、建物、野球場、プール、テニスコート等の施設の利用が土地の使用を伴うことになるとしても、その土地の使用は、施設の使用と観念できるから、課税の対象となる（消基通６－１－５）。

なお、駐車場又は駐輪場として土地を使用させた場合において、地面の整備又はフェンス、区画、建物の設置等をしていないとき（いわゆる青空駐車場、駐輪場）は、土地の貸付けに該当する（消基通６－１－５㈱１）。

裁判例の紹介㉑

駐車場という施設の利用に伴って土地が使用される場合には、消費税等の課税対象となるとされた事例

（大阪高裁平成28年７月28日判決・税資266号順号12893）

（最高裁平成29年１月19日第一小法廷決定・税資267号順号12957は棄却）

〔事案の概要〕

Ｘ（原告・控訴人・上告人）は、本件課税期間（平21.１.１～平21.12.31）、その所有に係る各土地をいずれも駐車場として賃貸し賃料収入を得ていたところ、各土地の駐車場としての賃貸に用いられる契約書には、賃借人は駐車場を契約車両の駐車のためにのみ使用することができること、駐車場の土地は一時利用地的に駐車場として賃貸するものであることが記載されている。Ｘは、本件課税期間の消費税等について申告をしなかったところ、所轄税務署長は、平成25年12月12日付けで本件課税期間に係る消費税等の決定処分及び無申告加算税賦課決定処分を行った。

〔争点〕

土地の貸付けは駐車場という施設の利用に伴って土地が使用される場合に当たるか。

〔判決の要旨〕

1　消費税法が土地の貸付けを非課税取引としている趣旨に鑑みれば、

土地の使用を伴う取引であっても、駐車場という施設の利用に伴って土地が使用される場合には、駐車場という施設の貸付け又は車両の管理という役務の提供について消費を観念することができるから、単なる土地の貸付けと同列に論じることはできず、消費税等の課税対象とすることが合理的である。消費税法施行令8条は、このような観点から、土地の貸付けにつき、駐車場その他の施設の利用に伴って土地が使用される場合を消費税等の課税対象として定めているものと解される。したがって、土地の貸付けであっても、それが駐車場という施設の利用に伴って土地が使用されるものであれば、同法6条1項所定の非課税取引に当たらず、消費税等の課税対象とされることとなる。

2　消費税法施行令8条の「駐車場」とは、屋根付きやシャッター付き、ビル式駐車場のみを指すのではない。駐車場として使えるように通路部分も含めて整地し、区画割りのためにロープや白線を設置し、駐車場所を特定するために番号が記載されたコンクリートブロックや札を設置することによって、限られた面積の土地上において相当数の車両を効率的かつ整然と駐車させることができるという効果がもたらされているのであれば、そのような設備も駐車場ということができる。したがって、本件駐車場は、同法施行令8条の「施設」と評価することができる。

〔コメント〕

土地の貸付けを非課税取引としている趣旨は、土地が使用や時間の経過によって摩耗ないし消耗するものではなく、土地そのものの消費を観念することができないからであり、土地の貸付けについては、消費に負担を求める税である消費税等の課税対象から除外しているが（消法6①、別表第一、現行は別表第二）、駐車場その他の施設の利用に伴って土地が使用される場合は課税対象となる（消令8①）。Xは、「駐車場とは、屋根付きやシャッター付き、ビル式駐車場を指すところ、本件各土地は、土地とロープ、番号札からできているにすぎなく、本件駐車場で使っているロープや番号札、看板、フェンス等は、貸付部分を特定、明示等するため、ほとんど全ての貸付地で使っている道具である。」と主張する。しかし、本判決は、「本件駐車場における整地やロープ、番号札等の設置が貸主の義務の一環として行われたとしても、本件駐車場が施設であることに影響を及ぼすものではない。Xが道具と指摘するロープや番号札等の物品は、単なる個々の物品にすぎないものではなく、多数の車両を駐車させることに資するように、全体として有機的に構成された設備である。このような設備は、単に貸付場所を特定、明示する以上の機能を持つのであるから、広大な土地を区画して貸し付ける場合のロープやフェンスとは異なる。」とし、課税実務の取扱い（消基通6－5－1参照）を肯定している。

＊　国税不服審判所平成23年3月28日裁決（裁決事例集82号254頁）は、舗装路面等（構築物）を設置し、月ぎめ駐車場としていた土地を賃貸していた場合には、賃借人がこれを改修して無人時間貸駐車場にしたとしても、駐車場その他の施設の利用に伴って土地が使用される場合に当たると判断している。

イ　土地には、立木その他独立して取引の対象となる土地の定着物を含まないのであるが、その土地が宅地の場合には、庭木、石垣、庭園その他これらに類するもののうち宅地と一体として譲渡するもの（建物及びその附属施設を除く。）は土地に含まれる（消基通6－1－1）。また、土地の上に存する権利とは、地上権、土地の賃借権、地役権、永小作権等の土地の使用収益に関する権利をいい、例えば、鉱業権、土石採取権、温泉利用権及び土地を目的とした抵当権はこれに含まれない（消基通6－1－2）。借地権に係る更新料、更改料又は名義書換料は、土地の上に存する権利の設定若しくは譲渡又は土地の貸付けの対価に該当する（消基通6－1－3）。

なお、国又は地方公共団体等がその有する海浜地、道路又は河川敷地の使用許可に基づき収受する公有水面使用料、道路占有料又は河川占有料は、土地の貸付けに係る対価に該当するものとされている（消基通６－１－７）。

裁判例の紹介㉒

宗教法人が霊園の墓地等の使用者から永代使用料等として収受した金員のうち墓石及びカロートに係る部分は、消費税等の課税対象となるとされた事例

（東京地裁平成24年１月24日判決・判時2147号44頁）

（東京高裁平成25年４月25日判決・税資263号順号11209〔確定〕）

〔事案の概要〕

1　宗教法人Ｘ（原告・控訴人）は、Ｘの経営する霊園の使用者との間で使用規程を交わしており、使用者は、「墳墓所」の永代使用及び霊園施設の随時使用の権利を取得するために負担する金銭（永代使用料）や霊園の維持管理に要する管理料を支払うこととされていた。また、霊園の施設である御廟を使用する者は、永代管理料等を支払うこととされていた。

2　Ｘは、霊園の墓地等の使用者から永代使用料等として収受した金員のすべてを法人税及び消費税等の課税対象とならないものとして確定申告をしたところ、所轄税務署長は、①永代使用料のうちの墓石及びカロートに係る部分は、法人税法上の収益事業による所得に該当し、また、②右墓石及びカロートに係る部分や、墳墓地及び納骨堂の管理料は、消費税等の課税対象となるとして、法人税及び消費税等の各更正処分等を行った。

〔争点〕

宗教法人が収受する永代使用料収入のうちの墓石及びカロートに係る部分、有期管理料収入、御廟の永代管理料収入及び納骨堂の年間管理料収入は、課税資産の譲渡等の対価に該当するか。

〔判決の要旨〕

1　Xが使用者との間で永代使用権を設定する事業には、個々の墳墓地等の敷地に相当する部分の貸付けに係る部分と墓石及びカロートの販売に係る部分とが含まれていると解すべきであるところ、墳墓地等の敷地に相当する部分の貸付けは、土地の貸付けであり、法人税法施行令５条１項５号ニに規定する宗教法人が行う墳墓地の貸付業に該当することは明らかであるから、本件永代使用料のうち上記貸付けの対価に相当する部分は、法人税の課税対象とならない。これに対し、墓石及びカロートの販売は、外形的に法人税法施行令５条１項１号に規定する物品販売業であると認められるだけでなく、その事業に伴う財貨の移転は、まさに墓石及びカロートという物品の移転とその設置に伴って行われる行為の対価の支払として行われるものであり、当該事業は、一般的に石材店等の宗教法人以外の法人が行っている墓石等の販売業と競合するものであるといえるから、Xが行う墓石及びカロートの販売事業は、社会通念に照らしても、実質的に同号に規定する物品販売業に該当するというのが相当である。

2　本件永代使用契約に係る事業は、土地部分の貸付けに係る事業と墓石及びカロートの販売に係る事業からなるところ、墓石及びカロートの販売がXの事業として対価を得て行われる資産の譲渡であり、消費税法２条１項８号にいう「資産の譲渡等」に該当することは明らかであって、同法別表第一（現行は別表第二、以下同じ。）に掲げる取引のいずれにも当たらないから、本件永代使用料収入のうち、墓石及びカロートの販売の対価に相当する部分は、Ｘの各事業年度の消費税等の課税標準に含まれるべきものであると認められる。

3　Ｘは、使用者から、本件永代使用料とは別に有期の管理料として本件有期管理料の支払を受けているところ、これは、霊園の維持管理に関する費用として支払を受けているものであって、使用者が本件霊園を使用する便益のための役務の提供の対価であると認められ、社会通念上役務の提供の対価と認めるのが相当であって、消費税法別表第一に掲げる取引のいずれにも当たらないから、これらは、Ｘの各事業年度の消費税等の課税標準に含まれるべきものであると認められる。

4　Ｘは、遺骨を永代供養するため御廟の永代管理料として10万円の支払を、遺骨を一時的に安置するための納骨堂の年間管理料として毎年１万円の支払を、それぞれ使用者から受けているところ、これらは、御廟や納骨堂の使用料そのものや永代供養料とは別途支払われるもので、御廟や納骨堂を管理維持するための対価と認められ、社会通念上役務の提供の対価と認めるのが相当であって、消費税法別表第一に掲げる取引のいずれにも当たらないから、これらは、Ｘの各事業年度の消費税等の課税標準に含まれるべきものであると認められる。

〔コメント〕

本件は、Ｘが受領した永代使用料のうちの墓石及びカロート（遺骨を納めるために墓石の下に設置されるコンクリート製の設置物）に係る部分について、法人税法上の「収益事業から生じた所得」に該当するかどうか、消費税法上の「課税資産の譲渡等の対価」に該当するかどうかが争われたものである。Ｘは、消費税等の課税対象につき、①法人税法において「宗教法人が行う墳墓地貸付業」を収益事業から除外していることからして、霊園の利用者が支払う対価は奉納金であり対価性の要件を欠くこと、②本件墳墓地は、墓地に墓石及びカロートが定着されたもので、全体が土地（不動産）であるから、その使用料は非課税である旨を主張した。これに対し、本判決は、Xの営む事業の内容等や墓石及びカロートの構造、機能等を検討した上で、墓石及びカロートは一体として使用者に販売されたものであると認定した上で、本件永代使用料のうちの墓石及びカロートに係る部分は、法人税法上の物品販売業に該当するとともに、消費税法においても「課税資産の譲渡等の対価」に該当すると判示している。

また、墳墓地や納骨堂の管理についても、「墳墓所使用者が霊園の維持管理に要する費用として支払うものとされており、霊園内の草刈り、ごみ処分、冬季の除雪、通路やトイレの清掃、供え物の回収処分等をするための費用として支払われているものと解されることからすると、これは使用者の便益のための役務提供の対価というべきであり、資産の譲渡等による対価というべきである。」と判断している。

なお、本判決では、法人税法施行令5条1項5号に規定する「墳墓地の貸付業」とは、不動産の貸付業の一部と解するのが合理的であり、「墳墓地」とは、墓石及びカロートを設置するために区画された土地の部分だけを指すと解するのが相当であると説示している。消費税の非課税取引である「土地の貸付け」も、墓地の貸付部分に限られるというべきであろう。

(2) 有価証券又は支払手段の譲渡

有価証券その他これらに類するもの又は支払手段等の譲渡は、非課税である（消法6①、別表2二）。

ア　非課税の対象となる有価証券の範囲（消令9①、消基通6－2－1）

①　金融商品取引法2条1項に規定する有価証券

これには、国債証券、地方債証券、特定社債券、社債券、出資証券、優先出資証券、株券及び新株予約権証券、投資信託又は外国投資信託の受益証券、貸付信託の受益証券、特定目的信託の受益証券、受益証券発行信託の受益証券、コマーシャルペーパー等がある。

②　合名会社、合資会社又は合同会社の社員の持分、協同組合等の組合員又は会員の持分その他法人の出資者の持分

③　株主又は投資主となる権利、優先出資者となる権利、特定社員又は優先出資社員となる権利その他法人の出資者となる権利

④　貸付金、預金、売掛金その他の金銭債権

＊　福岡高裁平成24年3月22日判決（裁判所HP「行集」）は、船舶の建造に係る預託金預り証書の譲渡が金銭債権の譲渡であり、非課税取引に当たるとする（本書87頁参照）。

なお、ゴルフ場その他の施設の所有若しくは経営に係る法人の株式･出資を所有すること又はその法人に金銭を預託することが、そのゴルフ場その他の施設を一般の利用者に比して有利な条件で継続的に利用する権利を有する者となるための要件とされている場合におけるその株式･出資に係る有価証券（ゴルフ場利用株式等）又はその預託に係る金銭債権（ゴルフ会員権等）は、上記の有価証券に該当せず、その譲渡は課税対象となる（消令9②、消基通6－2－2参照）。

＊　名古屋地裁平成17年8月31日判決（裁判所HP「下級裁判所判例集」）では、預託金返還訴訟の係属中にゴルフ会員権を第三者に譲渡する旨の和解が成立し、そのゴルフ会員権の所有者が行った売買は課税資産の譲渡等に該当すると判断している（91頁参照）。

イ　支払手段等の範囲（消令9④、消基通6－2－3）

これには、銀行券、政府紙幣、小額紙幣、硬貨、小切手、為替手形、郵便為替、信用状、約束手形、電子マネー、暗号資産、特別引出権、電子決済手段がある。

なお、支払手段であっても、収集品及び販売用のものの譲渡は課税対象となる（消令9③）。

⑶　金銭の貸付けその他の金融取引

利子を対価とする貸付金その他の資産の貸付け及び役務の提供は、次のとおり非課税である（消法6①、別表2三）。

ア　利子を対価とする金銭の貸付け及び利子を対価とする国債等の取得等

（消令10①）

＊　国債等とは、金融商品取引法２条１項に定める証券又は債券、投資法人債券及びこれらに類する外国の証券又は債券並びに登録国債をいい（消令１②四)、利子を対価とする国債等の取得は、発行された債券等を払込により取得する場合のその債券等の利子を非課税とする趣旨である。

イ　信用の保証としての役務の提供

ウ　合同運用信託又は公社債投資信託若しくは公社債運用投資信託に係る信託報酬を対価とする役務の提供

エ　保険料を対価とする役務の提供

ただし、厚生年金基金契約、確定給付年金資産管理契約、確定給付年金基金資産運用契約、確定拠出年金資産管理契約及び適格退職年金契約等に係る事務費用部分を除く（消令10②)。

オ　預金又は貯金の預入（譲渡性預金証書に係るものを含む。)（消令10③一）

カ　収益の分配金を対価とする集団投資信託、法人課税信託、退職年金等信託及び特定公益信託等（消令10③二）

キ　定期積金又は相互掛金の給付補塡金を対価とする掛金の払込及び無尽に係る契約に基づく掛金の払込（消令10③三、四）

ク　利息を対価とする抵当証券（これに類する外国の証券を含む。）の取得（消令10③五）

ケ　償還差益を対価とする国債等又は約束手形の取得（消令10③六）

コ　手形（約束手形を除く。）の割引（消令10③七）

サ　金銭債権の譲受けその他の承継（消令10③八）

シ　割賦販売、ローン提携販売又は割賦購入あっせんの手数料（契約においてその額が明示されているものに限る。）を対価とする役務の提供（消令10③九）

ス　資産の譲渡等の対価の額又は当該対価の額に係る金銭債権の額を２月の期間にわたり、かつ、３回以上に分割して受領する場合におけるその受領する賦払金のうち利子又は保証料の額に相当する額で当該賦払に係る契約において明示されている部分を対価とする役務の提供（消令10③十）

セ　有価証券又は登録国債の貸付け（消令10③十一）

ソ　物上保証としての役務の提供（消令10③十二）

タ　保険料に類する共済掛金その他の保険料に類するものを対価とする役務の提供（消令10③十三）

チ　資産の貸付けを行う信託で、貸付期間の終了時に未償却残額で譲渡する旨の特約のあるものに係る役務の提供のうち利子又は保険料の額に相当する額を対価とする役務の提供（消令10③十四）

ツ　リース取引でその契約に係る賃貸料のうち利子又は保険料の額に相当する額を対価とする役務の提供（消令10③十五）

裁判例の紹介㉓

カード会社に支払ったクレジット手数料は、金銭債権の譲受けその他の承継の対価に該当するとされた事例

（東京地裁平成11年１月29日判決・判タ1041号176頁）

（東京高裁平成11年８月31日判決・税資244号552頁は控訴棄却）

（最高裁平成12年６月８日第一小法廷決定・税資247号1165頁は上告却下）

〔事案の概要〕

通信販売業を営むＸ（原告・控訴人・上告人）は、顧客からの代金回収についてカード会社Ａ社と加盟店契約を締結し、その契約に基づいて支払った手数料が課税仕入れに該当するとして消費税等の確定申告をした。これに対し、所轄税務署長は、当該手数料はＡ社における債権の譲受けあるいは立替金による差益であり非課税に該当するから、仕入税額控除が認められないとして更正処分等を行った。

〔争点〕

法人が顧客からの代金回収に際して支払ったクレジット手数料は、課税資産の譲渡等の対価に該当するか。

〔判決の要旨〕

1　消費税は、財貨及び役務が生産から流通の過程を経て消費者に提供される流れに着目し、その過程に関わる事業者の売上を課税の対象とすることにより、間接的に消費に負担を求める税である（税制改革法10、11）。そして、課税対象となる取引は、国内において事業者が対価を得て行うすべての資産の譲渡及び貸付け並びに役務の提供であり（消法4①、2①八）、この役務の提供の中にはいわゆる金融取引に係るものも含まれるが、決済手段あるいは信用供与手段としての金融取引は、財貨及び役務の流通、決済を活発かつ円滑ならしめるものの、その性質上、そこで付与される価値が財貨又は役務の価格を高め消費の対象となるものではないから、利子を対価とする資産の貸付、信用保証としての役務の提供等は非課税取引とされ、金融取引というべき「金銭債権の譲受けその他の承継」（消令10③八）も非課税取引とされるのである。そして、債権譲渡以外の金銭債権の承継としては、消費税法基本通達6－3－1（以下「本件通達」という。）において、貸付金利子、金銭債権の譲渡代金、差益、手形の割引料等を対価とする金銭債権の買取又は立替払等が掲げられているところ、立替払は、弁済の一方法であるが、適法な立替払は債務者に対する求償権を発生させ、弁済者は債権者に代位する点で、債権譲渡と同様の経済的効果を有するから、これを非課税取引とする本件通達は、法の解釈として是認することができるものである。

2　認定事実によれば、本件手数料は宣伝広告に係る役務の対価としての性質を有するものではなく、また、代金の返還事務の処理に照らしても、本件手数料は一般的なカード会員組織の利用の対価ではなく、個別的な売買代金の回収に対するものであることが明らかであり、A社及びカード会員にとっても、Xのためにカード会員からの代金回収を行う役務の提供は、他のカード利用代金の回収と同様、専ら代金の決済手段として認識されているものと解することができ、その法律構成も債権の譲渡又は立替払とされていることが認められる。しかも、A社の提供する具体的な事務内容は極めて定型化されていることからすると、本件手数料は、右事務の対価というよりも、迅速簡便な販売、回収組織としてのカード会員組織の利用の対価という面を有するのであって、その法的な性質は、他のカード利用代金に関する振替委託業務と同様に具体的に発生した商品代金の決済手段のための債権の譲渡又は立替払に止まるものというべきである。

3　Xは、本件手数料がカード会員組織の利用の対価であり、その手数料率に照らしても、金融取引における利子、差益と考えることは経済実質に沿わないものである旨を主張する。たしかに、カード会員からの支払時までの貸付金の利子であるとすれば、本件手数料率は極めて高額である。しかし、通信販売という広範囲かつ遠隔地に居住する顧客を対象とする売買においては代金回収に困難を伴うことは当然に予想されることであり、Xも指摘するとおり、本件手数料は、かかる困難さを解消するためにA社において運営するカード会員組織を利用するものであり、いわば簡易迅速な回収という経済的利益があるからこそ、Xは高率の手数料を支払っているものということができる。しかし、そうだからといって、本件手数料が決済手段に対する対価（法的には債権譲渡、立替払における差益）としての性質を失うものではないのである。

以上検討したとおり、本件手数料は、加盟店契約又は会員規約に規定された個別的な売買代金の決済手段としての債権譲渡又は立替払の差益というべきであるから、これに対して消費税等が課されることはない。

〔コメント〕

クレジット決済の基本的な仕組みは、下図のとおりである。

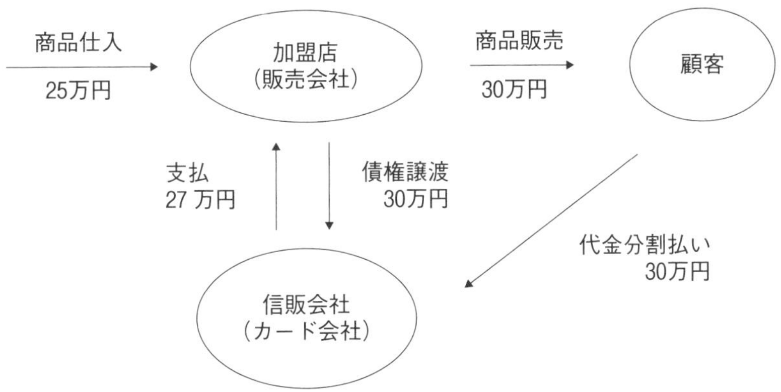

本件の争点は、Xがカード会社A社に対して支払う手数料（上記の事例では、債権譲渡の額30万円から信販会社に支払われる27万円を差し引いた３万円）が課税仕入れに当たるかどうか（消法30①）であるところ、Xは、本件手数料がカード会員組織を利用し、商品代金の回収という役務の対価（課税仕入れ）であり、その手数料率に照らしても、金融取引における利子、差益と考えることは経済実質に沿わないものである旨を主張している。これに対し、本判決は、XとA社の契約の内容及び取引の実態等を詳細に認定した上で、A社がXから受領する本件手数料は金銭債権の譲受けその他の承継の対価（消令10③八）に該当するとして、Xの主張を排斥しているところである。

なお、本件の控訴審判決においても、「本件加盟店契約の内容はいずれも、カード会社が、Xら加盟店から商品代金債権の譲渡を受け、あるいは、右代金債権の立替払をして、原債権を消滅させて求償債権を取得することを内容とするものであり、本件手数料は、右債権譲渡又は立替金から生ずる差益に当たることができる。」と判示している。

＊　国税庁HP「質疑応答事例」は、「信販会社が加盟店から譲り受ける債権の額と加盟店への支払額との差額は、消費税法施行令第10条第３項第８号に該当し、非課税」となることを明らかにしている。

⑷　郵便切手類、印紙及び物品切手等の譲渡

郵便切手類、印紙及び物品切手等の譲渡については、次のとおり非課税である（消法６①、別表２四)。

ア　郵便切手類の譲渡

日本郵便株式会社及び簡易郵便局が行う郵便切手類又は印紙の譲渡は非課税となるが、これら以外の場所における郵便切手類又は印紙の譲渡は課税の対象である。

＊　郵便切手類とは、郵便切手、郵便葉書、郵便書簡をいい、郵便切手を保存用の冊子に収めたもの等を含まない（消基通６－４－２)。

イ　地方公共団体等が行う証紙の譲渡

ウ　物品切手等の譲渡

物品切手とは、商品券その他名称のいかんを問わず、物品の給付請求権を表彰する証書、役務の提供又は物品の貸付けに係る請求権を表彰する証書をいう（消令11)。例えば、商品券、ビール券、図書券、映画・演劇等の入場券、旅行券、仕立券、プリペイドカード等がこれに当たる。

＊　国税不服審判所平成20年４月２日裁決（裁決事例集75号659頁）は、いわゆるエアー・オンチケットと称する格安国際線航空券に係る取引は、取次ぎという役務の提供取引ではなく、国際線航空券の売買取引であると認められ、当該航空券は消費税法別表第一（現行は別表第二）第４号ハに掲げる物品切手等に該当するから、非課税取引であると判断している（原処分取消し)。

＊　東京地裁平成26年２月18日判決（裁判所HP「行集」）は、会員制リゾー

トクラブが会員から収受した金員は宿泊ポイントの対価として収受されたものであり、その宿泊ポイントは物品切手に該当すると判断している（114頁参照）。

(5) 国、地方公共団体等が行う事務手数料等

国、地方公共団体等が行う一定の役務の提供は、非課税である（消法6①、別表2五、消令12、13）。

ア　国、地方公共団体、消費税法別表3に掲げる法人その他法令に基づき国又は地方公共団体の委託又は指定を受けた者が、法令に基づき行う次に掲げる事務に係る役務の提供で、その手数料、特許料、申立料その他の料金の徴収が法令に基づくもの

①　登記、登録、特許、免許、許可、認可、承認、認定、確認及び指定

②　検査、検定、試験、審査、証明及び講習

③　公文書の交付（再交付及び書換交付を含む。）、更新、訂正、閲覧及び謄写

④　裁判その他の紛争の処理

⑤　旅券の発給

⑥　裁定、裁決、判定及び決定

⑦　公文書に類するものの交付（再交付及び書換交付を含む。）、更新、訂正、閲覧及び謄写

⑧　審査請求その他これらに類するものの処理

イ　国、地方公共団体、消費税法別表3に掲げる法人その他法令に基づき国又は地方公共団体の委託又は指定を受けた者が、法令に基づき行う次に掲げる事務に係る役務の提供

①　登録、認定、確認、指定、検査及び講習のうち特定のもの

②　証明並びに公文書及び公文書に類するものの交付（再交付及び書換交付を含む。）、更新、訂正、閲覧及び謄写

ウ　国又は地方公共団体が、法令に基づき行う他の者の徴収すべき料金、賦

課金その他これらに類するものの滞納処分について、法令に基づき当該他の者から徴収する料金に係る役務の提供

エ　独立行政法人等の保有する情報の公開に関する法律に規定する手数料を対価とする役務の提供その他これらに類するもの

オ　裁判所法又は公証人法に規定する手数料を対価とする役務の提供

カ　外国為替業務に係る役務の提供

＊　国税不服審判所平成22年３月２日裁決（裁決事例集79号582頁）は、消費税法施行令12条２項２号の規定につき、同号に掲げる事務（講習）は、これを国、地方公共団体、法別表第三に掲げる法人その他法令に基づき国又は地方公共団体の委託又は指定を受けた者が行う旨の規定がされている場合において初めて非課税取引に該当すると解されるとした上で、本件事例では、○○士の資格登録に係る法令において、資格登録の講習を行う者について国、地方公共団体、法別表第三に掲げる法人その他法令に基づき国又は地方公共団体の委託又は指定を受けた者に限る旨の規定等が存在しないことから、審査請求人の行う当該講習に係る役務の提供は、同法施行令12条２項２号に掲げる非課税取引に該当しないとする。

(6)　療養又は医療等としての資産の譲渡等

次に掲げるものが非課税である（消法６①、別表２六、消令14、消基通６－６－１）。

ア　健康保険法等の規定に基づく療養の給付及び入院時食事療養費、入院時生活療養費、保険外併用療養費、療養費、家族療養費又は特別療養費の支給に係る療養並びに訪問看護療養費又は家族訪問看護療養費の支給に係る指定訪問看護

イ　高齢者の医療の確保に関する法律の規定に基づく療養の給付及び入院時食事療養費、入院時生活療養費、保険外併用療養費、療養費又は特別療養費の支給に係る療養並びに訪問看護療養費又は家族訪問看護療養費の支給に係る指定訪問看護

ウ　精神保健及び精神障害者福祉に関する法律の規定に基づく医療、生活保

護法の規定に基づく医療扶助のための医療の給付及び医療扶助のための金銭給付に係る医療、原子爆弾被爆者に対する援護に関する法律の規定に基づく医療の給付及び医療費又は一般疾病医療費の支給に係る医療並びに障害者自立支援法の規定に基づく自立支援医療費、療養介護医療費又は基準該当介護医療費の支給に係る医療

エ　公害健康被害の補償等に関する法律の規定に基づく療養の給付及び療養費の支給に係る療養

オ　労働者災害補償保険法の規定に基づく療養の給付及び療養の費用の支給に係る療養並びに同法の規定による労働福祉事業として行われる医療の措置及び医療に要する費用の支給に係る医療

カ　自動車損害賠償法の規定による損害賠償額の支払を受けるべき被害者に対する当該支払に係る療養

キ　その他これらに類する療養又は医療として消費税法施行令14条に定めるもの

裁判例の紹介㉔

保険医療機関である麻酔科クリニックを個人で開設する麻酔専門医が他の保険医療機関で実施された手術について業務委託契約に基づき行った麻酔関連医療業務に係る報酬は、非課税資産の譲渡等に該当しないとされた事例

（東京地裁令和２年１月30日判決・訟月68巻２号143頁）

（東京高裁令和３年１月27日判決・訟月68巻２号134頁〔確定〕）

〔事案の概要〕

保険医療機関であるＡクリニックを個人で開設する医師であるＸ（原告・控訴人）は、平成23年分から平成25年分までの所得税の確定申告に

当たり、その事業所得の金額の計算上、他の保険医療機関で実施された手術（以下「本件手術」という。）について業務委託契約に基づき行った麻酔関連医療業務に係る報酬（以下「本件各報酬」という。）の金額が租税特別措置法（以下「措置法」という。）26条１項にいう「社会保険診療につき支払を受けるべき金額」に該当することを前提に、同項所定概算経費率を乗じて計算した金額（以下「本件概算経費額」という。）を必要経費に算入した。また、Ｘは、本件業務に係る役務の提供（以下「本件役務提供」という。）の対価（本件各報酬）につき、消費税法上非課税となることを前提に、本件各課税期間（平成22年課税期間～平成25年課税期間）の消費税等の確定申告をしなかった。これに対し、所轄税務署長は、本件各報酬額は上記「社会保険診療につき支払を受けるべき金額」に該当せず、本件概算経費額を必要経費に算入することはできないことなどを理由に、Ｘに対し、平成27年２月27日付けで、本件各年分の所得税等の更正処分等をするとともに、本件各報酬は消費税法上非課税とならないことを理由に、本件各課税期間に係る消費税等の決定処分等をした。

〔争点〕

①本件各報酬額は、措置法26条１項にいう「社会保険診療につき支払を受けるべき金額」に該当するか否か、②本件役務提供は、非課税資産の譲渡等に該当するか否かである。

〔判決の要旨〕

1　健康保険法の定めは、被保険者に対し、療養の給付として、傷病の治療等に必要かつ相当と認められる一連の医療サービスの給付を行う旨を定めたものと解される。そして、こうした医療サービスの給付を誰の責務として行わせるか（療養の給付の主体）については、保険医療機関が療養の給付を担当するという機関指定制度が採用されており、この制度の下では、保険医療機関は、その保険医に診療に当たらせるほか、療養の給付を担当しなければならない。これは、今日における医療サービスが、医師のみならず、看護師、栄養士、診療放射線技師、臨床工学技士等の各種の医療従事者（医師等）がそれぞれの専門性を持って協同することによって行われており、また、当該医療機関の各種の物的設備等も一体となって提供されているという実態を踏まえ、このような人（医師等）と物（設備等）とが有機的に結合された組織体としての保険医療機関が、自ら主体となって療養の給付を担当すべきことを定めるとともに、保険医個人については、当該保険医療機関が提供する療養の給付を構成する個別具体的な診療に従事するものと位置付けて、保険医療機関に療養の給付を行う責務があることを明らかにしたものと解される。

2　一般に、手術においては、執刀医による執刀のほか、患者に対する各種の処置、病理検査などの各種医学検査、手術中に必要とされる薬剤等の使用など、医師その他の医療従事者による各種の医療関係行為が一体となって行われるものであり、麻酔施術もその一環として行われるものにほかならない。そして、各病院は、本件手術の実施に当たり、執刀医、看護師や臨床工学技士など、麻酔を担当する医師を除く全ての医療従事者を提供しているほか、本件手術に必要な設備や器具、薬剤等についても全て用意し提供しているのであるから、各病院が自ら主体となって本件手術を実施したものであることは明らかである。そうすると、当該患者の治療等へのＸの関与は、各病院が主体となって実施した本件手術において、その各種の医療関係行為の一環として行われた麻酔施術につき、麻酔専門医であるＸが提供したにとどまるものといえる。

3　以上によれば、Ｘは自ら主体として療養の給付を行ったとは認めれないから、麻酔施術に係る社会保険診療につき支払を受けるべき地位にあるとはいえず、各報酬額は措置法26条１項にいう「社会保険診療につき支払を受けるべき金額」に該当しない。したがって、概算経費率を乗じて計算した金額（本件概算経費額）を必要経費に算入することができないとしてされた所得税更正処分等は適法である。

4　Xは自ら主体として療養の給付を行ったとは認められないから、Xが本件業務について支払を受けた報酬は療養の給付の対価には当たらず、本件業務に係る役務の提供（本件役務提供）は、消費税法６条１項、別表第１（現行は別表第２）第６号に規定する非課税資産の譲渡等に該当しない。したがって、本件役務提供が非課税資産の譲渡等に該当しないことを前提にされた消費税決定処分及びこれに伴う本件消費税賦課処分はいずれも適法である。

〔コメント〕

健康保険法等の規定に基づく療養、医療若しくは施設療養等としての資産の譲渡等については、社会政策的な見地から非課税とされており、Xが本件手術において行った麻酔施術が健康保険法63条１項所定の「療養の給付」に該当することについては争いがない。本件では、各病院が手術を実施したところ、麻酔施術は保険医療機関である本件クリニックを個人で開設するXが行ったものであるため、Xが自ら主体として療養の給付を行ったと評価することができるか否か（Xは本件業務に係る社会保険診療につき支払を受けるべき地位にあるのか否か）が問題となっている。本判決は、ある患者の治療等について複数の保険医療機関が関与した場合に、保険者に診療報酬の請求をし、これに基づき診療報酬を受領した保険医療機関から、これをしていない他方の保険医療機関が受け取った本件各報酬につき、措置法26条１項の「社会保険診療につき支払を受けるべき金額」に該当せず、また、消費税法に規定する非課税資産の譲渡等にも該当しないと判断している。

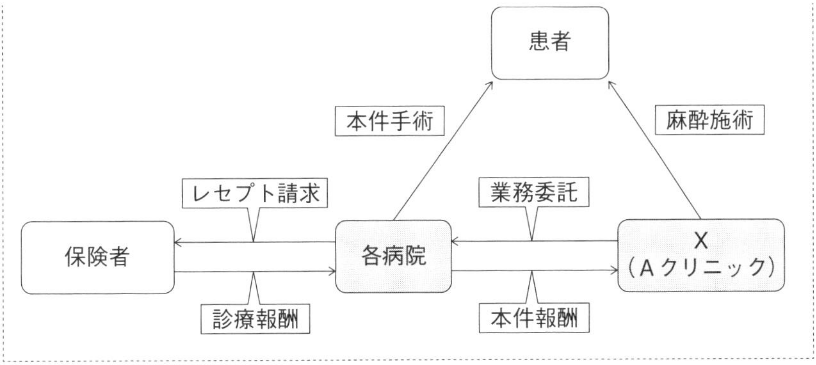

(7) 社会福祉事業等として行われる資産の譲渡等

次に掲げるものは非課税である（消法6①、別表2七、消令14の2、14の3）。

ア　介護保険法の規定する介護サービス

①　居宅介護サービス費の支給に係る居宅サービス……訪問介護、訪問入浴介護、訪問看護、訪問リハビリテーション、居宅療養管理指導、通所介護、通所リハビリテーション、短期入所生活介護、短期入所療養介護及び特定施設入居者生活介護

②　施設介護サービス費の支給に係る施設サービス……特別養護老人ホームに入所する要介護者について行われる介護福祉施設サービス、介護老人保健施設に入所する要介護者について行われる介護保健施設サービス、介護医療院サービス

③　介護保険サービスに類するもの

＊　福岡地裁令和3年3月10日判決・税資271号順号13540（その控訴審である福岡高裁令和3年12月7日判決・税資271号順号13638は控訴棄却〔上告〕）は、有料老人ホームの入居者である要介護者又は要支援者に対する食事の提供が特定施設入居者生活保護等に含まれるかが争われた事案である。裁判所は、「有料老人ホーム等の特定施設が正に対象者の居宅（自宅）であることから、『食事の提供に要する費用』や『滞在（又は住居）に要する費用』は、特定施設入居者介護の対象者であるか否かにか

かわらず、有料老人ホーム等との入居契約に基づいて当然発生する費用であって、特定施設入居者生活保護を受けることにより発生する費用ということはできない。」と説示して、消費税等の課税対象となる旨の判断している。

イ　社会福祉事業及び更生保護事業として行われる資産の譲渡等

ウ　児童福祉施設を経営する事業として行われる資産の譲渡等、保育所を経営する事業に類する事業として行われる資産の譲渡等

エ　児童福祉法の規定に基づき指定医療機関が行う治療等

オ　児童福祉法の規定に基づく一時保護

カ　障害者の日常生活及び社会生活を総合的に支援する法律の規定に基づき独立行政法人国立重度障害者総合施設のぞみ園がその設置する施設において行う介護給付費、訓練等給付費、特例介護給付費、特例訓練等給付費、施設障害者福祉サービス及び更生援護

キ　介護保険法に規定する包括的支援事業として行われる資産の譲渡等

ク　子ども・子育て支援法の規定に基づく施設型給付費等の支給に係る事業として行われる資産の譲渡等

ケ　老人居宅生活支援事業、福祉サービス事業、その他これらに類する業として行われる資産の譲渡等のうち、国又は地方公共団体の施策に基づき要する費用が国又は地方公共団体により負担されるもの

＊　国税不服審判所平成14年５月21日裁決（裁決事例集63号645頁）は、無認可の保育施設が行う資産の譲渡等が非課税取引に該当するかについて、「児童福祉法では、国、都道府県及び市町村以外の者については、知事の許可を得て保育所を設置することができる旨規定し、また、保育所と目的を同じくする施設であっても、知事等の認可を受けていない施設については「保育所」といっていないから、児童福祉法にいう「保育所」には無認可の保育施設は含まれないと解するのが相当である。」とする。

⑻　助産に係る資産の譲渡等

医師、助産師その他医療に関する施設の開設者による助産に係る資産の譲

渡等は非課税である（消法6①、別表2八）。これに該当する資産の譲渡等には、①妊娠しているか否かの検査、②妊娠していることが判明した時以降の検診、入院、③分娩の介助、④出産の日以後2月以内に行われる母胎の回復検診、⑤新生児に係る検診及び入院がある（消基通6－8－1）。

なお、妊娠中の入院については、産婦人科医が必要と認めた入院及び他の疾病による入院のうち産婦人科医が共同して管理する間の入院は、助産に係る資産の譲渡等（非課税取引）に該当し、また、出産後の入院のうち、婦人科医が必要と認めた入院及び他の疾病による入院のうち産婦人科医が共同して管理する間については、出産の日から1月を限度として助産に係る資産の譲渡等（非課税取引）に該当する（消基通6－8－2）。差額ベット料、特別給食費、大学病院等の初診料も全部非課税である（消基通6－8－3）。

＊　国税不服審判所平成24年1月31日裁決（裁決事例集86号429頁）は、「消費税法別表第一（現行は別表第二）第8号に規定する「助産に係る資産の譲渡等」とは、医師等の資格を有する者の医学的判断及び技術をもって行われる分娩の介助等ないしそれに付随する妊産婦等に対する必要な処置及び世話等をいうものと解されるのであり、助産の用に供されている施設建物の譲渡が「助産に係る資産の譲渡等」に該当すると解することはできない。」と断じている。

⑼　埋葬料又は火葬料を対価とする役務の提供

墓地、埋葬等に関する法律に規定する埋葬に係る埋葬料又は火葬に係る火葬料は非課税である（消法6①、別表2九）。

⑽　身体障害者用物品の譲渡等

身体障害者の用に供するための特殊な性状、構造又は機能を有する物品の譲渡、貸付け及び製作の請負並びに身体障害者用物品の特殊な修理は、非課税である（消法6①、別表2十、消令14の4）。

＊　身体障害者用物品とは、義肢、盲人安全つえ、義眼、点字器、人工喉頭、車椅子その他の物品で、身体障害者の使用に供するための特殊な性状、構造又は機能を有する物品として厚生労働大臣が財務大臣と協議して指定するも

のをいう（消令14の４①）。

⑾　教育に関する役務の提供

次の学校等における教育として行う役務の提供のうち、①授業料、②入学金及び入園金、③施設設備費、④入学又は入園のための試験に係る検定料、⑤在学証明、成績証明その他学生、児童又は幼児の記録に係る証明手数料及びこれに類する手数料を対価として行われる部分は、非課税である（消法６①、別表２十一、消令14の５、15、16）。

ア　学校教育法第１条に規定する学校を設置する者が学校における教育として行う役務の提供

イ　専修学校を設置する者が専修学校の高等課程、専門課程又は一般課程における教育として行う役務の提供

ウ　各種学校を設置する者が各種学校における教育（修業期間が１年以上であること等の要件に該当するものに限る。）として行う役務の提供

エ　国立研究開発法人水産研究・教育機構の施設、独立行政法人海技機構の施設、独立行政法人水産大学校、独立行政法人海技大学校、独立行政法人航空大学校及び国立研究開発法人国立研究国際医療研究センターの施設における教育（職業訓練を含み、修業期間が１年以上であること、普通課程、専門課程その他の課程のそれぞれの授業時間数が680時間以上であること等の要件に該当するものに限る。）として行う役務の提供

オ　職業能力開発総合大学校、職業能力開発大学校、職業能力開発短期大学校及び職業能力開発校における教育として行う役務の提供

＊　国税不服審判所平成13年４月９日裁決（裁決事例集61号635頁）は、専修学校の認可を受けた大学予備校が開催した大学受験のための夏期講習会及び冬期講習会における役務の提供は消費税法上非課税となる専修学校の「一般課程」における教育として行う役務の提供に該当しないとする。

＊　国税不服審判所平成22年６月16日裁決（裁決事例集未登載）は、特定非営利活動法人が不登校の児童等に対する学習支援等の教育活動として行う役

務の提供につき、「教育に関する役務の提供が非課税取引に該当するためには、当該役務提供を行う者が消費税法別表第一（現行は別表第二）11号及び消費税法施行令第16条に規定する学校、専修学校、各種学校又は各種法令に基づく施設等を設置する者であることという要件及び当該役務の提供が当該学校等における教育として行われることという要件のいずれをも満たす場合に限られると解される。」とした上で、「教育活動として審査請求人の行う役務の提供の内容が学校又は各種学校の行う教育の内容と異なるものでないとしても、審査請求人が教育活動として行う役務の提供は、前記に規定する教育に関する役務の提供に該当しないといわざるを得ないので、非課税取引に該当することはなく、この点に関する審査請求人の主張にはいずれも理由がない。」と判断している。

⑿　教科用図書の譲渡

文部科学大臣の検定を経た教科用図書（いわゆる検定済教科書）及び文部科学省が著作の名義を有する教科用図書の譲渡は、非課税である（消法６①、別表２十二）。

なお、教科用図書の供給業者等が教科用図書の配送等の対価として収受する手数料等は非課税にならないし（消基通６-12-２）、参考書又は問題集等で学校における教育を補助するためのいわゆる補助教材の譲渡についても、非課税に該当しない（消基通６-12-３）。

⒀　住宅の貸付け

住宅の貸付けは、一時的に使用させる場合や旅館業に係る施設の貸付けを除き、非課税である（消法６①、別表２十三、消令16の２）。

ア　住宅とは、人の居住の用に供する家屋又は家屋のうち人の居住の用に供する部分をいい、庭、塀その他これらに類するもので、通常、住宅に付随して貸し付けられると認められるもの及び家具、じゅうたん、照明設備、冷暖房設備その他これらに類するもので住宅の附属設備として、住宅と一体となって貸し付けられると認められるものを含む（消基通６-13-１）。一戸建て住宅に係る駐車場のほか、集合住宅に係る駐車場で入居者について

１戸当たり１台分以上の駐車スペースが確保されており、かつ、自動車の保有の有無にかかわらず割り当てされる等の場合で、住宅の貸付けの対価とは別に駐車場使用料等を収受していないものは、駐車場の部分を含めた全体が住宅の貸付けに該当する（消基通６-13-３）。

なお、住宅用の建物を賃貸する場合において、賃借人が自ら使用しない場合であっても、当該賃貸借に係る契約において、賃借人が住宅として転貸することが契約書その他において明らかな場合には、当該住宅用の建物の貸付けが住宅の貸付けに含まれる（消基通６-13-７、国税不服審判所平成28年９月７日裁決・裁決事例集104号299頁参照）。

裁判例の紹介㉕

集合賃貸住宅の敷地内に設けられた駐車場の収入は課税資産の譲渡等の対価の額に該当するとされた事例

（名古屋地裁平成17年３月３日判決･判タ1238号204頁）

（名古屋高裁平成17年９月８日判決・税資255号順号10120は控訴棄却）

（最高裁平成18年10月３日第三小法廷決定・税資256号順号10522は上告不受理）

〔事案の概要〕

本件は、集合賃貸住宅の敷地内に設けられた駐車場の収入（以下「本件駐車場収入」という。）及び教会からの賃料収入（以下「本件教会賃料」という。）はいずれも消費税等の課税売上げに当たるとして、Ｘ（原告・控訴人・上告人）の本件各課税期間（平成11年～平成13年）の消費税等について更正処分等が行われたのに対し、Ｘが、本件駐車場収入は住宅の貸付けによる収入に当たり、また、本件教会賃料はその敷地の貸付けに対する地代であって、いずれも課税売上げに当たらないと主張して、更正処分等の取消しを求めた抗告訴訟である。

〔争点〕

集合賃貸住宅の敷地内に設けられた駐車場は、住宅の附属施設として一体となって貸し付けられているか。

〔判決の要旨〕

1　消費税法は、駐車場の利用に伴って土地が使用される場合は原則としてその収入が課税売上げに当たると定めている一方、住宅の貸付けについては課税されないと定めているため、駐車場付きの住宅の貸付けにおいて、両者の区別が容易である場合には、駐車場部分の貸付けによる収入が課税売上げに当たると解されるものの、その区別が必ずしも容易でない場合には、例外的にどのように処理すべきかが問題となる。この点について、本件通達（消基通６-13-３）は、「駐車場付き住宅としてその全体が住宅の貸付けとされる駐車場には、一戸建住宅に係る駐車場のほか、集合住宅に係る駐車場で入居者について１戸当たり１台分以上の駐車スペースが割り当てられる等の場合で、住宅の貸付けの対価とは別に駐車場使用料等を収受していないものが該当する。」と定め、さらに、「住宅の貸付け」の範囲を、「庭、塀その他これらに類するもので、通常、住宅に付随して貸し付けられると認められるもの及び家具、じゅうたん、照明設備、冷暖房設備その他これらに類するもので住宅の附属設備として、住宅と一体となって貸し付けられると認められるものは含まれる。なお、住宅の附属設備又は通常住宅に付随する施設等と認められるものであっても、当事者間において住宅とは別の賃貸借の目的物として、住宅の貸付けの対価とは別に使用料等を収受している場合には、当該設備又は施設の使用料等は非課税とならない。」（消基通６-13-１）と定めている。これらによれば、本件通達は、駐車場の貸付けが住宅の附属施設として一体として行われる場合であって、住宅の貸付けの対価とは別に駐車場使用料等を収受していないものに限り、全体を住宅の貸付けとして扱い、駐車場部分についても非課税とする取扱いを定めているところ、このような基準は、駐車場の貸付けが原則として課税売上げに当たり、住宅の貸付けに含まれて両者の区別が不可能ないし著しく困難である場合に例外的に非課税とする消費税法の上記趣旨に合致すること、実際にも、住宅の使用料とは別個に駐車場使用料等が定められ、収受されている場合には、住宅の貸付けと駐車場の貸付けとの区別が容易であると考えられることなどを考慮すると、その合理性を十分に肯認することができる。

2　本件各駐車場の収入について

①　本件集合住宅Ａは、合計10戸から構成されていること、敷地内のうち北側道路に面した部分に11台分の駐車場が並べて設置されていること、そのうち、居室数を上回る１台分の駐車場については、居室者甲に対して貸し付けられているが、その契約書は、駐車場１台分込みの建物賃貸借契約書とは別に作成され、これに基づく駐車場料金5,000円が入金されていること、それ以外の居室の賃貸借契約書には、居室及び駐車場１台分を合算した賃料の合意が記載されていることが認められるから、居室者甲が借りており、別に駐車場契約が締結されている駐車場の利用については、住宅の貸付けと一体化して貸し付けられている場合には当たらず、この部分の収入については課税売上げに該当すると判断するのが相当である。

②　本件集合住宅Ｂは、合計６戸の集合住宅であること、駐車場は６台分あり、各居室の北側に並んで設置されていること、通常、Ｂの各賃借人は、全員が１台分の駐車場を借り受けて利用しているが、

駐車場が不要の人には駐車場を貸さないで貸室料のみでよいという入居者募集広告がされており、現に、平成12年9月ないし同年11月ころは、駐車場を利用せず、駐車場使用料を支払っていない賃借人が1人いたこと、各入居者が必ずその前の駐車場を利用しなければならない構造になっているわけではなく、仮に、駐車場を利用しない賃借人がいた場合には、他の賃借人に2台分の駐車場を貸すなどの対応が可能であること、Xと各賃借人との間の賃貸借契約書では、居室料とは別に駐車場使用料が定められていることの事実が認められるから、Bの駐車場は、住宅の貸付けに必然的に付随するものではなく、その使用料も別に定められているから、駐車場の貸付けが住宅の貸付けと一体化していると認めることは困難であり、その収入は課税売上げに該当すると判断するのが相当である。

③　本件集合住宅Cは、居室が8戸あるのに対し、駐車場は5台分、Dは、居室が10戸あるのに対し、駐車場は2台分しかないことが認められるから、これらについては、入居者各戸に駐車場が割り当てられるわけではなく、その時々の駐車場の空き具合とか借受け希望者の数などの事情によって駐車場の使用状況が左右される上、駐車場を賃借している者の賃貸借契約においては、それぞれ家賃とは別に駐車料が定められており、駐車場は住宅とは別の賃貸借契約の目的物とされていると推認されることに照らせば、その駐車場の貸付けが住宅の貸付けと一体化されていると認めることはできず、その収入は課税売上げに該当することが明らかである。

3　本件教会の賃料収入について

Xと I 教会との間で「建物賃貸借契約書」が作成されており、その内容も、Xが所有者であることを前提としていることが明らかであること、②本件教会の増築時に作成された「建物建築合意書」においても、I 教会は、10年間の使用期間経過後、増築建物を撤去して原状に復する旨記載されており、Ｘが所有者であることを前提としていること、③Ｘは、昭和63年から15年間にわたり、本件教会賃料を課税売上げとして申告してきたものであり、反面、所得税の申告に当たり、本件教会の取得費800万円を減価償却費として計上してきたこと、④本件教会の登記簿には、昭和63年の建築当初から、Ｘを所有者とする保存登記等がなされていること、⑤Ｘの主張のとおりであるなら、Ｘが工面した建築費用800万円をＩ教会に貸し付けたことを証する消費貸借契約書や、その完済まで本件教会の所有名義人をＸとする旨の譲渡担保設定契約書が存在して然るべきところ、これらは存在しないことなどの事情を総合すれば、本件教会の所有権はＸに属していたと認められる。

〔コメント〕

本判決は、課税実務の取扱い（消基通６-13-１及び６-13-３）につき、「駐車場の貸付けが原則として課税売上げに当たり、住宅の貸付けに含まれて両者の区別が不可能ないし著しく困難である場合に例外的に非課税とする消費税法の上記趣旨に合致すること、実際にも、住宅の使用料とは別に駐車場使用料等が定められ、収受されている場合には、住宅の貸付けと駐車場の貸付けとの区分が容易であると考えられることなどを考慮すると、その合理性を十分に肯認することができる。」とした上で、その基準の下に、個々の駐車場収入について消費税等の課税対象となるかどうかを判断している。実務の参考になろう。

なお、本件では、教会の賃料収入が課税売上げに該当するかどうか、すなわち、Ｉ教会とＸとの契約は、建物賃貸借契約か、それとも土地賃貸借契約かについても争点となっているが、本判決は、当事者の契約内容等を検討した上で、Ｉ教会とＸとの契約は土地賃貸借契約に該当しないと判断している。

イ　住宅と店舗又は事務所等の事業用施設が併設されている建物（店舗等併

用住宅）を一括して貸し付ける場合には、住宅として貸し付けられた部分のみが非課税となるのであるから、店舗等事業用施設の部分の貸付けに係る対価の額は、課税対象である。したがって、店舗等併用住宅にあっては、住宅の貸付けに係る対価の額と事業用施設の対価の額に合理的に区分する必要がある（消基通６-13-５）。

＊　国税不服審判所平成22年６月25日裁決（裁決事例集79号591頁）は、介護付有料老人ホームにおける住宅の貸付けの範囲の判定に当たっては、賃借人が日常生活を送るために必要な場所と認められる部分はすべて住宅に含まれるとされた事例である。審査請求人は、有料老人ホーム施設として関係法人に賃貸した建物の賃貸収入を課税売上げと非課税売上げとに区分して課税売上割合を計算し仕入控除税額を算定していたところ、所轄税務署長は、「当該建物の大部分は、入居者の円滑な日常生活を送るために必要な部分であり、住宅の貸付けに該当するから、その賃貸収入は非課税となる」として更正処分等を行ったのである。

裁決では、「消費税法上、非課税となる住宅の貸付けの範囲の判定に当たっては、住宅に係る賃借人が日常生活を送るために必要な場所と認められる部分はすべて住宅に含まれると解するのが相当であるところ、介護付有料老人ホームは、単なる寝食の場ではなく、入居した老人が介護等のサービスを受けながら日常生活を営む場であるから、介護付有料老人ホーム用の当該建物の内部に設置された事務室、スタッフステーション、宿直室、厨房等の介護サービスを提供するための施設は、入居者が日常生活を送る上で必要な部分と認められ、これらの部分の貸付けは非課税となる住宅の貸付けに該当する。」と説示して、原処分を維持している。

ウ　住宅の貸付けから除外される旅館業（消令16の２）には、旅館・ホテル営業、簡易宿所営業及び下宿営業が該当する。したがって、ホテル、旅館のほかリゾートマンション、貸別荘等は、たとえこれらの施設の利用期間が１月以上となる場合であっても非課税とはならない（消基通６-13-４）。

なお、貸家業及び貸間業（学生等に部屋等を提供して生活させるいわゆる「下宿」と称するものを含む。）については、旅館業には該当しないが、食事付きの下宿代については、部屋代部分が非課税となる（消基通6-13-7）。

3　輸入取引に係る非課税

保税地域から引き取られる外国貨物のうち、次に掲げるものは非課税である（消法6②、別表2）。

①有価証券等、②郵便切手類、③印紙、④証紙、⑤物品切手等、⑥身体障害者用物品、⑦教科用図書

4　輸出免税

外国に輸出される物品等は、輸出先の国において間接税が課されるので、輸出される物品等に対して我が国でも消費税を課するとすると、間接税が二重に課されることになる。そこで、物品やサービスの消費について課される間接税は、物品やサービスが消費される国において課税することとし（消費地課税主義）、輸出される物品等については、間接税の負担がかからないように国境税調整をするのが国際的な慣行である。我が国の消費税においても、国外に輸出され消費される物品や国外において提供されるサービスについては、消費税の課税を免除するともに、課税仕入れに係る税額を仕入税額控除の対象に含めることにより、前段階で課税された消費税を排除する措置が講じられている（消法7、8、30②）。

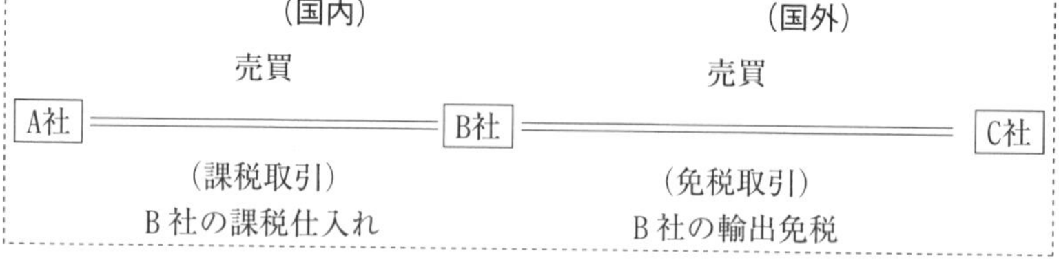

(1) 輸出免税等の要件

次のいずれにも該当するものは、消費税が免除される（消法７①②、消基通７－１－１）。

① その資産の譲渡等は、課税事業者によって行われるものであること。

② その資産の譲渡等は、国内において行われるものであること。

③ その資産の譲渡等は、課税資産の譲渡等に該当するものであること。

④ その資産の譲渡等は、輸出取引等に該当するものであること。

⑤ その資産の譲渡等は、輸出取引等であることの証明がなされたものであること。

(2) 輸出免税等の対象となる取引

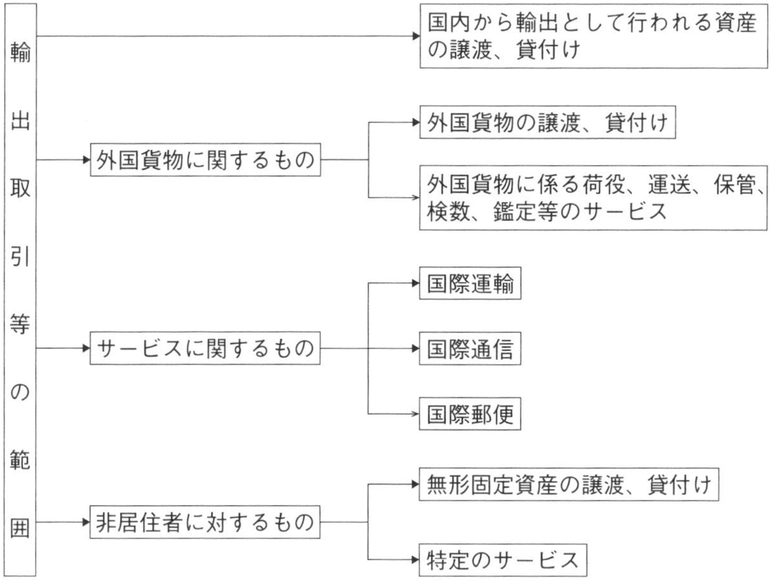

＊ 本邦と外国との間を往来する船舶又は航空機に内国貨物を積み込む場合において、当該積込みが外国籍の船舶又は航空機（外国籍の船舶又は航空機で、日本人が船主との契約によって船体だけを賃借（いわゆる裸

傭船）し、日本人の船長又は乗組員を使用している場合等実質的に日本国籍を有する船舶又は航空機と同様に使用されていると認められる場合における船舶又は航空機を除く。）へのものであるときは、輸出免税が適用される（消基通7－2－18）。

ア　本邦からの輸出として行われる資産の譲渡又は貸付け（消法7①一）

輸出とは、内国貨物を外国に向けて送り出すことをいい（関税法2①一、消基通7－2－1）、輸出免税は、実際の輸出者すなわち輸出申告の名義人に限って適用されるから、①輸出される物品の製造のための下請加工を行う事業者及び②輸出取引を行う事業者に対して輸出物品を販売する者には適用されない（消基通7－2－2）。

＊　内国貨物とは、本邦にある貨物で外国貨物でないもの及び本邦の船舶により公海で採捕された水産物をいう（関税法2①四）。外国貨物は21頁を参照されたい。

裁判例の紹介㉖

外国人に対する中古自動車の販売は輸出取引に当たらないとされた事例

（東京地裁平成18年11月9日判決・裁判所HP「行集」〔確定〕）

〔事案の概要〕

日本国内において中古車販売業を営むX（原告）は、ロシア人に対する中古自動車の販売取引を行い、消費税法7条1項1号の免税取引（輸出取引）に該当するとして、Y（税務署長）に対し、消費税等の申告をしたところ、Yから、上記の取引は輸出免税の要件を充たしていないとして更正処分等を受けた。その取引の概要は、Xと本邦に短期間滞在するロシア人との間で、中古自動車の売買契約を締結し、売買契約時に現金の授受を行い、Xは、買主（ロシア人）の所持する旅券又は乗員手帳のコピーを取って通関時に必要な申告書類を作成した上で、買主とともに税関支署へ赴いて通関手続を行うのである。

〔争点〕

外国人に対する中古自動車の販売は輸出として行われる資産の譲渡等に該当するか。

〔判決の要旨〕

1　「輸出」とは、貨物を外国に仕向けられた船舶又は航空機に積み込むことをいうのであり、船舶又は航空機への積込みという貨物の物理的な移転行為をとらえた概念であるから、消費税法７条１項１号にいう「本邦からの輸出として行われる資産の譲渡又は貸付け」とは、資産を譲渡し又は貸し付ける取引のうち、当該資産を外国に仕向けられた船舶又は航空機に積み込むことによって当該資産の引渡しが行われるものをいうと解するのが相当である。すなわち、本件のような動産の売買取引においては、通常、目的物である動産を買主に引き渡すことが取引の重要な要素であるから、外国に仕向けられた船舶又は航空機への積込みによって目的物の引渡しが行われる場合には、当該売買取引は、その要素に輸出行為を含む取引として、「本邦からの輸出として行われる資産の譲渡」に該当するものというべきである。

2　本件取引は、短期滞在のロシア人が日本で買い取った中古自動車を船舶に積み込んで本国に持ち帰ることを目的とした取引であり、中古自動車の引渡しを要素とする取引であったと認められるが、本件取引が外国に仕向けられた船舶への積込みによって目的物の引渡しが行われるという内容の取引であったとまで断定することは困難である。本件取引において売買契約が成立し、代金の支払が済んだ中古自動車は、Xの販売展示場で引き続き保管され、通関手続を終えた後はX自身が販売展示場から直接仕出港に搬入し、その後の検査及び船舶への積込みもXの依頼に基づきXの費用負担の下で行われていたものであることが認められる。他方において、売買代金は売買契約時に既に支払が済んでおり、これによって売買の目的物である中古自動車が自己の支配下に入ったと考えるのが買主としての通常の認識であろうと考えられることからすると、観念的には売買代金の支払時に引渡しが行われており、その後の通関や車両の搬入は、本来買主が行うべきことをXが代理又は代行したものと解する余地が十分にあるものということができる。したがって、本件取引において、どの時点で引渡しが行われたものと認めるべきかは、結局、本件取引の当事者が、目的物の引渡しに関し、具体的にどのような取り決めをしていたかという事実認定ないし意思解釈の問題に帰着するものというべきところ、この点の認定に資する的確な証拠は存在しない。むしろ、認定事実によれば、本件取引に係る中古自動車については、買主であるロシア人が当該中古自動車を自己の占有する携帯品又は別送品として輸出することを前提とする旅具通関扱いによって、輸出許可の手続が行われていたことが明らかである。

3　Xは、仮に本件取引が輸出取引に当たらないとしても、国際空港のサテライトショップでの販売と同様に、輸出免税の取扱いをすべきであると主張するが、サテライトショップに係る課税上の扱いは、国際空港の中に店舗があるという場所の特性と、出国手続を終え又は旅券及び航空券を所持しているという利用者の特性から、販売された物品が直ちに国外に持ち出されることが客観的に明らかであるという事情を考慮して、輸出取引に準じた免税の取扱いをするものと解される。本件の場合には、Xの中古自動車の展示販売場は新潟港の施設内にあるというわけではなく、また、出国手続を終えた者や出国直前の者に限らず、航空機で来日して短期滞在中の外国人が利用することも可能である上、中古自動車の購入者には抹消登録に関する書類、譲渡証明書、印鑑登録証明書等が交付され、国内でも処分可能な状態におかれるのであるから、販売された物品が直ちに国外に持ち出されることが客観的に明らかであるとまではいえず、サテライトショップにおける事情と同視することは困難である。

以上のとおり、本件取引は、消費税法7条1項1号の輸出取引に該当するものとはいえず、また同号の輸出取引に準じて免税扱いをすべきものとも認められない。

〔コメント〕

消費税法7条1項1号は、「本邦からの輸出として行われる資産の譲渡又は貸付け」と規定し、「輸出」の定義は置かれていない。本判決は、「輸出」という語は、「外国為替及び外国貿易法、輸出貿易管理令、輸出入取引法などの各種法令で用いられており、一般には、貨物を本邦以外の外国に向けて送り出すことをいい、関税法では、特に、内国貨物を外国に向けて送り出すことを『輸出』としているが（同法2条1項2号)、一般的な意義と異なるものではない。」と説示している。本件取引は、中古自動車販売業を営むXが、日本国内において、来日したロシア人に対し中古自動車を売り渡した取引であり、その後、購入者であるロシア人が購入した車両を携帯品又は別送品として本邦外に持ち出し、あるいは本邦外に向けて送り出したものである。免税対象となる輸出取引とは、資産の譲渡又は貸付けが本邦からの輸出として行われる場合をいう（消法7①一）のであるから、先に資産の譲渡又は貸付けが行われ、その後、当該資産が本邦から輸出された場合がこれに当たらないことは明らかであろう。

なお、サテライトショップに係る課税上の扱いとは、関税法42条の規定により保税蔵置場の許可を受けた者が、その経営する保税地域に該当する店舗で、出入国管理及び難民認定法の規定により出国の確認を受けた者に対して課税資産の譲渡を行った場合において、当該出国者が帰国若しくは再入国に際して当該課税資産を携帯しないことが明らかなとき又は渡航先において当該課税資産を使用若しくは消費することが明らかなときは、当該課税資産を当該保税蔵置場の許可を受けた者が輸出するものとして消費税法7条1項の規定を適用するものである（消基通7-2-21）。サテライトショップは、国際空港における出国手続後の搭乗待機場所内にある売店であり、輸出物品販売場でないが、購入者が国外に携帯することが明らかである実態を踏まえて、売上げに係る消費税等が輸出免税として扱われている。

＊　静岡地裁平成23年3月10日判決・税資261号順号11637〔確定〕は、同種の事案につき、「本件各取引においては、売買契約の締結及び目的物である本件各中古車両の引渡しが共に完了した後に、関税法67条所定の輸出の許可がされているものというべきであるから、本件各中古車両の譲渡の時期を売買契約の締結又は目的物の引渡しのいずれの時点と解しても、本件各取引は、外国貨物（輸出の許可を受けた貨物及び外国から本邦に到着した貨物で輸入が許可される前のもの）の譲渡には該当しない。」と断じている。

裁判例の紹介㉗

輸出代行者が行った輸出取引には仕入税額控除の適用がないとされた事例

（東京地裁令和3年10月19日判決・税資271号順号13619〔確定〕）

〔事案の概要〕

1　X（原告）は、本件各課税期間（平24.11.1～平25.1.31以降平成28年7月期までの各課税期間）において、台湾法人であるB社に輸出する目的で行ったとする衣料品等（以下「本件商品」という。）の課税仕入れ（以下「本件各課税仕入れ」という。）を仕入税額控除の対象として、還付申告をした。所轄税務署長は、本件各課税仕入れを行ったのはXではなく台湾の事業者であるとして、仕入税額控除の適用を認めず、本件各課税期間の消費税等について更正処分及び重加算税の賦課決定処分をした。

2　台湾で衣料雑貨の小売業等を営み、B社に屋号や店舗住所等を届け出て登録された複数の事業者（以下「台湾事業者」という。）は、来日して、国内事業者の店舗に赴き、本件商品を買い付け、国内事業者からX宛の領収証の発行を受け、それを台湾に持ち帰っていた。そして、台湾事業者が買い付けた本件商品は、国内事業者の店舗から大阪市内の倉庫に搬入された後、同倉庫に勤務するB社の従業員が送り先ごとに仕分けして梱包し、インボイス（商品の品名・数量・金額等が記載された書類。）等を作成した上で、通関業者であるJ社に送信された。J社は、関西空港税関支署長に対し、輸出者をX、仕向先を台湾の運送業者とする輸出許可申請を行い、輸出が許可された商品は、飛行機に積み込まれ、仕向地である台湾に輸出され、B社を経由して事業者に配送されていた。

〔争点〕

①本件各仕入金額は、Xの「課税仕入れに係る支払対価の額」に該当するか。②通則法68条1項に規定する事実の仮装をしたと認められるか。③Xが還付金を受領していない場合、重加算税を課することができるか（本稿では②及び③について割愛する。）。

〔判決の要旨〕

1　本件商品の買付けは、台湾事業者が自らの意思で購入する商品やその数量を決定し、代金も基本的に自己資金で支払っていたものであり、

Xが本件商品の買付け自体に関与していたことをうかがわせる事情は認められない。Xは、買付けをした台湾事業者の依頼があった場合に本件商品を大阪の倉庫へ運搬するほか、同倉庫から保税倉庫への運搬を行っていたが、台湾事業者が自身で又は運送業者に依頼して大阪の倉庫へ搬入することも多く、大阪の倉庫はB社が賃料を負担し、そこで同社従業員が本件商品の仕分け・梱包を行い、輸出通関の手配も同社において行っていた。また、台湾事業者は本件商品の運搬及び輸出手続に係る費用を自ら負担していたものであり、これらを踏まえると、買付け後の本件商品は、一貫して、台湾事業者ないしその代行者であるB社の支配下に置かれていたものというべきである。

2　本件課税仕入れの相手方（売主）である国内事業者の認識について見ると、これらのうち4社ではそもそもXを顧客とする登録や入店カードの発行がされておらず、Xでの顧客登録がされた2社についてもその実質はB社ないし台湾事業者がXの名を借りて登録を受けたものにすぎず、これらの事実に照らせば、国内事業者においてXを課税仕入れの主体（買主）と認識していたとは認められない。むしろ、国内事業者のうち少なくとも3社は、Xを単なる運搬業者ないし輸出代行業者として認識していたものであり、かかる認識は本件商品の買付け等の実態とも合致するものである。

3　本件各課税仕入れに係る買付け及びその後の状況、売主である国内事業者の認識、本件契約の内容及び消費税等の還付に関する関係者の認識等に照らせば、本件商品の買付けは台湾事業者が自ら買主として行ったものであり、Xは、その輸出代行業務や、自らの名義で消費税等の還付のための申告を行うことによる消費税等の還付の手続の代行等の業務を行うにすぎないものであったと認められるから、本件各課税仕入れの主体がXであったと認めることはできない。

〔コメント〕

Ｘは、「課税事業者選択届出書」と課税期間を３月ごとの期間に短縮することを選択する「課税期間特例選択届出書」を提出し、本件課税期間（合計15課税期間）において、消費税等の還付申告を提出している。認定事実によると、①ＸとＢ社との間、及びＢ社と台湾事業者との間で、それぞれ代金額を国内事業者からの仕入額と同額とする商品の売買契約が成立しているとされ、これらの取引により得られるＸの収入は、専ら本件各課税仕入れに係る消費税等の還付によるものであること、②Ｘは、消費税等の還付金額の75％以上をＢ社に支払い、その大半がＢ社を介して台湾事業者に分配されていること、③ＸとＢ社の基本契約は、集荷・配送、税還付申告を含む輸出業務に関するものであること、④台湾事業者は、国内事業者からＸ名で買付けをすれば、運送費等の実費を除き、還付金の全額が返還されるとの認識を抱いていたものと認められるというのである。このような観点から、「Ｘは、台湾事業者が購入した各商品について、輸出代行業務や消費税等の還付の手続の代行等の業務を行い、その手数料として消費税等の還付金の一部を収受していたものと認めるのが相当である。」と断じている。

＊　本件と類似したものに、東京地裁令和２年１月17日判決・税資270号順号13369及びその控訴審である東京高裁令和２年10月15日判決・税資270号順号13465（上告受理申立中）がある。

＊　国税不服審判所令和４年10月25日裁決（裁決事例集129号）は、日用雑貨等の輸出業を営む審査請求人の輸出取引について、輸出許可の申請や輸出許可通知書の保存状況から、輸出免税の適用を受けることができるかどうかが争われた事案である。原処分庁は、本件における輸出取引（本件取引）は、請求人から商品を仕入れた取引先が国外に販売したものであるから、請求人が本邦からの輸出として行われる資産の譲渡を行ったものではない旨主張するが、裁決は、「請求人は、取引先から受注した商品を国内でコンテナに積載し、自らの名義で輸出許可を申請して国外へ搬出しているのであり、本件取引は、請求人による本邦からの輸出として行われる資産の譲渡であると認められる。」とした上で、請求人名義の輸出許可通知書を保存していることから、輸

出免税の適用を受けることができると判断している。

イ　外国貨物の譲渡又は貸付け（消法７①二）

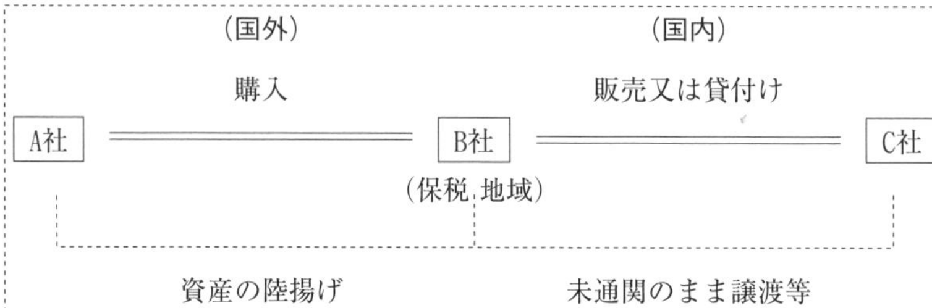

なお、国外で購入した貨物を国内の保税地域に陸揚げし、輸入手続を経ないで再び国外へ譲渡する場合には、その貨物の譲渡は国内において行う課税資産の譲渡等に該当し、上記アにより輸出免税の対象となる（消基通７－２－３）。

ウ　国際運輸、国際通信及び国際郵便（消法７①三、五、消令17②五）

旅客又は貨物の輸送につき、出発地又は到着地のいずれかが国内で、他の一方が国外である場合には、輸出取引等の免税対象となる。同様に、発信地若しくは受信地又は差出地若しくは配達地のいずれかが国内で、他の一方が国外である場合は、国際通信又は国際郵便として輸出免税の対象となる。

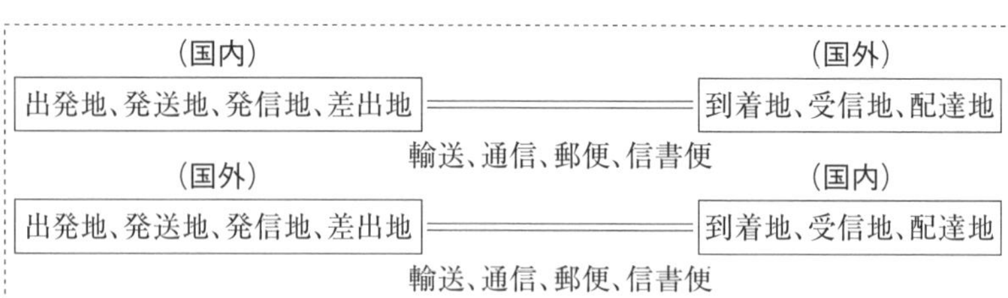

＊　国際輸送として行う旅客輸送の一部に国内における輸送が含まれている場合であっても、①国際輸送に係る契約において国際輸送の一環としてのものであることが明らかにされており、かつ、②国内間の移動のための輸

送と国内と国外との間の移動のための国内乗継地又は寄港地における到着から出発までの時間が定期路線時刻表上で24時間以内である場合には、国際輸送に該当するものとして取り扱われる（消基通７－２－４）。

＊　旅行業者が主催する海外パック旅行に係る役務の提供は、旅行業者と旅行者との間の包括的な役務の提供契約に基づくものであり、国内における役務の提供及び国外において行う役務の提供に区分されるから、次の区分に応じ、それぞれ次のように取り扱われる（消基通７－２－６）。

① 国内における役務の提供……パスポート交付申請等の事務代行、国内における輸送、宿泊サービス等は、国内において行う課税資産の譲渡等に該当する（輸出免税とならない）。

② 国外における役務の提供……国内から国外、国外から国内へ輸送、国外における宿泊、国外での旅行案内等サービスは、国内において行う資産の譲渡等に該当しない（不課税）。

エ　外航船舶等の譲渡又は貸付けで船舶運航事業者等に対するもの、外航船舶等の修理で船舶運航事業者等の求めに応じたもの（消法７①四、消令17①）

＊　外航船舶等とは、専ら国内及び国外にわたって又は国外と国外との間で行われる旅客又は貨物の輸送の用に供される船舶又は航空機をいい、日本国籍の船舶又は航空機も含まれる（消基通７－２－１）。

＊　船舶運航事業者等とは、海上運送法又は航空法において規定する「船舶運航事業」若しくは「船舶貸渡事業」又は「航空運送事業」を営む者をいい、我が国において支店等を設けてこれらの事業を営む外国の事業者を含むほか、我が国に支店等を有していない外国の事業者で我が国との間で国際間輸送を行う者も含まれる（消基通７－２－８）。

オ　国際輸送用コンテナーの譲渡又は貸付けで船舶運航事業者等に対するもの、国際輸送用コンテナーの修理で船舶運航事業者等の求めに応じたもの（消法７①五、消令17②二）

カ　外航船舶等の水先、誘導、入出港又は離着陸の補助、停泊、駐機のための施設の提供に係る役務の提供等で船舶運航事業者等に対するもの（消法

７①五、消令17②三）

キ　外国貨物の荷役、運送、保管、検数又は鑑定その他これらに類する外国貨物に係る役務の提供（消法７①五、消令17②四）

裁判例の紹介㉘

中国を仕向地とする航空貨物の運送業務が輸出取引に該当しないとされた事例

（名古屋地裁平成20年10月30日判決・裁判所HP「行集」）
（名古屋高裁平成21年11月20日判決・税資259号順号11320は控訴棄却）
（最高裁平成23年１月25日第三小法廷決定・税資261号順号11597は上告不受理）

〔事案の概要〕

航空貨物代理店業を営む株式会社Ｘ（原告・控訴人・上告人）は、航空会社国内支店との間で行っている取引が消費税法７条所定の輸出免税取引に該当することを前提に、航空会社国内支店に対する売上げ等を計上せず、消費税等の確定申告をしたところ、所轄税務署長によって、更正処分等を受けた。Ｘは、通関業務や保税地域内での業務を行うものではなく、貨物利用運送事業法上の登録や許可を受けておらず、自ら運送手段を有するものでもない。Ｘは、①消費税法７条１項３号の国際輸送取引は、日本の荷送人を起点として中国の受取人を終点とする取引であり、この輸送取引に関わる主体、すなわち、荷送人、混載業者、航空会社及びＸのような貨物販売代理店のすべてが免税とされ、また、Ｘと混載業者との間の取引は、貨物の輸出入取引に直接関連する業務として、同法７条１項５号、同法施行令17条２項４号の輸出類似取引に該当すると主張している。

〔争点〕

中国を仕向地とする航空貨物につき航空会社から委託を受けて運送にかかわる業務を行っている業者の取引は、輸出免税取引に当たるかどうか。

〔判決の要旨〕

1　Xは、自ら運送業を行う法定の許認可等を受けているものではなく、そのための設備・機器を有するものでもない上、航空会社国内支店との間における契約等の取決めに従って、混載業者から依頼を受け、航空会社国内支店に対して、混載業者が集貨した航空貨物を積載するための航空機の積載スペースを手配し、基本的に混載業者から支払を受ける金額と航空会社国内支店に支払われる金額の差額及び航空会社国内支店から支払を受ける金額をもって、その営業上の利益としていることが認められる。そうすると、その業務の実態は、航空貨物の運送を行うとか、航空会社国内支店から航空機の積載スペースを購入し、これを混載業者に転売するなどというものではなく、Xは航空会社国内支店から委託を受けた仲介業者あるいは代理人として、混載業者と航空会社国内支店との間で締結される運送契約の仲介ないし取次ぎを行って航空会社国内支店からの手数料収入を得ているものと見るのが相当である。

2　消費税法7条1項3号は、事業者が国内において行う課税資産の譲渡等が「国内及び国内以外の地域にわたって行われる貨物の輸送」（国際輸送取引）に該当する場合には、当該課税資産の譲渡等に係る消費税を免除する旨定めていることからも明らかなとおり、事業者が同号所定の「貨物の輸送」という課税資産の譲渡等を行う場合に適用される規定であって、事業者の行う課税資産の譲渡等が同号所定の「貨物の輸送」に当たらない場合には適用されないものである。Ｘは、航空会社国内支店から委託を受けて、混載業者と航空会社国内支店との間で締結される運送契約の仲介ないし取次ぎを行う業者であって、自ら貨物の輸送を行うものではなく、Ｘが混載業者に対して提供している役務の内容も、混載業者が集貨した混載貨物の積載スペースの手配にすぎないと認められるから、このような取引をもって同号所定の「貨物の輸送」（国際輸送取引）に該当すると認めることはできない。

3　輸出類似取引にかかる消費税法７条１項５号、同法施行令17条２項４号は、事業者が「外国貨物の荷役、運送、保管、検数、鑑定その他これらに類する外国貨物に係る役務の提供」を行った場合に、かかる役務の提供をもって輸出免税取引としているところ、これは、外国貨物の荷役、運送、保管、検数、鑑定などが貨物の輸出入取引に直接関連する業務であり、輸出入取引に必然的に発生するものであることから、これら外国貨物に係る役務の提供をもって輸出免税取引としたものであると解するのが相当である。そして、消費税法上の外国貨物とは、関税法２条１項３号に規定する外国貨物をいい（消法２①十）、関税法上、外国貨物とは、輸出の許可を受けた貨物及び外国から本邦に到着した貨物で輸入が許可される前のものをいうとされ（同法２①三）、外国貨物は原則として保税地域以外の場所に置くことはできず（同法30①本文）、外国貨物の運送も税関長の承認を要する行為であること（同法63①）にかんがみると、消費税法施行令17条２項４号にいう「その他これらに類する外国貨物に係る役務の提供」とは、外国貨物に係る検量、梱包等の業務、通関手続、青果物や木材に係るくんじょう等のように保税地域内で行われる外国貨物に係る直接の役務の提供をいうものと解するのが相当である。これを本件について見ると、Ｘは、そもそも保税地域内での業務を行うものではなく、各航空会社国内支店から委託を受けた航空貨物の取次業者であって、外国貨物の運送はもとより、外国貨物に直接関わる役務の提供を行っているものではないから、Xの行っている航空貨物の取次ぎに係る取引をもって、消費税法7条1項5号、同法施行令17条2項4号所定の「外国貨物に係る役務の提供」（輸出類似取引）に該当すると認めることはできない。

〔コメント〕

航空貨物に関する利用運送事業者（フォワーダー）は、一般に「混載業者」と呼称されており、混載業者が複数の荷送人から集貨した貨物を一つにまとめて混載貨物（大口貨物）とし、これを自ら荷送人となって、航空会社に空輸を委託するというものである。したがって、混載業者が行う業務は、消費税法7条1項3号に規定する「国際輸送取引」に該当するところ、Xは、航空貨物に係る運送契約の仲介又は取次ぎを行うものであって、自ら貨物の運送を行うものではないというのであるから、Xの業務が上記の「国際輸送取引」に該当しないことは明らかであろう。また、外国貨物とは、輸出の許可を受けた貨物及び外国から本邦に到着した貨物で輸入が許可される前のものをいうのであるから、消費税法施行令17条2項4号にいう「外国貨物に係る役務の提供」は、本判決の指摘するとおり、保税地域内で行われる外国貨物に係る直接の役務の提供をいうと解すべきであるから、Xの取引が「外国貨物に係る役務の提供」に該当するとはいえないであろう。

なお、「外国貨物に係る役務の提供」には、外国貨物に係る検量若しくは港湾運送関連事業に係る業務又は輸入貨物に係る通関手続若しくは青果物に係るくんじょう等の役務の提供が含まれる旨を明らかにしている（消基通7－2－12）。

ク　非居住者に対する無形固定資産等の譲渡又は貸付け（消法7①五、消令17②六）

＊　非居住者とは、外国為替及び外国貿易法6条1項6号に規定する非居住

者をいい（消令１②二）、本邦内に住所又は居所を有しない自然人及び本邦内に主たる事務所を有しない法人がこれに該当し、非居住者の本邦内の支店、出張所その他の事務所は、法律上の代理権があるかどうかにかかわらず、その主たる事務所が外国にある場合においても居住者とみなされる（消基通７－２－15）。

ケ　非居住者に対して行われる役務の提供（消法７①五、消令17②七）

ただし、①国内に所在する資産に係る運送又は保管、②国内における飲食又は宿泊、③これらに準ずるもので国内において直接便益を享受するものは除かれる。

＊　輸出免税の対象となるものから除かれる非居住者に対する役務の提供には、例えば、①国内に所在する資産に係る運送や保管、②国内に所在する不動産の管理や修理、③建物の建築請負、④電車、バス、タクシー等による旅客の輸送、⑤国内における飲食又は宿泊、⑥理容又は美容、⑦医療又は療養、⑧劇場、映画館等の興行場における観劇等の役務の提供、⑨国内間の電話、郵便又は信書便、⑩日本語学校等における語学教育等に係る役務の提供がある（消基通７－２－16）。

裁判例の紹介㉙

国内の旅行会社が訪日旅行ツアーを主催する海外旅行会社との間で国内の旅行に係る部分についてした取引は、輸出免税取引に当たらないとされた事例

（東京地裁平成28年２月24日判決・判時2308号43頁〔確定〕）

〔事案の概要〕

１　旅行業等を目的とするＸ社（原告）は、我が国に来訪する旅行者に向けた企画旅行（以下、「本件訪日ツアー」という。）を主催する外国会社Ａ社との間で、国内の旅行に係る部分についてした取引（以下、「本件取引」という。）が輸出免税取引に当たるとし、本件課税期間（平22.6.1～平23.5.31）の消費税について更正の請求をした。その更正の請求においては、本件取引対価の総額を輸出免税取引とし、国内における各種サービスの提供に係る対価（以下、「本件支払対価」という。）の総額を課税仕入れとするものである。

2　本件取引は、X社がA社からの発注を受け、本件訪日ツアーのうち国内旅行部分の行程を構成する飲食、宿泊、運送、観光、案内等のサービス（以下、「本件各種サービス」という。）の企画立案をした上で、本件訪日ツアーに参加する旅行者に対し、レストラン、ホテル、バスを運行する会社、観光施設、ガイド等の機関の手配等をするというものである。

3　X社が行う業務等は、①年に1回程度、国内旅行部分について記載したカタログを作成すること、②A社の希望するサービスの内容に沿って、A社に対し、見積書を発行すること、③A社との間で細部の条件に係る交渉をし、本件取引に係る合意をすること、④A社との合意に基づき、本件各種サービス提供機関に連絡し、利用の予約等の手配をすること、⑤本件国内旅行部分の進行中、自らが手配したガイドと連絡を取り合うなどして、本件国内旅行部分の進行状況を管理すること、⑥本件国内旅行部分が終了した後、A社から本件取引に関しX社が行う業務の対価を受領すること、⑦本件各種サービスのうち、ホテルの宿泊料金や貸切バスの料金などは、原則として、本件国内旅行部分の開始に合わせて、又はこれが終了した後に、預金口座へ振り込むが、レストランにおける飲食の代金などその場で支払うべきものについては、あらかじめガイドに仮払金として一定の現金を預け、ガイドを通じて現地で支払うことなどである。

〔争点〕

外国法人に対して、訪日旅行ツアー旅行客の国内における飲食場所、宿泊先等を確保し、これらを組み合わせて提供する取引が輸出免税取引に該当するか。

〔判決の要旨〕

1　X社は、本件取引に基づいて、各種サービス提供機関との間で事前に合意し、各種サービス提供機関は、この合意の内容に沿って、ガイドが引率をすること等により、X社が指定した旅行者に対し、国内における各種サービスを提供していたということができる。また、各当事者間での金員のやりとりについては、旅行者がA社に対し代金を支払い、A社がX社に対し代金を支払い、X社が各種サービス提供機関に対し代金を支払うというものであったことからすると、X社は、本件支払対価を自ら負担すべきものとして支払っていたということができる。

2　X社とA社との関係についてみると、企画立案業務は、本件取引に係る申込みの誘因ないし交渉過程の一部を成すものというべきである。また、X社の手配等に関する業務についてみると、実際の業務は、利用の予約等の手配によって完了するものではなく、旅行者が国内を旅行している間継続するものであって、サービスの進行を管理することを含むものであったということができる。さらに、本件取引対価の額の請求は、訪日ツアーの終了後にされていたことからすれば、本件取引対価は、国内旅行部分の全体についてのX社による役務の提供の対価であったということができる。以上によれば、本件取引は、X社がA社に対し、各種サービス提供機関をして、旅行者に対して国内における本件各種サービスを提供させるという役務を提供することを内容とするものであったと解するのが相当である。

3　消費税法施行令17条２項７号ロは、非居住者に対して行われる役務の提供で国内における飲食又は宿泊については、輸出免税取引に該当しない旨規定しており、同号ハは、非居住者に対して行われる役務の提供で、国内に所在する資産に係る運送又は保管及び国内における飲食又は宿泊に準ずるもので、国内において直接便益を享受するものについては、輸出免税取引に該当しない旨規定している。そして、輸出免税取引から除外しているのは、これらによってもたらされる便益が国境をまたがずに、正に国内において享受（消費）されるものであり、輸出と捉え得るものではないという点にあることに加え、消費税が事業者から消費者に提供される物品、サービスの消費全体に広く税負担を求めるという租税であることに鑑みると、本件取引が輸出免税取引から除外されるか否かは、役務の内容及び性質に照らし、当該役務の提供によってもたらされる便益が国境をまたがずに国内において直接享受（消費）されて完結するものであるか否かによって判断すべきである。

4　Ｘ社は、本件取引において、Ａ社に対し、各種サービス提供機関をして、旅行者に対して国内における飲食、宿泊、運送、観光、案内等の本件各種サービスを提供させるという役務を提供していたものである。そうすると、本件取引は、非居住者であるＡ社に対して行われる役務の提供というべきものではあるが、本件取引において提供される役務のうち、レストランでの飲食やホテルでの宿泊等に関する部分は、国内における飲食又は宿泊に該当するということができるから、消費税法施行令17条２項７号ロに該当し、その余は、国内における飲食又は宿泊に類するものであって、かつ、国内において直接消費されて完結するものに該当するということができるから、同号ハに該当するというべきである。

5　Ｘ社は、消費税法施行令17条２項７号ロの「飲食及び宿泊」は、

「飲食店やホテル・旅館等から直接に役務の提供を受ける取引」と解するほかなく、同号ハについても、「国内において電車・バス・タクシー等から直接に役務の提供を受ける取引」と解するほかないと主張する。この主張は、同号ロ、ハに該当するためには、非居住者が自ら「飲食又は宿泊」等をすることにより、直接役務の提供を受けることを要することをいうものと解される。しかしながら、同号ロについてみると、同号ロが規定する「国内における飲食又は宿泊」については、その文言及び趣旨に照らし、役務の提供をする場所と便益を享受する場所とがいずれも国内であることを意味するものにすぎず、同号ロに該当するためには、便益を享受する者が現実に飲食又は宿泊をすることを要するものと解することはできない。そして、このことからすると、同号ハに規定する「直接」との文言は、国内という場所において役務の提供が行われ、便益が享受されることを表すために用いられたものと解するのが相当であり、同号ハに該当するためには、非居住者が自ら国内で行われる飲食又は宿泊に類するサービスの対象となることを要するものと解することもできないというべきである。したがって、X社の上記主張は、採用することができない。

〔コメント〕

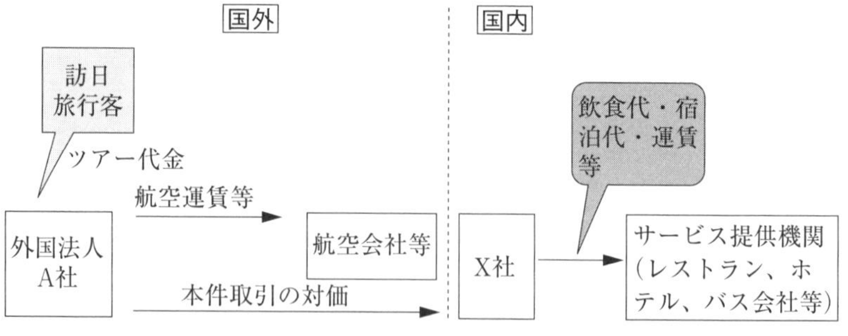

X社は、A社に対して提供する役務が訪日ツアーの企画立案及び手配代行業務にとどまるから、その役務の提供によって直接受ける便益も、国内旅行部分の企画立案や各種サービス提供機関の手配を代行してもらえるというにとどまり、本件取引が輸出免税取引に該当すると主張する。これに対し、本判決は、①X社とサービス提供機関との関係、②X社とA社との関係を詳細に認定し、「本件取引は、X社がA社に対し、各種サービス提供機関をして、旅行者に対して国内における本件各種サービスを提供させるという役務を提供することを内容とするものであったと解するのが相当である。」と断じている。その上で、本件取引において提供される役務のうち、①レストランでの飲食やホテルでの宿泊等に関する部分は消費税法施行令17条2項7号ロに該当し、②その余の部分は同号ハに該当すると結論づけている。

本判決と類似するものに、東京地裁平成27年3月26日判決及びその控訴審である東京高裁平成28年2月9日判決（いずれも裁判所HP「行集」、最高裁平成29年2月3日第二小法廷決定・税資267号順号12975は上告不受理）がある。同判決では、「A社が役務の提供により直接享受する便益は、X社が企画し手配した国内における飲食、宿泊、運送等の旅行素材の組合せを訪日ツアーの催行に際して利用することができることであり、この便益は旅行者が滞在する国内においてでなければ享受することができないものであるから、上記役務の提供は、消費税法施行令17条2項7号イ及びロに掲げるものに準ずるもので、国内において直接便益を享受するものとしてするものとして同号ハに該当する」としている。

コ　外航船等（日本と外国との間を往来する日本籍の船舶又は航空機）に積み込む物品の譲渡等（措法85①）

本邦の外航船又は国際航空機に船用品又は機用品として積み込むため、酒類、製造たばこその他の指定物品を譲渡し又は指定物品を保税地域から引き取る場合には、その外航船又は国際航空機への積込みを輸出又は外国の船舶若しくは航空機への積込みとみなして、消費税が免除される。

＊　本邦と外国との間を往来する船舶又は航空機に内国貨物を積み込む場合において、①外国籍の船舶又は航空機（実質的に日本国籍を有する船舶又は航空機と同様に使用されていると認められる場合における船舶又は航空機を除く。）への積込みであるときは、すべての内国貨物が輸出免税の対象となるのに対し（175頁参照）、②本邦の船舶又は航空機への積込みであるときは、指定物品のみが免税の対象となる（消基通7－2－18）。

サ　外国公館等に対する課税資産の譲渡等（措法86①）

本邦にある外国の大使館等又は本邦に派遣された外国の大使等に対して課税資産の譲渡等を行った場合において、その大使館等が外交、領事その他の任務を遂行するために必要なものとして、一定の方法により、その課税資産を譲り受け若しくは借り受け又は役務の提供を受けるときには、その課税資産の譲渡等については、消費税が免除される。

⑶　輸出証明書等の保存

輸出免税を受けるためには、その課税資産の譲渡等が輸出取引等に該当することが証明された場合に限って適用される（消法7②）。その証明方法は、当該課税資産の譲渡等を行った日の属する課税期間の末日の翌日から2月を経過した日から7年間、輸出証明等の書類又は帳簿等を納税地又はその取引に係る事務所等に保存（電磁的記録を含む。）することによる（消規5①）。

裁判例の紹介㉚

本邦内の港湾に停泊中の外国船舶の乗組員に対する船内販売及び国際スピード郵便等を用いた土産品等の販売等は、輸出免税の適用がないとした事例

（大阪地裁令和元年５月24日判決・税資269号順号13273）

（大阪高裁令和元年11月29日判決・税資269号順号13347は控訴棄却）

（最高裁令和２年10月22日第一小法廷決定・税資270号順号13471は上告不受理）

〔事案の概要〕

1　X（原告・控訴人・上告人）は、本邦内の港湾に停泊中の外国船舶の乗組員に対し、その船内及び船外において、本邦内で仕入れた土産品等を販売することを業とする者である。土産品等の販売は、①外国船舶内に土産品等を持参して、その乗組員に対して土産品等を販売し、代金支払と引換えに、その場で土産品等を引き渡すという方法（以下「本件船内販売」という。）、②あらかじめ乗組員から注文を受けた船用物品を外国船舶内に持参し、代金支払と引換えに、その場で船用物品を引き渡すという方法（以下「本件事前注文販売」という。）、③外国船舶内に土産品等の見本やカタログを持参し、乗組員から土産品等の注文を受けて代金を受領し、下船後、国際スピード郵便（EMS又は国際小包を用いて、乗組員から指定された国外の場所に土産品等を送付するという方法（以下「本件EMS等による販売」という。））である。

2　Xは、本件土産品等の販売に係る対価の額に含めずに消費税等の確定申告書を提出したところ、所轄税務署長は、本件土産品等の販売について消費税法７条１項１号の適用はないこと等を理由として、各更

正処分等をした。

〔争点〕

本件船内販売等は輸出免税に該当するかどうか。

〔判決の要旨〕

1　資産の譲渡たる本件船内販売等を行った時点においては、資産の譲渡の対象たる土産品等及び船用物品は、本邦内の港湾に停泊中の外国船舶内に所在していたと認められるところ、本邦内の港湾に停泊中の外国船舶内につき消費税法（以下「法」という。）を含む租税法の効力の及ぶ場所的範囲から除外する旨を明文で規定した条約、法令等は見当たらないから、本件船内販売等は、法２条１項にいう「国内」において行われたものに該当するというべきである。

2　外国船舶内で本件船内販売等を行うに先立ち、Ｘが税関との間で土産品目録等の授受を通じて行った手続は、土産品等を携行した乗組員を乗船させた外国船舶が我が国の領海から出た場合、その乗組員が土産品等を輸出したことになることを前提とした上で、当該輸出に先立ち、土産品等販売業者に提出させた土産品目録等を通じて、乗組員に対して当該土産品等に係る輸出の申告（関税法67条）を省略させるという便宜を図るという運用上の取扱いにすぎないものと認められる。また、土産品目録等に記載された土産品等の外国船舶内への持込みを事実上承諾する旨の受理印（確認印）での割り印も税関長名義ではなく税関名義で行われることを併せ考えると、土産品目録等は土産品等の輸出の事実を税関長が証明する趣旨のものでないことは明らかである。

3　本件事前注文販売に係る積込承認申告書については、７年間の保存要件を満たしていないのであって、本件事前注文販売は、法施行規則

5条1項1号所定の積込承認証書の保存がされていないため、法7条2項所定の証明がされたものに該当するということができないから、同条1項は適用されないというべきである。

4　本件EMS等による販売に係る総勘定元帳は、継続的・体系的に記載されたものと解する余地があるものの、法規則5条1項2号所定の事項の記載がされていないから、同条の2号に規定する帳簿に該当しないことは明らかである。

5　本件各送り状は、Xが海外に宛てて送付した個別のEMS又は国際小包について、それぞれ対象となる物品に貼付した送り状の依頼主の控えであり、法規則5条1項2号所定の事項の記載があることが認められる。しかしながら、本件各送り状は、個別の取引（本件EMS等による販売）に伴う輸出が行われる都度、個別に作成されるものであって、その性質上、各輸出について継続的かつ体系的な記載をすることが予定されているものではないから、本件各送り状は同条の2号に規定する帳簿に該当しない。

6　以上によれば、本件土産品等の販売は、いずれも、法2条1項1号にいう「国内」において行われるものに該当し、また、同法7条1項の適用による消費税の免除はされないこととなる。

〔コメント〕

Xは、「本邦内の港湾に停泊中の外国船舶に対しては、租税法の効力が及ばず、本件船内販売等は、「国内」で行われたものに該当しないというべきである。」と主張しているが、本判決は、「本件船内販売等は、法2条1項にいう「国内」において行われたものに該当するというべきである。」と説示した上で、本件船内販売等が輸出免税に該当するか否かについて、①土産品目録等は土産品等の輸出の事実を税関長が証明する趣旨のものでないこと、②積込承認証書の保存がされていないこと、③本件EMS等による販売に係る総勘定元帳には、法施行規則に規定する所定の事項について記載がないこと、④本件各送り状は個別の取引（本件EMS等による販売）に伴う輸出が行われる都度、個別に作成されるものであることを指摘して、輸出証明書等の保存がないと判断している。

＊　前橋地裁平成17年9月30日判決（税資255号順号10150〔確定〕）は、建設機械とともに操作資格を有する従業員を建設現場に派遣し、従業員の作業日数等に応じて対価を得ている法人が中古の移動式クレーンを外国に所在する企業等に売却した事例につき、当該法人は、税関長の証明書類を保存していないから、輸出免税規定が適用されないと判示している。

⑷　輸出物品販売場における免税

輸出物品販売場を経営する事業者が外国人旅行者等の非居住者（以下、「外国人旅行者」という。）に対して、その外国人旅行者が出国の際に持ち出す物品（最終的に輸出される物品であって通常生活の用に供するものに限る。）を所定の手続により譲渡した場合には、消費税が免除される（消法8①）。輸出物品販売場における資産の譲渡は、国内において資産の譲渡を行うものであるが、外国人旅行者がその出国の際に国外に持ち出すことを前提とした販売であり、その実質は輸出取引と変わることがないと考えられることから、所定の手続を行って販売される一定の物品について、輸出取引と同様に消費税を免除するものである。

ア　免税の対象となる者

令和5年4月1日以後に行われる課税資産の譲渡等にあっては、次の免税購入対象者に限られる（消法8①、消令18①）。

①　日本国籍を有しない非居住者……出入国管理及び難民認定法に規定する「短期滞在」、「外交」又は「公用」の在留資格を有する者等

②　日本国籍を有する非居住者……国内以外の地域に引き続き2年以上住所又は居所を有することについて、在留証明又は戸籍の附票の写しで

あって、その者が最後に入国した日から起算して６月前の日以後に作成されたものにより確認された者

＊　①のうち「短期滞在」の在留資格を有する者及び②の者であっても、国内に住所又は居所を有する者、国内にある事務所に勤務している者、入国後６か月以上経過した者等は、免税購入対象者に該当しない。

イ　免税対象の物品

免税対象となる物品は、次のいずれにも該当するもの（消法８①、消令18②④）。

① 通常生活の用に供する物品

② 外国人旅行者１人に対して、同一店舗で１日に販売する額（税抜き）が次表の基準を満たすもの

免税対象物品の区分	販売価額の合計額（税抜）
一般物品（家電、バッグ、衣料品等（消耗品以外）	５千円以上
消耗品（飲食料品、医薬品、化粧品その他の消耗品）	５千円以上50万円以下

＊　金又は白金の地金その他通常生活の用に供しないものは、免税対象とならない（消令18②一）。

＊　一般物品と消耗品のそれぞれの販売価額（税抜）が５千円未満であったとしても、その合計額が５千円以上であれば、一般物品を消耗品と同様の指定された方法により包装することで、免税販売することができる（消令18④）。

裁判例の紹介㉛

輸出物品販売場での非居住者に対する多額の販売は、輸出免税の対象とされなかった事例

（山口地裁平成25年４月10日判決・訟月60巻４号918頁）

（広島高裁平成25年10月17日判決・税資263号順号12309は控訴棄却）
（最高裁平成27年３月３日第三小法廷決定・税資265号順号12617は上告不受理）

〔事案の概要〕

家電製品、食料品及び雑貨の販売業を営むＸ（原告・控訴人・上告人）は、輸出物品販売場において、非居住者に対して家電製品を販売し、その販売に係る売上げを課税資産の譲渡等の対価の額に含めずに消費税等の申告をしたところ、所轄税務署長から更正処分等を受けた。Ｘが家電製品販売において作成・保存していた購入者誓約書によれば、家電製品販売につき特定されている購入者らは12名であるところ、各人の合計購入額が約581万円から３億6,300万円と極めて多額であり、購入者が購入の時点で販売代金の全額を現金で支払うことは稀であり、後日、Ｘの口座に振り込む方法もとられていたこと、販売代金の振込名義人は購入者らではなかったことがそれぞれ認められている。

〔争点〕

家電製品販売に係る消費税につき、消費税法８条による免税が認められるか。

〔判決の要旨〕

1　消費税法８条１項は、輸出物品販売場において、非居住者に対し政令で定める物品で輸出するため所定の方法で購入されるものを譲渡する場合、事業者に対し消費税を免除する旨を定め、同法施行令18条１項は、上記物品を、「通常生活の用に供する物品」と規定するところ、「通常生活の用に供する物品」とは、非居住者が通常の生活において用いようとする物品を指すのであって、その者が国外における事業用又は販売用として購入することが明らかな物品は含まれないと解するのが、同法7条の定める輸出免税制度のほかに輸出物品販売場制度を設けた趣旨に照らし相当である。

2　特定されている購入者ら12名は、購入金額が極めて多額であること、多量の同種商品を購入していることなどからすると、土産物にする目的で家電製品を購入したものとは到底考えられない上、振込名義人が本件購入者らではないことからすると、購入者らは事業者であると推認するのが相当であり、家電製品を通常の生活において用いようとする物品として購入しようとしたのではなく、事業用又は販売用に購入したことが明らかであるというべきである。したがって、Xが行った家電製品の販売については、消費税法8条1項にいう政令で定める物品の譲渡に該当しない。

3　消費税法7条1項による消費税の免除が認められるには、税関長から交付を受ける輸出の許可があったことを証する書類や、輸出の事実を税関長が証明した書類等を保存する必要があるところ、Xが提出した輸出許可通知書175件のうち、X名義のものは52件のみで、残りは他社名義であったことが認められ、X名義の52件以外はX名義で輸出の申告がされたものではないから、当該輸出許可通知書は、税関長がXに対して輸出の許可をしたものとみることはできない。X名義での輸出許可通知書については、実際に輸出されたか否かは明らかでないとされ、本件訴訟においても、家電製品販売のうちどの取引が同法7条の適用を受けるのかを特定せず、上記書類等に該当する書証を提出しないなど、家電製品販売が同法7条の適用を受けることについて具体的な主張立証をしないから、家電製品販売が同法7条1項の適用を受けると認めることはできない。

4　Xが提出した帳簿等においては、課税仕入れの相手方の氏名又は名称、課税仕入れを行った年月日、課税仕入れに係る資産又は役務の内容、課税仕入れに係る支払対価の額のいずれかの記載がなく、これらの各取引については、消費税法30条8項が定める帳簿記載事項を欠くものと認められる。したがって、各取引については、同法30条1項の適用はなく、同項による仕入税額控除は認められない。

〔コメント〕

輸出物品販売場における免税は、外国旅行者が国内で購入した物品を携帯等の方法により土産品として国外に持ち出して消費するのを前提としているから、免税対象物品は、通常生活の用に供する物品であり、金又は白金の地金、事業又は転売目的で購入するもの、SNS等で依頼を受けて第三者のために購入することが明らかな物品等は、免税販売の対象とならない。本判決においても「通常生活の用に供する物品」とは、非居住者が通常の生活において用いようとする物品を指すのであって、その者が国外における事業用又は販売用として購入することが明らかな物品は含まれないと解すると判示している。

ウ　免税販売手続

輸出物品販売場における免税販売手続は、次のとおりとなる（消令18③）。

① 免税購入対象者本人から旅券等の提示を受け、その旅券等に記載された情報の提供を受け、購入者が免税購入対象者であることの確認を行うこと。

② 免税購入対象者に対して、免税購入した物品が輸出するために購入されたものであること、免税購入対象者が出国する際に税関長に所持する旅券等を提示しなければならないこと、免税購入した物品を出国する際に所持していなかった場合には、免除された消費税額等に相当する額を徴収されることを説明すること。

③ 購入記録情報を免税販売手続の際、遅滞なく国税庁長官に提供するこ

と。

④　購入記録情報を整理して、免税販売を行った日の属する課税期間の末日の翌日から2か月を経過した日から7年間保存すること。

⑤　免税対象物品が消耗品である場合は、指定された方法により包装し、免税購入対象者に引き渡すこと。

＊　東京地裁令和4年1月21日判決（公刊物未登載、TAINS）及びその控訴審である東京高裁令和5年1月25日判決（公刊物未登載　TAINS、上告）は、輸出物品販売場での時計の販売について、外国人旅行者の旅券等の写しの提出を受けていないから、非居住者に対する販売とは認められないと判示している。

エ　輸出物品販売場

輸出物品販売場（いわゆる免税ショップ）を設置するには、納税地を所轄する税務署長の許可を受けなければならない（消法8⑦、消令18の2）。

輸出物品販売場の許可要件については、一般型輸出物品販売場及び手続委託型輸出物品販売場並びに自動販売機型物品販売場の区分に応じ、「事業者に係る許可要件」（徴収が著しく困難である国税の滞納がないこと、輸出物品販売場の許可の取消しの日から3年を経過しない者でないことその他輸出物品販売場を経営する事業者として特に不適当と認められる事情がないこと）のほか、「販売場に係る許可要件」（例えば、①外国人旅行者が利用する場所又は外国人旅行者の利用が見込まれる場所に所在する販売場であること、②免税販売手続に必要な人員を配置し、かつ、免税販売手続を行うための設備を有する販売場であること等）が定められている（消令18の2②）。

＊　一般型輸出物品販売場……免税販売手続が当該販売場において行われる輸出物品販売場をいう。

＊　手続委託型輸出物品販売場……販売場が所在する特定商業施設（商店街やショッピングセンター等）内に免税手続カウンターを設置することにつき税務署長の承認を受けた承認免税手続事業者が、免税販売手続を代理して行う輸出物品販売場をいう。

＊　自動販売機型輸出物品販売場……免税販売手続が一定の基準を満たす自動販売機によってのみ行われる輸出物品販売場をいう。

オ　臨時販売場に係る届出制度

地域の特産品等の販売機会を増やし、外国人旅行者の消費のより一層の拡大と地方を含めた免税店数の更なる増加を図るため、次のとおり、臨時免税店制度が創設されている（消法８⑧、消令18の５）。

①　７月以内の期間を定めた臨時販売場を設置しようとする事業者（既に輸出物品販売場の許可を受けている事業者に限る。）は、その設置日の前日までに設置期間等を記載した届出書を所轄税務署長に提出した場合、その臨時販売場が輸出物品販売場とみなされる。

②　上記の適用を受けようとする事業者は、あらかじめ所轄税務署署長の承認を受けなければならない。

裁判例の紹介㉜

輸出物品販売場での金工芸品の販売は、外国人旅行者の名義貸しであり、非居住者に対する譲渡とは認められないとされた事例

（東京地裁令和２年６月19日判決・税資270号順号13415）

（東京高裁令和３年９月２日判決・税資271号順号13599は控訴棄却〔上告〕）

〔事案の概要〕

1　Ｘ（原告・控訴人）は、ラジオ、テレビジョン及び電化器具等の販売業並びに金地金、宝石及び貴金属製品等の輸出入及び販売等を目的とする株式会社であり、輸出物品販売場を経営している。Ｘは、輸出物品販売場において、平成28年４月以降、約１kgの金工芸品を１個当たり450万円程度の金額で譲渡するようになった。本件各課税期間

（平成28年４月課税期間同29年２月課税期間までの11課税期間）における金工芸品の譲渡（以下、「本件譲渡」という。）は、中国及び韓国の旅行会社の従業員とされる者（以下、「各コーディネーター」という。）のいずれかが関与しており、本件譲渡の際には、Ｘに対して、外国人旅行者の名義で作成された購入者誓約書及び外国人旅行者の旅券の写しが提出されていた（以下、その外国人旅行者を「本件各名義人」という。）。

2　Ｘは、本件譲渡が消費税法（以下、「法」という。）８条１項に規定する非居住者に対する譲渡に該当するとして、その対価の額を課税売上額に計上せずに還付申告をしたところ、所轄税務署長は、平成29年６月30日、法８条１項に規定する非居住者に対する譲渡に該当しないなどとして、本件譲渡に係る対価の額を課税売上額に計上して、更正処分及び重加算税賦課決定処分をした。

〔争点〕

本件譲渡が非居住者に対する譲渡に該当するか、また、「隠蔽又は仮装の行為」があったかである。

〔判決の要旨〕

1　輸出物品販売場における免税制度の趣旨に鑑みると、法８条１項にいう非居住者に対する譲渡といえるためには、譲渡によって免税対象物品の所有権が非居住者に移転することを要すると解すべきであり、法施行令18条２項等に定める免税販売手続において非居住者による名義貸しが行われ、非居住者が実際の購入者でない場合には、免税対象物品の所有権が非居住者に移転するとはいえず、法８条１項の「非居住者に対する譲渡」とはいえない。

2　本件譲渡については、本件各名義人を購入者とする購入者誓約書が作成されているが、本件譲渡における金工芸品と代金の授受は、Ｘと各コーディネーターとの間で行われていたところ、いずれの譲渡においても、非居住者による名義貸しが行われ非居住者が実際の購入者でないといえる。また、本件譲渡は、延べ7,000以上の名義人に対して行われたとされているが、いずれも現金取引で、ほとんどが販売価額1,000万円を超える高額のものであるにもかかわらず、代金及び金工芸品の授受はＸと各コーディネーターとの間でされており、代金が支払われる前に本件各名義人が現物を確認することはなく、現物を確認したい旨の要望があってＸが対応したような事情も見当たらない。

3　本件各名義人については、譲渡日に販売場を訪れていない者が複数名おり、また、キャンセルがあった当日に新たに購入者となった者や、旅券貸与又は購入代行のアルバイトとして譲渡に関与した者が複数名いるところ、これらの譲渡については、名義貸しが行われ、これらの者が実際の購入者ということはできない。売買契約の買主が誰であるかは、契約の当事者として表示された形式的な名義によって直ちに決まるものではなく、そのほか、売買手続に関与した者、売買代金の出捐者や売買の目的物を取得して管理・処分している者が誰か等の諸般の事情を考慮して判断すべきものであるところ、金工芸品の売買契約の購入者として非居住者である本件各名義人の名義が使用されたとしても、当然に本件各名義人が上記契約における買主となるわけではない。また、仮に、Ｘの主張するように本件各名義人が買主であるとしても、本件各名義人は、金工芸品を購入後に直ちにこれを各コーディネーターに転売することを認識していたことになり、非居住者である本件各名義人が輸出するために物品を購入したということはできないから、法８条同項は適用されないことになる。

4　Ｘは、本件譲渡の当初から、名義貸しが行われ、本件各名義人が実際の購入者ではないことを認識していたものといえるところ、その上で、Ｘは、購入者誓約書の作成に関与し、その売上げを免税売上高として帳簿に記載し、各確定申告をしていたものであり、これらの行為は、本件譲渡を法8条1項に規定する非居住者に対する譲渡として装うもので、通則法68条1項の規定する「その隠蔽し又は仮装したところに基づき納税申告書を提出していたとき」に該当する。

〔コメント〕

輸出免税制度は、国外に輸出され消費される物品等について、消費税等の課税を免除（いわゆる「ゼロ税率」の適用）するとともに、課税仕入れに係る税額を仕入税額控除の対象に含めることにより、前段階で課税された消費税等を排除する措置である。本判決によると、本件金工芸品の譲渡は、①香港の旅行会社（B社)、②韓国の旅行会社（C社)、③韓国の旅行会社（D社）の各コーディネーターが関与しており、D社コーディネーターが関与した取引は、仕入先のE社から金工芸品がXに譲渡された後、D社を経て再びE社に移転しており、その代金は、E社からD社を介してXに支払われているのである（循環取引)。輸出物品販売場における免税対象物品の譲渡は、その物品を購入した非居住者が最終的に輸出することを前提としたものであるから、本件譲渡が輸出免税に該当しないというべきであろう。

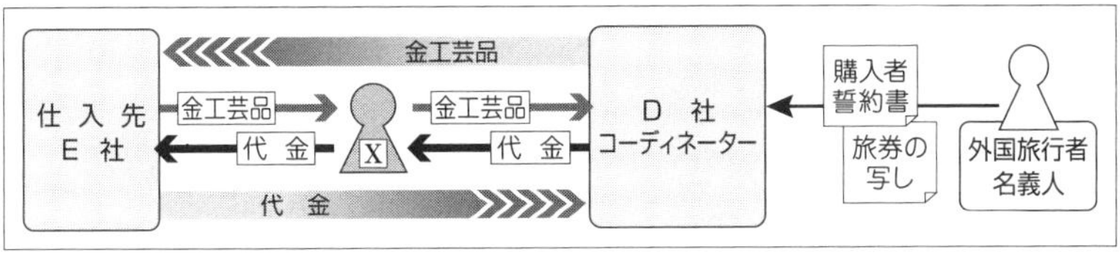

（出典：「国税速報」第6762号21頁）

＊　消費税率の引上げに伴い、消費税等の還付申告に係る件数や金額が増加傾向にあるという。かつては、不動産販売業者を筆頭に様々な節税スキーム（自動販売機や金地金売買等を利用した消費税還付スキーム）が行われていたが、数次による税制改正により、抜け穴封止の手当がされている。最近は、①事業者が国内で商品を仕入れる際には、消費税等が課されるが（課税取引)、国

外に商品を販売（輸出）する際には、消費税等が免除（免税取引）されることに着目し、「消費税等の還付」を受ける事例も増加している。

＊　国税庁「国税レポート2022」では、「輸出物品販売場制度を悪用して、不正に消費税免税物品の売買等を行っていた者への対応には、税関当局とも連携して適正な課税に努めます。」とし、消費税の調査事例として「輸出物品販売場で消費税免税物品を大量に購入していたが、購入した物品を国外に輸出せず、不正に消費税の免税を受けていた事実を把握」と記載している。

カ　輸出免税物品を輸出しない場合の消費税の即時徴収

免税購入対象者が輸出物品販売場において購入した免税対象物品について、本邦から出国する際に所持していなかった場合には、税関長が消費税を徴収する（消法８③⑤、消基通８－１－５～８－１－６参照）。

令和５年度の税制改正では、輸出物品販売場において免税購入された物品について、税務署長の承認を受けないで譲渡又は譲受けがされたときは、当該物品を譲り受けた者は、当該物品を譲り渡した者と連帯してその免除に係る消費税額に相当する消費税を納付する義務を負うとされた（消法８⑥）。転売などが確認された場合には、免税品の購入者だけでなく、買い取った業者にも連帯して納税義務を負わせることが可能となった。令和５年５月１日以後に免税購入された物品に係る税務署長の承認を受けない譲渡又は譲受けについて適用される（令和５年所法等改正附則20）。

キ　免税販売許可の取消し

税務署長は、輸出物品販売場を経営する異業者が次に該当することになった場合、輸出物品販売場に係る許可を取り消すことができる（消法８⑧、消基通８－２－６）。

①　消費税法64条《罰則》の規定に該当して告発を受けた場合。

②　免税購入対象者に対する販売場としての施設等が十分なものでなくなった場合、経営者の資力及び信用が薄弱となった場合等、輸出物品販売場として物的、人的、資金的要素に相当な欠陥が生じた場合。

裁判例の紹介㉝

輸出物品販売場の許可をするかどうかの判断は、税務署長の合理的な裁量に委ねられているとされた事例

（東京地裁平成18年11月9日判決・税資256号順号10569〔確定〕）

〔事案の概要〕

1　中古車販売業を営むX（原告）は、平成15年3月31日、平成13年8月課税期間の更正処分及び平成14年8月課税期間の更正処分を受け、これにより消費税等の税額888万2,500円を更に納付すべきこととされたが、国税通則法35条2項に規定する納期限である平成15年4月30日までにこれを納付しなかった。

2　Xは、平成15年5月9日、Y（税務署長）に対し、消費税法（以下「法」という。）8条6項に規定する輸出物品販売場の許可を申請した上で、同年6月20日、前記1により更に納付すべきこととされた消費税等の全額を納付した。

3　Yは、平成15年6月23日、Xに対し、前記2の許可申請時における国税について納税義務が適正に履行されていないとの理由で、当該許可申請を却下する旨の処分をした。

〔争点〕

刑事告発に至らない消費税関係法令違反等を理由に、輸出物品販売場の許可をしないことが許可の要件に違反し又は裁量権の逸脱・濫用に当たるかどうか。

〔判決の要旨〕

1　法８条６項は、同条１項ないし４項所定の輸出物品販売場について、これを経営する事業者の納税地を所轄する税務署長の許可を受けることを要する旨を定めるのみで、許可の要件等については何も規定していない。したがって、同条６項の規定により輸出物品販売場の許可をするかどうかの判断は、所轄税務署長の合理的な裁量に委ねられているものと解するのが相当である。そうすると、法施行規則10条２項が、法８条６項の許可に関し、事業者が消費税に関する法令の規定に違反していない場合で、かつ、申請に係る販売場につき輸出物品販売場として施設その他の状況が特に不適当であると認められる事情がない場合には、許可をするものとすると定めているのは、所轄税務署長の裁量の基準を定めたものと解されるところ、この規定は、法８条７項が、輸出物品販売場の許可の取消しに関し、輸出物品販売場を経営する事業者が消費税に関する法令の規定に違反した場合、又は輸出物品販売場として施設その他の状況が特に不適当と認められる場合には、当該輸出物品販売場に係る許可を取り消すことができると定めていることと符節を合わせるものであって、許可の裁量の基準として合理的な定めであるといえる。

2　Ｘが平成15年３月31日付けで受けた平成13年８月課税期間の更正処分及び平成14年８月課税期間の更正処分はいずれも適法であり、Ｘは、これによって消費税等の税額888万2,500円を納期限である平成15年４月30日までに納付すべき義務を負っていたものである。にもかかわらず、Ｘはこれを納付せず、未納付のまま同年５月９日に輸出物品販売場の許可申請をし、その後同年６月20日に至ってようやく納付したというのであるから、Ｘが消費税に関する法令の規定に違反したことは明らかである。したがって、これを理由に許可申請却下処分をしたＹの判断に裁量権の逸脱・濫用は認められないから、本件許可申請却下処分は適法である。

〔コメント〕

Xは、消費税法８条７項《輸出物品販売場の許可の取消し》(現行法は８項）の実務上の運用において、同項の「消費税に関する法令の規定に違反した場合」とは、消費税の不正免脱等の罪を規定する同法64条の規定に該当して告発を受けた場合をいうとの運用が行われていることを根拠とし、同法施行規則10条２項の「消費税に関する法令の規定に違反していない場合」についても、同法64条の罰則規定に該当して告発を受けていない場合をいうものと解すべきであると主張している。これに対し本判決は、「法８条が輸出物品販売場における輸出物品の譲渡について消費税の免除を規定するのは、輸出物品販売場における非居住者への物品の譲渡が、最終的に当該物品を輸出することを前提とした譲渡であることにかんがみ、同法７条の輸出取引に準じた消費税免税の特典を与える趣旨であると解される。そうすると、このような特典を与える対象者を消費税に関する法令の規定を遵守している優良な事業者に限るとの立法政策は合理的なものということができるから、法８条７項及び同法施行規則10条２項が『消費税に関する法令の規定』の範囲を特に限定していないことからしても、これらの各条項にいう『消費税に関する法令の規定に違反』する場合を、同法64条の罰則規定に該当して告発を受ける場合に限定して解釈すべき理由はなく、国税通則法及び消費税法等の規定に基づいて課される消費税の納付義務を適正に履行していない場合もこれに含まれると解するのが相当である。」と説示して、Xの主張を排斥している。

なお、消費税法基本通達８－２－２（現行通達は、８－２－６）は、輸出物品販売場の許可の取消しに関して、「消費税に関する法令の規定に違反した場合とは、法第64条《罰則》の規定に該当して告発を受けた場合をいう。」旨を明らかにしているところ、この点については、本判決は、「既に輸出物品販売場の許可を受けて事業を行っている事業者の既得利益に配慮した謙抑的な運用とみるべきものであり、これが直ちに新規の許可の運用基準ともなるべきものと解さなければならない理由はない。」と判示している。

第4章　インボイス制度

1　概　要

インボイス制度（適格請求書等保存方式をいう。以下同じ。）では、①売手である登録事業者は、買手である取引相手（課税事業者）の求めに応じてインボイス（適格請求書等をいう。以下同じ。）を交付しなければならない。また、②買手は仕入税額控除の適用を受けるために、取引相手（売手）である登録事業者から交付を受けたインボイスの保存等が必要となる。インボイスとは、売手が買手に対して、正確な適用税率や消費税額等を伝える手段であり、具体的には、適格請求書発行事業者（以下、「インボイス発行事業者」という。）の「氏名又は名称」、「登録番号」、「適用税率」、「税率ごとに区分した消費税額等」が記載された書類やデータをいう（消法30⑨、57の4①）。

我が国の消費税制度は、単一税率であり、かつ、非課税対象が限定的であること等を踏まえ、これまで「請求書等保存方式」が採用されてきたが、軽減税率制度の導入に伴い、令和5年10月1日から、インボイス方式が導入される。不特定多数の者に対して販売等を行う小売業、飲食店業、タクシー業等に係る取引については、適格請求書に代えて適格簡易請求書を交付することができる（消法57の4②）。このように、インボイスは、税務署長の登録を受けたインボイス発行事業者のみが発行でき、インボイス発行事業者以外の者が作成した「適格請求書であると誤認されるおそれのある表示をした書類」やインボイス発行事業者が作成した「偽りの記載をした適格請求書」（適格請求書類似書類等）の交付は禁止されており（消法57の5）、交付した場合の罰則も設けられている（消法65）。

消費者が負担する消費税等が国庫に収納されず、事業者の懐に残ってしまうといういわゆる“益税の問題”は、インボイス制度の導入により、解消されることが期待されている。

＊　インボイス制度とは、フランスをはじめとするEU各国において広く採用されている制度で、「仕入税額控除法」又は「前段階税額控除法」と呼ばれる方法、すなわち課税期間内の総売上金額に税率を適用して得られた金額から、同一課税期間内の仕入れに含まれていた前段階の税額を控除することによって、税額を算出する方法をいう（金子宏『租税法・第二十四版』806頁参照）。

2　「請求書等保存方式」と「区分記載請求書等保存方式」

平成６年（1994年）の税制改革において、消費税率が３％から５％へ引き上げられたことに伴い、仕入税額控除制度に対する信頼性を更に高める観点から、課税仕入れ等の事実を記載した帳簿の保存に加え、請求書等の取引の事実を証する書類の保存も仕入税額控除の適用要件とする「請求書等保存方式」が採用された。その後、令和元年（2019年）10月から軽減税率制度が導入されることに伴い、「適格請求書等保存方式」が導入されることとなったが、令和５年（2023年）９月末までの間は、「区分記載請求書等保存方式」で複数税率に対応することとされた。

(1)　帳簿への記載事項

ア〔請求書等保存方式（令和元年９月30日まで）〕

区　分	記　載　事　項
課税仕入れ	課税仕入れの相手方の氏名又は名称
	課税仕入れを行った年月日
	課税仕入れに係る資産又は役務の内容
	課税仕入れに係る支払対価の額
特定課税仕入れ	特定課税仕入れの相手方の氏名又は名称
	特定課税仕入れを行った年月日

特定課税仕入れ	特定課税仕入れの内容
	特定課税仕入れに係る支払対価の額
	特定課税仕入れに係るものである旨
課税貨物の引取り	課税貨物を保税地域から引き取った年月日
	課税貨物の内容
	課税貨物に係る消費税額及び地方消費税の額

イ　〔区分記載請求書等保存方式（令和元年10月１日から令和５年９月30日まで)〕

区　分	記　載　事　項
課税仕入れ	課税仕入れの相手方の氏名又は名称
	課税仕入れを行った年月日
	課税仕入れに係る資産又は役務の内容（軽減税率対象資産の譲渡等である場合には、資産の内容及び軽減税率対象資産の譲渡等に係るものである旨）
	課税仕入れに係る支払対価の額
特定課税仕入れ	特定課税仕入れの相手方の氏名又は名称
	特定課税仕入れを行った年月日
	特定課税仕入れの内容
	特定課税仕入れに係る支払対価の額
	特定課税仕入れに係るものである旨
課税貨物の引取り	課税貨物を保税地域から引き取った年月日
	課税貨物の内容
	課税貨物の引取りに係る消費税額及び地方消費税の額又はその合計額

⑵　請求書等の記載事項

ア　請求書等の記載事項

〔請求書等保存方式（令和元年９月30日まで)〕

区　分	記　載　事　項
交付を受ける書類（納品書・請求書等）	書類の作成者の氏名又は名称
	課税資産の譲渡等を行った年月日

交付を受ける書類 （納品書・請求書等）	課税資産の譲渡等に係る資産又は役務の内容
	課税資産の譲渡等の対価の額
	書類の交付を受ける事業者の氏名又は名称
仕入側で作成する書類 （仕入明細書･仕入計算書等）	書類の作成者の氏名又は名称
	課税仕入れの相手方の氏名又は名称
	課税仕入れを行った年月日
	課税仕入れに係る資産又は役務の内容
	課税仕入れに係る支払対価の額
輸入許可書等	保税地域の所在地を所轄する税関長
	輸入の許可を受けた年月日
	課税貨物の内容
	課税貨物に係る消費税の課税標準
	引取りに係る消費税額及び地方消費税の額
	書類の交付を受ける事業者の氏名又は名称

イ〔区分記載請求書等保存方式（令和元年10月１日から令和５年９月30日まで）〕

区　分	記　載　事　項
交付を受ける書類 （納品書・請求書等）	書類の作成者の氏名又は名称
	課税資産の譲渡等を行った年月日
	課税資産の譲渡に係る資産又は役務の内容 （軽減対象資産の譲渡等である場合には、資産の内容及び軽減対象資産の譲渡等である旨）
	税率の異なるごとに区分して合計した課税資産の譲渡等の対価の額
	書類の交付を受ける事業者の氏名又は名称
仕入側で作成する書類 （仕入明細書・仕入計算書等）	書類の作成者の氏名又は名称
	課税仕入れの相手方の氏名又は名称
	課税仕入れを行った年月日
	課税仕入れに係る資産又は役務の内容 （軽減対象資産の譲渡等に係るものである場合には、資産の内容及び軽減対象資産の譲渡等である旨）
	税率の異なるごとに区分して合計した課税仕入れ

	に係る支払対価の額
税関長から交付を受ける課税貨物の輸入の許可があったことを証する書類等	納税地を所轄する税関長
	課税貨物を保税地域から引き取ることができることとなった年月日
	課税貨物の内容
	課税貨物に係る消費税の課税標準である金額並びに消費税額及び地方消費税額

(3)　帳簿等の保存期間

原則として、7年間は、納税地又はその取引に係る事務所等において帳簿及び請求書等をしなければならない。ただし、帳簿又は請求書等の保存期間のうち、6年目及び7年目は帳簿又は請求書等のいずれかの保存で足りる（消法30⑬、消令50①、消規15の6）。

(4)　請求書等の保存を要しない場合（消法30⑦、消令49①～③）

①　課税仕入れに係る支払対価の額の合計額が3万円未満……帳簿のみの保存で足りる。

②　課税仕入れに係る支払対価の額の合計額が3万円以上で請求書等の交付を受けなかったことにつきやむを得ない理由がある場合……その理由と相手方の住所又は所在地を記載した帳簿で足りる。

③　特定課税仕入れに係るもの……帳簿のみの保存で足りる。

④　再生資源卸売業その他不特定かつ多数の者から課税仕入れを行う事業で再生資源卸売業に準ずるもの……「課税仕入れの相手方の氏名又は名称」の帳簿記載を省略できる。

⑤　卸売市場においてせり売又は入札の方法により行われる課税仕入れその他の媒介又は取次に係る業務を行う者を介して行われるもの……「課税仕入れの相手方の氏名又は名称」に代えて「当該媒介又は取次に係る業務を行う者の氏名又は名称」とすることができる。

裁判例の紹介㉞

課税仕入れの相手先を仮名で記載していた場合には仕入税額控除の適用がないとされた事例

（東京地裁平成９年８月28日判決・行集48巻７＝８号385頁）

（東京高裁平成10年９月30日判決・税資238号450頁は控訴棄却）

（最高裁平成11年２月５日第二小法廷決定・税資240号627頁は上告棄却）

〔事案の概要〕

Ｘ（原告・控訴人・上告人）は、病院等に医薬品を販売する納入業者に対して医薬品を販売する現金卸売業を営んでいる青色申告の同族会社である。Ｘは、本件課税期間（平2.8.1～平3.7.31及び平3.8.1～平4.3.31）の消費税について、課税仕入れに係る消費税額を控除して確定申告をしたところ、Ｙ（税務署長、被告）から、右課税仕入れに係る帳簿には、仕入先の氏名又は名称のうち仮名であると認められる者があり、この仕入取引に係る消費税額について控除を認めることができないと指摘され、本件課税期間分の消費税についての更正処分等を受けた。

〔争点〕

真実と異なる氏名又は名称の記載された仕入帳は法定帳簿に該当するか否か。

〔判決の要旨〕

1　消費税法（以下「法」という。）30条１項は、法６条により非課税とされるものを除き、国内において事業者が行った資産の譲渡等に対して、広く消費税を課税する結果、取引の各段階で課税されて税負担が累積することを防止するため、前段階の取引に係る消費税額を控除することとしたものである。その際、課税仕入れに係る適正かつ正確な消費税額を把握するため、換言すれば真に課税仕入れが存在するかどうかを確認するために、同条７項は、仕入税額控除の適用要件として、当該課税期間の課税仕入れに係る帳簿等を保存することを要求している。右のような法30条７項の趣旨及び同法施行令において帳簿の保存年限が税務当局において課税権限を行使しうる最長期限である７年間とされていること及び保存場所も納税地等に限られていることからすれば、法及び同法施行令は、課税仕入れに係る消費税額の調査、確認を行うための資料として帳簿等の保存を義務づけ、その保存を欠く課税仕入れに係る消費税額については仕入税額控除をしないこととしたものと解される。

2　法30条８項が「前項に規定する帳簿とは、次に掲げる帳簿をいう。」と規定していることからすれば、同条７項で保存を要求されている帳簿とは同条８項に列記された事項が記載されたものを意味することは明らかであり、また、同条７項の趣旨からすれば、右記載は真実の記載であることが当然に要求されているというべきである。すなわち、法は、仕入税額控除の要件として保存すべき法定帳簿には、課税仕入れの年月日、課税仕入れに係る資産又は役務の内容及び支払対価の額とともに真実の仕入先の氏名又は名称を記載することを要求しているというべきである。

〔コメント〕

消費税法（令和５年10月１日までのもの）は、課税の累積排除（仕入税額控除）の方法として、我が国の取引慣行や納税者の事務負担に配慮するという観点から、インボイス方式を採らず、帳簿等の記録に基づいて控除する方法（帳簿方式）を採用している。本件は、この帳簿方式の下で、課税仕入れの相手先を仮名で記載した仕入帳が法定帳簿に当たるか否かが争われたものである。Xは、「Xの店舗に商品を持参してXが現金決済取引を行うという形態をとっており、Xのような業態は、顧客のほとんどが一見の客であり、これらの者が名乗った氏名又は名称が真実であるか否かは知る由もないから、消費税法施行令49条１項（現行は２項）に規定する再生資源卸売業等と同様に帳簿への課税仕入れの相手方の氏名又は名称の記載を省略できると解するべきである。」旨の主張をした。これに対して本判決は、「再生資源卸売業とは、空瓶、空缶等空容器卸売業、古紙卸売業等をいうが、右のような事業は、その通常の形態として、課税仕入れに係る相手方が一般の不特定かつ多数の消費者であり個々の取引の金額も少額であることから、個々の課税仕入れの相手方の氏名又は名称を帳簿に記載することを要求することが酷であるという事情を考慮して、帳簿に相手方の氏名又は名称を記載するのを省略できるとしたものと解される。」と説示した上で、「再生資源卸売業等であっても特定仕入先からの課税仕入れがあることは想定されるが、大量、反復される租税行政において、一般的に想定される事業の性質、取引の態様によって事業者を区分し、その事業の性質、取引の態様に応じた課税措置を採ることをもって不当とすべきものではない。したがって、再生資源卸売業等に関する特例との対比から、法定帳簿における課税仕入れの相手方の氏名又は名称の真実性が仕入税額控除の要件とならないとするXの主張は採ることができない。」と断じている。

裁判例の紹介㉟

税務調査において帳簿書類等を提示しなかった場合には、仕入税額控除の適用がないとされた事例

（最高裁平成16年12月16日第一小法廷判決・民集58巻９号2458頁）

〔事案の概要〕

Ｘ（上告人）は、大工工事業を営む個人事業者であるが、本件課税期間（平2.1.1～平2.12.31）の消費税について確定申告をしなかった。また、Ｘは、昭和63年分、平成元年分及び同2年分の所得税についてそれぞれ確定申告をしたが、その申告書に事業所得に係る総収入金額及び必要経費を記載せず、その内訳を記載した書類を添付しなかった。Ｙ（税務署長・被上告人）の職員は、Ｘが本件課税期間について納めるべき消費税の税額を算出するため、また、上記の所得税に係る申告内容が適正であるかどうかを検討するため、Ｘの事業に関する帳簿書類を調査することとした。上記職員は、平成3年8月下旬からＸの妻と調査の日程の調整に努めた上で、5回にわたりＸの自宅を訪れ、Ｘに対し、帳簿書類の全部を提示して調査に協力するよう求めた。しかし、Ｘは、上記の求めに特に違法な点はなく、これに応じ難いとする理由も格別なかったにもかかわらず、上記職員に対し、平成2年分の接待交際費に関する領収書を提示しただけで、その余の帳簿書類を提示せず、それ以上調査に協力しなかった。上記職員は、提示された上記の領収書をその場で書き写したが、その余の帳簿書類については、Ｘが提示を拒絶したため、内容を確認することができなかった。そこで、Ｙは、Ｘの本件課税期間に係る消費税につき、調査して把握したＸの大工工事業に係る平成2年分の総収入金額に103分の100を乗じて得た消費税法（平成6年法律第109号による改正前のもの。以下「法」という。）28条1項所定の課税標準である金額に基づき消費税額を算出した上で、提示された上記の領収書によって確認された接待交際費に係る消費税額だけを法30条1項により控除される課税仕入れに係る消費税額と認め、その余の課税仕入れについては、同条7項が規定する「事業者が当該課税期間の課税仕入れ等の税額の控除に係る帳簿又は請求書等を保存しない場合」に該当するとして、同条1項が定める課税仕入れに係る消費税額の控除を行わないで消費税額を算出し、決定処分等をした。

〔争点〕

税務調査に際して帳簿書類等を提示しなかったことは仕入控除税額の適用がないかどうか。

〔判決の要旨〕

1　申告納税方式の下では、納税義務者のする申告が事実に基づいて適正に行われることが肝要であり、必要に応じて税務署長等がこの点を確認することができなければならない。そこで、事業者は、帳簿を備え付けてこれにその行った資産の譲渡等に関する事項を記録した上、当該帳簿を保存することを義務付けられており（法58条）、国税庁、国税局又は税務署の職員（以下「税務職員」という。）は、必要があるときは、事業者の帳簿書類を検査して申告が適正に行われたかどうかを調査することができるものとされ（法62条）、税務職員の検査を拒み、妨げ、又は忌避した者に対しては罰則が定められていて（法68条1号）、税務署長が適正に更正処分等を行うことができるようにされている。

2　法30条7項は、法58条の場合と同様に、当該課税期間の課税仕入れ等の税額の控除に係る帳簿又は請求書等が税務職員による検査の対象となり得ることを前提にしているものであり、事業者が、国内において行った課税仕入れに関し、法30条8項1号所定の事項が記載されている帳簿を保存している場合又は同条9項1号所定の書類で同号所定の事項が記載されている請求書等を保存している場合において、税務職員がそのいずれかを検査することにより課税仕入れの事実を調査することが可能であるときに限り、同条1項を適用することができることを明らかにするものであると解される。法30条7項の規定の反面として、事業者が上記帳簿又は請求書等を保存していない場合には同条

1項が適用されないことになるが、このような法的不利益が特に定められたのは、資産の譲渡等が連鎖的に行われる中で、広く、かつ、薄く資産の譲渡等に課税するという消費税により適正な税収を確保するには、上記帳簿又は請求書等という確実な資料を保存させることが必要不可欠であると判断されたためであると考えられる。

3　以上によれば、事業者が、法30条7項に規定する帳簿又は請求書等を整理し、これらを所定の期間及び場所において、法62条に基づく税務職員による検査に当たって適時にこれを提示することが可能なように態勢を整えて保存していなかった場合は、法30条7項にいう「事業者が当該課税期間の課税仕入れ等の税額の控除に係る帳簿又は請求書等を保存しない場合」に当たり、事業者が災害その他やむを得ない事情により当該保存をすることができなかったことを証明しない限り（同項ただし書）、同条1項の規定は、当該保存がない課税仕入れに係る課税仕入れ等の税額については，適用されないものというべきである。

4　これを本件についてみると、Xは、Yの職員から帳簿書類の提示を求められ、その求めに特に違法な点はなく、これに応じ難いとする理由も格別なかったにもかかわらず、上記職員に対し、平成2年分の接待交際費に関する領収書を提示しただけで、その余の帳簿書類を提示せず、それ以上調査に協力しなかったというのである。これによれば、Xが、法62条に基づく税務職員による上記帳簿又は請求書等の検査に当たり、適時に提示することが可能なように態勢を整えてこれらを保存していたということはできず、本件は法30条7項にいう「事業者が当該課税期間の課税仕入れ等の税額の控除に係る帳簿又は請求書等を保存しない場合」に当たり、本件各処分に違法はないというべきである。

〔コメント〕

税務調査に際して納税者が仕入税額控除に係る帳簿等を提示しなかった場合には、消費税法30条７項にいう「帳簿等を保存しない場合」に当たるかどうか、課税仕入れが真実であれば、課税処分後、例えば、不服申立て等の際に、帳簿等の提示があれば、仕入税額控除が認められるべきであるなどの議論があろう。本判決は、消費税法30条７項に規定する「帳簿等の保存」の意義について、「税務職員による検査に当たって適時にこれを提示することが可能なように態勢を整えて保存」することと判示し、納税者が税務調査に際して帳簿等を提示しないことは、「帳簿等を保存しない」に該当し、仕入税額控除の適用はないと結論づけている。この判決と同旨のものに、最高裁平成16年12月20日第二小法廷判決（集民215号1005頁）及び最高裁平成17年３月10日第一小法廷判決（民集59巻２号379頁）がある。

＊　最高裁平成16年12月20日第二小法廷判決では、滝井裁判官の「法30条７項における『保存』の規定に、現状維持のまま保管するという通常その言葉の持っている意味を超えて、税務調査における提示の求めに応ずることまで含ませなければならない根拠を見出すことはできない。そのように解することは、法解釈の限界を超えるばかりか、課税売上げへの課税の必要性を強調するあまり本来確実に控除されなければならないものまで控除しないという結果をもたらすことになる点において、制度の趣旨にも反するものといわなければならない。」とする反対意見がある。

3　インボイス発行事業者の登録

令和５年10月１日から、消費税の仕入税額控除の方式としてインボイス制度が開始される。インボイスを発行できるのは、「インボイス発行事業者」に限られ、この「インボイス発行事業者」になるためには、登録申請書を提出し、登録を受ける必要がある。

(1)　課税事業者の登録の手続

インボイス発行事業者の登録を受けようとする課税事業者は、納税地を所轄する税務署長に「適格請求書発行事業者の登録申請書」（以下「登録申請書」という。）を提出し、インボイス発行事業者として登録を受けることができる（消法57の２①②）。

インボイス制度が開始される令和５年10月１日から登録を受けようとする事業者は、令和５年９月30日までに納税地を所轄する税務署長に登録申請書を提出する（平成28年所法等改正附則44①、平成30年消令改正附則15①）。登録申請書の提出を受けた税務署長は、登録拒否要件に該当しない限り、氏名又は名称及び登録番号等を「適格請求書発行事業者登録簿」に登載して登録を行い、登録を受けた事業者に対して、その旨を通知し（消法57の２③～⑤⑦）、インボイス発行事業者の情報は公表される（消法57の２④⑪、消令70の５②）。

また、インボイス発行事業者の登録は、通知の日にかかわらず、「適格請求書発行事業者登録簿」に登載された日から効力が生ずる（消基通１－７－３）。

なお、インボイス保存方式が開始される令和５年10月１日から登録を受けようとする事業者は、同年９月30日までに登録申請書を提出する（平成28年所法等改正附則44①、平成28年改正令附則15①）。

(2)　免税事業者の登録手続

免税事業者がインボイス発行事業者になるためには、原則として、「課税事業者選択届出書」を提出し、課税事業者となった上で登録申請をする。免税事業者である事業者が、基準期間における課税売上高が1,000万円超であることにより、翌課税期間から課税事業者となるときは、登録申請書を提出できる（消基通１－７－１）。また、免税事業者が令和５年10月１日から令和11年９月30日までの日の属する課税期間中に登録を受ける場合には、登録を受けた日から課税事業者になるので、「課税事業者選択届出書」の提出を要しない（平成28年所法等改正附則44④、平成30年消令改正附則15②、消基通21－1－1）。

なお、免税事業者が課税事業者となる課税期間の初日からインボイス発行事業者の登録を受けようとする場合には、当該課税期間の初日から起算して15日前の日までに登録申請書を所轄税務署長に提出しなければならない（消令70の2①）。上記期限までに登録申請書を提出した事業者について、課税期間の初日後にインボイス発行事業者の登録がされたときは、同日に登録を受けたものとみなされる（消令70の2②）。

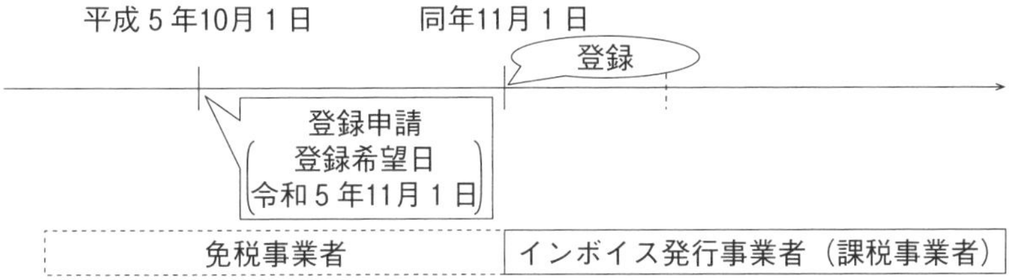

⑶　個人課税事業者としてインボイス発行事業者の登録を受けた場合の確定申告

ア　免税事業者である個人事業者

令和５年分について免税事業者である個人事業者が令和５年10月１日からインボイス発行事業者の登録を受けた場合（令和５年10月１日より前に登録の通知を受けた場合であっても、登録の効力は登録日である令和５年10月１日から生じる。）には、登録日である令和５年10月１日以後は課税事業者となるので、令和５年10月１日から令和５年12月31日までの期間に行った課税資産の譲渡等及び特定課税仕入れについて、令和５年分の消費税の申告が必要となる。

イ　課税事業者である個人事業者

令和５年分について課税事業者である個人事業者が令和５年10月１日からインボイス発行事業者の登録を受けた場合、同日からインボイス発行事業者となるが、その課税期間（令和５年１月１日から令和５年12月31日まで）中に行った課税資産の譲渡等及び特定課税仕入れについては、令和５年分の消費税の申告が必要となる。

⑷　インボイス発行事業者の登録の取りやめ

インボイス発行事業者は、納税地を所轄する税務署長に「適格請求書発行事業者の登録の取消しを求める旨の届出書」（以下「登録取消届出書」という。）を提出することにより、インボイス発行事業者の登録の効力を失わせることができる（消法57の２⑩一）。この場合、原則として、登録取消届出書の提出があった日の属する課税期間の翌課税期間の初日に登録の効力が失われる（消法57の２⑩一）。

ただし、登録取消届出書を、翌課税期間の初日から起算して15日前の日を過ぎて提出した場合は、翌々課税期間の初日に登録の効力が失われることとなる（消法57の２⑩一、消令70の５③）。

⑸　インボイス発行事業者の登録の拒否

登録を受けようとする事業者が次のいずれかに該当すると、その登録が拒否される（消法57の２⑤）。

ア　特定国外事業者以外の事業者

①　納税管理人を定めなければならない事業者が納税管理人の届出をしていないこと。

②　消費税法の規定に違反して罰金以上の刑に処せられ、その執行を終わり、又は執行を受けることがなくなった日から２年を経過しない者であること。

イ　特定国外事業者

①　消費税に関する税務代理の権限を有する税務代理人がないこと。

②　納税管理人の届出をしていないこと。

③　現に国税の滞納があり、かつ、その滞納額の徴収が著しく困難である

こと。

④　登録を取り消され（一定の取消事由に該当した場合に限る。）、その取消しの日から１年を経過しない者であること。

⑤　消費税法の規定に違反して罰金以上の刑に処せられ、その執行を終わり、又は執行を受けることがなくなった日から２年を経過しない者であること。

⑹　インボイス発行事業者の登録の取消し

インボイス発行事業者は、次に掲げる事実に該当すると認められると、その登録が取り消される（消法57の２⑥）。

ア　特定国外事業者以外の事業者

①　１年以上所在不明であること。

②　事業を廃止したと認められること。

③　合併により消滅したと認められること。

④　納税管理人を定めなければならない事業者が、納税管理人の届出をしていないこと。

⑤　消費税法の規定に違反して罰金以上の刑に処せられたこと。

⑥　登録拒否要件に関する事項について、虚偽の記載をした申請書を提出し、登録を受けたこと。

イ　特定国外事業者

①　事業を廃止したと認められること。

②　合併により消滅したと認められること。

③　期限内申告書の提出期限までに、消費税に関する税務代理の権限を有することを証する書面が提出されていないこと。

④　納税管理人を定めなければならない事業者が、納税管理人の届出をしていないこと。

⑤　消費税につき期限内申告書の提出がなかったことについて正当な理由

がないと認められること。

⑥　現に国税の滞納があり、かつ、その滞納額の徴収が著しく困難であること。

⑦　消費税法の規定に違反して罰金以上の刑に処せられたこと。

⑧　登録拒否要件に関する事項について、虚偽の記載をした申請書を提出し、登録を受けたこと。

(7)　インボイス発行事業者の義務等

ア　適格請求書の交付

インボイス発行事業者は、国内において課税資産の譲渡等を行った場合に、相手方（課税事業者）からの求めに応じて適格請求書を交付する義務が課されている（消法57の４①）。インボイス発行事業者は、適格請求書の交付に代えて、適格請求書に係る電磁的記録を提供することもできる（消法57の４⑤、消基通１－８－２）。

ただし、次の取引は、インボイス発行事業者が行う事業の性質上、適格請求書を交付することが困難なため、適格請求書の交付義務が免除される（消令70の９②）。

①　３万円未満の公共交通機関（船舶、バス又は鉄道）による旅客の運送

②　出荷者等が卸売市場において行う生鮮食料品等の販売（出荷者から委託を受けた受託者が卸売の業務として行うものに限る。）

③　生産者が農業協同組合、漁業協同組合又は森林組合等に委託して行う農林水産物の販売（無条件委託方式かつ共同計算方式により生産者を特定せずに行うものに限る。）

④　３万円未満の自動販売機及び自動サービス機により行われる商品の販売等

⑤　郵便切手類のみを対価とする郵便・貨物サービス（郵便ポストに差し出されたものに限る。）

イ　適格簡易請求書の交付

小売業、飲食店業、写真業、旅行業、タクシー業、駐車場業（不特定かつ多数の者に対するものに限る。）その他これらの事業に準ずる事業で不特定かつ多数の者に資産の譲渡等を行う事業については、適格簡易請求書を交付することができる（消法57の４②、消令70の11）。また、適格簡易請求書の交付に代えて、記載事項に係る電磁的な記録を提供することができる（消法57の４⑤、消基通１－８－２）。

ウ　適格返還請求書の交付

インボイス発行事業者は、課税事業者に返品や値引き等の売上げに係る対価の返還等を行う場合、適格返還請求書の交付義務が課されている（消法57の４③）。ただし、インボイス発行事業者が行う事業の性質上、当該売上げに係る対価の返還等に際し適格返還請求書を交付することが困難な課税資産の譲渡等を行う場合、売上げに係る対価の返還等に係る税込価額が１万円未満である場合には、その適格返還請求書の交付義務が免除される（消法57の４③、消令70の９③二）。

エ　適格請求書等の写しの保存

インボイス発行事業者は、交付した適格請求書、適格簡易請求書若しくは適格返還請求書の写し及び提供した適格請求書等に係る電磁的記録を保存しなければならない（消法57の４⑥）。この適格請求書等の写しや電磁的記録については、交付した日又は提供した日の属する課税期間の末日の翌日から２月を経過した日から７年間、納税地又はその取引に係る事務所、事業所その他これらに準ずるものの所在地に保存する（消令70の13①）。

4　帳簿の記載事項

インボイス制度の下での「帳簿」の記載事項は、次のとおりとなる（消法

30⑧）。

① 課税仕入れの相手方の氏名又は名称

② 課税仕入れを行った年月日

③ 課税仕入れに係る資産又は役務の内容（課税仕入れが他の者から受けた軽減税率対象資産の譲渡等に係るものである場合には、資産の内容及び軽減対象資産の譲渡等に係るものである旨）

④ 課税仕入れに係る支払対価の額

5　適格請求書、適格簡易請求書及び適格返還請求書

「適格請求書」及び「適格簡易請求書」は、次の事項が記載された書類（請求書、納品書、領収書、レシート等）であれば、その名称を問わず該当する（消法57の4①③、消基通1－8－1）。

適格請求書	適格簡易請求書
① インボイス発行事業者の氏名又は名称及び登録番号 ② 課税資産の譲渡等を行った年月日 ③ 課税資産の譲渡等に係る資産又は役務の内容（軽減対象資産の譲渡等である場合には、資産の内容及び及び軽減対象資産の譲渡等に係るものである旨） ④ 課税資産の譲渡等の税抜価額又は税込価額を税率ごとに区分して合計した金額及び適用税率 ⑤ 税率ごとに区分した消費税額等（地方消費税を含む。） ⑥ 書類の交付を受ける事業者の氏名又は名称	① インボイス発行事業者の氏名又は名称及び登録番号 ② 課税資産の譲渡等を行った年月日 ③ 課税資産の譲渡等に係る資産又は役務の内容（軽減対象資産の譲渡等である場合には、資産の内容及び及び軽減対象資産の譲渡等に係るものである旨） ④ 課税資産の譲渡等の税抜価額又は税込価額を税率ごとに区分して合計した金額 ⑤ 税率ごとに区分した消費税額等又は適用税率

適格返還請求書
①　インボイス発行事業者の氏名又は名称及び登録番号
②　売上げに係る対価の返還等を行う年月日及びその売上げに係る対価の返還等の基となった課税資産の譲渡等を行った年月日
③　売上げに係る対価の返還等の基となる課税資産の譲渡等に係る資産又は役務の内容（売上げに係る対価の返還等の基となる課税資産の譲渡等が軽減対象資産の譲渡等である場合には、資産の内容及び軽減対象資産の譲渡等である旨）
④　売上げに係る対価の返還等の税抜価額又は税込価額を税率ごとに区分して合計した金額
⑤　売上げに係る対価の返還等の金額に係る消費税額等又は適用税率

6　適格請求書等保存方式の下での仕入税額控除の要件

インボイス制度の下においても、一定の事項が記載された帳簿及び請求書等の保存が仕入税額控除の要件となる（消法30⑦）。また、保存すべき請求書等には、適格請求書のほか、次の書類等も含まれる（消法30⑨）。

①　適格簡易請求書

②　適格請求書又は適格簡易請求書の記載事項に係る電磁的記録

③　適格請求書の記載事項が記載された仕入明細書、仕入計算書その他これに類する書類（課税仕入れの相手方において課税資産の譲渡等に該当するもので、相手方の確認を受けたものに限る。）

④　次の取引について、媒介又は取次ぎに係る業務を行う者が作成する一定の書類

・卸売市場において出荷者から委託を受けて卸売の業務として行われる生鮮食料品等の販売

・農業協同組合、漁業協同組合又は森林組合等が生産者（組合員等）から委託を受けて行う農林水産物の販売（無条件委託方式かつ共同計算方式によるものに限る。）

また、次の取引については、請求書等の交付を受けることが困難であるな

どの理由により、一定の事項を記載した帳簿のみの保存で仕入税額控除が認められる（消法30⑦、消令49①、消規15の４）。

① 公共交通機関特例の対象として適格請求書の交付義務が免除される３万円未満の公共交通機関による旅客の運送

② 適格簡易請求書の記載事項が記載されている入場券等が使用の際に回収される取引

③ 古物営業を営む者のインボイス発行事業者でない者からの古物の購入

④ 質屋を営む者のインボイス発行事業者でない者からの質物の取得

⑤ 宅地建物取引業を営む者のインボイス発行事業者でない者からの建物の購入

⑥ インボイス発行事業者でない者からの再生資源及び再生部品の購入

⑦ 適格請求書の交付義務が免除される３万円未満の自動販売機及び自動サービス機からの商品の購入等

⑧ 適格請求書の交付義務が免除される郵便切手類のみを対価とする郵便・貨物サービス

⑨ 従業員等に支給する通常必要と認められる出張旅費、宿泊費、日当等及び通勤手当

7　請求書等の保存を要しない課税仕入れに関する経過措置

一定規模以下の事業者の事務負担の軽減を図る観点から、基準期間における課税売上高が１億円以下である課税期間又は特定期間における課税売上高が５千万円以下である課税期間のうち、令和５年10月１日から令和11年９月30日までの間に行った課税仕入れに係る支払対価の額（税込）が１回の取引で１万円未満である場合には、一定の事項が記載された帳簿のみの保存で仕入税額控除の適用が認められる（平成28年所法等改正附則53の２、平成30年消令改正附則24の２①）。

この措置はインボイス発行事業者以外の者から行う課税仕入れについても対象となり、その全額が仕入税額控除の対象となる。このため、インボイス発行事業者以外の者から行う課税仕入れについて、この措置の適用を受ける場合は、「インボイス発行事業者となる小規模事業者に対する負担軽減」（334頁参照）及び「インボイス発行事業者以外の者からの仕入税額控除の特例」（335頁参照）が適用されない（平成28年所法等改正附則53の２）。

第５章　課税標準及び税率

１　概　要

消費税額は課税標準に税率を乗じて算出する。消費税の課税標準は、①課税資産の譲渡等に係るものについては、その対価の額であり（消法28①）、②特定課税仕入れに係るものについては、特定課税仕入れに係る支払対価の額である（消法28②）。また、③保税地域から引き取られる課税貨物に係るものについては、関税の課税価格（CIF価格）に、関税及び消費税以外の個別間接税の額を加算した金額である（消法28④）。

消費税は消費者の消費支出に担税力を見出して課税する税であるから、その支出額が重要である。例えば、時価500万円の資産を200万円で販売したとすると、これを購入した消費者の支出額は200万円であるから、消費税の課税は、当事者の取引価格（200万円）を基として計算し、所得税や法人税のように、時価と取引価格の差額を課税の対象とする必要がないのである。もっとも、消費税法においても、個人事業者が棚卸資産又は事業用の資産を家事のために消費又は使用した場合には、その時の価格（時価）で課税することとしているが（消法28③）、これは、その資産を仕入れた時に、個人事業者の課税標準額に対する消費税額から仕入れに係る消費税額を控除するので（消法30①）、一般消費者との課税の均衡を図ろうとしたものである。また、法人がその役員に対して資産を贈与した場合においても、その時における価格（時価）で消費税を課税することとしているが（消法28③）、これは、個人事業者とのバランスに配慮したものである。

なお、消費税の税率は、長い期間にわたって５％（地方消費税１％を含む。）とされていたが、平成26年４月１日からは８％（地方消費税1.7％を含む。）、令和元年10月１日からは10％（地方消費税2.2％を含む。）に引き上げられるとともに、消費税の逆進性を解消するため、軽減税率が導入された。

＊　消費税の逆進性……生活必需品に課される消費税は、高額所得者と低額所得者との間で購入量に差異が少ないため、所得中に占める消費税の負担割合が低額所得者ほど高くなり、逆進的であるといわれている。

2　課税資産の譲渡等に係る課税標準

⑴　課税標準の原則

課税資産の譲渡等に係る課税標準は、課税資産の譲渡等の対価の額、すなわち、事業者が課税資産の譲渡等につき対価として収受し、又は収受すべき一切の金銭又は金銭以外の物若しくは権利その他経済的な利益の額をいい、課税資産の譲渡等について課される消費税に相当する額を含まない（消法28①）。「対価として収受し、又は収受すべき金額」とは、その課税資産の譲渡等を行った場合のその資産の価額（時価）をいうのではなく、その譲渡等に係る当事者間で授受することにしている対価の額である（消基通10−１−１）。また、「金銭以外の物若しくは権利その他経済的な利益」とは、例えば、課税資産の譲渡等の対価として金銭以外の物若しくは権利の給付を受け、又は金銭を無償若しくは通常の利率より低い利率で借り受けた場合のように、実質的に資産の譲渡等の対価と同様の経済的効果をもたらすものをいい（消基通10−１−３）、その取得した物若しくは権利又は享受した利益のその取得又は享受の時における価額が課税標準となる（消令45①）。

なお、事業者が課税資産の譲渡等の対価として他の者の有する資産を専属的に利用する場合における経済的な利益の額は、その資産の利用につき通常支払うべき使用料その他その利用の対価に相当する額（その利用者がその利用の対価として支出する金額があるときは、これを控除した額）となる。

裁判例の紹介㊱

賃貸人が賃借人に負担させた共同管理費は課税売上げに当たるとされた事例

（那覇地裁平成31年１月18日判決・税資269号順号13227）

（福岡高裁那覇支部令和２年２月25日判決・税資270号順号13384）

〔事案の概要等〕

1　X（原告・控訴人）は、不動産賃貸業等を営む株式会社であり、本件建物（地下３階付地上11階建の建物、延床面積５万㎡余）のうち、D部分（延床面積２万㎡余）及びG部分（床面積424㎡。以下、D部分及びG部分を併せて「本件各専有部分」という。）を区分所有しており、本件建物の共用部分は他の区分所有者らと共有している。本件建物の区分所有者らは、建物の管理を行うための団体として「H管理組合」を構成し、H管理組合は、管理業務のほぼ全てを一括してJ社に委託した。Xは、本件各専有部分をJ社に賃貸した上で、実際に使用する部分についてJ社から転貸を受けた。本件の賃貸借契約では、J社が支払うべき賃料よりもXが支払うべき賃料が高額となっていたため、Xは、その賃料の差額をJ社に支払った。本件各専有部分に係る管理組合への共同管理費（共同管理費①）については、J社の負担とし、Xが転貸を受けた部分の共同管理費（共同管理費②）をJ社名義の口座に直接支払い、本件共同管理費①を支払うという処理はしていなかった。

2　Xは、消費税の確定申告において、賃借人負担条項によりJ社が負担する共同管理費①を課税標準に算入せず、また、Xが負担する共同管理費②については、課税仕入として仕入税額控除の対象になるものとして申告したところ、所轄税務署長は、共同管理費①を課税資産の譲渡等の対価であると認定して更正処分等をした。

〔争点〕

Ｊ社の負担する共同管理費①は、Ｘの「課税資産の譲渡等の対価」に該当するか否かである。

〔判決の要旨〕

1　消費税は、原則として広くあらゆる物品、サービスを課税対象とするもの（多段階一般消費税）というべきであり、他方で、その課税対象を捉えるにあたっては、原則として流通の個々の段階、個々の取引ごとに判断するのが相当である。そうすると、管理規約に基づくＸとＨ管理組合との間の取引、賃貸借契約に基づくＸとＪ社との間の取引及び転貸借契約に基づくＪ社とＸとの間の取引については、これらを一括して課税対象として捉えるのは相当でなく、個々に課税対象となり得るか否かを検討すべきである。

2　Ｘは、賃貸借契約及び転貸借契約が、区分所有者らにおいて、その区分所有権や共有持分ではなく、実際に利用する専有部分の面積に応じた共同管理費を支払えば済むようにすることを目的として締結されたものであり、Ｘにおいても、転貸借契約により転借している専有部分に応じた共同管理費②のみを支払っていることなどを根拠に、共同管理費②の支払のみを課税対象にすべきであると主張する。しかしながら、Ｘの主張を採用することはできない。区分所有者らの中には、専有部分を全く利用しない者も存在するところ、非利用区分所有者については当然、Ｊ社から専有部分を転借することはないから、その課税対象としても、Ｊ社との賃貸借のみを考慮することとなるが、仮にＸについて賃貸借契約に基づく取引と転貸借契約に基づく取引とを区別せずにこれらをまとめて課税対象として捕捉するという場合には、非利用区分所有者についてはＪ社との賃貸借を課税対象と捉え、Ｘについては J 社との賃貸借を課税対象と捉えないということになり、明らかに不平等な租税法律関係を導くこととなる。

3　Ｘは、Ｊ社に対し、Ｘの「資産」である本件建物の区分所有権の共有持分を「貸付け」するものであり、Ｊ社は、Ｘとの関係で、貸付けの対象不動産に係る共同管理費を負担することになるところ、これにより、Ｘは、区分所有者としてはＨ管理組合に対する共同管理費②の支払義務を負っているものの、実質的にその負担を免れるという経済的な効果を受けることとなる。消費税法28条１項にいう「金銭以外の物若しくは権利その他経済的な利益」とは、実質的に資産の譲渡等の対価を収受するのと同様の経済的効果をもたらすものをいうと解される（消基通10-１-３参照）ことからすれば、これはＸが得る「対価」に当たる。したがって、本件賃貸借契約による各専有部分の共有持分の賃貸は、Ｘによる「資産の譲渡等」に該当する。そして、その課税標準は、「対価」、すなわち貸付けの対象不動産たるＸが区分所有権を共有する各専有部分に係る共同管理費の額であるから、共同管理費①の額となる。

〔コメント〕

Ｘは、複合的な商業施設である建物の共有持分をＪ社に貸し付けた上で、実際に使用する部分を転借して、共同管理費②を支払っている。Ｈ管理組合と各区分所有者の間では、①Ｈ管理組合が区分所有者らに対して管理業務を行う義務を負い、②区分所有者らはＨ管理組合に対して共同管理費を支払う義務があるところ、「Ｘが共同管理費①の支払をせず、共同管理費②のみを支払っているのは、ＸがＪ社との間で賃貸借契約及び転貸借契約を締結し、かつ、その転借した部分の床面積が、賃貸した部分の床面積を上回っていることから、共同管理費①の額より共同管理費②の額が高額になったため、Ｘが負担すべき共同管理費②のみを支払うという処理がされているにすぎない。」と認定している。その上で、本判決は、「本件賃貸借契約による専有部分の共有持分の賃貸は、Xによる『資産の譲渡等」に該当し、その課税標準は、貸付けの対象不動産たるXが区分所有権を共有する各専有部分に係る共同管理費①の額となる。」と断じている。Xは、本件各専有部分の共同管理費①の支払いを免れているから、この共同管理費①相当額の経済的利益を得ていると解されるのである。

なお、Xはこれを不服として上告をしたが、最高裁平成２年10月２日第二小法廷決定・税資270号順号13459は、棄却している（確定)。

裁判例の紹介㊲

財団法人が厚生労働省に納入したワクチンの販売金額には、国からの補助金が含まれておらず、その全額が課税資産の譲渡等の対価に当たるとされた事例

（熊本地裁平成21年２月19日判決・税資219号順号11146〔確定〕)

〔事案の概要〕

1　X（原告）は、予防医学及び血液学に関する研究・調査、生物学的製剤の製造と頒布等を営む財団法人であるところ、平成15年３月20日、厚生労働省との間で、痘そうワクチン５万本の売買契約を締結し、その契約書には、契約金額が15億5,604万円余（うち消費税及び地方消費税額7,409万円余）と記載されている。その後、Xは、厚生労働省に対し、平成16年２月17日に本件ワクチンを納入し、同年３月３日、同省から、契約金額15億5,604万円余の支払を受けた。

2　Xは、本件課税期間（平15.4.1～平16.3.31）について消費税等の確定申告を行ったところ、所轄税務署長は、本件契約金額15億5,604万円余の全額が課税資産の譲渡等に当たるなどとして、更正処分等を行った。これに対し、Xは、本件契約金額のうち8億3,342万円余（以下「本件差額金」という。）は、本件ワクチンを製造するために必要な施設の建設等の補助金として支払われたものであり、本件ワクチンの対価として支払われたものではないから、「課税資産の譲渡等の対価」に該当しないと主張して、その更正処分等の取消しを求めた。

〔争点〕

課税資産の売買代金には実質的な補助金が含まれているかどうか。

〔判決の要旨〕

1　本件差額金が「課税資産の譲渡等の対価」に当たるか否かは、本件差額金が本件売買契約において売買代金として支払われたか否か、すなわち、Xと厚生労働省との間で、本件差額金を本件ワクチンの対価として支払う旨の合意があったと評価できるか否かに係るものということができるので、本件売買契約におけるXと厚生労働省との間の合意の内容について検討するに、本件契約書の記載にかんがみると、Xと厚生労働省との間で、本件差額金を含む本件契約金額の全額を本件ワクチンの対価として支払うことの合意が実際にはなされなかったことを認めるに足りる特段の事情がない限りは、本件契約書の記載のとおり、本件差額金を含む契約金額の全額を本件ワクチンの対価として支払う旨の合意がなされたものと認めるのが相当である。

Xは、本件差額金が実質的な補助金として交付されたものであると主張するが、①見積書及び請求書においても、ワクチン製造費用及び本件施設の建設等の費用分が明記された上、それらの合計額が記載されているのであるから、Xと厚生労働省との間で、本件差額金を織り込んだ売買代金が設定されたことを示すものであり、本件差額金を含む契約金額の全額を本件ワクチンの対価として支払うことの合意が実際にはなされなかったことを示すものであるということはできないこと、②厚生労働省の元係長から本件文書が提出されており、本件文書には、国から支出された本件差額金は、実際には補助金相当のものと考えるのが妥当であると思料するなどと記載されているが、上記文書には厚生労働省の庁印も押捺されていないのであり、民事訴訟法228条２項にいう「公務員が職務上作成したものと認めるべき」文書ということはできないし、元係長の陳述によれば、上記文書は、正式な決裁手続を経ておらず、同係長の個人的な意見、希望を記載したものにすぎないことが認められるのであるから、本件差額金を含む契約金額の全額を本件ワクチンの対価として支払うことの合意が実際にはなされなかったことを示すものであるということはできないこと、③国が交付する補助金等、とりわけ予算補助に属する補助金等については、専ら補助金適正化法が規定する手続にのっとって交付されることが予定されているところ、本件差額金の支払については、この手続が執られていない上、厚生労働省は、本件売買契約の締結に先立ち、Ｘに対し、本件差額金の支払を本件ワクチンの買上げと一体化して行いたい旨述べていたことや、本件差額金が補助金であることを契約書の別記として明記するよう希望したＸに対し、契約書の別記にも補助金の文言は入れられない旨伝えていたことが認められるのであり、本件売買契約に先立つＸと厚生労働省の交渉経過等にかんがみても、厚生労働省が、本件差額金を補助金ないしこれに相当するものとして支払う意思を有していたものと認めることはできないこと、④Ｘは、厚生労働省から、本件売買契約の締結に先立ち、本件施設の建設等の費用に関し、特例措置により、竣工後の施設について補助金を交付することが可能である旨伝えられていたにもかかわらず、補助金適正化法上の補助金交付の申請をしないままに、契約金額を15億5,604万円余（うち消費税及び地方消費税額7,409万円余）とする本件契約書を作成するに至っていることにかんがみれば、Ｘにおいても、本件差額金が補助金ないしこれに相当するものとして支払われるものであると認識していたと認めることはできないことから、Ｘと厚生労働省との間で、本件差額金を本件ワクチンの対価としてではなく、実質的な補助金として交付する旨の合意がなされたものと認めることはできない。

2　本件契約書には本件差額金を含む契約金額の全額が本件ワクチンの対価として設定されたことを示す記載がある上、本件差額金を含む契約金額の全額を本件ワクチンの対価として支払うことの合意が実際にはなされなかったこと（本件差額金を、本件ワクチンの対価としてではなく、実質的な補助金として交付する旨の合意があったこと）を認めるに足りる特段の事情はない。したがって、Ｘと厚生労働省との間では、本件差額金を含む契約金額の全額を本件ワクチンの対価として支払う旨の合意がなされたものと認めるのが相当であり、本件差額金は売買代金の一部を構成するものとして「課税資産の譲渡等の対価」に当たるものというべきである。

〔コメント〕

課税資産の譲渡等に係る課税標準は、その譲渡等に係る当事者間で授受することにしている対価の額であるが、事業者が国等から受ける補助金等のように、特定の政策目的の実現を図るための給付金は、資産の譲渡等の対価に該当しない（消基通５－２－15）。本件においては、Ｘと厚生労働省との間の契約に際して、①本件ワクチンを製造するための施設の建設等が必要であること、②本件施設の建設等の費用に関し、補助金を交付することが可能であること、③Ｘは、本件施設の建設等の費用について補助金交付を希望する旨を伝えたこと、④厚生労働省は、痘そうワクチンの買上げ及び本件施設の建設等の費用の支払に係る契約について一体化して行いたい旨を伝えたことの事実が認定されている。その上で、本判決は、「本件契約書の上記記載にかんがみると、Xと厚生労働省との間で、本件差額金を含む契約金額の全額を本件ワクチンの対価として支払うことの合意が実際にはなされなかったこと（Xの主張に即していえば、本件差額金を、本件ワクチンの対価としてではなく、実質的な補助金として交付する旨の合意があったこと）を認めるに足りる特段の事情がない限りは、本件契約書の記載のとおり、本件差額金を含む契約金額の全額を本件ワクチンの対価として支払う旨の合意がなされたものと認めるのが相当である。」とし、結局は、特段の事情はないと判断したのである。本件契約書及び見積書には、本件差額金に係る消費税額が記載されているから、契約当事者において「実質的な補助金として交付する」旨の合意があったと解すことは困難であろう。

＊　国税不服審判所平成22年９月21日裁決（裁決事例集80号155頁）は、請負代金のうちに法人税法上寄附金の額に含まれるとされる金額があるとしても、当事者間で取り決めた実際の取引額として受領した金額であれば、消費税法上は課税資産の譲渡等の対価の額に含まれるとする。

(2)　みなし譲渡等の場合の課税標準

個人事業者の自家消費又は法人の役員に対する低額譲渡若しくは贈与については、その資産の消費等又は譲渡等の時におけるその資産の価額（時価）により譲渡があったものとみなすことにしている（消法28①③）。

ア　個人事業者の自家消費

個人事業者が棚卸資産又は棚卸資産以外の資産で事業の用に供していたものを家事のために消費し又は使用した場合には、その消費又は使用の時におけるその資産の価額（時価）に相当する金額が課税標準とみなされる（消法28③一）。その資産が棚卸資産である場合には、その資産の課税仕入れの金額と通常他に販売する価額のおおむね50％相当額のいずれか高い金額によることができる（消基通10－1－18）。

イ　法人の役員に対する低額譲渡

法人が資産をその役員に対して譲渡した場合において、その対価の額がその譲渡の時におけるその資産の価額（時価）に比し著しく低い（時価の50％相当額未満）ときは、その譲渡の時におけるその資産の価額（時価）に相当する金額が課税標準とみなされる（消法28①ただし書）。その資産が棚卸資産である場合には、その資産の課税仕入れの金額と通常他に販売する価額のおおむね50％相当額のいずれか高い金額によることができる（消基通10－１－２）。

ウ　法人の役員に対する贈与

法人が資産をその役員に贈与した場合には、その贈与の時におけるその資産の価額（時価）に相当する金額が課税標準とみなされる（消法28③二）。その資産が棚卸資産である場合には、その資産の課税仕入れの金額と通常他に販売する価額のおおむね50％相当額のいずれか高い金額によることができる（消基通10－１－18）。

(3)　特殊な課税資産の譲渡等に係る対価の額

ア　代物弁済

代物弁済は、債務者が債権者の承諾を得て、本来の給付に代えて他の給付をして債権を消滅させる契約である（民法482）。代物弁済による資産の譲渡等に係る対価の額は、代物弁済により消滅する債務の額に相当する金額である。ただし、代物弁済により譲渡される資産の価額が債務の額を超える場合に、その超える部分の金額につき支払を受けるときは、債務の金額にその支払金額を加算した金額が資産の譲渡等に係る対価の額になる（消令45②一）。

＊　国税不服審判所平成12年10月11日裁決（裁決事例集60号575頁）は、事業用資産であるマンションを相続税納付のため物納したことにつき、「事業の用に供しているマンションにより代物弁済したものと認められるところ、代物弁済した場合の対価の額は、消費税法施行令45条２項１号により「当

該代物弁済により消滅する債務の額に相当する金額」と規定されていることから、本件物納により消滅する相続税の額、すなわち本件物納許可額をもって資産の譲渡等の対価の額とするのが相当である。」とした上で、物納許可額のうち、建物の物納許可に相当する額が資産の譲渡等に係る対価の額であると判断している。

イ　負担付き贈与

山林（時価2,000万円）を贈与するが、その山林の購入に要した借入金の一部である500万円を負担させるというように、受贈者に一定の給付義務を負担させる契約を負担付贈与という。負担付き贈与による資産の譲渡等に係る対価の額は、負担付き贈与に係る負担の価額（先の例では500万円）に相当する金額である（消令45②二）。

ウ　現物出資

金銭以外の資産の出資による資産の譲渡等に係る対価の額は、出資により取得する株式（出資を含む。）の取得の時における価額に相当する金額である（消令45②三）。

＊　国税不服審判所平成20年12月15日裁決（裁決事例集76号476頁）は、個人事業者の法人成りに際して事業用資産を当該法人に引き継いだことにつき、「資産の譲渡の対価として法人から金銭を収受する代わりに負債を引き受けさせ、債務の支払義務の消滅という経済的利益を得たものであるから、当該負債の引受額は消費税法における資産の譲渡の対価の額に相当する。」とする。この事案において、審査請求人は、「法人成りの実態は現物出資と同様であるから、消費税法の適用においても現物出資に準じて取り扱うべきであり、その対価となるべき取得する株式がない本件法人成りにおいては消費税額が発生しない。」旨主張したことに対して、裁決は、「通常、個人事業者がその企業を法人に組織替えする場合に事業用資産等を法人に引き継ぐ形態としては、事業用資産等の現物を出資に充てる現物出資、また、事業用資産等の譲渡及び賃貸借等による権利の設定又は移転が考えられるところ、消費税法は、このうち現物出資については、資産の譲渡等に該当するとして課税し、この場合の課税標準は、「取得する株式の取得の時にお

ける価額に相当する金額」とする旨規定しており、これを本件についてみると、法人成りにおいて、消費税法が課税標準を「取得する株式の取得の時における価額に相当する金額」と規定するのは現物出資の場合であるところ、本件法人成りは審査請求人も自認するとおり現物出資ではなく、また、消費税法には、営業の譲渡を現物出資とみなして消費税法を適用する旨を定めた規定は存在しないこと」と説示して、審査請求人の主張を排斥している。

エ　資産の交換

交換による資産の譲渡等に係る対価の額は、交換により取得する資産の取得の時における価額に相当する金額である（消令45②四）。交換差金が授受される場合には、その交換差金の額を加算（受領者）又は減算（支払者）した額が対価の額となる。

なお、交換の当事者が交換に係る資産の価額を定め、相互に等価であるとして交換した場合において、その定めた価額が通常の取引価額と異なるときであっても、その交換がその交換をするに至った事情に照らし正常な取引条件に従って行われたものであると認められるときは、これらの資産の価額はその当事者間で合意されたところによる（消基通10－１－８）。

オ　法人課税信託の委託者がその有する資産（金銭以外の資産に限る。）の信託をした場合におけるその資産の移転等

その資産の移転等に係る対価の額は、移転の時又は法人課税信託に該当することとなった時におけるその資産の価額に相当する金額である（消令45②五）。

＊　法人課税信託については57頁を参照されたい。

カ　物品切手等の評価

次に掲げる資産を課税資産の譲渡等の対価として取得した場合には、それぞれ次に掲げる金額が当該課税資産の譲渡等の金額となる（消基通10－１－９）。

① 物品切手等

ⓐ 物品切手等と引換えに物品の給付等を行う者が当該物品切手等を発行している場合については、その発行等により受領した金額

ⓑ 物品切手等と引換えに物品の給付を行う者以外の者が当該物品切手等を発行している場合については、当該物品切手等につき発行者等から受領する金額

② 定期金に関する権利又は信託の受益権

相続税法又は財産評価基本通達に定めるところに準じて評価した価額

③ 生命保険契約に関する権利

その取得した時においてその契約を解除したとした場合に支払われることとなる解約返戻金の額（解約返戻金のほかに支払われることとなる前納保険料の金額、剰余金の分配等がある場合には、これらの金額との合計額）

(4) 対価の額に含まれるかどうかの判定

課税資産の譲渡等に関連して取得する金銭等の額には、消費税等以外の個別消費税に相当するもの、国に納付すべき手数料に相当するものなど種々のものが含まれている場合があり、これらが課税資産の譲渡等の対価の額に当たるかどうかの問題がある。課税実務上は次の取扱いが示されている。

ア 個別消費税（消基通10－1－11）

課税資産の譲渡等の対価の額には、酒税、たばこ税、揮発油税、石油石炭税、石油ガス税等が含まれるが、軽油引取税、ゴルフ場利用税及び入湯税は、利用者等が納税義務者となっているのであるから対価の額に含まれない。ただし、その税額に相当する金額について明確に区分されていない場合は、対価の額に含むものとする。

裁判例の紹介㊳

温泉旅館業等を営む法人が入湯客から受け取った入湯税相当額は、課

税資産の譲渡等の対価の額に含まれないとされた事例

（東京地裁平成18年10月27日判決・判タ1264号195頁〔確定〕）

〔事案の概要〕

温泉旅館業を営むＸ（原告）は、平成10年２月、Ａ町が発行済株式総数600株のうち540株の株主となって設立されたいわゆる第３セクターの株式会社であり、Ｂ温泉及びＣコテージ（両施設を併せて「本件各施設」という。）を管理運営しているところ、Ａ町は、同年４月、Ａ町税条例を改正し、入湯税の税率を入湯客１人１日について150円とする旨を定めており、Ｘは、本件各施設に関する入湯税の特別徴収義務者である。本件各施設のうち、Ｂ温泉の利用客は、事前に「入湯利用券」又は「浴場ご利用回数券」を購入して入湯するところ、そのいずれにも入湯税及び消費税等についての表示はされてなく、Ｃコテージの利用者に発行される「請求・領収書」にも、入湯税に係る表示がされておらず、消費税等については、入湯税相当額も含めたコテージ利用料を基に計算された消費税等が表示されていた。また、Ｘの総勘定元帳では、入湯税相当額が温泉等の利用料に含まれたまま、ひとまとめにして売上勘定に計上されており、入湯税相当額を入湯税として預り金勘定に計上するなどの区分経理はされておらず、Ｘは、入湯税の納付時に、毎月の入湯税相当額を売上勘定から減算し、当該減算後の売上勘定の金額を基として、消費税の課税標準額を算出し消費税等の申告をしていた。そこで、Ｙ（税務署長・被告）は、Ｘが入湯客から受け取った入湯税相当額は、消費税等の課税標準に含まれるとして、消費税等の更正処分等を行った。

〔争点〕

入湯料金として一括収受した金員は、入湯税相当額も含めて課税資産の譲渡等の対価に該当するか。

〔判決の要旨〕

1　消費税法基本通達10－1－11のただし書は、「その税額に相当する金額について明確に区分されていない場合は、対価の額に含むものとする。」としているところ、もとより、課税資産の譲渡等に係る当事者間で授受することとした取引価額と入湯税が請求書や領収書等で明らかにされるなど、外見上、その区別が明白にされていることが望ましいことはいうまでもないが、入湯税は、その性質上、消費税の課税標準である「課税資産の譲渡等の対価の額」に含まれるべきものではないのであるから、そのように入湯税が本来的に消費税の課税標準となるものではないことに照らして同通達のただし書を合理的に解釈するならば、請求書や領収書等に入湯税の相当額が記載されているか、事業者において預り金や立替金等の科目で経理しているかといった点のみならず、問題となる税金（本件では入湯税）の性質や税額、周知方法、事業者における申告納税の実情等の諸般の事情を考慮し、少なくとも当事者の合理的意思解釈等により、課税資産の譲渡等に係る当事者間で授受することとした取引価額と入湯税とを区別していたものと認められるときには、同通達のただし書にいう場合には当たらないものと解するのが相当である。

2　Xは、入湯客数及び入湯税対象利用者数を毎日集計して営業日報に記載し、毎月その数を合計することにより、入湯税額を算出しA町に申告納税していたのであり、また、Xの代表取締役には、A町の町長が就任することとなっているところ、A町における入湯税額は、本件各施設の開業に先立って決定され、入湯税の徴収や納付等のためにA町から職員がXに派遣されていたというのであるから、Xにおいて、利用客から受領する金員のうち、入湯客1人1日について150円は入湯税として徴収し、その余の金員を本件各施設の利用料として収受する意思を有していたことは明らかである。他方、入湯税の納税義務者となるべき利用客のうち、①Ａ町の住民である利用客としては、本件各施設の利用料と入湯税150円を合わせた金員を支払って本件各施設を利用していることを知っていたか、又は容易に知り得たものであるから、少なくともその合理的意思としては、入湯税150円を支払う意思を有していたものと認めることができること、また、②Ａ町外に居住する者にとっても、Ｘの経営する本件各施設内容等に照らせば、本件各施設を利用することにより鉱泉浴場に入湯することになるという事実を知っていたか、又は容易に知り得たものと認められることなどを総合勘案すると、Ａ町外に居住する利用客の合理的意思解釈としても、所定の入湯税を支払う意思を有していたものと認めるのが相当である。そうすると、本件では、当事者の合理的意思を考慮すれば、その譲渡に係る当事者間で授受することとした取引価額と入湯税を区別していたものと認めることができるから、Ｘにおける入湯税の徴収が、消費税法基本通達10－１－11のただし書が想定する場合に該当すると認めることは相当でない。

〔コメント〕

消費税の課税標準は、「対価として収受し、又は収受すべき一切の金銭の額」をいうのであるところ、入湯税は、鉱泉浴場への入湯そのものを対象として、入湯客に課される税あり、入湯という消費行為に担税力を認めて課される税であって、その納税義務者は入湯客であるから（地方税法701）、入湯税そのものは課税資産の譲渡等の対価に該当しない。Ｙは、「入湯税は、本来、鉱泉浴場の利用者が納税義務者となっているため、課税資産の譲渡等（役務提供）の対価の一部を構成しないものの、入湯税は条例で定めることにより初めて賦課徴収が可能になるものであり、しかも、その条例の内容は、各地方団体により差異があるのであるから、入湯客は、課税資産の譲渡等を受ける際に、特別徴収された入湯税等の税額が領収書等に明示されない限り、支払った代金に、自身が納税義務者となり、かつ消費税の課税対象とならない入湯税が含まれている（特別徴収された）こと、その金額、及び当該金額を支払うことを認識し得ない。そのような場合には、入湯客は、いわゆる総額表示の下では、支払った代金全額が課税資産の譲渡等に対して支払うべき対価の額と消費税の合計額であると認識することになるのであるから、当該支払った代金全額の105分の100相当額が消費税の課税標準に該当するのである。」旨を主張し、消費税法基本通達10－1－11のただし書の合理性を主張している。これに対し、本判決は、「当事者の合理的意思解釈等により、課税資産の譲渡等に係る当事者間で授受することとした取引価額と入湯税とを区別していたものと認められるときには、消費税基本通達のただし書にいう場合には当たらないものと解するのが相当である。」と説示して、Ｙの主張を排斥したのである。

裁判例の紹介㊴

ガソリンスタンド経営者に係る消費税の課税標準額を類似同業者の売上原価率により推計するに当たって、軽油引取税相当額を課税資産の譲渡等の対価の額に含めたことは相当であるとされた事例

（徳島地裁平成10年３月20日判決・税資231号179頁）

（高松高裁平成11年４月26日判決・税資242号295頁は控訴棄却）

（最高裁平成11年９月30日第一小法廷決定・税資244号1021頁は上告棄却）

〔事案の概要〕

ガソリンスタンド経営を営むＸ（原告・控訴人・上告人）は、平成元年ないし平成３年分の所得税と消費税について確定申告をしたところ、Ｙ（税務署長・被告・被控訴人・被上告人）は、Ｘが税務調査に協力しないことから、反面調査によって把握したＸの取引金額を基に、いわゆる同業者比率法を用いてＸの総所得金額及び課税資産の譲渡等の対価の額を推計した上で、所得税・消費税の各更正処分等を行った。Ｘは、右各処分等は推計の必要性・合理性を欠いているほか、消費税については、Ｙが軽油引取税相当額を控除しないで課税資産の譲渡等の対価の額を算定している点で違法があるなどとして、その取消しを求めた。

〔争点〕

推計方法が合理的であるかどうか。

〔判決の要旨〕

Ｘは、Ｙが軽油引取税を控除せずに課税標準額を算定したのは違法である旨主張するので、この点を検討するに、Ｘは地方税法700条の２第１項３号に規定する地方公共団体から指定される特約店等ではなく販売店に該当すること、ＹはＸの軽油引取税についての取引内容の確認を行うために、Ｘに対して再三にわたり課税標準額の計算に必要な帳簿書類等の提示を求めたが、Ｘからは何ら正当な理由がないまま帳簿書類等の提示がなかったことから、取引内容の確認等を行うことができなかったこと、そこで、Ｙは消費税法28条１項に基づき、Ｘにおける課税資産の譲渡等の税込み対価の額を、軽油引取税相当額を含む顧客への売却価格等の総額すなわち総収入金額とみてこれに課税を行ったことがそれぞれ認められる。しかして、特約店等においては、その特約店等が軽油引取税を納税義務者から徴収して地方公共団体に納付しているのであるから、軽油引取税は原則として課税資産の譲渡等の対価の額に含まれないが、販売店は、軽油引取税の納税義務者であり同税を徴収する者ではないため、軽油引取税相当額を価格に上乗せして顧客から対価を受領しているとしても、当該軽油引取税相当額は軽油引取税自体ではなく、右対価の受領が同税の徴収とはいえないので、販売店において軽油引取税相当額が課税資産の譲渡等の対価の額から除かれることはなく、課税資産の譲渡等の対価の額に含まなければならないことは、Ｙ主張のとおりであって、本件において、Ｘは販売店に該当するので、軽油の売却価格に軽油引取税を上乗せして顧客から徴収したとしても、その徴収した軽油引取税相当額は軽油引取税自体ではなく、当該軽油引取税相当額を課税資産の譲渡等の対価の額から除く理由はないこととなる。したがって、Ｙがこのような事実に基づいて消費税法28条１項を適用して課税標準の算定を行ったことには、何ら違法な点はなく、Ｘの軽油引取税に関する主張は採用できない。

〔コメント〕

本件は、個人事業者（ガソリンスタンド経営）に係る消費税の課税標準額を類似同業者の売上原価率（軽油引取税相当額を含む。）を用いて推計したことの適否が争われたものであり、消費税の課税標準額を推計により算定することができるとした判決である（後述270頁参照）。Ｘは、本訴の中で、消費税の課税標準の算定に当たって、軽油引取税相当額を含めていることは違法である旨を主張したことから、本判決は、「販売店において軽油引取税相当額が課税資産の譲渡等の対価の額から除かれることはなく、課税資産の譲渡等の対価の額に含まなければならない」と説示して、Ｘの請求を排斥しているのである。これと同様の判断をしたものに、国税不服審判所平成９年５月28日裁決（裁決事例集53号477頁）がある。この裁決では、「地方税法第700条の３第１項によれば、軽油引取税の納税義務者は特約業者から軽油を引き取る者とされており、また、特約業者は特別徴収義務者として軽油引取税を納税義務者から徴収して都道府県に納付すると規定されていることからすると、特約業者にあっては、軽油引取税の特別徴収義務者として納税義務者から軽油引取税に相当する額を預かったにすぎないのであるから、課税資産の譲渡等の対価の額に含まれないが、一般の販売業者にあっては、納税義務者として特別徴収義務者である特約業者に支払った軽油引取税に相当する額を軽油本体の価格に上乗せしたところで顧客に販売するものであり、軽油引取税に相当する額は販売価格の一部にすぎず、課税資産の譲渡等の対価の額に含まれると解される。」と断じている。

㈱　軽油引取税は、その特別徴収義務者である特約店等（その委託を受けて行う場合を含む。）が販売する場合は課税標準たる対価の額に含まれないが、特別徴収義務者に該当しないサービス・ステーション等が販売する場合には、課税標準たる販売価格から軽油引取税を控除することはできない（国税庁タックスアンサー№6313参照）。

イ　印紙税等に充てられるため受け取る金銭等（消基通10－１－４）

事業者が課税資産の譲渡等に関連して受け取る金銭等のうち、その事業者が国又は地方公共団体に対して本来納付すべきものとされている印紙税、手数料等に相当する金額が含まれている場合であっても、当該印紙税、手数料に相当する金額は、課税資産の譲渡等の対価に該当する。課税資産の譲受けをする者が納付すべきものとされている登録免許税、自動車重量税、自動車取得税及び手数料等について登録免許税等として受け取ったことが明らかな場合は、課税資産の譲渡等の対価に含まれない。

ウ　委託販売その他業務代行等に係る手数料（消基通10－１－12）

委託者……受託者が委託商品を譲渡等したことに伴い収受した又は収受すべき金額は委託者における資産の譲渡等の金額になるのであるが、その課税期間中に行ったすべてについて、当該資産の譲渡等の金額から受託者に支払う委託販売手数料を控除した残額を資産の譲渡等の金額としているときは、この経理が認められる。

受託者……委託者から受ける委託販売手数料が役務の提供の対価となる。

なお、委託者から課税資産の譲渡等のみを行うことを委託されている場合の委託販売等に係る受託者については、委託された商品の譲渡等に伴い収受した又は収受すべき金額を課税資産の譲渡等の金額とし、委託者に支払う金額を課税仕入れに係る金額とする処理も認められる。

＊　委託販売等において、受託者が行う委託販売手数料等を対価とする役務の提供は、当該委託販売等に係る課税資産の譲渡が軽減税率の適用対象となる場合であっても、標準税率の適用対象となる。

＊　委託販売等に係る課税資産の譲渡が軽減税率の適用対象となる場合には、適用税率ごとに区分して、委託者及び受託者の課税資産の譲渡等の対価の額及び課税仕入れに係る支払対価の額の計算を行うこととなるから、上記の「なお書」による取扱いの適用はない。

裁判例の紹介㊵

風俗営業等を営む事業者の課税売上高には接客従業者に対する報酬が含まれるとされた事例

（東京地裁令和元年10月25日判決・税資269号順号13331〔確定〕）

〔事案の概要〕

1　X（原告）は、風俗営業、広告業及び飲食店営業を営むいわゆる白色申告者であり、7店舗（以下「本件各店舗」という。）において、風俗営業等の規制及び業務の適正化等に関する法律（以下「風営法」という。）2条7項1号に規定する無店舗型性風俗特殊営業を営み、公安委員会に対し、その旨の届出をしていた。本件各店舗は、ホームページ上に、本件各店舗と契約をしている接客従業者（いわゆる風俗嬢）が提供する役務及びその対価の額を表示し、これを見て各店舗の受付事務所を訪れた顧客から、上記の役務の提供に係る対価及び接客従業者を指名した場合に生ずる料金（指名料と併せて「本件対価等」という。）の支払を受けていた。顧客は、その後、接客従業者と共にホテルの一室に移動し、当該部屋において、接客従業者から役務の提供を受けるものとされていた。

2　接客従業者は、本件各店舗との間の個別の取決めにより、収受した報酬の一部から、各店舗において生じた経費の一部を負担するものとされており（以下「経費負担相当額」という。)、各店舗は、接客従業者が収受すべき報酬から経費負担相当額を控除した後の金額を接客従業者に交付し、経費負担相当額を各店舗の収入として経理処理していた。また、各店舗は、接客従業者が、①役務の提供に当たって使用する消耗品及び衣服並びにホテルの割引券の各代金、②自身が消費した飲料代金並びに③ホテルへの送迎に要する費用について、いずれも接客従業者が負担すべきものであるとして、接客従業者から、その代金又は費用に相当する金額（以下「本件徴収金」という。）を徴収していた。

3　Ｘは、平成18年分から平成24年分までの所得税及び消費税等について、期限内に確定申告をしたところ、所轄税務署長から、Ｘが事業所得に係る収入金額を隠蔽し、これを除外して確定申告をしていたなどとして、所得税及び消費税等について更正処分及び重加算税賦課決定処分を受けた。本件は、Ｘが所得金額に係る推計が誤っているほか、仕入れに係る消費税額の控除の認定も誤っているなどとして、各処分の取消しを求めた事案である。

〔争点〕

推計の方法の合理性のほか、消費税等に係る課税売上高の額及び仕入れに係る消費税額の控除の対象となる課税仕入れの額の適否である（本稿では、後段の問題のみを取り上げる。)。

〔判決の要旨〕

1　前提事実のとおり、①本件各店舗が、いずれも、ホームページ上に、本件各店舗と契約をしている接客従業者が提供する役務及びその対価の額を表示していたこと、②本件各店舗が顧客から、本件対価等の支払を受けていたこと、③顧客は、接客従業者と共にホテルの一室に移動し、当該部屋において、接客従業者から役務の提供を受けるものとされていたこと、④Xが、風営法２条７項１号に規定する無店舗型性風俗特殊営業を営み、公安委員会に対し、その旨の届出をしていた事実は、当事者の間に争いがないところ、同号の営業は、「異性の客の性的好奇心に応じてその客に接触する役務を提供する営業で、当該役務を行う者を、その客の依頼を受けて派遣することにより営むもの」であり、同号の営業を営む者が、役務を行う者を派遣することが当該営業の要件となっていることにも照らすと、X（本件各店舗）が、接客従業者をして、顧客に対して役務を提供させているものと認められる。

そうすると、接客従業者が顧客に対して提供した役務は、X（本件各店舗）が事業として対価を得て行われる役務に該当し、課税資産の譲渡等にも該当するものと認められる（消法２①八参照）。その上で、本件各店舗において顧客が支払った本件対価等は、本件各店舗と接客従業者とで、あらかじめ個別に取り決められた基準に基づいて分配されており、かつ、顧客が、本件対価等のうち各店舗の取り分がどれだけで、接客従業者の取り分がどれだけであるかを認識していなかったことは、当事者の間に争いがないことを前提とすると、X（本件各店舗）が顧客から収受した本件対価等の額の全額が、消費税法28条１項本文に規定する「課税資産の譲渡等の対価の額（対価として収受し、又は収受すべき一切の金銭）」に該当すると認められる。

2　Xは、接客従業者が、Xの従業員ではなく独立した立場でXから業務（顧客に対する役務の提供）の委託を受け、受託者としてXの顧客に対する義務をXに代わって履行したから、消費税法基本通達10－１－12の定めるところに従い、委託者であるXが受託者である接客従業者に対する報酬（手数料）を控除した残額のみをＸの顧客に対する役務の提供の対価として取り扱うことも許されるというべきである旨主張する。

しかし、上記通達は、委託者が、受託者が受領した代金から受託者の取り分に係る金額を控除した金額を課税資産の譲渡等の対価の額としている場合における取扱いを示したものと解するのが相当であるところ、本件においては、顧客から本件対価等の額を受領したのは本件各店舗(X)であり、Ｘの主張するところの委託者であることになるから、上記通達の定めるところに従うことができる事実関係と異なっており、前提を異にしているというべきである。

なお、接客従業者が提供する役務の提供時間が延長された場合、当該延長された時間に提供された役務の対価は、接客従業者が、顧客から、直接これを受領する取扱いがされていたものの、役務が提供される時間が必ず延長されるとは限らないことに照らし、上記の取扱いが原則的な形態であるとは認められない。

〔コメント〕

本件は、推計課税の合理性が争われた事案である。所轄務署長は、実額を把握できる時期（平成22年１月から５月まで）における粗金の額（売上金額から接客従業者報酬を控除した金額）のうちに占める粗金の申告割合を算出するなどして、総収入金額及び課税売上高を推計しており、推計の合理性が認められている。消費税に関しては、Ｘが顧客から収受した対価等の全額を「課税資産の譲渡等の対価の額」に該当すると認定した上で、本件対価等のうち接客従業者の報酬に係る部分については、「帳簿及び請求書等を保存しない場合」に当たるから、仕入税額控除の適用ができないと判断している。

Ｘは、「接客従業者が、Ｘの従業員ではなく独立した立場でＸから業務（顧客に対する役務の提供）の委託を受け、受託者としてＸの顧客に対する義務をXに代わって履行したから、消基通10-1-12の定めるところに従い、委託者であるXが受託者である接客従業者に対する報酬（手数料）を控除した残額のみをXの顧客に対する役務の提供の対価として取り扱うことも許される」と主張する。これに対し本判決は、「上記の通達は、委託者が、受託者が受領した代金から受託者の取り分に係る金額を控除した金額を課税資産の譲渡等の対価の額としている場合における取扱いを示したものと解するのが相当であるところ、本件においては、顧客から本件対価等の額を受領したのは本件各店舗(X)であり、Xの主張するところの委託者であることになるから、上記の通達の定めるところに従うことができる事実関係と異なっており、前提を異にしている。」と説示して、Xの主張を排斥している。

エ　源泉所得税がある場合の課税標準（消基通10-1-13）

課税資産の譲渡等に係る消費税の課税標準は、当該課税資産の譲渡等の対価とされている（消法28①）。一方、源泉徴収に係る所得税は、原則としてその対価の額に消費税に相当する金額を含めた金額（源泉徴収前の金額）から徴収することとされている（国税庁長官平成元年1月30日付直法6－1「消費税等の施行に伴う源泉所得税の取扱いについて（通達）」参照）。したがって、事業者が課税資産の譲渡等に際して収受する金額が源泉所得税に相当する金額を控除した後の金額であっても、当該事業者の課税資産の譲渡等の対価の額は、源泉徴収に相当する金額を控除する前の金額となる。

オ　別途収受する配送料等（消基通10－1－16）

配送等の料金を課税資産の譲渡等の対価の額と明確に区分して収受し、その料金を預り金又は仮受金等として処理している場合には、課税資産の譲渡等の対価に含めないものとすることができる。

カ　資産の貸付けに伴う共益費（消基通10－1－14）

建物等の貸付けに際し賃貸人がその賃借人から収受する電気、ガス、水道料等の実費に相当する共益費は、資産の貸付けに係る対価に含まれる。

(5) 対価の額の計算等

ア　課税資産と非課税資産を同一の者に対して同時に譲渡した場合

課税資産の譲渡の対価と非課税資産の譲渡の対価の額が合理的に区分されている場合には、その区分された額によるのであるが、課税資産の対価の額と非課税資産の対価の額とが合理的に区分されていないときは、次により計算する（消令45③）。

$$\text{課税資産の譲渡等の対価の額} = \frac{\text{課税資産の時価}}{\text{課税資産の時価}+\text{非課税資産の時価}}$$

なお、建物と土地等を一括譲渡した場合には、それぞれの対価の額につき、所得税又は法人税の土地等の譲渡等に係る課税の特例の取扱いにより区分することが認められる（消基通10－1－5）。

裁判例の紹介㊶

土地と建物を一括して購入した場合の課税仕入れに係る支払対価の額は、売買契約書に記載されている土地及び建物の価額の比によって算出すべきであるとされた事例

（前橋地裁平成28年９月14日判決・税資266号順号12901）

（東京高裁平成29年５月11日判決・税資267号順号13018は控訴棄却〔確定〕）

〔事案の概要〕

動物病院・不動産賃貸業を営む獣医師であるＸ（原告・控訴人）は、土地建物を購入し、その建物の取得価額を土地と建物の各不動産取得税の概算税額の比によって算定して、課税仕入れに係る支払対価の額を計算した。所轄税務署長は、その建物の取得価額について、売買契約書に記載されている土地及び建物の価額の比によって算出すべきであるとして消費税について更正処分等をした。

〔争点〕

土地と建物を一括して購入した場合において建物の課税仕入れに係る支払対価の額は、いかなる方法により算定すべきか。

〔判決の要旨〕

1　本件第１契約書は、①売主及び買主の署名及び実印による押印がある書面であり、本件売買契約が締結された当日に多数の利害関係人が同席する中で作成されたものであって、収入印紙も貼付されていること、②土地及び建物の価額は、固定資産税評価額比であん分計算する方法により決定されているから、一定の合理的な理由をもって決定されていること、③Ｘの父及びＸは、上記算定方法について事前にFAX送信された文書及び当日のＸの従業員からの説明により認識・了解し、売買代金等を訂正し、訂正印を押した上で、本件第１契約書を作成したことが認められるから、本件第１契約書は、真正に成立したＸ及び売主Ａ社の合意を反映した正式な契約書であるというべきである。

2　Ｘは、実際にＡ社に対して支払った金額は３億9,200万円であり、第１契約書の売買代金（３億4,475万円）とは4,725万円もの差があるから、第１契約書を真の契約書と認めることはできないと主張するが、差額4,725万円は、差押登記等抹消費用等としての支払であると考えられるところ、第１契約書の売買代金とは別に、差押登記等を抹消するための業務委託契約に基づく業務委託料として授受されたと考えることも十分に可能であるから、ＸとＡ社との間で実際に授受された金額の総額と第１契約書の売買代金との間に差があるからといって、直ちに第１契約書が真の契約書でないということはできない。

3　仕入税額控除は、課税仕入れに係る支払対価の額等の事項が記載された、原則として、課税仕入れの相手方が作成又は確認した帳簿及び請求書等の保存を要件としており（消法30⑦⑨二かっこ書）、契約書や請求書等に記載された金額を基に算定されることが前提となっている。契約書や請求書等の金額によらず、取引の前段階で支払われていない税額を仕入税額控除することは、累積課税の排除を目的とする仕入税額控除制度において、中立性を確保する観点からしてもできる限り排除すべきものである。そうすると、消費税法の適用に当たり、消費税の課税の対象となる「課税資産の譲渡等の対価」（消法28①）又は控除の対象となる「課税仕入れに係る支払対価の額」（消法30①）は、当該課税資産の譲渡等の譲渡側と譲受側との関係において、当事者の意図した契約等の金額と同一になることを予定しているというべきである。

4　本件第１契約書は、Ｘ及びＡ社の合意を反映した正式な契約書であるというべきであり、本件建物の価額の算出基準も合理的なものであるから、本件第１契約書に記載された建物の売買代金を本件建物の対価の額とするのが相当である。

〔コメント〕

事業者が課税資産と課税資産以外の資産とを同一の者に対して同時に譲渡した場合には、課税資産の譲渡対価の額に相当する部分のみが課税の対象となり、契約当事者が作成した契約書において、課税資産の譲渡対価と課税資産以外の資産の譲渡対価の額に区分した金額が合理的な基準によったものであれば、その区分した金額によることになる。

本判決は、本件第１契約書がＸ及びＡ社の合意を反映した正式な契約書であり、その金額が固定資産税評価額比であん分計算する方法により決定されているから、その契約書によって課税資産の金額を譲渡対価の額として算定すべきであると判断している。Xは、本件第1契約書が仮の契約書であり、本件第2契約書が真の契約書であると主張したが、本判決は、①本件第2契約書に当事者の署名・押印がないこと、②本件第2契約書を所轄税務署長に提出したのが審査請求の質問・検査が行われた時であること、③Xの関与税理士が国税調査官の質問調査を受けた際に、本件第1契約書以外には契約を締結していない旨を述べていることから、本件第2契約書が真の契約書であると認めるに足りる証拠はないとして、Xの主張を排斥している。

なお、本判決では、「消費税基本通達10−1−5においては、課税の対象となる建物等と非課税となる土地等を同一の者に対して同時に譲渡した場合のそれぞれの対価の額は、契約当事者が作成した契約書において区分している金額が合理的な基準によったものであれば、その区分した金額によるべきであり、その場合の合理的な基準は、通常所得税又は法人税と消費税との間で異なるものではないとされていることが認められ、その内容は合理的である。」と判示している。

＊　国税不服審判所平成20年5月8日裁決（裁決事例集75号711頁）は、土地とともに取得した建物の取得価額につき、売買代金総額を土地及び建物の各固定資産税評価額の価額比であん分して算定した価額によるべきであるとの審査請求人の主張に対し、「本件の売買契約は、審査請求人及びA社が、契約当事者として本件契約書に記載された内容で合意し、本件契約の締結に至ったものと認められ、両者の間に、同族会社であるなど特殊な利害関係あるいは租税回避の意思や脱税目的等の下に故意に実体と異なる内容を契約書に表示したなどの事情は認められず、また、本件契約書に記載された本件建物の価額は、売主が不動産売買の仲介業者に本件土地建物の売却価額の査定を依頼し、その報告書を参考に決定したものであって、当審判所の調査によっても特段不合理なものとは認められないから、本件建物の減価償却に係る取得価額は、本件契約書に記載された本件建物の価額を基に算定するのが相当である。」と判断している。

イ　譲渡等に係る対価が確定していない場合の見積り

事業者が資産の譲渡等を行った場合において、その資産の譲渡等をした日の属する課税期間の末日までにその対価の額が確定していないときは、その末日の現況によりその金額を適正に見積るものとする。この場合において、その後確定した対価の額が見積額と異なるときは、その確定した日の属する課税期間における資産の譲渡等の対価の額にその差額を加算又は減算する（消基通10－１－20）。

ウ　外貨建取引に係る対価

外国通貨によって支払を受けることとされている外貨建取引の場合には、その外貨表示額を円換算して資産の譲渡等の対価の額を求めることとなるが、この円換算については、原則として事業者が資産の譲渡等を行った日の対顧客直物電信売買相場の仲値（TTM）によるものとされ、継続適用を条件としてその日の対顧客直物電信買相場（TTB）によることができる（消基通10－１－７、所基通57の３－２、法基通13の２－１－２）。

＊　支払対価を外貨建てとする課税仕入れを行った場合において、課税仕入れを行った時の為替相場と外貨建てに係る対価を決済した時の為替相場が異なることによって、為替差損益が生じたとしても、当該課税仕入れに係る支払対価の額は課税仕入れを行った時において課税仕入れの支払対価の額として計上した額となる（消基通11－４－４）。

エ　返品、値引等の処理

事業者が課税資産の譲渡等につき返品を受け又は値引き若しくは割戻しをした場合に、当初の売上高から返品額又は値引額若しくは割戻額につき税率の異なるごとに合理的に区分した金額を、当該課税資産の譲渡等の税率の異なるごとの金額からそれぞれ控除する経理処理を継続しているときは、その処理が認められる。（消基通10－１－15）。

裁判例の紹介㊷

パチンコ業に係る課税資産の譲渡等の対価の額は、顧客から収受する貸玉料の総額であるとされた事例

（新潟地裁平成15年２月７日判決・税資253号順号9277）

（東京高裁平成15年12月18日判決・税資253号順号9493〔確定〕）

〔事案の概要〕

Ｘ（原告·控訴人）は、パチンコ業（パチンコ及びスロット）等を営む有限会社Ｂを吸収合併した。Ｂは、本件課税期間（平10.7.1～平11.6.30）に係る消費税等について、確定申告をしたが、その際、簡易課税制度の適用を受ける事業者であったので、課税資産の譲渡等の対価の額をＢが顧客から収受した貸玉料の総額とし、かつ、パチンコ業を第５種事業として納付すべき消費税額を算出した。その後Ｂは、パチンコ店が顧客から収受した貸玉料の総額から返金額（景品の交換形態による返金）を差し引いた差額が課税資産の譲渡等の対価の額であるなどとして、更正の請求をした。これに対し、所轄税務署長は、更正すべき理由がない旨の通知処分をした。

〔争点〕

パチンコ業における課税資産の譲渡等の対価の額は、パチンコ店が顧客から対価として収受した貸玉料の総額とすべきか。それとも、貸玉料から景品交換による返金額を差し引いた額によることができるか。

〔判決の要旨〕

1　パチンコ業の事業の概要は、パチンコ店が顧客から金銭（貸玉料）

を受け取り、それと引き換えに顧客に対し遊技玉を貸与し、遊技玉の貸与を受けた顧客がパチンコ店内に設置された遊技機で遊技をし、その結果、顧客は自らが獲得した遊技玉とパチンコ店が提供する景品とを交換するというものである。以上のパチンコ業の概要を前提に、通常の経験則をもって判断すれば、パチンコ店は、顧客に貸し出す遊技玉の対価として顧客から貸玉料を受け取るものであり、顧客にパチンコ店の店舗そのものやパチンコ店内に設置された遊技機を利用させる事業であり、景品交換はそのサービスの一環であると評価できる。これに対し、Xは、パチンコ店が収受する貸玉料は顧客からの預り金であり、パチンコ店による景品交換は実質的に返金にあたると主張するが、このような評価は、以下の理由から妥当でない。顧客は、遊技玉を借り受けるにあたり、パチンコ店に対し貸玉料を現金の形で交付するものであるが、顧客はこの貸玉料について、景品交換により獲得した遊技玉に応じた対価を得ることができる可能性はあるものの、パチンコ店から現金の形で返還を受けることはできない。また、顧客は、景品交換に際して、パチンコ店から特殊景品の交付を受け、それを景品換金所で換金することもできるが、景品換金所はパチンコ店とは別個の独立の事業者であるから、顧客がパチンコ店から現金の返還を受けているとはいえない。このように、顧客は、パチンコ店に現金の形で交付した貸玉料につき、パチンコ店から現金の形で返還を受けることはできず、また、そもそも、何らの対価も得られなくなる可能性すらあるというのであるから、パチンコ店が収受する貸玉料を預り金と評価することはできないし、パチンコ店による景品交換をパチンコ店による実質的返金と評価することもできない。

2　パチンコ業は、顧客に貸し出す遊技玉の対価として顧客から貸玉料を受け取り、顧客にパチンコ店の店舗そのものやパチンコ店内に設置された遊技機を利用させ、その一環として景品交換を行うことを内容とする事業であるから、これは「事業として対価を得て行われる資産の譲渡及び貸付け並びに役務の提供」にあたり、その一連の事業内容は「資産の譲渡等」（消法2①八）に該当する。さらに、この一連の事業内容は、消費税法6条1項により消費税を課さないこととされるものには該当しないのであるから、「課税資産の譲渡等」（同法2条1項9号）に該当する。そして、パチンコ店は、その事業を遂行するにあたって、顧客から対価として貸玉料を収受するのであるから、パチンコ店が顧客から収受する貸玉料の総額が課税資産の譲渡等の対価の額となる。

3　パチンコ業に係る役務は、パチンコ店に来店した個々の顧客に対して、それぞれ貸玉料の収受金額に応じて各別に提供されるものであるから、パチンコ業に係る役務の提供の対価関係も、個々の顧客ごとに考えるべきであり、総体としての顧客との関係でこれを考えるべきであるとのXの主張は採用することができない。また、仮に、総体としての顧客との間の景品交換率がX主張のとおりであったとしても、景品交換は、個々の顧客がパチンコ店から貸与を受けた遊技玉を利用して遊戯し、その結果、出玉を獲得した顧客に限って、その量に応じて景品交換を受けることができるのであるから、実質的見地に立って考えてみても、パチンコ店が個々の顧客から収受した貸玉料と、個々の顧客が出玉を獲得してパチンコ店から交付を受けた景品との間に直接的な対応関係はなく、したがって、景品交換は、パチンコ店が顧客から収受した貸玉料の返金として行われるものではないし、遊技玉の「返品又は値引き若しくは割戻し」又は返金に当たるということもできない。

〔コメント〕

消費税の課税標準は、「対価として収受し、又は収受すべき一切の金銭の額」をいうのであるが、課税実務では、売上高から返品額を控除する経理処理も認めている（消基通10-1-15）。そこで、Xは、「パチンコ業における役務の提供の対価は、個々の顧客ごとではなく、総体としての顧客との関係で考えるべきであり、総体の顧客との間の景品交換率は遊技玉の数に換算して90％を超えているから、役務の提供と景品交換による返金との間に対価関係が成り立っていることになり、したがって、顧客から収受した貸玉料から景品交換による返金額を控除した金額が課税資産の譲渡等の対価の額である」と主張した（Xは、仕入税額控除の計算について簡易課税制度を適用しているから、返品等の額を課税標準から控除する方が有利である。）。これに対し、本判決は、判決の要旨3のとおり、「景品交換は、パチンコ店が顧客から収受した貸玉料の返金として行われるものではない。」と説示して、Xの主張を排斥しているところである。

オ　推計による課税標準の算定

所得税法156条は、「税務署長は、居住者に係る所得税につき更正又は決定をする場合には、その者の財産若しくは債務の増減の状況、収入若しくは支出の状況又は生産量、販売量その他の取扱量、従業員数その他事業の規模によりその者の各年分の各種所得の金額又は損失の金額……を推計して、これをすることができる。」と規定（法人税法131条にも同様の規定がある。）し、直接的な資料によらず、各種の間接的な資料等を用いて所得金額を認定する方法を認めている（推計課税）。ただし、青色申告書に係る更正については推計によることができない（所法156、法法131）。

一方、消費税法には推計課税に関する規定が設けられていないことから、消費税の課税標準を推計により算定することができるか否かについては議論がある。かつて、最高裁昭和39年11月13日第一小法廷判決（訟月11巻2号312頁）は、所得税法に推計課税の規定が設けられる以前の事例について、

「所得税法が、信頼しうる調査資料を欠くために実額調査のできない場合に、適当な合理的な推計の方法をもって所得額を算定することを禁止するものではないことは、納税義務者の所得を捕捉するに十分な資料がないだけで課税を見合わせることの許されないことからいっても、当然の事理であり、このことは、昭和25年に至って同法46条の２に所得推計の規定が置かれてはじめて可能となったわけではない。」と判示している。したがって、消費税においても、課税標準の額を推計することが許されるというのが裁判例である。例えば、大阪地裁平成14年３月１日判決（税資252号順号9081〔確定〕）は、「そもそも所得税法156条の推計課税は、課税標準を実額で把握することが困難な場合、税負担公平の観点から、実額課税の代替手段として、合理的な推計の方法で課税標準を算定することを課税庁に許容した制度であり、かかる制度趣旨は消費税においても当てはまるのであるから、消費税法による課税においても推計課税をすることが許されるというべきである。」と判示している。もとより、推計課税は、推計の必要性がある場合にのみに許され、その必要性がない場合には、実額による課税のみが許されるものと解されているから、消費税における課税標準額の推計に当たっても、推計の必要性が求められることになろう。

なお、推計の必要性があるというためには、①事業者が帳簿書類その他の資料を備え付けてなく、課税標準の額を直接資料によって明らかにすることができないとき（帳簿書類の不存在）、②事業者の帳簿書類の記載内容が不正確で信頼性に乏しいとき（帳簿書類の不備）、③事業者が調査に協力しないため直接資料を入手できないとき（調査非協力）などの事由により、課税庁において実額による課税標準の把握が不可能であることを要すると解されている。

3　特定課税仕入れに係る課税標準

特定課税仕入れに係る消費税の課税標準は、特定課税仕入に係る支払対価の額、すなわち、事業者が特定課税仕入れにつき、対価として支払い又は支払うべき一切の金銭又は金銭以外の物若しくは権利その他経済的な利益の額をいう（消法28②)。「支払うべき」とは、その特定課税仕入れを行った場合の当該特定課税仕入れの価額をいうのではなく、その特定課税仕入れに係る当事者間で授受することとした対価の額をいうのである（消基通10-２-１)。

なお、特定課税仕入れが他の者から受けた特定役務の提供に係るものである場合に、事業者が支払う金額が源泉所得税に相当する金額を控除した残額である場合であっても、特定課税仕入れに係る支払対価の額は、源泉徴収前の金額となる（261頁参照)。

＊　特定役務の提供を受ける事業者が、役務の提供を行う者の当該役務の提供を行うために要する往復の旅費、国内滞在費等の費用を負担する場合のその費用は、特定課税仕入れに係る支払対価の額に含まれる。ただし、当該費用について、役務の提供を行う者に対して交付せずに、役務の提供を受ける事業者から航空会社、ホテル、旅館等に直接支払われている場合において、当該費用を除いた金額を特定課税仕入れに係る支払対価の額としているときは、その処理が認められる（消基通10-２-３)。

4　課税貨物に係る課税標準

保税地域から引き取られる課税貨物の課税標準は、関税の課税価格（通常はC.I.F価格）に、その課税貨物の保税地域からの引取りに係る消費税以外の個別消費税額及び関税に相当する金額を加算した額である（消法28④)。消費税以外の個別消費税には、酒税、たばこ税、揮発油税、地方揮発油税、石油ガス税及び石油石炭税がある（通則法２三)。

＊　関税の額及び消費税以外の個別消費税額には、附帯税（加算税及び延滞税)

の額を含まない（消法28④）。

5　税　率

(1)　消費税率の引上げと軽減税率の導入

平成24年８月の「社会保障の安定財源の確保等を図る税制の抜本的な改革を行うための消費税法の一部を改正する等の法律」（平成24年法律第68号。以下「抜本改革法」という。）により、消費税（地方消費税を含む。以下同じ。）の税率は、平成26年４月１日から８％、同27年10月１日から10％に引き上げることとされ、同26年４月１日には消費税率８％の引上げが実施されたが、平成28年11月の「社会保障の安定財源の確保等を図る税制の抜本的な改革を行うための消費税法の一部を改正する等の法律の一部を改正する法律」（平成28年法律第85号。以下「改正消費税法」という。）により、消費税率10％の引上げは、令和元年10月１日に延長されるとともに、「軽減税率制度」の導入についても、令和元年10月１日以降に行う①飲食料品及び②新聞の譲渡を対象として実施されることとされた。そして、令和元年６月21日「経済財政運営と改革の基本方針2019」（骨太の方針）が閣議決定され、消費税率の引上げや軽減税率制度の導入が明記された。

令和元年10月１日から適用される消費税率等の引上げと同時に、低所得者に配慮する観点から、飲食料品及び新聞の譲渡を対象として軽減税率制度が実施されている（消法29二、平成28年所法等改正附則34①）。また、保税地域から引き取られる課税貨物のうち、飲食料品に該当するものについても軽減税率が適用されている（消法29二）。

消費税等の税率（平成元年10月1日から）

区　分	消費税率	地方消費税率	合計税率
課税資産の譲渡等（軽減対象課税資産の譲渡等を除く。） 特定課税仕入れ 保税地域から引き取られる課税貨物（軽減対象課税貨物を除く。）	7.80%	2.20%	10%
軽減対象課税資産の譲渡等 軽減対象課税貨物	6.24%	1.76%	8%

(2)　軽減対象課税資産の譲渡等

軽減対象課税資産の譲渡等とは、課税資産の譲渡等のうち、次の①及び②に該当するものをいう（消法2①九の二、別表1、平成28年所法等改正附則34①）。

①　飲食料品（酒類を除く。）の譲渡

②　一定の題号を用い、政治、経済、社会、文化等に関する一般社会的事実を掲載する新聞（1週に2回以上発行する新聞に限る。）の定期購読契約に基づく譲渡

また、軽減対象課税貨物とは保税地域から引き取られる課税貨物のうち、上記①の飲食料品に該当するものをいう（消法2①十一の二、別表1の2二、平成28年所法等改正附則34①）。

(3)　「飲食料品の譲渡」の範囲

ア　飲食料品とは

飲食料品とは、食品表示法2条1項に規定する食品（酒類を除く。以下、「食品」という。）をいい、食品と食品以外の資産が一の資産を形成又は構成している一定の資産を含む（消法別表1一）。「食品」とは、人の飲用又は食用に供されるものをいうのであるから、例えば、工業用原料として取引される塩や観賞用・栽培用として取引される植物及びその種子など、人の飲用又は食用以外の用途として取引されるものは、飲食が可能であって

も「食品」に該当しない（消基通５－９－１）。また、食品表示法に規定する「食品」とは、全ての飲食物をいい、医薬品、医薬部外品及び再生医療等製品を除き、食品衛生法に規定する「添加物」を含む（食品表示法２①）。

飲食料品の販売に際し使用される包装材料及び容器（以下、「包装材料等」という。）が、その販売に付帯して通常必要なものとして使用されるものであるときは、その包装材料等も含め飲食料品の譲渡に該当する。ただし、贈答用の包装など、包装材料等につき別途対価を定めている場合の包装材料等の譲渡は、飲食料品の譲渡には該当しない（消基通５－９－２）。

イ　飲食料品に含まれる資産

食品と食品以外の資産があらかじめ一の資産を形成し又は構成しているもので、「一体資産」としての価格のみが表示されているもののうち、次の要件を満たす場合は、飲食料品として、その譲渡全体につき軽減税率が適用される（消法別表１一、消令２の３一、平成28年所法等改正附則34①一、平成28年消令改正附則２）。

①　一体資産の譲渡の対価の額（税抜価額）が１万円以下であること

②　一体資産の価額のうちに食品に係る部分の価額の占める割合として合理的な方法により計算した割合が３分の２以上であること

また、食品と食品以外の資産が一の資産を形成し又は構成している外国貨物で、保税地域から引き取られる「一体貨物」に係る消費税の課税標準である金額が１万円以下であり、かつ、一体貨物の価額のうちに食品に係る部分の価額の占める割合として合理的な方法により計算した割合が３分の２以上のものについては、その貨物全体が軽減対象課税貨物に該当する（消令２の３二）。

＊　食品と食品以外の資産を組み合わせた一の詰合わせ商品について、詰合わせ商品の価格とともに、これを構成する個々の商品の価格を内訳として提示している場合、及び「よりどり３品△△円」との価格を提示し、顧客が自由に組み合わせることができるようにして販売している場合について

は「一体資産」に該当しない（消基通５－９－３）。

＊「一体資産の価額のうちに当該一体資産に含まれる食品に係る部分の価額の占める割合として合理的な方法により計算した割合」とは、事業者の販売する商品や販売実態等に応じ、次のように事業者が合理的に計算した割合によることができる（消基通５－９－４）。

①　一体資産の譲渡に係る売価のうち、合理的に計算した食品の売価の占める割合

②　一体資産の譲渡に係る原価のうち、合理的に計算した食品の原価の占める割合

＊　自動販売機により行われるジュース、パン、お菓子等の販売は、飲食料品を飲食させる役務の提供を行っているものではなく、単にこれらの飲食料品を販売するものであるから、軽減税率の適用対象となる飲食料品の譲渡に該当する（消基通５－９－５）。

(4)「飲食料品の譲渡」に含まれないもの

外食及び一定のケータリングサービスに該当するものは、軽減税率の適用対象とならない（消法別表１一、平成28年所法等改正附則34①一）。

外食……飲食店営業などを営む者が、テーブル、椅子、カウンターその他の飲食に用いられる設備（以下、「飲食設備」という。）のある場所において飲食料品を飲食させる役務の提供をいう（飲食料品を持帰りのための容器に入れ又は包装を施して行う譲渡を含まない。消法別表１一イ）。「飲食店営業などを営む者」とは、食品衛生法に規定する飲食店営業や喫茶店営業を営む者に限られるのではなく、飲食料品をその場で飲食させる事業を営む者が広く含まれるので（消令２の４①、平成28年改正消令附則３①）、屋台や移動販売のように固定的な飲食設備を持たない者であっても、飲食設備で飲食させるために行う飲食料品の提供は、「外食」に該当する（消基通５－９－６）。

＊　飲食設備は、飲食料品の飲食に用いられる設備であれば、その規模や目的を問わないから、例えば、テーブルのみ、椅子のみ、カウンターのみ若しく

はこれら以外の設備であっても、又は飲食目的以外の施設等に設置されたテーブル等であっても、これらの設備が飲食料品の飲食に用いられるのであれば、飲食設備に該当する（消基通５－９－７）。

＊　飲食料品を提供する事業者とテーブルや椅子等の設備を設置し、又は管理している者とが異なる場合において、これらの者の間の合意等に基づきその設備を事業者の顧客に利用させることとしているときの設備は、飲食設備に該当する（消基通５－９－８）。ただし、飲食料品を提供する事業者と何ら関連のない公園のベンチ等の設備は、その事業者から飲食料品を購入した顧客が飲食に利用した場合であっても、飲食設備には該当しない。

＊　飲食目的以外の施設等で行うものであっても、テーブル、椅子、カウンターその他の飲食に用いられる設備のある場所を顧客に飲食させる場所として特定して行う、例えば、次のようなものは、食事の提供に該当し、軽減税率の適用対象とならない（消基通５－９－９）。

①　ホテル等の宿泊施設内のレストラン等又は宴会場若しくは客室で顧客に飲食させるために行われる飲食料品の提供

②　カラオケボックス等の客室又は施設内に設置されたテーブルや椅子等のある場所で顧客に飲食させるために行われる飲食料品の提供

③　小売店内に設置されたテーブルや椅子等のある場所で顧客に飲食させるために行われる飲食料品の提供

④　映画館、野球場等の施設内のレストラン等又は同施設内の売店等の設備として設置されたテーブルや椅子等のある場所で顧客に飲食させるために行われる飲食料品の提供

⑤　旅客列車などの食堂施設等において顧客に飲食させるために行われる飲食料品の提供

＊　事業者が行う飲食料品の提供等に係る課税資産の譲渡等が食事の提供に該当し標準税率の適用対象となるのか、又は持ち帰りのための容器に入れ若しくは包装を施して行う飲食料品の譲渡に該当し軽減税率の適用対象となるのかは、その飲食料品の提供等を行う時において、例えば、当該飲食料品について店内設備等を利用して飲食するのか又は持ち帰るのかを適宜の方法で相手方に意思確認するなどにより判定する（消基通５－９－10）。

ケータリング……課税資産の譲渡等の相手方が指定した場所において行う加

熱、調理又は給仕等の役務を伴う飲食料品の提供をいう（消法別表１一ロ）。

ただし、有料老人ホームや学校給食等における飲食料品の提供のうち所定の基準に該当するものは、軽減税率の対象となる（消令２の４②、平成28年改正消令附則３②）。

＊「課税資産の譲渡等の相手方が指定した場所において行う加熱、調理又は給仕等の役務を伴う飲食料品の提供」は、飲食料品の譲渡に含まないものとされるため、軽減税率の適用対象とならないのであるが、「加熱、調理又は給仕等の役務を伴う」とは、課税資産の譲渡等を行う事業者が、相手方が指定した場所に食材等を持参して調理を行って提供する場合や、調理済みの食材を相手方が指定した場所で加熱して温かい状態等で提供する場合のほか、例えば、①飲食料品の盛り付けを行う場合、②飲食料品が入っている器を配膳する場合、③飲食料品の提供とともに取り分け用の食器等を飲食に適する状態に配置等を行う場合も該当する（消基通５－９－11）。

＊　老人福祉法に規定する有料老人ホーム等を設置し又は運営する者が、外部業者へ当該施設の入居者に対する飲食料品の提供に係る調理等を委託している場合において、受託者たる外部業者の行う調理等に係る役務の提供は、委託者たる当該設置者等に対する役務の提供であることから、軽減税率の適用対象とならない（消基通５－９－12）。

⑸　「新聞の譲渡」の範囲

軽減税率が適用される「新聞の譲渡」とは、一定の題号を用い、政治、経済、社会、文化等に関する一般社会的事実を掲載する週２回以上発行される新聞の定期購読契約に基づく譲渡をいう（消法別表１二、平成28年所法等改正附則34①二）。スポーツ新聞や各業界新聞なども、政治、経済、社会、文化等に関する一般社会的事実を掲載するものであれば、週２回以上発行され、定期購読契約に基づき譲渡する場合は軽減税率が適用される。

＊「１週に２回以上発行する新聞」とは、通常の発行予定日が週２回以上とされている新聞をいうのであるから、国民の祝日及び通常の頻度で設けられている新聞休刊日によって１週に１回以下となる週があっても「１週に２回以

上発行する新聞」に該当する（消基通5－9－13)。

＊　駅売りやコンビニエンスストア等の新聞販売は、定期購読契約に基づくものではないから、軽減税率の対象とならない（国税庁HP「軽減税率制度に関するＱ＆Ａ」【個別事例編】問63参照)。

6　課税標準額に対する消費税額等の計算

(1)　原則（総額割戻し方式）

税率ごとに区分した課税期間中の課税資産の譲渡等の税込価額の合計額に、108分の100又は110分の100を乗じて税率ごとの課税標準額を算出し、それぞれの税率（6.24％又は7.8％）を乗じて売上税額を算出する（消法45①)。

①　軽減税率の対象となる売上税額

軽減税率の対象となる課税売上げ（税込み）	×	$\frac{100}{108}$	＝	軽減税率の対象となる課税標準額
軽減税率の対象となる課税標準額	×	6.24％	＝	軽減税率の対象となる売上税額

②　標準税率の対象となる売上税額

標準税率の対象となる課税売上げ（税込み）	×	$\frac{100}{110}$	＝	標準税率の対象となる課税標準額
標準税率の対象となる課税標準額	×	7.8％	＝	標準税率の対象となる売上税額

③　売上税額の合計額

軽減税率の対象となる売上税額	＋	標準税率の対象となる売上税額	＝	売上税額の合計額

＊　税率ごとの計算により算出された課税標準額に1,000円未満の端数があるときは、その端数を切り捨てる（通則法118①）。

⑵　特例（適格請求書等積上げ方式）

相手方に交付した適格請求書又は適格簡易請求書の写し（電磁的記録を含む。）を保存している場合には、これらの書類に記載した消費税額等の合計額に100分の78を乗じて算出した金額を売上税額とすることができる（消法45⑤、消令62①）。

$$\text{適格請求書又は適格簡易請求書に記載した消費税額等の合計額} \times \frac{78}{100} = \text{売上税額の合計額}$$

＊　取引先ごと又は事業ごとにそれぞれ別の方式によるなど、総額割戻し方式と適格請求書等積上げ方式を併用することができる（消基通15－2－1の2）。

＊　適用税率のみを記載した適格簡易請求書には、消費税額等の記載がないため、適格請求書等積上げ方式によることはできない（消基通15－2－1の2（注1））。

⑶　積上げ計算の特例（令和5年9月30日まで）

積上げ計算の特例は、「税抜価格」を前提に、決済段階で上乗せされる消費税相当額の1円未満の端数処理に伴う事業者の負担等に配慮して、少額・大量の取引を行う小売業者等を念頭に設けられていた特例制度であるが、「税込価格」の表示を行う総額表示が義務づけられたことを踏まえ、「税抜価格」を前提とした積上げ計算の特例は廃止された（平成16年4月1日）。しかし、総額表示が義務づけられるまで「税抜価格」を前提とした値付け等を行ってきた事業者が多いこと、また、「税込価格」を基に計算するレジシステム等に変更する必要がある場合でも、レジシステム等の変更にはある程度時間を要すると考えられることなどを踏まえ、総額表示へスムーズに移行するために、次の経過措置が設けられている（平成15年消規改正附則２②～⑤、平成28年消規改正附則12）。

＊　旧消費税法施行規則22条１項は、課税事業者が、課税資産の譲渡等に係る決済上受領すべき金額を、その課税資産の譲渡等の対価の額（本体価格）とその課税資産の譲渡等に課されるべき消費税等相当額とに区分して領収する場合において、その消費税等相当額の１円未満の端数を処理しているときには、その端数を処理した後の消費税等相当額の課税期間中の合計額を基礎として、その課税期間の課税標準額に対する消費税額とすることができるというものである。

① 「総額表示義務の対象とならない取引（事業者間取引等）」

代金の決済に当たって、取引の相手方へ交付する領収書等で、その取引における「課税資産の譲渡等の対価の額（税抜価格）の合計額」と「消費税等相当額」（税抜価格の合計額に税率を乗じて１円未満の端数を処理した後の消費税等の額）を税率の異なるごとに区分して明示している場合には、積上げ計算の特例を適用することができる。

② 「税込価額」を基礎とした代金決済を行う取引

一の領収単位ごとに、税率の異なるごとに区分して合計した課税資産の譲渡等の税込価額を領収書等に明示し、かつ、標準税率が適用される課税資産の譲渡等の税込価額の合計額に110分の10を乗じて算出した金額（１円未満の端数処理後、以下同じ）及び軽減税率が適用される課税資産の譲渡等の税込価額の合計額に108分の８を乗じて算出した金額を、それぞれ当該領収書等に明示しているときは、当該明示した金額を基礎として、積上げ計算の特例を適用することができる。

③ 総額表示義務の対象となる取引で「税抜価格」を基礎とした代金決済を

行う場合

上記①と同様に、積上げ計算の特例を適用することができる。

裁判例の紹介㊸

販売した商品ごとに消費税額を計算し、その合計額を「課税標準に対する消費税額」とすることができるかが争われた事例

（東京高裁平成12年3月30日判決・判時1715号3頁）

〔事案の概要〕

スーパーマーケットを経営するX（原告･控訴人）は、消費税法施行規則（平成7年改正前のもの、以下、消費税法を「法」といい、同法施行規則を「規則」という。）22条1項の規定を適用して、平成元年から平成4年までの各課税期間に係る消費税の申告をしたところ、Y（税務署長、被告･被控訴人）は、Xの店舗等における商品販売代金の決済方法が「課税資産の譲渡等の対価の額」と「消費税額に相当する額」とに区分して領収している場合に該当しないから、規則22条1項の適用は認められないとして、法45条1項が規定する税額計算方式（総額計算方式）により更正処分等をした。Xの消費税額の計算は、1日単位で、全売上額を商品の種類ごとに分類し、これを売上個数で除して単品ごとの消費税額を算定し、その1円未満の端数を切り捨てて合算するという方法（以下、「単品ごと積上計算方式」という。）である。

〔争点〕

顧客に販売した個々の商品の売上単価に消費税率を乗じて1円未満の端数を切り捨てて算出した金額により、積上げ計算の特例を適用することができるか。

〔判決の要旨〕

1　規則22条１項は、例えばスーパーマーケットのような多数商品の販売業者等が、その複数商品の販売についての決済において受領すべき金額を商品の対価の額（本体価格）と消費税相当額とに区分して領収した場合において、消費税相当額の１円未満の端数処理を行ったときは、課税期間中の課税標準の金額の合計額（課税標準額）に税率を乗じて消費税額を算定するという法45条１項の規定にかかわらず、端数処理をした後の消費税相当額を基礎として納付すべき消費税額を算定することを許容するものであり、このような決済ごと積上計算方式による場合は、原則として本体価格と区分して領収され、かつ、１円未満の端数処理が行われた消費税相当額については、その合算額をもって課税すべき消費税額とすることができるものと解される。税額の端数を切り上げることは、法定の税額以上の納付につながるから、１円未満の端数処理においては、一般には切捨てとならざるを得ないと解されるが、規則22条１項に規定する右のような決済ごと積上計算方式は、決済ごとに消費税相当額の１円未満の端数の切捨てを行うこととなるから、この合算額たる納付すべき消費税額は、法45条１項に規定する総額計算方式によって消費税額を算定する場合に比べると、決済の回数が多くなるほど税額の減少をもたらすものであると考えることができる。このような規則22条１項の立法趣旨は、法45条１項の原則的方法である総額計算方式が必ずしも消費者に税の最終負担をさせた実態に即応した算定方式とはいえないのに対して、税負担の若干の減少の余地を認めつつ、消費者の最終負担の実態に即応して納税義務を課することを実現しようとするものと解され、消費税の課税構造、又は税制改革法11条の趣旨に適うものであるということができる。

2　規則22条１項は、複数の課税資産である商品を一括して譲渡し、一括して代金を受領する場合、消費税相当分を領収するについては、単品ごとにその対価に消費税率を乗じて合算して算出するか、一括した合計代金に消費税率を乗じて算出するかについて明確に規定していない。しかしながら、取引通念上、複数商品の一括取引において、「決済上受領すべき金額」とは一括受領代金合計額を意味するものと考えられており、これを個々の商品ごとの「決済」として個々の商品の代金を受領しているものと観念されていない。したがって、例えば小売業者等において販売する複数商品の一括代金決済において、本体価格分の合計額とこれに対する消費税相当額分とを区分して領収し、消費税相当額の１円未満の端数処理をしたときは、その取引の実態に即して右規則22条１項の適用があり、右の複数商品の一括代金決済において、観念的に単品ごとに本体価格分と消費税相当額分とを区分し、単品ごとに消費税相当額の１円未満の端数処理を行うことを認める趣旨のものではないことは明らかである。もっとも、個々の商品に外税方式で本体価格と消費税相当額とが分別表示され、その合計額が明示されて取引されている場合や、個々の商品に内税方式で定価及び本体価格が明示され、個々の消費税相当分が計算上明らかにされて取引されている場合（例えば書籍）に、複数の右商品を一括購入して代金を一括して本体価格の合計額と消費税相当額の合計額の総額を払うときは、消費者は単品ごとに消費税を負担し、小売業者等も単品ごとに消費税を受領することになる（以下、この取引例の場合を「単品ごと計算取引」という。）から、その取引の実態に即して、結果として単品ごと積上計算方式により納入すべき消費税を算定することは右規則22条１項の認める範囲といわざるを得ない。

3　Ｘが本件店舗等で採用した商品の価格表示は、各商品につき税額の表示があるから一応外税方式の外観をとるものということができるが、本来定価の103分の３の値引きをし、その値引きの後の価格に消費税の税率100分の３を乗じて当初の定価を復活させるものであり、しかも、店内の掲示されたチラシには右の値引きと消費税相当額の上乗せの過程は省略する旨の注記があったのであるから、実質的には、内税方式の価格表示であったと認められる。しかしながら、外税方式又は内税方式のいかんにかかわらず、規則22条1項に規定する決済ごと積上計算方式による消費税額の算定を行うには、本体価格と消費税相当額とが区分されたうえで代金領収又は代金支払がされなければならないものであるところ、客が購入した各商品の代金支払の際に本件店舗等で発行するレシートには、何ら消費税相当額の表示はなく、また、本件店舗等の販売員と客の意識の上でも、店内掲示のチラシ等には値引きと消費税相当額の上積みの過程は省略するとの注記があったほどであるから、消費税相当額はすべて値引額と認識されていたと推認され、現実に販売又は購入した各商品の消費税相当額の合算額を明示的に認識し、確認する手段がないのであるから、本体価格と消費税相当額とが区分されて領収されたあるいは区分されて支払ったという認識を有していなかったと推認されるから、前述の単品ごと計算取引が本件店舗等において現実にはされていたと認めることはできない。

〔コメント〕

Xは、消費税が施行された際に消費税相当分を値引きするという営業方針をとり、店舗内に、値引額を価格の103分の3、値引き後の価格の100分の3を消費税額とする旨のチラシを掲示し、各商品にも、例えば、売値が79円であれば、「－2円＋2円」と表示していたが（下図参照）、レシートには区分された消費税額の表示がなかった。本件は、消費税法28条1項、同法施行規則22条1項の適用に当たって、Xの採用する「単品ごと積上計算方式」が認められるかどうかが主たる争点である。本判決は、規則22条1項に規定する「決済ごと積上計算方式」は例外的な計算方式であるところ、Xが行っている代金決済は、決済上商品の本体価格と消費税相当額とが区分して領収していると認めることができないとして、同規則の適用を否定している。

チラシの表示

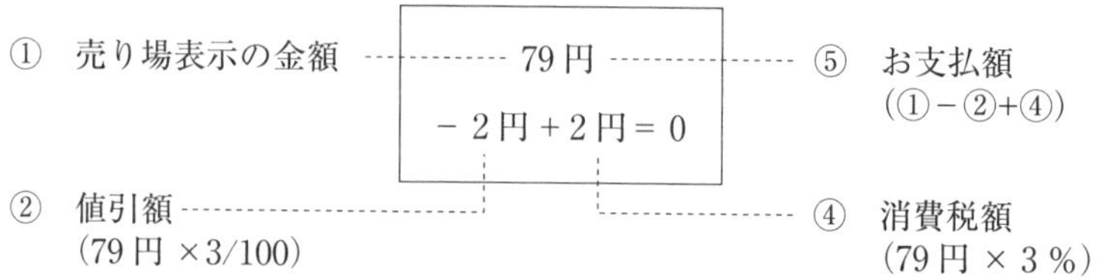

なお、Ｘは上告したが最高裁第三小法廷平成16年11月30日決定（税資254号順号9843）は、上告棄却している。

⑷　中小事業者に係る税額計算の特例

軽減税率制度の実施に伴い、税率の異なるごとに取引等を区分するなどの経理（区分経理）を行う必要があるが、区分経理をすることが困難な中小事業者（基準期間における課税売上高が5,000万円以下の事業者）を対象に税額計算の特例が設けられている。この特例が適用できる期間は、令和元年10月１日から令和５年９月30日までの期間である（平成28年所法等改正附則38①～④）。

①　仕入れを税率ごとに管理できる卸売業・小売業を営む中小事業者（小売等軽減仕入割合の特例）

課税資産の譲渡等の額（税込価額） × 小売等軽減仕入割合 ＝ 軽減対象資産に係る課税売上高（税込価額）

②　上記①の特例を適用する事業者以外の中小事業者（軽減売上割合の特例）

課税資産の譲渡等の額（税込価額） × 軽減売上割合 ＝ 軽減対象資産に係る課税売上高（税込価額）

③　上記①及び②の特例の適用が困難な中小事業者

課税資産の譲渡等の額（税込価額） × 50% = 軽減対象資産に係る課税売上高（税込価額）

＊　この特例は、主として軽減対象資産の譲渡等を行う事業者に適用される。主として軽減対象資産の譲渡等を行う事業者とは、適用対象期間中に国内において行った課税資産の譲渡等の対価の額のうち、軽減対象資産の譲渡等の対価の額の占める割合が概ね50%以上である事業者をいう（措置通23）。

小売等軽減仕入割合の計算

$$\text{小売等軽減仕入割合} = \frac{\text{卸売業・小売業に係る軽減税率対象資産の課税仕入れ等の額（税込）}}{\text{卸売業・小売業に係る課税仕入れ等の額（税込）}}$$

軽減売上割合の計算

$$\text{軽減売上割合} = \frac{\text{通常の事業を行う連続する10営業日中の軽減対象資産の譲渡等の額（税込）}}{\text{通常の事業を行う連続する10営業日中の課税資産の譲渡等の額（税込）}}$$

7　総額表示の義務づけ

総額表示とは、消費者が商品などの購入を判断する前に、「消費税等の額を含んだ価格」が一目で分かるように、商品の値札などに税込価格を表示することをいう。課税事業者が消費者に対して商品等の販売や役務の提供などの取引を行うに際に、あらかじめ取引価格を表示する場合には、商品等の税込価格を表示（総額表示）しなければならない（消法63）。

＊　総額表示の義務づけは、平成16年度の税制改正により導入された。それまで価格の表示方法等については、特別の規定が設けられてなく、各事業者の判断に委ねられており、例えば、①「1,000円（税抜）」（本体価格のみの表示）、②「1,000円＋税50円」（本体価格＋消費税等の額を表示）、③「1,050円（税込）」（税込価格のみの表示）、④「1,050円（本体1,000円）」（税込価格＋本体価格の表示）、⑤「1,050円（税50円）」（税込価格＋消費税等の額を表示）、⑥「1,050円（本体1,000円、税50円）」（税込価格＋本体価格＋消費税等の額を表示）のように各事業者によって表示方法が異なっていた。

⑴　総額表示の対象となる取引

事業者は、不特定かつ多数の者に対して、商品の販売、役務の提供などを行う場合、いわゆる小売段階の価格表示をするときには総額表示が義務づけられる。総額表示義務があるのは、課税事業者に限られ、免税事業者は対象外である。また、「専ら他の事業者に課税資産の譲渡等を行う場合」（事業者間取引）も総額表示義務の対象から除かれる（消法63）。

会員のみが利用できる会員制の店舗等であっても、当該会員の募集が不特定かつ多数の者を対象として行われている場合には、「不特定かつ多数の者に課税資産の譲渡等……を行う場合」に該当する（消基通８－１－２）。また、「専ら他の事業者に課税資産の譲渡等を行う場合」とは、資産又は役務の内容若しくは性質から、およそ事業の用にしか供されないような資産又は役務の取引であることが客観的に明らかな場合をいい、例えば、①建設機械の展示販売、②事業用資産のメンテナンスなどの取引がこれに該当する（消基通８－１－３）。

⑵　表示方法の具体例

総額表示とは、課税事業者が取引の相手方である消費者に課税資産の譲渡等を行う場合において、あらかじめその資産又は役務の取引価格を表示するときに、税込価格を表示することをいう。したがって、表示された価格が税込価格であれば「税込価格である」旨の表示は必要なく、また、税込価格に併せて「税抜価格」又は「消費税額等」が表示されていても差し支えないので、例えば、①11,000円、②11,000円（税込)、③11,000円（税抜価格10,000円)、④11,000円（うち消費税額等1,000円)、⑤11,000円（税抜価格10,000円、消費税額等1,000円）のような表示がこれに該当する（消基通18－１－１)。

(3) 対象となる表示媒体

「総額表示」の義務づけは、消費者に対して商品やサービスを販売する課税事業者が行う価格表示を対象とするもので、それがどのような表示媒体によるものであるかを問わない。例えば、次に掲げるようなものがこれに該当する（消基通18－１－７)。

① 値札、商品陳列棚、店内表示等による価格の表示

② 商品、容器又は包装による価格の表示及びこれらに添付した物による価格の表示

③ チラシ、パンフレット、商品カタログ、説明書面その他これらに類する物による価格の表示（ダイレクトメール、ファクシミリ等によるものを含む。)

④ ポスター、看板（プラカード及び建物、電車又は自動車等に記載されたものを含む。)、ネオン・サイン、アドバルーンその他これらに類する物による価格の表示

⑤ 新聞、雑誌その他の出版物、放送、映写又は電光による価格の表示

⑥ 情報処理の用に供する機器による価格の表示（インターネット、電子メール等によるものを含む。)

第6章　税額控除等（その1）

消費税は、事業者が国内において行った課税資産の譲渡等を課税の対象とする多段階課税であって、税の累積を避けるために仕入れに含まれている消費税額を控除する方式、いわゆる前段階税額控除方式を採用している。課税資産の譲渡等に係る消費税額から控除する項目は、①仕入れに係る消費税額、②売上げに係る対価の返還等をした場合の消費税額、③特定課税仕入れに係る対価の返還等を受けた場合の消費税額、④貸倒れに係る消費税額である。これらの税額控除等については、事業者が帳簿への記載及びその帳簿及び請求書等を保存していないと適用されない。

なお、中小事業者については、仕入れに係る消費税額を売上高から計算することができる簡便法（簡易課税制度）が設けられている。

1　仕入税額控除

(1)　概　要

課税事業者は、その課税期間における課税標準額に対する消費税額から、その課税期間中に国内において行った課税仕入れに係る消費税額及び特定課税仕入れに係る消費税額並びに保税地域から引き取った課税貨物に課された又は課されるべき消費税額の合計額を控除することができる（消法30①）。

ただし、課税仕入れ等であっても、課税売上げに結びつかないもの（非課税売上げに対応する課税仕入れ等）については、課税の累積が生じないため仕入税額控除の対象とはならない。この場合の「課税仕入れ」とは、事業者が事業として他の者から資産を譲受け若しくは借受け又は役務の提供を受けることをいい、所得税法28条1項に規定する給与等を対価として役務の提供を受けることは除かれる（消法2①十二）。また、「課税仕入れ」は他の者が事業として資産を譲渡し若しくは貸付け又は役務の提供をしたとした場合に課税資産の譲渡等に該当することとなるもので、輸出免税その他の法律又は条約により消費税が免除されるもの以外のものに限られる（消法2①十二）。

課税仕入れのうち、国外事業者から受けた「消費者向け電気通信利用役務の提供」については、当分の間、仕入税額控除の対象外とされている（平成27年所法等改正附則38①）。ただし、適正な申告納税を行う蓋然性が高いと考えられる一定の事業者（登録国外事業者）から受ける「消費者向け電気通信利用役務の提供」については、一定の帳簿及び請求書等の保存を要件として、仕入税額控除の適用が認められる。

もっとも、インボイス制度が開始される令和5年10月1日以後の取引にあっては、一定の事項を記載した帳簿及び適格請求書等の保存が仕入税額控除の要件となるので、上記の経過措置の適用がない。

＊　登録国外事業者とは、「消費者向け電気通信利用役務の提供」を行う課税事業者である国外事業者で国税庁長官の登録を受けた事業者をいう（平成27年所法等改正附則39①）。登録国外事業者は、登録を受けた日の属する課税期間の翌課税期間以後について、例えば、その課税期間の基準期間及び特定期間における課税売上高が1,000万円以下であっても、事業者免税点制度は適用されない（平成27年所法等改正附則39⑩）。

裁判例の紹介㊹

免税事業者が課税事業者選択届出書を提出していない場合には、仕入税額控除を行うことができないとされた事例

（和歌山地裁令和3年10月26日判決・税資271号順号13621）

〔事案の概要〕

本件は、免税事業者であったＸ（原告）が、購入した中古マンションの購入価格に消費税等が含まれていたとして、消費税法30条１項に基づき仕入税額控除を行い、還付金を求めて、本件課税期間（平27.6.1～平28.5.31）における確定申告書及び修正確定申告書を提出したところ、所轄税務署長から、Ｘは免税事業者であるため、仕入税額控除を行えず、消費税等の還付を受けることができないとして、還付すべき税額はないことを内容とする更正処分等を受けた。

〔争点〕

本件課税期間における消費税等につき還付を受けることができるか。

〔判決の要旨〕

1　消費税法30条１項によれば、仕入代金に含まれる消費税につき、仕入税額控除をすることができるのは、同法９条１項本文に定める免税事業者以外の事業者であるから、免税事業者は仕入税額控除の不足額に相当する消費税の還付請求権を有しない。もっとも、同条４項によれば、「課税事業者選択届出書」を所轄の税務署長に提出した場合には翌課税期間以後は同条１項本文の適用が除外される。

2　Ｘは、消費税法９条１項本文に該当する者であるところ、本件課税期間の初日の前日までに「課税事業者選択届出書」を所轄税務署長に提出していないから、同条４項により同条１項本文の適用が除外されることもない。したがって、Ｘは、同法９条１項本文に定める免税事業者に該当し、仕入税額控除の不足額に相当する消費税の還付請求権を有しない。

〔コメント〕

仕入税額控除の対象となる事業者は課税事業者に限られており、免税事業者にあっては、「課税事業者選択届出書」の提出がないと、仕入税額控除が適用されないことは明らかである。Xは、本判決を不服として「事前に、課税事業者選択届出書を提出することの難しい零細業者であるXにとって、同届出書の有無で仕入税額控除の可否が決定され、消費税の還付を受けることができないのは、納税の公平性には反する。」と主張して控訴をしている。大阪高裁令和4年5月31日判決（公刊物未登載）は、「免税業者が課税事業者になることを選択する場合に『課税事業者選択届出書』を予め課税期間の前に提出することを要求するのは、当該課税期間にその事業者が課税事業者であることを明確にし、消費税等の確定申告を正確かつ速やかに行うことに必要であるし、零細業者全てが年間課税売上高や取引相手の予測が難しいわけではないことから、免税事業者となるか、課税事業者となるかの選択を事業者の判断に委ねているのであり、課税事業者となる要件に不公平な事情を認めることはできず、納税者間の公平性を害するものではない。」と説示した上で、Xの控訴を棄却している。

(2) 課税仕入れ

ア 事業として行われるもの

「課税仕入れ」とは、事業として行われる資産の譲受け等をいうから（消法2①十二）、棚卸資産の購入のほか、設備投資や事務用品の購入など、事業の遂行のために必要な全ての取引が含まれる。もっとも、法人の課税仕入れはすべて仕入税額控除の対象となるが、個人事業者の家事消費又は家事使用のための仕入れは、課税仕入れに該当しない（消基通11-1-1）。また、個人事業者が資産を購入した場合において、その資産のうちに家事消費又は家事使用に係る部分があるときは、事業として購入したものではなく、消費者の立場で購入したのであるから、課税仕入れに該当しない。家事と事業の用途に共通して消費し又は使用する部分は、その支払対価の額を合理的な基準（当該資産の消費又は使用の実態に基づく使用率、使用面積割合等）により課税仕入れの額を計算する（消基通11－1－4）。

なお、消費者又は納税義務を免除される事業者から事業として資産の譲受け等を行った場合であっても、課税仕入れに該当する（消基通11－1－3）。

＊　インボイス発行事業者以外の者からの課税仕入れは、原則として、仕入税額控除は適用されない。

＊　事業者が課税仕入れ（その課税仕入れに係る資産が金又は白金の地金である場合に限る。）の相手方が本人確認書類を保存しない場合、その保存がない課税仕入れについては、仕入税額控除の適用を受けることができない。ただし、災害その他やむを得ない事情により、その保存をすることができなかったことをその事業者が証明した場合には、仕入税額控除の適用を受けることができる（消法30⑪）。

裁判例の紹介㊺

香港へ輸出したとする商品購入は課税仕入れに該当しないとした事例

（東京地裁平成31年2月20日判決・税資269号順号13244）

（東京高裁令和元年11月6日判決・税資270号順号13337〔確定〕）

〔事案の概要〕

商品を香港へ輸出する事業を営んでいたX（原告・控訴人）は、1月ごとに区分した平成23年2月1日から平成25年11月30日までの各課税期間につき、国内の卸売事業者等から商品を買い付けたとする取引を自らが国内において行った課税仕入れに該当するものとして、消費税の還付申告をしたところ、所轄税務署長は、その課税仕入れに係る支払対価の額が課税仕入れに係る支払対価の額と認められないなどとして、各更正処分等をした。

〔争点〕

本件仕入金額は「課税仕入れに係る支払対価の額」に当たるか。

〔判決の要旨〕

1　Xは、香港などに所在する複数の卸売・小売事業者（以下「香港等事業者」という。）からの委託を受けて、国内事業者から商品を買い付けたとする取引（以下、「各取引」という。）が国内において行った課税仕入れに該当するものとして、その取引金額を課税仕入れに係る支払対価の額として計上しているところ、Xが行った各取引が課税仕入れに該当するというには、Xが各取引により資産を譲り受けた事業者と認められる必要があり、そのためには、Xと国内事業者との間に売買契約があったと認められることが必要というべきである。

2　Xと国内事業者との間では、契約書等が作成されておらず、他方において、その国内事業者は、香港等事業者との間で売買基本契約を締結しており、取引の相手方を香港等事業者とする国内取引として経理処理を行っている。また、国内事業者のサービスを利用してその商品を購入するためには、いずれも会員登録をすることが必要であるが、Xは会員登録をしていない。そうすると、各取引においては、Xと国内事業者との間に売買契約があったといえる外形的根拠はない。

3　各取引の実質をみても、Xは、発注する商品の内容や数量の決定に関与しておらず、これらを決定しているのは香港等事業者であり、また、代金については、Xがその支払に関与しない場合もある上、関与する場合であっても、国内事業者に商品代金を支払った後、その支払額から消費税等相当額を控除し、手数料を加算した金額を香港等事業者に請求するというものであり、商品代金額の決定自体にXの意思が介在するものではなく、その実質は立替払であるといえる。こうしたことからすれば、Xは、各取引において売買契約の当事者として関与していたとはいい難く、国内事業者と香港等事業者との間の売買契約において、商品の引渡しや代金の支払といった事実行為に関与していたにとどまるものというべきである。したがって、各取引の外形面、実質面のいずれからみても、Ｘと各国内事業者との間に売買契約があったと認めることはできない。

4　Ｘは、消費税法において、実質判断よりも外形要件が優先されると解すべきであるから、各取引については、輸出許可書の名義人であり、外形要件を具備したＸを輸出免税の適用者とし仕入税額控除を適用することができる旨主張するが、同法７条の規定の文言に照らすと、同条１項は、取引の主体ではなく、取引の内容・態様に着目して消費税の免除の要件を定めていることが明らかであり、同条１項により消費税を免除されるには、事業者が国内において課税資産の譲渡等のうち同項各号に掲げる資産の譲渡等に該当するものを行ったことを要するものと解される。これを本件についてみると、各取引について、Ｘは輸出許可書の名義人であったというにとどまり、Ｘと国内事業者との間に売買契約があったとは認められず、Ｘが本件各取引により資産を譲り受けたとはいえないのであるから、Ｘは、本件各取引について輸出免税の適用を受けることはできず、輸出免税の適用者として仕入税額控除の適用があるという余地はない。

〔コメント〕

「課税仕入れ」とは、事業として行われる資産の譲受け等をいうから、仕入税額控除の適用に当たっては、資産の譲受け等が誰であるか問われることも少なくない。本件は、香港へ輸出する事業者Ｘについて、国内の事業者等から商品を買い付けたとする取引が「課税仕入れ」に該当するか否かが争点となっている。本判決は、Ｘと国内事業者との間の取引を詳細に認定した上で、

「各取引の外形面、実質面のいずれからみても、Xと国内事業者との間に売買契約があったと認めることはできない。」と判断している。また、Xは、香港等事業者からの買付け業務を受託しており、商品買付けに係る役務を提供する者であるから、消費税法基本通達10−1−12(2)の適用によって、各取引の商品代金額は「課税仕入れに係る支払対価の額」になる旨の主張もしたが、本判決は、「委託者の計算において資産の譲渡ないし譲受けが行われる委託販売及び委託買い付けにおいても、販売ないし買い付けの取引自体は受託者が売買契約の当事者となって行われるものであり、そうであるからこそ、当該取引における資産の譲渡ないし譲受けが当該受託者にとっての課税資産の譲渡等ないし課税仕入れとなり得るのであって、同通達の定めもこのことを当然の前提とするものと解される。」とした上で、Xは売買契約の当事者ではなく、事実行為に関与したにとどまるものといえるから、各取引の商品代金額をXの「課税仕入れに係る支払対価の額」とすることはできないとして、Xの主張を排斥している。

＊　類似の裁判例については、180頁を参照されたい。

イ　給与等を対価とする役務の提供以外のもの

「給与等を対価とする役務の提供」は課税仕入れから除かれる（消法2①十二)。「給与等」には、俸給、給料、賃金、賞与及びこれらの性質を有する給与のほか、過去の労務の提供を給付原因とする退職金、年金等も含まれる（消基通11−1−2）。

裁判例の紹介㊻

電気配線工事等に従事していた支払先は、自己の計算と危険において独立して電気配線工事業等を営んでいたものと認めることができないとされた事例

（東京高裁平成20年4月23日判決・税資258号順号10947）

（最高裁平成20年10月10日第二小法廷決定・税資258号順号11048は上

告棄却）

〔事案の概要〕

株式会社Ｘ（原告・控訴人・上告人）は、Ｘの業務に従事した者6名（以下「本件支払先」という。）に対して支払った金員を課税仕入れに係る支払対価の額に該当するとして消費税等の確定申告をしたところ、Ｙ（税務署長、被告・被控訴人・被上告人は国）から、同金員は給与等であり、課税仕入れに係る支払対価の額に該当しないとして更正処分等を受けた。事実関係は次のとおりである。

① Ｘは、訴外Ｂ社専属の下請会社として、Ｂ社との間で工事請負基本契約書を交わした上、ビルディングの電気配線工事及び電気配線保守業務等を請け負っている。

② 本件支払先は、Ｘとの間で1日の労務に係る対価の額（いわゆる日当）を口頭で約束し、ＸがＢ社から請け負った電気配線工事等に従事し、それぞれが作業に従事する各仕事先において、Ｘ代表者又は元請業者であるＢ社の職員の指揮監督の下、電気配線工事等の作業に従事していた。

③ 本件支払先は、仕事先で使用する材料（電線等）をＸ又はＢ社から無償で支給されており、仕事先で作業するに当たり使用する工具及び器具等のうち、ペンチ、ナイフ、ドライバー等は各自で用意していたが、作業台、脚立、夜間照明用の発電機及び足場等の工具及び器具等はＢ社から無償で貸与されており、また、仕事先で着用する作業着はＸから無償で貸与されていた。

④ 本件支払先は、電気配線工事等に従事するに当たり、Ｘに対して、現場名、出勤日、残業時間及び夜間勤務日等を記載した「出勤簿」と題する書面等を作成し、これらを提出していた。

⑤ Ｘは、本件支払先から提出された書面に基づき、本件支払先に対す

る支払金額として、１日当たりの「基本給」に仕事先における従事日数を乗じた金額のほか、１時間当たりの「残業給」に残業時間を乗じた金額、遅刻減給に係る金額、消費税等の金額及びこれらの金額の合計額等を記載した「労務費明細書」を作成し、これに基づき本件支払先へ金員を支払った上、当該支出金を外注費として経理し、給与等の源泉徴収の対象とせず、課税仕入れに係る支払対価の額として、消費税等の申告を行った。

⑥　Ｘは、本件支払先が受診した定期健康診断の費用のほか、本件支払先に対して食事代、慰労会及び忘年会等の費用の一部を負担し、これらの負担額を福利厚生費として経理していた。

〔争点〕

本件支払先に対して支払った金員は給与等に該当するか。

〔判決の要旨〕

1　本件支払先は、Ｘから指定された仕事先においてＸ又はＢ社の職員の指示に従い、電気配線工事等の作業に従事し、１日当たりの「基本給」に従事日数を乗じた金額、約２割５分増しの「残業給」に従事時間を乗じた金額及び５割増しの夜間の「基本給」に従事日数を乗じた金額の合計額から遅刻による減額分を差し引かれた金員を労務の対価として得ていたこと、この間、Ｘに常雇される者として他の仕事を兼業することがなかったこと、仕事先で使用する材料を仕入れたことはなかったこと、ペンチ、ナイフ及びドライバー等のほかに本件支払先において使用する工具及び器具等その他営業用の資産を所持したことはなかったことなどが認められるところ、さらに、Ｘが本件支払先に係る定期健康診断の費用を負担していたこと、Ｘが福利厚生費として計上した費用をもって本件支払先に無償貸与する作業着を購入していたことなどを総合的に考慮すると、その労務の実態は、いわゆる日給月給で雇用される労働者と変わりがないものと認めることができるから、このような本件支払先について、自己の計算と危険において独立して電気配線工事業等を営んでいたものと認めることはできない。

2　本件支払先は、Ｘに対し、ある仕事を完成することを約して（民法632参照）労務に従事していたと認めることはできず（Ｘは本件支払先に対し作業時間に従って労務の対価を支払っており、達成すべき仕事量が完遂されない場合にも、それを減額したりはしていない。）、労働に従事することを約して（民法623参照）労務に従事する意思があったものと認めるのが相当であり、実際、Ｘと本件支払先の契約関係では、他人の代替による労務の提供を容認しているとは認めることができないこと（民法625②参照）、本件支払先はＸ又はＢ社の職員の指揮命令に服して労務を提供していたことが認められることなどからすると、本件支払先による労務の提供及びこれに対するＸによる報酬の支払は、雇用契約又はこれに類する原因に基づき、Ｘとの関係において空間的（各仕事先の指定等）又は時間的（基本的な作業時間が午前８時から午後５時までであること等）な拘束を受けつつ、継続的に労務の提供を受けていたことの対価として支給されていたものと認めるのが相当である。

3　本件では、本件支払先による労務の提供及びこれに対するＸによる報酬の支払は、雇用契約又はこれに類する原因に基づき、Ｘとの関係において空間的又は時間的な拘束を受けつつ、継続的に労務の提供を受けていたことの対価として支給されていたものと認めるのが相当であるから、所得を事業所得、給与所得等に分類し、その種類に応じた課税を定めている所得税法の趣旨及び目的や、他の給与所得者等との租税負担の公平の観点等に照らし、本件各課税期間における本件支払先に対する本件支出金の支払は、所得税法28条１項に規定する給与等に該当するものと認めることができる。

〔コメント〕

課税仕入れの対象となる資産の譲受け等からは、所得税法28条１項に規定する給与等を対価として役務の提供を受けることが除かれる（消法２①十二）。Xは、本件支払先との間において請負契約を約定したものであり、Xと本件支払先の間に雇用関係又はそれに類する関係はなく、本件支払先は、Xにおいて労働保険、健康保険及び厚生年金保険の被保険者として取り扱われておらず、いわゆる一人親方として労働者災害補償保険に特別加入しているなどを主張したが、本判決は、「Xによる報酬の支払は、雇用契約又はこれに類する原因に基づき、Xとの関係において空間的又は時間的な拘束を受けつつ、継続的に労務の提供を受けていたことの対価として支給されていたものと認めるのが相当である」と説示して、本件支払金は給与等に当たると結論づけている。

また、Xの主張に対して、本判決は、ある所得が所得税法上の事業所得と給与所得のいずれに該当するかを判断するに当たっては、「当該業務の具体的態様に応じて、その法的性格を判断しなければならないが、法的性格の決定は法律の当てはめであるから、その判断にあたり、当該法律関係について当事者が付した名称や当該契約に対する当事者の理解（主観的意図）を参考とすべきではあるものの、これに拘束されるものではなく、当該業務ないし労務とこれに対する反対給付という当該契約から生ずる各債務（効果意思としての給付内容）の性質から実質的に判断されるべきものであり、その場合、判断の一応の基準として、事業所得とは、自己の計算と危険において独立して営まれ、営利性及び有償性を有し、かつ反覆継続して遂行する意思と社会的地位とが客観的に認められる業務から生ずる所得をいい、これに対し、給与所得とは、雇用契約又はこれに類する原因に基づき使用者の指揮命令に服して提供した労務の対価として使用者から受ける給付をいうものと区別することが相当であり、給与所得については、とりわけ、給与支給者との関係において何らかの空間的又は時間的な拘束を受け、継続的ないし断続的に労務又は役務の提供があり、その対価として支給されるものであるかどうかが重視されなければならない（最高裁昭和56年４月24日第二小法廷判決・民集35巻３号672頁参照）。」と説示しているところである。

＊　東京高裁令和3年8月24日判決（税資271号順号13595、上告受理申立て中）は、従業員から外注先に変更になった塗装作業員に支払った報酬について、「昨今のテレワーク等の普及によって勤務場所を自宅等に移行する場合でも、その場所を使用者に届け出た上で、上司等からの指揮・命令を受け、所定の時間を勤務することが要請されているのが一般的であることも考えると、使用者の指揮監督の下で、一定の場所において継続的又は断続的に労務を提供し、これに対する対価（賃金）が支払われるといった実態には変わりはないから、最高裁昭和56年判決は、その本質的な判断部分については、十分にその妥当性がある。」と説示した上で、その報酬は「課税仕入れに係る支払対価の額」に該当しないと判断している。同様に、東京地裁令和2年9月1日判決（税資270号順号13443〔確定〕は、キャバクラ店が接客業務に従事するキャストに支給した報酬について、給与等に該当すると判示している。

裁判例の紹介㊼

教育機関から講義等を受託した法人がその所属する講師等に支払った金員は、給与等に該当するとされた事例

（東京地裁平成25年4月26日判決・裁判所HP「行集」）
（東京高裁平成25年10月23日判決・裁判所HP「行集」）
（最高裁平成27年7月7日第三小法廷判決・税資265号順号12690は上告棄却）

〔事案の概要〕

株式会社X（原告・控訴人・上告人）は、民間教育機関等から講師による講義等の業務及び一般家庭から家庭教師による個人指導の業務をそれぞれ受託し、かつ、これらの業務に係る講師又は家庭教師としてXと契約を締結して当該業務を行った者に対し、契約所定の金員（以下、「本件各金員」という。）を支払っていた。Xは、本件講師等から本件各金員を対価とする役務の提供を受けたことが課税仕入れに当たるものとして、本件各課税期間（平16.9.1～平17.8.31以後各期間）の消費税等の申告をしたところ、所轄税務署長は、本件各金員を対価とする役務の提供を受けたことは課税仕入れに該当しないとして、更正処分等をした。

〔争点〕

教育機関等から講師による講義等の業務を受託した法人が講師等に支払った金員は、課税仕入れに係る支払対価に該当するか。

〔判決の要旨〕

1　本件各金員は、講義等ないし個人指導の業務に従事した時間数に応じて支払われるものとされているところ、Xと本件講師等との間の契約書等を見ても、本件講師等が個別の各顧客の下において上記の業務に従事している期間中において、講義等ないし個別指導の内容の優劣、具体的な成果の程度、あるいは、Xが本件各顧客との間の契約に基づいて受領する金員の額やその支払の有無により、本件各金員の額やその算定の基礎となる講義等の単価の額が増減するような定めは置かれていない。すなわち、本件講師等は、上記の状況のいかんにかかわらず、Xから講義等ないし個人指導の業務に従事した時間数に応じて本件各金員の支払を受けることができるものとされている。また、本件塾講師は、教育機関等から業務の遂行及びXに対する報告をするに当たり通常必要と認められる物を貸与されるとともに、Xから交通費の支払を受けるものとされており、本件家庭教師については、会員がその交通費を負担することとされ、業務遂行に必要なテキストの引渡しも受けることとされている。一方、Xと本件講師等との間の契約を見ても、講師等において、本件各金員の振込手数料及び事務手数料ないし講師証の代金を負担すべきものとされているものの、当該契約に基づく義務を履行するための費用の負担を義務付ける趣旨の定めは見当たらない。以上に鑑みれば、本件講師等による労務の提供等は、自己の計算と危険によるものとはいい難いものであって、非独立的なものと評価するのが相当である。

2 Ｘと本件各顧客との間の契約及びＸと本件講師等の間の契約の各内容に照らせば、少なくとも、本件教育機関等における講義や本件会員の子弟と対面して行う個人指導の際には、基本的には、Ｘが本件各顧客との間の契約において定めた業務場所や業務時間数に従ってその労務の提供等をすべき義務を負うものというべきであり、また、本件講師等は、上記のような立場にあるＸの指定する方法により、Ｘに対して業務遂行の状況を報告すべき義務を負っているものであって、Ｘから空間的、時間的な拘束を受けているものということができる。

3 Ｘは、従属性が給与所得に該当することの必要要件である旨主張するが、最高裁昭和56年４月24日第二小法廷判決、最高裁平成13年７月13日第二小法廷判決及び最高裁平成17年１月25日第三小法廷判決は、当該所得が給与所得に該当するかどうかに関し、これを一般的抽象的に分類すべきものではなく、その支払（収入）の原因となった法律関係についての当事者の意思ないし認識、当該労務の提供や支払の具体的態様等を考察して客観的、実質的に判断すべきことを前提として、それぞれの事案に鑑み、いわゆる従属性あるいは非独立性などについての検討を加えているものにすぎず、従属性が認められる場合の労務提供の対価については給与所得該当性を肯定し得るとしても、従属性をもって当該対価が給与所得に当たるための必要要件であるとするものではない。

〔コメント〕

消費税の課税仕入れには、所得税法28条１項に規定する給与等を対価として役務の提供が除かれている（消法２①十二）。本判決は、本件各金員が労務の提供等をしたことの対価としての性質を有するものであるとした上で、①従事した時間数に応じて本件各金員が支払われていること、②本件講師等に費用負担がないこと、③本件講師等が業務報告義務を負っており、Xから空間的、時間的な拘束を受けているものということができることを理由に、「本件各金員は、雇用契約に類する原因に基づき提供された非独立的な労務の対価として給付されたもの」であるから、給与等に該当すると結論づけている。多くの裁判例が給与所得該当性の判断基準として「労務の提供等が使用者の指揮命令を受けこれに服してされるものであること」をあげているところ、本判決はこれが給与所得に該当するための必要要件とはいえないと断じている。

他方、鹿児島地裁平成23年３月15日判決（税資261号順号11641）は、税理士業務を行う個人事業者が消費税の申告をした後、専門学校から支払われた税理士講座の講師料が課税売上げに当たらず、この部分を除くと、その課税期間に係る基準期間の課税売上高が1,000万円を超えていないとして、更正の請求をした事案である。裁判所は、①本件講師料は、一定時間の役務の提供に対する対価というよりは、準備や指導に要する時間も含めた１回の講義を単位として支払われる対価というべきであること、②一定のカリキュラムの設定や共通教材の使用は、裁量の幅が限定されていることから、税額の転嫁可能性が否定されるような直接的な指揮命令関係が認められるわけではないこと、③講師側は講師料について交渉の機会を有していること、④講師業を引き受けるか否かについて、講師側の選択の自由度が比較的高いこと、⑤本件講師料に課税した場合には、その税額を講師料へ転嫁することがおよそ期待できないといい得るような事情は認められないことから、本件講師業務は、請負若しくは委任に類する契約に基づいて、事業として行われたものであると認めるのが相当であると結論づけている。

ウ　対価性のあるもの

仕入税額控除の対象となる消費税額は、課税仕入れに係る支払対価の額を基に算出するから（消法30かっこ書）、「課税仕入れ」は対価性のあるものに限られる。

① 現物給付する資産の取得……事業者が役員又は使用人に金銭以外の資産を給付する場合の当該資産の取得が課税仕入れに該当するかどうかは、その取得が事業としての資産の譲受けであるかどうかを基礎として判定する（消基通11-2-1）。

② 職務発明に係る報奨金等……ⓐ特許を受ける権利、実用新案権の登録を受ける権利、意匠を受ける権利又は特許権、実用新案権若しくは意匠権を承継したことにより支給する金銭の支払、ⓑこれらの権利に係る実施権の対価として支給する金銭の支払、ⓒ事務等の合理化、製品の品質改良、経費の節約等に寄与する工夫や考案等により支給する金銭の支払は、課税仕入れに該当する（消基通11-2-2）。

③ 会費、組合費等……事業者がその同業者団体、組合等に対して支払った会費又は組合費等について、当該同業者団体、組合等において、団体としての通常の業務運営のために経常的に要する費用を賄い、それによって団体の存立を図るものとして資産の譲渡等の対価に該当しないとしているときは、当該会費等の支払は課税仕入れに該当しない（消基通11-2-4）。

④ ゴルフクラブ等の入会金……会員資格を得るためのもので脱退等に際し返還されないものについて、その支払は課税仕入れに該当する（消基通11-2-5）。

⑤ 公的施設の負担金等……国、地方公共団体又は同業者団体等において、資産の譲渡等の対価の額に該当しないこととしているものについては、課税仕入れに係る支払対価に該当しない（消基通11-2-6）。

エ　相手方にとって課税売上げとなるもの

「課税仕入れ」は、取引の相手方が事業として資産の譲渡等を行った場合において、課税資産の譲渡等に該当することを要し（不課税取引は除かれる。）、非課税取引となるもの及び免税取引となるものは「課税仕入れ」に該当しない（消法２①十二）。

したがって、支払利息、支払保険料、土地や有価証券の購入費、国際電話料、輸出貨物の海上運賃などは課税仕入れに該当しない。

裁判例の紹介㊽

分譲マンションの区分所有権を取得する際に支払った滞納管理費等は、課税仕入れに該当しないとされた事例

（名古屋高裁平成25年３月28日判決・税資263号順号12188）

（最高裁平成26年４月22日第三小法廷決定・税資264号順号12457は上告棄却）

〔事案の概要〕

X（不動産業者、原告･控訴人・上告人）は、裁判所が実施する不動産競売により取得した区分所有建物合計29戸（以下「本件各マンション」という。）に関して、それぞれ前区分所有者が滞納していた管理費等（以下「本件各滞納管理費等」という。）を本件各管理組合に支払った上で、本件各課税期間（平17.12.1～平18.11.30、平18.12.1～平19.11.30）における消費税等の確定申告に当たり、本件各滞納管理費等を消費税法30条１項の「課税仕入れに係る支払対価の額」に算入し、これに対する消費税額相当分を控除した残額をもって納付すべき消費税額を算定した。これに対して、所轄税務署長は、本件各滞納管理費等を消費税法30条１項の「課税仕入れに係る支払対価の額」に算入することはできないとして、消費税等の更正処分等をした。

〔争点〕

中古マンションの取得に際して前所有者の滞納管理費として支払った金員は、課税仕入れに係る支払対価に該当するか。

〔判決の要旨〕

1　消費税法上、仕入税額控除の対象とされている「課税仕入れに係る支払対価」とは、課税仕入れの目的を達成するために必要な経済的出捐をいい、必ずしも課税仕入れの相手方との間で仕入れの対価として明示的に合意されたものには限られず、課税仕入れの目的を達するために必要である限り、当該課税仕入れの相手方が第三者に対して負う債務を消滅させるための弁済金も含まれるのであり、また、それが当該課税仕入れの相手方との間で直接授受されなければならないものではないと解される。もっとも、流通の各段階で課税するという消費税の性質及び累積課税を避けるという趣旨に鑑みれば、当該経済的出捐が課税仕入れの相手方の第三者に対する債務の弁済である場合に、同相手方の当該債務負担行為が消費税の課税対象とならない不課税取引であるにもかかわらず、課税仕入れに係る仕入税額控除を認めるべき合理的理由は全くなく、そのような債務の弁済金は「課税仕入れに係る支払対価」には該当しないと解するのが相当である。

2　Ｘは、不動産競売によって本件各マンションを買い受け、裁判所書記官に代金を納付してその区分所有権を取得した後、本件各管理組合の求めに応じて本件各滞納管理費等を支払ったというのである。そして、本件各滞納管理費等は、本件各マンションの前区分所有者が滞納していた管理費、修繕積立費、駐車場使用料、上下水道使用料及び組合加入金であり、Ｘは、区分所有法８条の規定により、前区分所有者の特定承継人としてこれを本件各管理組合に支払ったことが認められる。そうすると、本件各管理組合は、課税仕入れである「資産の譲受け」の相手方ではなく、また、本件各滞納管理費等は、本件各管理組合の構成員たる区分所有者が本件各マンションの維持や管理組合の運営に必要な費用を互いに負担し合うために徴収される金員であって、本件各マンションの代金として支払われたものでもないから、本件各管理組合に対して支払われた本件各滞納管理費等は、「資産の譲受け」の対価ではなく、本件各管理組合が行う「役務の提供」の対価として支払われたものでもないことは明らかである。確かに、一般に、区分所有建物の滞納管理費等については、区分所有法8条によって、新所有者も当該債務を負担するから、新所有者としては、完全な所有権を確保するという目的を達成するには、管理組合に対して弁済することを余儀なくされることは否定できない。しかしながら、区分所有建物の管理費等については、その大部分が消費税の課税対象となっていないことはXの自認するところであり、ただ、上下水道料金については、区分所有者がその専有部分で使用したものであっても、管理組合規約等によって管理費等として扱うことが定められている場合には、例外的に消費税が含まれていることがあり得るが、これの管理費等全体に占める割合は極めて小さいと推測される。そうすると、前所有者の滞納管理費等は、基本的に不課税であるといえるので、本件においても、Xが本件各管理組合に支払った本件各滞納管理費等を「課税仕入れに係る支払対価」とみることはできない。

〔コメント〕

「課税仕入れ」とは、事業者が事業として他の者から資産を譲り受けること等をいうが、その相手方が仮に事業として当該資産を譲り渡した場合において、「課税資産の譲渡等」に該当することが必要であり（消法2①十二）、課税仕入れの相手方は、課税事業者及び免税事業者のほか消費者も含まれる（消基通11-1-3）。本判決の原審（名古屋地裁平成24年10月25日判決・税資262号順号12082）は、「課税仕入れに係る支払対価とは、課税仕入れの相手方との間に授受される取引の対価をいうものであることは明らかである。」とした上で、「Xは、不動産競売によって本件各マンションを買い受け、裁判所書記官に代金を納付してその区分所有権を取得した後、本件管理組合の求めに応じて本件各滞納管理費等を支払ったというのであるところ、本件各管理組合は、課税仕入れである『資産の譲受け（本件各マンション譲受け）』の相手方ではなく、また、本件各滞納管理費等は、本件管理組合の構成員たる区分所有者が本件各マンションの維持や管理組合の運営に必要な費用を互いに負担し合うために徴収される金員であって、本件各マンションの代金として支払われたものでもないから、本件管理組合に対して支払われた本件各滞納管理費等は、『資産の譲受け』の対価ではなく、本件管理組合が行う『役務の提供』の対価として支払われたものでもないことは明らかである。」と説示して、本件各滞納管理費等は、「課税仕入れに係る支払対価」には該当しないと判断している。

これに対して、本判決は、判決の要旨1のとおり「課税仕入れに係る支払対価とは、当該課税仕入れの相手方との間で直接授受されなければならないものではないと解される。」と判示して、原審の見解を否定している。その理由として、このような解釈を採れば、不動産競売の場合、納付した買受代金ですら「課税仕入れに係る支払対価」に当たることに疑問が生ずるし（買受代金は直接には裁判所書記官に納付され、担保権者等への配当の後、余剰があった場合のみ前所有者に交付される。）、担保権付き建物の買主が、売買代金の一部を担保権者に直接支払って（第三者弁済）当該担保権を消滅させることを売主と合意した場合にも、完全な所有権を取得するという売買目的を達成するために必要な支出が「課税仕入れに係る支払対価」に当たらないことになりかねないからであるというのである。このように、本判決は、原審の理由を改めた上で、Xが支払った滞納管理費等につき、管理組合の構成員たる区分所有者が各マンションの維持や管理組合の運営に必要な費用を互いに負担し合うために徴収される金員であって、「資産の譲受け」の対価ではないから（不課税取引）、「課税仕入れに係る支払対価」に該当しないと結論づけている。

＊　東京地裁平成９年８月８日判決（行集48巻７＝８号539頁）は、建物の賃貸借契約の合意解除に際し賃借人に支払った立退料は「課税仕入れに係る支払対価」に該当しないとする（99頁参照。）

＊　福岡高裁平成24年３月22日判決（裁判所HP「行集」）は、船舶の建造に係る預託金証書取引につき、金銭債権の譲渡として非課税取引に該当するから、その支払対価は「課税仕入れ」に当たらないとする（87頁参照）。

＊　大阪地裁平成24年９月26日判決（訟月60巻２号445頁）及びその控訴審である大阪高裁平成25年４月11日判決（訟月60巻２号472頁〔確定〕）は、区分所有建物の賃貸事業等を行っている事業者が管理組合に支払った管理費について、課税仕入れに係る支払対価に該当するか否かが争われた事案である。裁判所は、「本件管理費が課税仕入れに係る対価であるというためには、本件管理費が本件各ビルのそれぞれの区分所有者全員で構成する団体（本件管理組合）からの役務の提供に対する反対給付として支払われたものであることを要するところ、本件管理費は、本件管理組合が行う本件各ビルの共用部分の管理等に要する費用であり、Ｘ会社の負担額は、本件各ビルの共用部分の使用収益の態様や管理業務による利益の享受の程度と直接関係なく、団体内部において定めた分担割合に従って定まり、本件管理組合の構成員の義務として管理費を支払っているのであるから、課税仕入れに係る支払の対価に該当しない。」と判示している。

＊　大阪高裁平成14年12月20日判決（税資252号順号9252、最高裁平成15年６月24日第三小法廷決定・税資253号順号9374は上告棄却）は、住宅貸付けを行うためのマンションが震災によって損壊した場合に、その補修費用に係る消費税額が仕入税額控除の対象となるかどうか争われた事案であるが、裁判所は、「仕入税額控除の制度は、事業者が国内において行った課税資産の譲渡等を課税の対象とする多段階課税であるため、税の累積を避けるために仕入れに含まれている消費税額を控除するという制度であるから、事業者が事業として他の者から資産を譲り受け若しくは借り受け又は役務の提供を受けたとしても、その仕入れに対応する売上げが非課税売上げ（住宅の貸付）である以上、税の累積排除を考慮する必要がなく、仕入税額控除の根拠を欠くから、非課税売上げに対応する課税仕入れに係る消費税額は、本来的に仕入税額控除の対象となり得ないものであるというべきである。」とする。

⑶　居住用賃貸建物の取得等に係る仕入税額控除の制限

住宅の貸付けの用に供しないことが明らかな建物（その付属設備を含む。）以外の建物であって、高額特定資産又は調整対象自己建設高額資産に該当する建物（以下、「居住用賃貸建物」という。）に係る課税仕入れ等の税額については、仕入税額控除の対象とならない（消法30⑩）。「住宅の貸付けの用に供しないことが明らかな建物」とは、建物の構造及び設備の状況その他の状況により住宅の貸付けの用に供しないことが客観的に明らかなものをいい、例えば、①建物の全てが店舗等の事業用施設である建物など、建物の設備等の状況により住宅の貸付けの用に供しないことが明らかな建物、②旅館又はホテルなど、旅館業法２条１項に規定する旅館業に係る施設の貸付けに供することが明らかな建物、③棚卸資産として取得した建物であって、所有している間、住宅の貸付けの用に供しないことが明らかなものなどがある（消基通11−７−１）。

居住用賃貸建物について、その構造及び設備の状況その他の状況により当該部分とそれ以外の部分（居住用賃貸部分）とに合理的に区分している場合には、住宅の用に供しないことが明らかな部分については仕入税額控除が適用される（消令50の２①）。「合理的に区分している」とは、使用面積割合や使用面積に対する建設原価の割合など、その建物の実態に応じた合理的な基準により区分していることをいう（消基通11−７−３）。

＊　高額特定資産又は調整対象自己建設高額資産とは50頁を参照されたい。

⑷　カジノ業務に係る仕入れに係る消費税額の控除の特例

ア　特定複合観光施設区域整備法の規定に基づき認定設置運営事業者が国内において行うカジノ業務に係る課税仕入れ等の税額については、仕入税額控除制度が適用されない（措法86の６①）。ただし、その課税期間における資産の譲渡等の対価以外の収入のうちカジノ業務に係るもの（以下「カジノ業務収入」という。）の合計額が資産の譲渡等の対価の額の合計額に当該カジノ業務収入の合計額を加算した金額に比し僅少である場合として一定の場合に該当するときは、この限りでない。

イ　認定設置運営事業者が、調整対象固定資産に係る課税仕入れ等の税額につきカジノ業務以外の業務の用に供するものとして仕入税額控除制度の適用を受けた場合において、当該調整対象固定資産を当該課税仕入れ等の日から３年以内にカジノ業務の用にのみ供したときは、当該カジノ業務の用にのみ供した日に応じた一定の消費税額を同日の属する課税期間における仕入れに係る消費税額から控除し、当該控除をした後の金額を当該課税期間における仕入れに係る消費税額とみなされる（措法86の６②）。

ウ　認定設置運営事業者が、調整対象固定資産に係る課税仕入れ等の税額につきカジノ業務の用に供するものとして仕入税額控除制度の適用を受けなかった場合において、当該調整対象固定資産を当該課税仕入れ等の日から３年以内にカジノ業務以外の業務の用にのみ供したときは、当該カジノ業務以外の業務の用にのみ供した日に応じた一定の消費税額を同日の属する課税期間における仕入れに係る消費税額に加算し、当該加算をした後の金額を当該課税期間における仕入れに係る消費税額とみなされる（措法86の６④）。

＊　上記の改正は、令和５年４月１日以後に開始する課税期間について適用する（令和５年所法等改正附則53）。

⑸　特定課税仕入れ

特定課税仕入れとは、課税仕入れのうち「特定仕入れ」に該当するものをいい（消法５①）、「特定仕入れ」とは事業として他の者から受けた「特定資産の譲渡等」（事業者向け電気通信利用役務の提供）をいう（消法４①）。

＊　「事業者向け電気通信利用役務の提供」及び「特定役務の提供」については、15、17頁を参照されたい。

⑹　保税地域からの課税貨物の引取り

保税地域からからの引取りに係る課税貨物について課された又は課される消費税等の額は仕入税額控除の対象となる（消法30①）。

ただし、課税仕入れに係る資産が納付すべき消費税等を納付しないで保税地域から引き取られた課税貨物（密輸品）である場合には、密輸品と知りながら行った課税仕入れに係る消費税額について、仕入税額控除の対象とならない（消法30⑫）。

なお、課税貨物に係る資産が事故等により滅失、亡失した場合又は盗難にあった場合などのように、結果的に資産の譲渡等を行うことができなくなった場合であっても、仕入税額控除の対象となる（消基通11-2-11）。仕入税額控除の適用を受ける事業者は、当該課税貨物を引き取った者（輸入申告者）である。

裁判例の紹介㊾

課税貨物の輸入手続を第三者に行わせた場合に支払った消費税等の額は仕入税額控除が適用されないとされた事例

（東京地裁平成20年2月20日判決・税資258号順号10897〔確定〕）

〔事案の概要〕

株式会社Ｘ（原告）は、中国の法人であるＢ公司との間で、①Ｘが水引製品の加工に必要な原材料のほとんどを調達してＢ公司に無償で支給し、②Ｂ公司がＸの注文に応じて水引製品を加工し、③ＸがＢ公司から水引製品のすべての引渡しを受け、④ＸがＢ公司に加工賃を支払う旨の加工委託取引（以下「本件加工取引」という。）を行っていた。また、Ｘは、Ｂ公司から水引製品の引渡しを受けるに当たって、輸入手続をＣ社に委託し、Ｃ社は、Ｘに代わって、製品の輸送、輸入に関する保険の締結、製品の保税地域への搬入を行っていたほか、輸入に当たり必要な仕入書（インボイス）の荷受人、輸入申告及び同許可の名宛人、輸入に際し課された関税並びに保税地域からの引取りに際し課された輸入消費税等の申告、納付の名義人となっていた。Xは、C社に対し、上記役務の提供の対価として、水引製品の輸入金額の12％相当額の費用を支払うとともに、輸入消費税等の額を支払っており、平成12年８月１日から平成15年７月31日までの各課税期間における輸入消費税等は5,600万円余である。Xは、消費税等の確定申告に際して、C社の納付した輸入消費税等を仕入税額として控除したところ、所轄税務署長は、かかる控除が認められないとして各更正処分等をした。

〔争点〕

輸入手続を第三者に委託した者は、輸入消費税の納税義務者に該当し、保税地域からの引取りに係る課税貨物につき課された消費税額の控除を受けられるか。

〔判決の要旨〕

1　仕入税額控除の制度は、本来、消費税を納付する課税事業者が仕入れの際に自ら負担した税額を控除することを予定した制度であると解される。そして、保税地域からの貨物の引取りに係る輸入消費税の場合は、原則として課税事業者が輸入時に自ら納付するものとされているところ（消法５①、47①、50①）、消費税法30条１項が、行為の主体としては冒頭に「事業者」のみを掲げ、他に主体となるべき者の記載をしていないことは、保税地域からの引取りに係る仕入税額控除の制度が、まさに上記のとおり、原則として、課税事業者が自ら輸入段階で納付した税額を控除する仕組みであることを念頭に置いたものであると解すべきである。さらに、課税貨物を引き取る事業者が、同事業者の氏名又は名称の記載された輸入許可通知書を含む、帳簿及び請求書等を保存すべきとされている（消法30⑦～⑨）のも、課税事業者が自ら輸入段階で納付した税額を控除することを当然の前提として規定したものと解される。

2　申告納税制度は、法定の納税義務者に対し、その課税内容を最も知悉する者として、法律の定める手続に従って、一定の要式により、できるだけ正確な課税内容を申告することを期待する一方、この納税申告に対し、原則として、既に国家と納税義務者との間に成立している納税義務の確定という公法上の効果を付与するものであり、納税義務が第三者名義で納税申告することは法が予定していないところであると解される（最高裁昭和46年３月30日第三小法廷判決・刑集25巻２号359頁参照）ところ、本件において、輸入消費税の申告納付は、C社の名義で行われたものであると認められる。そうすると、C社が本件輸入消費税の納税義務者であったということが公法上確定されたというべきであるから、本件輸入消費税については、原則として、C社が課税事業者として納付すべき消費税において控除されることが予定されるものであるというべきであって、特段の事情がない限り、輸入消費税の申告名義人ではないXが課税事業者として納付すべき消費税において控除されることはないと解すべきである。

3　たしかに、消費税法基本通達11－1－6は、輸入申告者が単なる名義人であって実質的な輸入者が別にいるときに、実質的な輸入者に仕入税額控除の適用を認めるべき場合があることを示している。しかしながら、この通達は、例えば、関税定率法13条１項の規定により、飼料の製造のための原料品であるとうもろこし等の輸入については、一定の条件の下に関税が免除されるが、その免除を受けるためには、同項に規定する税関長の承認を受けた製造者の名をもってしなければならない（いわゆる限定申告）こととされており（関税定率法施行令７②）、このように輸入申告をする者が限定されているような場合には、実質的な輸入者である商社等と、申告をするいわゆる限定申告者との名義が異なることが想定されることから、そのような例外的な場合には、仕入税額控除の趣旨を全うさせるために、実質的な輸入者が引取りに係る消費税について仕入税額控除を受け、いわゆる限定申告者は実質的な輸入者からの買取りについての消費税額について仕入税額控除を受けることとして、仕入税額控除制度の趣旨を全うさせようとしたものであると解され、この通達が存在することによって、およそ消費税法30条1項について、一般的に実質的輸入者が仕入税額控除を受けると解釈すべきことにならないことはいうまでもないところである。そして、本件の取引が、消費税法基本通達11-1-6が例外的に定める要件に該当するとは認められない。

〔コメント〕

仕入税額控除は、国内において行った課税仕入れ及び特定課税仕入れに係る消費税のほか、保税地域からの引取りに係る課税貨物につき課された又は課される消費税の合計額も適用することができる（消法30①）。本件は、課税貨物の輸入に当たり、その手続を第三者に行わせた場合において、仕入税額控除の適用を受ける者は、実質的に課税貨物を輸入した者であるか、それとも、その手続を行った第三者であるかが争点となっている。消費税法上、外国貨物を保税地域から引き取る者は、課税貨物に係る輸入消費税を納める義務があるとされ（消法5②）、申告納税方式が適用される課税貨物を保税地域から引き取ろうとする者は、引取りに係る申告書を税関長に提出すべきであるとされていること（消法47①）、仕入税額控除は、帳簿及び請求書等の保存が適用要件とされ（消法30⑦）、課税貨物を保税地域から引き取る場合にあっては、税関長から交付を受ける輸入許可証を保存しなければならないとされていること（消法30⑨）からして、仕入税額控除の適用を受ける者は、実際に輸入手続を行った者、すなわち輸入消費税を申告・納付した者というべきであろう。本判決は、消費税法の規定及び申告納税制度の趣旨並びに本件事例についての事実認定の下で、仕入税額控除の適用者は当該課税貨物を引き取った者（輸入申告者）であると判断したものである。

(7)　仕入税額控除の時期

ア　課税仕入れを行った日及び特定課税仕入れを行った日

・原則……課税仕入れに係る資産を譲受け若しくは借受け又は役務の提供を受けた日となる（消基通11－3－1）。したがって、課税仕入れに係る資産が減価償却資産や繰延資産であっても、その引渡しの日が課税仕入れの時期となる（消基通11－3－3、11－3－4）。

裁判例の紹介㊿

建物等の取得に係る「課税仕入れを行った日」は、売買契約締結日か当該建物の引渡しの日かについて争われた事例

（東京高裁令和元年9月26日判決・訟月66巻4号471頁）

（最高裁令和2年10月23日第二小法廷決定・税資270号順号13472は上告棄却）

〔事案の概要〕

不動産の賃貸借及び所有・管理・利用等を目的とするX社（原告・控訴人・上告人）は、X社の代表取締役であるAから共同住宅として利用される建物を取得し、売買契約の締結日である平成25年6月28日が課税仕入れを行った日であるとして、その取得に係る対価の額を、本件課税期間（平25.6.10～平25.6.30）における課税仕入れに係る支払対価の額に含めて消費税等の確定申告をしたところ、所轄税務署長から、本件建物の取得に係る課税仕入れを行った日は、X社が本件建物の引渡しを受けた平成25年7月31日であるとして、更正処分等を受けた。

〔争点〕

本件建物の取得に係る課税仕入れを行った日は、本件建物の売買契約の締結日であるか。

〔判決の要旨〕

1　仕入税額控除の制度は、そもそも消費税が各取引段階における付加価値を捉えて課税の対象とするものであることに鑑み、取引段階の進展に伴う税負担の累積を防止するために、仕入れに含まれている消費税等の額を控除するものであるところ、消費税法（平成24年改正前のもの。以下「法」という。）2条1項12号は、「課税仕入れ」の定義を、事業者が資産の譲受け等をした場合のうち、相手方がそれを事業として行ったとすれば課税資産の譲渡等に該当するものに限定していることからすると、課税仕入れと仕入れの相手方による資産の譲渡は課税上表裏の関係にあり、法30条1項1号にいう「課税仕入れを行った日」とは、仕入れの相手方において当該資産の譲渡を行った日と時点を同じくするものと解するのが相当である。

2　国税通則法15条2項7号は、消費税等の納税義務は、課税資産の譲渡等をした時に成立する旨定めているところ、そもそも消費税は、対価を得て資産の譲渡等が行われた場合に、その消費支出に担税力を認めて課税するものであり、さらに、法28条1項本文が、課税資産の譲渡等に係る消費税の課税標準について、課税資産の譲渡等の対価の額としており、現実に収受した金銭等のみならず、収受すべき金銭等もこれに含めていることからすると、資産の譲渡等について、その対価が現実に収受されるに至らなくても、これを収受すべき権利が確定したとき、すなわち、行うべき消費支出について同時履行の抗弁などの法的障害がなくなり、収受すべき権利が確定したと法的に評価されるときに消費税の課税対象とされると解するのが相当である。この意味において、消費税についても、いわゆる権利確定主義が妥当する。そうすると、法30条１項１号にいう「課税仕入れを行った日」とは、仕入れの相手方において、当該資産の譲渡等について、同時履行の抗弁などの法的障害がなくなり、対価を収受すべき権利が確定した日をいうものと解するのが相当であり、このように解することが、取引段階の進展に伴う税負担の累積を防止するという仕入税額控除の制度趣旨に合致するものである。

3　本件建物の売買契約においては、売買代金全額の支払と建物の引渡し及び所有権移転登記手続が同時履行とされ、実際に平成25年７月31日にこれらの履行がされており、固定資産税の負担及び収益の帰属も同日の経過をもって売主から買主に移転するものとされているのであって、売買契約の締結日である同年６月28日の時点では、売買代金支払請求権が発生したものの、売主であるＡにおいてこれを行使することが法律上可能な状態にはなかったことからすると、本件建物の売買契約による対価を収受すべき権利が確定したのは、同日の時点ではなく、同年７月31日の時点であると認められる。

4　Ｘ社は、消費税法基本通達11－３－１が準用する同通達９－１－13の規定等を根拠として、固定資産の譲受けに係る「課税仕入れを行った日」について、引渡しがあった日と契約の効力発生の日のいずれとするかを納税者において選択することが認められていると主張するが、法30条１項１号にいう「課税仕入れを行った日」とは、仕入れの相手方において当該資産の譲渡等による対価を収受すべき権利が確定した日をいうものと解するのが相当である。上記通達は、そのことを当然の前提とした上で、固定資産の譲渡等については、通常、その引渡しの事実があれば、その対価の支払を受けるのに法的障害がなくなり、当該資産の譲渡等による対価を収受すべき権利が確定したといえることから、引渡日をもって「課税仕入れを行った日」とすることを原則としつつ、契約内容によっては、契約の効力発生日の時点で、当該資産の譲渡等による対価を収受すべき権利が確定したといえる場合もあることから、そのような場合には契約の効力発生日をもって「課税仕入れを行った日」とすることを認める趣旨であると解される。本件資産の譲受けのように、売買契約の効力発生日（締結日）の時点では売買契約による対価を収受すべき権利が確定したというべき実態が存しない場合にまで、納税者の恣意により、売買契約の効力発生日をもって「課税仕入れを行った日」とすることは、法30条１項１号の規定に反し、許されるものではない。

〔コメント〕

消費税法は、「課税仕入れを行った日」がいつであるかについての具体的な定めを設けていない。消費税法基本通達11-３-１は、「課税仕入れを行った日及び特定課税仕入れを行った日とは、課税仕入れに該当することとされる資産の譲受け若しくは借受けをした日又は役務の提供を受けた日をいうのであるが、これらの日がいつであるかについては、別に定めるものを除き、第９章《資産の譲渡等の時期》の取扱いに準ずる。」と明記しているところ、本判決においても、「課税仕入れを行った日とは、仕入れの相手方において当該資産の譲渡を行った日と時点を同じくするものと解するのが相当である。」とする。その上で、「課税仕入れを行った日とは、仕入れの相手方において、当該資産の譲渡等について、同時履行の抗弁などの法的障害がなくなり、対価を収受すべき権利が確定した日をいうものと解するのが相当である。」と説示して、本件建物の売買契約による対価を収受すべき権利が確定したのは、平成25年７月31日の時点であるから本件課税期間の仕入税額控除を否定したのである。

Ｘ社は、本件課税期間において課税事業者に該当することから、本件課税期間内に、金地金の売買を行うとともに、本件建物の取得対価を「課税仕入れに係る支払対価の額」に算入することで消費税等の還付ができるとしたのである（いわゆる金地金による還付金スキーム)。このようなケースを背景に、「居住用賃貸建物の取得等に係る仕入税額控除の制限」などの立法措置（令和２年度改正）が設けられている（312頁参照)。

＊　金地金による還付金スキームとは、少額の金地金の売買を行い課税売上高を100％とすることにより、課税仕入れ等に係る消費税額のすべてを仕入税額控除の対象とし（消法30①)、この消費税等の還付を受けるスキームをいう。

＊　本判決と同種のものに、次のものがある。①東京地裁平成31年３月14日判決・判タ1481号122頁、その控訴審である東京高裁令和元年12月４日判決・税資269号順号13351、その上告審である最高裁令和２年10月15日第一小法廷決定・税資270号順号13466は上告棄却、②東京地裁平成31年３月15日・税資269号順号13254、その控訴審である東京高裁令和元年９月26日判決・税資269号順号13319、その上告審である最高裁令和２年10月23日第二小法廷決定・税資270号順号13472は上告棄却、③大阪地裁令和２年６月11日判決・税資270号順号13393、その控訴審である大阪高裁令和２年11月26日判決・税資270号順号13485〔確定〕。④神戸地裁令和２年６月16日判決・税資270号順号13414、その控訴審である大阪高裁令和３年４月28日判決・税資271号順号13860〔確定〕

裁判例の紹介51

造園工事等の目的物は、破産宣告の日において引渡しを受けていないから、その工事代金を破産会社の課税仕入れに計上したことは過少申告加算税が課されない「正当な理由」に当たらないとされた事例

（水戸地裁平成８年２月28日判決・訟月43巻５号1376頁）
（東京高裁平成９年６月30日判決・税資223号1290頁〔確定〕）

〔事案の概要〕

株式会社Ｈ社（破産会社）の破産管財人に選任されたＸ（原告・控訴

人）は、Ｈ社の平成３年２月１日から同年10月29日（破産宣告の日）までの課税期間（以下「本件課税期間」という。）に係る消費税について、Ｈ社が建設を進めていたゴルフコースの造成工事及びクラブハウス建築工事代金73億1,300万円及び造園工事代金５億8,756万円が課税仕入れに当たるとして、消費税の確定申告（還付税額２億6,005万円余）をした。Ｙ（税務署長、被告）は、税務調査を実施し、Ｈ社に対する資産の引渡し又は役務の提供が本件課税期間の終了時までにおいて完了していないから、上記工事代金が課税仕入れには当たらないとして、Ｘに対し修正申告を慫慂したところ、Ｘが修正申告書を提出したため、過少申告加算税の賦課決定処分をした。Ｘは、この処分を不服として本件訴訟を提起した。

〔争点〕

目的物の引渡しを受けていない請負工事代金を仕入税額控除の対象として申告したことは、過少申告加算税が課されない「正当な理由」に当たるか。

〔判決の要旨〕

1　消費税法30条１項は、「事業者・・・が、国内において課税仕入れを行った場合・・・には、当該課税仕入れを行った日・・・の属する課税期間の第45条12号に掲げる課税標準額に対する消費税額から、当該課税期間中に国内において行った課税仕入れに係る消費税額・・・の合計額を控除する」と規定している。そして、右「課税仕入れ」の意義につき、同法２条１項12号は、「事業者が、事業として他の者から資産を譲り受け、若しくは借り受け、又は役務の提供・・・を受けること・・・をいう」としている。これらの規定並びに消費税法の趣旨を勘案すれば、物の引渡しを要する請負契約の注文主が課税仕入れがあったとしてその工事代金につき所定の消費税額を控除することができるのは、工事の目的物（成果品）の引渡しを受けたときであると解するのが相当である。H社は、ゴルフコースの造成工事及びクラブハウス建築工事並びにその造園等工事につきそれぞれ請負契約を締結していたこと、当該請負契約では、工事の請負残代金は、工事の完成引渡しと同時に支払われる旨定められており、H社が破産宣告を受けた本件課税期間の最終日段階においては、工事の進捗状況は90数パーセントであり、完成直前であったが、未だ完成しておらず、工事代金も約6割が未払であったこと等から、工事の引渡しは行われていなかったことが認められる。以上の事実によれば、本件各工事の目的物（成果品）は、いずれも未だ引渡しはなされていないといわなければならないから、H社が本件各工事について支出した代金については、本件課税期間において、消費税法30条1項所定の消費税額控除の適用は、これを受けることができないものであったというべきである。

2　Xが前記工事代金を課税仕入れに当たるとして申告したのは、Xが破産宣告によって本件各工事の目的物（成果品）の引渡しがあったと判断したことによるものであり、果たしてそうであるとすれば、Xが本件各工事につき支出された代金を本件課税期間の課税仕入れに当たるとして、その所定の消費税額を控除税額に含めて計算したことには過失があり、そのような計算をするについて、国税通則法65条4項に定める「正当な理由」があるということはできない。

〔コメント〕

本件は、過少申告加算税の賦課決定処分の取消しを求めて提訴されたものであるところ、Xは、破産宣告によりH社のゴルフ場が自己の占有下に移ったことから、Xがゴルフ場で行われていた造成工事及び建物建築工事等の目的物も引き渡されたものと誤解して、H社が課税期間中に支出した工事代金を「課税仕入れに係る支払対価の額」に当たるとして仕入税額控除額を計算したものであり、このことは、国税通則法65条4項に定める「正当な理由」に当たると主張している。これに対し、本判決は、①Xは、本件工事が完全には完成していないことを承知していたこと、②H社の公認会計士も、請負契約書や代金の支払状況等から、工事の引渡しの有無については疑問を抱いていたことから、通常なら課税仕入れに当たらないと判断すべき状況下にあったと認定した上で、本件賦課決定処分は適法であると判断している。また、Xは、控訴審において、①そもそも右工事代金の課税仕入れは、H社に対する破産宣告の日にあったとされるべきであり、Xがそのように解釈したのはやむを得なかったこと、②仮に工事の引渡しがあった時に課税仕入れがあったと解するとしても、破産管財人は、破産手続の執行機関として公益的立場からこれに関与している者であり、破産宣告前の事情については正確に知り得る立場になく、破産管財人が修正申告をするにつき、右賦課処分を予測してこれを回避する行動をとることを期待することは困難であることからして、消費税の仕入税額控除額を計算したことは「正当な理由」があるとも主張している。しかし、控訴審判決は、消費税法にいう「課税仕入れ」の意義については、同法2条1項12号が「事業者が、事業として他の者から資産を譲り受け、若しくは借り受け、又は役務の提供を受けることをいう」と定めており、請負契約の法的性質に照らすと、請負工事代金については、その引渡しを受けることをもって課税仕入れがあったと解するのが相当であり、請負契約の注文者が破産した場合であっても、右と別異に解する理由は見い出し難く、破産宣告日に当然に請負工事代金が課税仕入れとなるとするXの解釈は採用する余地がないと説示して、Xの主張を排斥している。

＊　神戸地裁平成24年3月29日判決・税資262号順号11924〔確定〕は、「消費税法30条1項1号に規定する『課税仕入れを行った日』とは、土地、建物については引渡しがあった日とみるべきであるところ、①土地に関しては、代金の支払が完了し、かつ、所有権の移転登記の申請をした時点、②建物に関しては、鍵の引渡し等が行われ、買主において使用収益が可能となった時点など、当該契約や取引の内容に応じて、引渡しの日として合理的で

あると認められる日と解するのが相当である。」とする。

・**特例**……次の取扱いが認められている。

①　未成工事支出金……原材料の仕入れや下請外注先からの役務提供の対価の額は、それぞれの取引ごとに資産の引渡しを受けた日や下請外注先が役務の提供を完了した日の課税仕入れ等となる。ただし、未成工事支出金として経理した金額を請負工事による目的物の引き渡した課税期間の課税仕入れ等とすることを継続して適用しているときは、その処理が認められる（消基通11-３-５）。

＊　建設業者が建設工事等を請負って工事を行う場合には、経理実務において、原材料の仕入れや下請先に対する外注工事費などを未成工事支出金勘定で経理し、請負った目的物が完成し引渡した時点で売上げに対応する原価に振り替えるのが一般的である。

②　建設仮勘定……建設工事等に係る目的物の完成前に行った当該建設工事等のための課税仕入れ等については、その課税仕入れ等をした日の属する課税期間において課税仕入れとなるのであるが、建設仮勘定として経理した課税仕入れ等につき、目的物の完成した日の属する課税期間における課税仕入れ等としているときは、その処理が認められる（消基通11-３-６）。

＊　有形固定資産の建設に際し建設業者に支払った手付金や資材の購入費等の工事の完成までに要する支出をした場合は、いったんこれらの支出を建設仮勘定に経理し、その建設が完了した時点で有形固定資産に振り替える方法が採られている。

③　郵便切手類、物品切手等……郵便切手類又は物品切手等は、購入時においては課税仕入れに該当せず、役務又は物品の引換給付を受けた時に引換給付を受けた事業者の課税仕入れとなる。

ただし、次の場合において、郵便切手類又は物品切手等（自ら引換給付を受けるものに限る。）を購入した事業者が、継続して当該郵便切手類又は物品切手等の対価を支払った日の属する課税期間の課税仕入れとしているときは、これが認められる（消基通11-3-7）。

(i) 郵便切手類の引換給付に係る課税仕入れが、規則26の6《適格請求書等の交付が著しく困難な課税資産の譲渡等》に規定する郵便の役務及び貨物の運送に係る課税仕入れに該当する場合。

(ii) 物品切手等の引換給付に係る課税仕入れが、消費税法施行令49条1項1号ロ《課税仕入れ等の税額の控除に係る帳簿等の記載事項等》に規定する課税仕入れに該当する場合。

④ 短期前払費用……所得税又は法人税において短期前払費用として経理している場合は、その前払費用に係る課税仕入れは支出した日の属する課税期間において行ったものとして取り扱われる（消基通11-3-8）。

裁判例の紹介㊾

前払費用につき法人税基本通達の適用がない場合は、当該費用を支払った日において課税仕入れとすることができないとされた事例

（広島高裁松江支部平成15年5月30日判決・裁判所HP「下級裁判所判例集」、その上告審である最高裁平成17年3月1日第三小法廷決定・税資255号順号9946は上告棄却）

〔事案の概要〕

1 ラジエーター等の製造・販売を業とする会社X（原告・控訴人・上告人）は、訴外リース会社との間において、毎月のリース料を口座振替の方法で支払っていたところ、平成6年11月8日、平成6年12月分から平成7年11月分までの向こう12か月分のリース料（以下「本件リース料」という。）として、従前の契約支払日を支払期日とする約束手形12通（1通の額面425万円余、額面合計額5,110万円余）を振り出して交付した（平成7年11月にも同様の取引があるが、本書では省略する。）。

2　Xは、平成6年11月期及び平成7年11月期の法人税について、本件リース料が法人税基本通達2－2－14（以下「本件法人税基本通達」という。）の短期の前払費用に該当するとして、各事業年度の損金の額に算入して法人税の確定申告を行った。また、Xは、平成6年11月課税期間及び平成7年11月課税期間の消費税についても、本件リース料に係る消費税額が昭和63年12月30日付「消費税法取扱通達の制定について」11－1－16（以下「本件消費税法取扱通達」という。）により控除対象の仕入税額に当たるとして、各課税期間の消費税額を計算して消費税の確定申告を行った。これに対し、Y（税務署長、被告・被控訴人・被上告人）は、本件リース料を損金の額に算入することができず、また、課税仕入れにも当たらないとして、法人税及び消費税について、更正処分等をした。

〔争点〕

法人が支払った1年分のリース料は、法人税基本通達の適用のある「短期前払費用」に該当し、その全額を支払った課税期間の課税仕入税額とすることが認められるか。

〔判決の要旨〕

1　本件法人税基本通達は、短期の前払費用を一定の契約に基づき継続的に役務の提供を受けるために支出した費用のうち当該事業年度終了の時においてまだ提供を受けていない役務に対応するものと定義したうえで、前段で、前払費用の額は当該事業年度の損金の額に算入されない旨定め、後段で、前払費用の額でその支払った日から1年以内に提供を受ける役務に係るものを支払った場合において、その支払った額に相当する金額を継続してその支払った日の属する事業年度の損金の額に算入しているときはその算入を認める旨定めている。これは、前払費用についても、原則として費用収益対応の原則が妥当し、当該事業年度の損金に算入することは許されないことを確認した上で、一定の前払費用については、例外的に損金算入することを認めることにしたものである。このように、本件法人税基本通達の後段は前段で確認された前払費用への費用収益対応の原則の例外をなすものであるが、その例外を認める根拠は、税務上の処理においても、企業会計原則である重要性の原則及び継続性の原則に基づく会計処理を認めたところにあるものと解される。しかして、本件法人税基本通達については、その背景にある法人税法22条４項及び同項に定める「一般に公正妥当と認められる会計処理の基準」の中核をなすと考えられる企業会計原則の趣旨に照らして解釈、適用すべきであるから、本件法人税基本通達の適用は、継続性の原則を充たすとともに、重要性の原則から逸脱しない限度で認められるべきであり、形成的には、同通達に明示された要件を充たす場合でも、上記両原則から逸脱する場合には、その適用は認められないというべきである。よって、本件法人税基本通達が適用され、短期の前払費用として損金算入が認められるためには、同通達が明示する要件を充足するほかに、継続性の原則を充たし、重要性の原則から逸脱していないことが必要であると解すべきである。

2　もともと本件リース契約については、契約上、リース料の支払につき前払とする旨の合意があったものではなく、現にＸは本件リース契約に基づくリース料の支払について、契約締結当初から平成６年11月期までは、約定どおり口座振替の方法によってリース会社へ継続して支払い、月々損金の額に算入していたこと、にもかかわらず、同期の期末において、債権者側からの手形による支払要請もないのに、突如、翌平成７年11月期の12か月分の手形12通を振り出して、交付し、本件リース料を短期の前払費用として損金の額に算入したことは判示のとおりであり、前記認定のこのような変更に至ったいきさつに照らしても、同変更に至ったことについて正当な理由を見い出し難いから、本件リース料を本件各事業年度の損金の額に算入することは、本件法人税基本通達の継続性の要件を満たさないか、その背景をなす前記企業会計原則における継続性の原則の趣旨に反するもので、許されないといわなければならない（なお、このような手形の振出、交付は、そもそも本件法人税基本通達にいう「法人が、前払費用の額でその支払った日から１年以内に提供を受ける役務に係るものを『支払った場合』」に該当しないと解する。）

3　本件消費税法取扱通達によれば、１年以内の短期の前払費用について、本件法人税基本通達の適用を受けていることを条件に、その支払時点で課税仕入れとすることを認めることとされており、上記判示のとおり、本件リース料について、本件法人税基本通達の適用がない以上、本件消費税法取扱通達を適用して、本件各課税期間の課税仕入れ税額とすることはできない。よって、本件消費税の各更正処分は適法である。

〔コメント〕

Ｘは、平成６年11月期において、口座振替をした12か月分のリース料を損金の額に算入したことに加え、本来、平成７年11月期に計上するはずであった12か月分のリース料を損金の額に算入したのであり、本件リース料の支払方法の変更は、租税の負担を免れるために、実質的には、前払いでないのに、手形を振り出すことにより、あたかも前払いに変更したかのような形式を作出したものということもできよう（原審の松江地裁平成13年10月24日判決・裁判所HP「下級裁判所判例集」参照。）。

本判決は、「本件法人税基本通達が適用され、短期の前払費用として損金算入が認められるためには、同通達が明示する要件を充足するほかに、継続性の原則を充たし、重要性の原則から逸脱していないことが必要であると解すべきである。」と説示した上で、本件リース料を本件事業年度の損金の額に算入することは、重要性の原則により認められる範囲から逸脱し、また、継続性の原則の趣旨に反するものであると断じている。そして、前払費用につき法人税基本通達の適用がない以上、当該費用に係る役務の提供は、その支払った日の課税仕入れにすることができないとしているところである。

※　昭和63年12月30日付「消費税法取扱通達の制定について」通達は、消費税法基本通達の制定に伴って、平成８年３月31日限りで廃止されている。

イ　課税貨物を引き取った日

・原則……関税法67条に規定する輸入の許可を受けた日（消基通11-３-９）。

＊　税関長の承認を受けて輸入の許可前に課税貨物を引き取り、その引取りの課税期間において見積消費税額につき仕入税額控除を適用した後、確定した引取りに係る消費税額が見積消費税額と異なるときは、その確定した日の属する課税期間において、その差額を課税仕入れ等の税額に加算又は控除する（消基通11-３-10）。

・特例……保税地域から引き取る課税貨物につき特例申告書を提出した場合には、その特例申告書を提出した日（消基通11-３-９㈲）。

＊　特例申告については、435頁を参照されたい。

(8)　仕入税額控除の対象となる税額の計算

ア　令和元年10月１日から令和５年９月30日までの課税仕入れに係る消費税額

適用税率ごとの課税仕入れに係る支払対価の額に基づき、次の算式により計算した金額である（消法30①）。

① 標準税率が適用される課税仕入れ

$$課税仕入れに係る消費税額 = 課税仕入れに係る支払対価の額（税込み） \times \frac{7.8}{110}$$

② 軽減税率が適用される課税仕入れ

$$課税仕入れに係る消費税額 = 課税仕入れに係る支払対価の額（税込み） \times \frac{6.24}{108}$$

＊ 令和元年9月30日までは、課税仕入れに係る支払対価の額（税込み）に $\frac{6.3}{108}$ を乗じて計算する。

イ　令和5年10月1日からの課税仕入れに係る消費税額

〔適格請求書等積上げ計算（原則）〕

相手方から交付を受けた適格請求書等に記載（電磁的記録を含む。）されている消費税額等（地方消費税を含む。以下、同じ。）のうち、課税仕入れに係る部分の金額の合計額に100分の78を乗じて仕入税額を算出する（消法30①、消令46①）。

$$請求書等に記載された消費税額等のうち課税仕入れに係る部分の金額の合計額 \times \frac{78}{100} = 仕入税額の合計額$$

適格請求書等に記載された消費税額等を基礎として、仕入税額を積み上げて計算する場合には、次の区分に応じた金額を基として仕入税額を計算する（消令46①）。

① 交付を受けた適格請求書（電磁的記録を含む。以下、②から④までに同じ。）に記載された消費税額等のうち課税仕入れに係る部分の金額

② 交付を受けた適格簡易請求書に記載された消費税額等のうち課税仕入れに係る部分の金額

③ 作成した仕入明細書に記載された消費税額等のうち課税仕入れに係る

部分の金額

④　卸売市場において、委託を受けて卸売の業務として行われる生鮮食料品等の譲渡及び農業協同組合等が委託を受けて行う農林水産物の譲渡について、受託者から交付を受けた書類に記載された消費税額等のうち課税仕入れに係る部分の金額

⑤　公共交通機関特例など、帳簿のみの保存で仕入税額控除が認められるものについては、課税仕入れに係る支払対価の額に110分の10（軽減対象課税資産の譲渡等に係るものである場合は108分の８）を乗じて算出した金額（１円未満の端数が生じたときは、端数を切捨て又は四捨五入する。）

〔帳簿積上げ計算〔特例〕〕

課税仕入れの都度、課税仕入れに係る支払対価の額に、①標準税率分については110分の10、②軽減税率分については108分の８を乗じて算出した金額（１円未満の端数は切捨て又は四捨五入）を仮払消費税等として帳簿に記載している場合には、その金額の合計額に100分の78を乗じた金額を課税仕入れに係る消費税額とすることができる（消令46②）。

なお、「その課税仕入れの都度、……帳簿に記載している場合」には、例えば、課税仕入れに係る適格請求書その他の書類等の交付又は提供を受けた際に、当該適格請求書を単位として帳簿に記載している場合のほか、課税期間の範囲内で一定の期間内に行った課税仕入れにつきまとめて交付又は提供を受けた適格請求書その他の書類等を単位として帳簿に記載している場合がこれに含まれる（消基通11-１-10）。

〔総額割戻し方式〔特例〕〕

税率ごとに区分した課税期間中の課税仕入れに係る支払対価の額の合計額に、①標準税率分については110分の7.8、②軽減税率分については108分の6.24を乗じて算出した金額とすることができる（消令46③）。

ウ　総額割戻し計算〔特例〕

税率ごとに区分した課税期間中の課税仕入れに係る支払対価の額の合計

額に、108分の6.24又は110分の7.8を掛けて算出した金額を仕入税額とすることができる（消令46③）。割戻し計算により仕入税額を計算できるのは、売上税額を割戻し計算している場合に限られる（消基通15－2－1の2）。

①　軽減税率の対象となる仕入税額

$$\text{軽減税率の対象となる課税仕入れ（税込み）} \times \frac{6.24}{108} = \text{軽減税率の対象となる仕入税額}$$

②　標準税率の対象となる仕入税額

$$\text{標準税率の対象となる課税仕入れ（税込み）} \times \frac{7.8}{110} = \text{標準税率の対象となる仕入税額}$$

③　仕入税額の合計

$$\text{軽減税率の対象となる仕入税額} + \text{標準税率の対象となる仕入税額} = \text{仕入税額の合計額}$$

エ　インボイス発行事業者となる小規模事業者に対する負担軽減

インボイス発行事業者の令和5年10月1日から令和8年9月30日までの日の属する各課税期間において、免税事業者がインボイス発行事業者となったこと又は課税事業者選択届出書を提出したことにより事業者免税点制度の適用を受けられないこととなる場合には、その課税期間における仕入税額控除の計算に当たって、特別控除税額（課税標準である金額の合計額に対する消費税額から売上げに係る対価の返還等の金額に係る消費税額の合計額を控除した残額の100分の80に相当する金額）とすることができる（いわゆる2割特例、平成28年所法等改正附則51の2①②）。インボイス発行事業者が上記の適用を受けようとする場合には、確定申告書にその旨を付記する（平成28年所法等改正附則51の2③）。

ただし、令和５年10月１日から令和８年９月30日までの日の属する課税期間であっても、以下の場合は、２割特例の適用を受けることができない（平成28年所法等改正附則51の２①一～四）。

① 令和５年10月１日を含む課税期間であって「課税事業者選択届出書」の提出により同日前から課税事業者となる課税期間。

② 「課税事業者選択届出書」を提出した事業者が、その提出をした日の属する課税期間の翌課税期間の初日から同日以後２年を経過する日までの間に開始した各課税期間中に調整対象固定資産の仕入れ等を行った場合における、当該調整対象固定資産の仕入れ等の日の属する課税期間の翌課税期間から当該調整対象固定資産の仕入れ等の日の属する課税期間の初日以後３年を経過する日の属する課税期間までの各課税期間。

③ 登録開始日の前日までに相続があった場合に納税義務が免除されないこととなる課税期間。

④ 課税期間の特例の適用を受ける課税期間。

オ　インボイス発行事業者以外の者からの仕入税額控除の特例

インボイス発行事業者以外の者（消費者、免税事業者又は登録を受けていない課税事業者）からの仕入れについては、仕入税額控除のために保存が必要な請求書等の交付を受けることができないから、仕入税額控除の対象とならない（消法30⑦）。

ただし、インボイス方式の導入から一定期間は、インボイス発行事業者以外の者からの仕入れであっても、仕入税額相当額の一定割合を仕入税額とみなして控除できる（平成28年所法等改正附則52、53）。

令和５年10月１日から令和８年９月30日まで……仕入税額相当額の80％
令和８年10月１日から令和11年９月30日まで……仕入税額相当額の50％

カ　特定課税仕入れに係る消費税額

次の算式より計算した金額である（消法30①）。

$$特定課税仕入れに係る支払対価の額 \times \frac{7.8}{100}$$

＊　令和元年９月30日までは、特定課税仕入れに係る支払対価の額に $\frac{6.3}{100}$ を乗じて計算する。

＊「特定課税仕入れに係る支払対価の額」とは、特定課税仕入れの対価として支払い又は支払うべき一切の金銭又は金銭以外の物若しくは権利その他経済的利益の額をいい（消法30⑥）、その対価の額には消費税等に相当する額が含まれていないので、特定課税仕入れに係る消費税額は、当該特定課税仕入れに係る支払対価の額に100分の7.8を乗じて算出した金額となる（消基通11－４－６）。

キ　保税地域から引き取る課税貨物に係る消費税額

保税地域からの引取りに係る課税貨物につき課された又は課されるべき消費税額（附帯税の額に相当する額を除く。）は、次の算式により計算する（消法28④、30①）。

〔関税の課税価格（Ｃ.Ｉ.Ｆ）＋個別消費税の額＋関税の額〕×税率

２　課税仕入れ等に係る消費税額の計算方法

⑴　概　要

仕入税額控除は、税の累積を排除する観点から設けられた制度であるから、課税仕入れ等の税額については、あくまで課税売上げに対応するもののみが仕入税額控除の対象になるというのが原則である。このため、本来、非課税売上げに対応する課税仕入れ等の税額は仕入税額控除の対象とはならない。しかしながら、例えば、預金利子などの非課税売上げは、その営む事業の内容如何にかかわらず、ほとんどの事業者において生じるものと考えられることから、事業者の事務負担等に配慮し、非課税売上げの割合が少ない場合など、すなわち、その課税期間における課税売上高が5億円以下で、かつ、課税売上割合が95%以上である場合には、課税仕入れ等の税額のすべてを仕入税額控除の対象とし、これ以外の事業者については、選択により「個別対応方式」又は「一括比例配分方式」のいずれかの方法によって仕入税額控除の計算を行うこととしているのである（消法30②）。

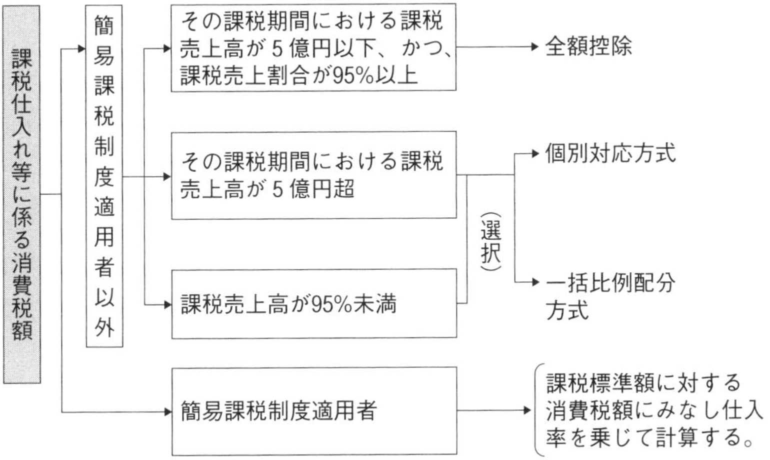

＊　その課税期間における課税売上高とは、その課税期間において行った課税資産の譲渡等の対価の額（税抜き）の合計額から、売上げに係る対価の返還等の金額（税抜き）の合計額を控除した残額をいう（消法30⑥、28①）。その課税期間が1年に満たない場合には、1年に換算して課税売上高を計算する（消法30⑥、消基通11-5-10）。

(2)　課税売上割合の計算

課税売上割合とは、その課税期間中に国内において行った資産の譲渡等（特定資産の譲渡等に該当するものを除く。）の対価の額（税抜き）の合計額に占める課税資産の譲渡等の対価の額（税抜き）の合計額の割合をいう（法30⑥）。

$$課税売上割合 = \frac{課税資産の譲渡等の対価の額（税抜き）の合計額}{資産の譲渡等の対価の額（税抜き）の合計額} = \frac{課税売上高 + 免税売上高}{課税売上高 + 免税売上高 + 非課税売上高}$$

＊　資産の譲渡等の対価の額及び課税資産の譲渡等の対価の額については、それぞれ売上げに係る対価の返還等の金額（税抜き）を控除した残額による（消令48①）。

＊　非課税資産の輸出額（有価証券、支払手段、金銭債権の輸出額を除く。）及び海外支店等で資産を使用等するための輸出額に相当する額は、資産の譲渡等の対価の額及び課税資産の譲渡等の対価の額に含まれる（消法31①②、消令51①～③）。

課税売上割合の計算に当たっては、次の特例が設けられている。

ア　資産の譲渡等の対価の額の全額を分母に算入しないもの（消令48②）

①　通貨、小切手等の支払手段又は暗号資産の譲渡並びに電子決済手段の譲渡に係る対価の額

②　売現先（国債、地方債及び社債並びに譲渡性預金証書等を予め約定した期日に予め約定した価格等で買い戻すことを約して行うもの）の譲渡に係る対価の額

イ　資産の譲渡等の対価の額の一部の金額を分母に算入するもの（消令48③～⑤）

①　現先取引のネット差益（現先取引債券等を予め約定した期日に予め約定した価格で売り戻すことを約して購入し、かつ、その約定に基づき売り戻す場合における売戻しに係る対価の額から購入に係る対価の額を控除した残額）

②　貸付金その他の金銭債権の譲渡の対価の額の５％に相当する金額

③　有価証券等の譲渡の対価の額の５％に相当する金額

ウ　分母から控除するもの（消令48⑥）

国債等の償還差損

(3)　課税仕入れ等に係る消費税額の全額控除

課税資産の譲渡等のみを行っている事業者については、課税仕入れ等に係る消費税額のすべてが仕入税額控除の対象となる。また、その課税期間における課税売上高が５億円以下で、かつ、課税売上割合が95％以上である事業者については、課税仕入れ等に係る消費税額のすべてを仕入税額控除の対象とすることができる（消法30①）。

課税売上割合が95％以上かどうかの判定に当たっては、「課税売上割合に準ずる割合」につき税務署長の承認を受けている場合であっても、「課税売上割合」によって判定する（消基通11－５－９）。

裁判例の紹介53

中古賃貸マンションの取得に際し、居住用部分の日割賃料を売主に帰属させるとした合意は有効であり、課税売上割合の計算上、当該賃料収入は資産の譲渡等の対価の額に算入しないとされた事例

（東京地裁平成24年12月13日判決・税資262号順号12116〔確定〕）

〔事案の概要〕

1　青色事業専従者であるＸ（原告）は、平成19年11月29日付けで、Ａ社との間で、鉄骨鉄筋コンクリート12階建ての区分所有建物（１階部分を除く。以下、Ｘ取得部分について敷地を含めて「本件不動産」といい、建物のみを「本件建物」という。）を２億3,000万円（ほかに、その敷地部分は5,288万円）で購入する旨の売買契約を締結した。Ｘは、売買契約締結に際し、Ａ社が事務所として使用していた２階及び３階をＡ社に賃貸することを合意し、平成19年12月分の賃料21万円をＡ社から受領した。また、Ｘは、Ａ社との間で、本件建物の居住用部分につき賃貸借管理業務を委託する旨の契約を締結した。

なお、平成19年12月10日から同月31日までの居住用部分に係る賃料等（以下「本件居住用部分賃料」という。）173万3,181円はＡ社の収入に計上されている。

2　Ｘは、平成19年12月12日、Ｙ（税務署長）に対し、本件課税期間（平19.1.1～平19.12.31）から消費税法９条１項本文の規定の適用を受けない旨を記載した「課税事業者選択届出書」を提出した上で、本件課税期間の消費税等について確定申告書を法定申告期限内に提出した。Ｘの本件課税期間における課税売上高は、①Ａ社からの賃料21万円、②立体駐車場収入145,808円、③屋上の賃料等66,615円の合計422,423円である。これに対し、Ｙは、本件居住用部分賃料が本件課税期間のＸの資産の譲渡等の対価の額に算入されるべきものであり、Ｘの課税売上割合が95％未満になるとして、仕入控除税額の一部を否認した。

3　Ｘは、税務調査を受けて、Ａ社及び仲介業者との間で、平成19年11月29日に締結したＡ社とＸとの間の売買契約において、Ｘは、同年12月分の固定資産税の日割分をＡ社に支払うほかは、賃料その他一切の清算をしないこと、ＸとＡ社との間の賃貸借契約に基づく12月分の賃料は21万円（税込み）とすることを合意（以下、この本件居住用部分賃料等を日割清算しない旨の合意を「本件合意」という。）し、その旨の確認書（以下「本件確認書」という。）を作成した。

〔争点〕

売買契約締結の際に、居住用部分の日割賃料が売主に帰属するとした合意は、有効に成立しているかどうか。

〔判決の要旨〕

Xは、本件売買契約締結の際、XとA社との間で本件合意が成立していたと主張し、本件確認書も作成されているところ、本件売買契約書には本件合意の記載がなく、むしろ、本件不動産から生ずる収益の帰属について、引渡日の前日までの分がA社に、引渡日以降の分がXに帰属する旨の条項が存するし、本件確認書が作成されたのは、税務調査の開始後の本件売買契約締結からおよそ9か月も経過した後である。しかしながら、本件売買契約書の収益の帰属は、定型の文言で記載されたものであり、本件売買契約書の記載内容が詳細かつ多岐に及ぶことからすれば、X及びA社においても、本件売買契約書に本件合意が記載されていないばかりか、本件合意と矛盾する記載内容があることに気付かなかったとしてもあながち不合理とまではいえない。特に、A社にとっては、本件売買契約締結前に既に本件居住用部分賃料等を受領しているため、本件合意が現実の金銭の授受を伴うものではなく、Xにとっても、本件居住用部分賃料等を取得しないという点で、不利益となる条件となるものであることからすれば、両当事者にとって、本件合意を本件売買契約書にあえて記載する必要性は高くなく、その記載を意図せず、又はそれを失念する可能性を否定することができない。むしろ、Xは、本件居住用部分賃料を取得しないことで課税売上割合を100%にして、一旦納付した課税売上げに係る消費税の還付を受けることにより節税をすることを意図していたところ、本件合意によりXは適法に節税目的を達成できる一方で、A社は本件居住用部分賃料等を取得することができるのであるから、XにもA社にも本件合意を締結する動機が存する。また、A社は、本件居住用部分賃料をA社が取得する旨の損益を計算している。そして、A社は、その経理上、平成19年12月分の本件居住用部分賃料等の全額を賃料収入として計上しており、本件居住用部分賃料等についての清算は行っていない。以上からすると、本件合意の成立を認めることができ、本件合意の時期については、Ｘから本件居住用部分賃料を清算しないという提案をした後間もなくしてＡ社から売渡承諾書が出ていることからすれば、遅くとも平成19年11月初旬と推認することができる。

以上によれば、本件居住用部分賃料等を資産の譲渡等の対価の額に算入することはできず、これに基づきＸの消費税額等を計算すると別紙記載のとおりとなるから、本件消費税等更正処分のうちこれを上回る部分も違法である。

〔コメント〕

Ｘは、不動産賃貸業を開始するに当たって、中古賃貸マンションの取得に際して課された消費税額全額の還付を受ける意図の下で、「課税事業者選択届出書」を提出し、併せて、本件居住用部分賃料（非課税売上げ）をＡ社に帰属させることとした。これにより、Ｘは、本件課税期間における課税売上割合が100％となり、中古賃貸マンションの取得に係る消費税額のほぼ全額が還付される。これに対し、Ｙは、ＸとＡ社の間で本件合意が成立してなく、本件居住用部分賃料等はＸに帰属するから、本件課税期間における課税売上割合は、次のとおり18.8％となるというのである。

$$\text{課税売上割合}=\frac{\text{課税売上高40万2,308円}}{\text{課税売上高40万2,308円}+\text{非課税売上高173万3,181円}}$$

$$=18.8\%$$

＊　課税売上高は、422,423円÷1.05＝40万2,308円となる。

本判決は、「本件合意によりＸは適法に節税目的を達成できる一方で、Ａ社は本件居住用部分賃料等を取得することができるのであるから、ＸにもＡ社にも本件合意を締結する動機が存する。」と説示した上で、ＸとＡ社の間で本件合意が成立していたと判断しているところである。

(4)　個別対応方式

課税売上割合が95％未満である事業者又は課税売上割合が95％以上であっ

てもその課税期間における課税売上高が５億円を超える事業者については、課税仕入れに係る消費税額、特定課税仕入れに係る消費税額及び保税地域からの引取りに係る課税貨物につき課された又は課されるべき消費税の額（以下「課税仕入れ等の税額」という。）の計算は、個別対応方式か一括比例配分方式のいずれかの方法で行う必要がある（消法30②）。

なお、個別対応方式は、その課税期間における個々の課税仕入れ等のすべてについて、①課税売上対応分、②非課税売上対応分、③共通対応分の区分が明らかにされている場合に適用できる（消法30②一）。

個別対応方式を適用する場合の課税仕入れ等の税額の計算

課税仕入れ等の税額 ＝ 課税売上対応分に係る消費税額 ＋（共通対応分に係る消費税額 × 課税売上割合）

＊　個別対応方式を採用する事業者が共通対応分に係る消費税額を計算する際に用いる課税売上割合について、その事業者の事業の実態を反映していないなどの場合には、その納税地を所轄する税務署長の承認を受けることで、課税売上割合に準ずる割合を用いての税額を計算することができる（消法30③）。課税売上割合に準ずる割合を用いて税額を計算しようとする課税期間の末日までに承認申請書の提出があった場合において、その課税期間の末日の翌日から１月以内に税務署長の承認があったときは、その課税期間の末日において承認があったものとみなされる（消令47⑥）。課税売上割合に準ずる割合とは、使用人の数又は従事日数の割合、消費又は使用する資産の価額、使用数量、使用面積の割合その他合理的な基準により算出した割合をいう（消基通11－5－7）。

ア　課税売上対応分とは

課税資産の譲渡等を行うためにのみ必要な課税仕入れ等をいい、例えば、①そのまま他に譲渡される課税資産、②課税資産の製造用にのみ消費し又は使用される原材料、容器、包紙、機械及び装置、工具、器具、備品等、③課税資産に係る倉庫料、運送費、広告宣伝費、支払手数料又は支払加工賃等、④課税資産の譲渡等に係る販売促進等のために得意先等に配布される試供品、試作品等に係る課税仕入れ等がこれに該当する（消基通11-2-10、11-2-14）。

イ　非課税売上対応分とは

非課税資産の譲渡等を行うためにのみ必要な課税仕入れ等をいい、例えば、①販売用の土地の造成費用及び仲介手数料、②土地だけの譲渡に係る仲介手数料、③賃貸用住宅の建築費用、④住宅の賃貸に係る仲介手数料、⑤有価証券の売却時・購入時の売買手数料の課税仕入れ等がこれに該当する（消基通11-2-15）。

＊　国税不服審判所平成26年12月10日裁決（裁決事例集97号237頁）は、有料老人ホームの賃貸借契約が法人税法上売買があったものとされるリース取引に該当し、その課税仕入れの用途区分が非課税売上対応分か共通分について争われた事例につき、「有料老人ホームは、入居者が日常生活を送る場所として使用するほか、併せて日常生活を送る上で必要となる介護や生活サポート等のサービスの提供を受ける施設であるから、有料老人ホームとして使用されることが予定されていた物件に係る課税仕入れは、単に、居住スペースの貸付け（非課税売上げ）及び介護サービスの提供（非課税売上げ）だけではなく、生活サポートの提供（課税売上げ）等の各種サービスの提供も予定されていたものであり、課税売上げと非課税売上げに共通して要する課税仕入れである」と判断している。

ウ　共通対応分とは

課税資産の譲渡等と非課税資産の譲渡等がある場合に、それらに共通して使用される資産の取得費用や、消耗品費、電話料金、電気料金、ガス料金、水道料金の課税仕入れ等がこれに該当する。また、株券の発行に当たって印刷業者へ支払う印刷費、証券会社へ支払う引受手数料等のように資産の譲渡等に該当しない取引に要する課税仕入れ等は、共通対応分として区分する（消基通11-２-16）。

＊「共通対応分」に該当する課税仕入れ等であっても、合理的な基準により「課税売上対応分」と「非課税売上対応分」とに区分している場合には、その区分したところにより個別対応方式を適用することができる（消基通11-２-19）。例えば、土地と建物を一括譲渡した場合の仲介手数料につき、①譲渡時における時価の比率により按分する方法、②相続税評価額や固定資産税評価額を基にして計算する方法、③土地及び建物の原価（取得費、造成費、一般管理費・販売費、支払利子等を含む。）を基にして計算する方法、④所得税や法人税の取扱いにより計算する方法は、「課税売上対応分」と「非課税売上対応分」に区分する合理的な基準に該当する（国税庁HP「質疑応答事例」参照）。

エ　課税仕入れ等の用途区分の判定時期

個別対応方式により仕入れに係る消費税額を計算する場合には、課税仕入れ等を「課税売上対応分」、「非課税売上対応分」、「共通対応分」に区分する必要があり、その区分は、原則として、課税仕入れ等を行った日の状況により行うこととなるのであるが、課税仕入れ等を行った日において、その区分が明らかにされていない場合で、その日の属する課税期間の末日までに、当該区分が明らかにされたときは、その明らかにされた区分によって個別対応方式を適用することができる（消基通２-２-20）。

裁判例の紹介㊹

賃貸マンションは、販売目的とともに住宅貸付けとして取得されたものであるから、その課税仕入れは「課税資産の譲渡等とその他の資産の譲渡等に共通して要するもの」に当たるとされた事例

（さいたま地裁平成25年６月26日判決・税資263号順号12241〔確定〕）

〔事案の概要〕

1　不動産及びコンテナの売買、仲介、賃貸リース及び管理等を目的とする株式会社Ａ社は、平成19年11月29日、総合建設業を営むＢ社との間で、居住用ワンルームマンション（以下「本件建物」という。）及びこれに付随する機械式駐車場（以下、本件建物と合わせて「本件マンション」という。）の建築工事を代金計２億5,000万円余で取得する旨の工事請負契約を締結し、また、同年12月19日、Ｃ社との間で、本件マンション及びその敷地等（以下「本件マンション等」という。）の信託受益権を３億7,700万円で譲渡する旨の信託受益権売買契約（以下「本件受益権売買契約」という。）を締結した。

2　Ａ社は、平成20年９月30日、本件請負契約に基づきＢ社から本件マンションの引渡しを受け、同日、Ｄ社との間で、本件マンションの賃貸借及び管理業務を委託する旨の契約を締結した。同契約には、本件マンションは居住用で、居住以外の事務所使用は不可との記載がある。

3　Ａ社は、Ｃ社が破産手続開始の決定を受けたことから、平成20年10月３日、Ｃ社の破産管財人に対し、本件受益権売買契約について、確答期限を同月31日として、破産法53条２項に基づく催告をしたが、同日までに確答がなく、同契約は解除されたものとみなされた。Ａ社は、平成20年10月20日、本件マンションの居室を賃貸した。その後、Ａ社は、平成21年５月30日、Ｅ社に対し、本件受益権売買契約の対象であった本件マンション等を２億7,000万円で売却する旨契約し、同年６月23日売買を原因として、所有権移転登記がされた。

4　土木、建築工事の請負等を目的とする株式会社であるＸ（原告）は、平成21年５月31日、Ａ社を吸収合併した。Ｘは、Ａ社の本件課税期間（平20.７.１～平21.５.30）の消費税等につき、課税標準額が146万9,000円、控除対象となる仕入税額が688万1,920円であるとして、確定申告を法定申告期限までに行った。これに対し、Ｙ（税務署長、被告は国）は、平成21年12月22日、控除対象となる仕入税額は131万6,060円であるとする更正処分等を行った。

なお、本件課税期間におけるＡ社の課税売上割合は95％未満である。

〔争点〕

本件マンションの取得に係る課税仕入れは「課税売上対応分」と「共通対応分」のいずれに区分されるか。

〔判決の要旨〕

1　個別対応方式により控除対象となる仕入税額を計算する場合には、当該課税仕入れが「課税資産の譲渡等にのみ要するもの」、「課税資産の譲渡以外の資産の譲渡等にのみ要するもの」又は「課税資産の譲渡等とその他の資産の譲渡等に共通して要するもの」のいずれに区分されるものかを明らかにする必要がある。仕入税額控除は、流通過程における税負担の累積を防止するため、一定の要件の下に、資産等の譲渡に係る税額から仕入税額を控除する制度であるが、消費税法（以下「法」という。）30条の規定に照らすと、仕入れた資産が、仕入日の属する課税期間中に譲渡されるとは限らないため、控除額の算定においては、仕入れと売上げの対応関係を切断し、当該資産の譲渡が実際に課税資産の譲渡に該当したか否かを考慮することなく、仕入れた時点において、課税仕入れに当たるか否かを判断するものとしたと解される。このような制度趣旨にかんがみると、上記用途区分は、課税仕入れを行った日の状況等に基づき、当該課税仕入れをした事業者が有する目的、意図等諸般の事情を勘案し、事業者において行う将来の多様な取引のうちどのような取引に要するものであるのかを客観的に判断すべきものと解するのが相当である。

2　Ａ社は、平成20年９月30日、本件請負契約に基づいてＢ社から本件マンションの引渡しを受けているのであるから、本件課税仕入れである本件マンションの取得を行った日は、「資産の譲受け」をした同日となる。したがって、本件マンションの取得の用途区分は、同日の状況に基づいて客観的に判断すべきことになる。本件請負契約及び本件受益権売買契約の経緯からすると、本件マンションはもともとC社の信託受益権の売却を目的として建設・購入されたものであったといえる。また、本件受益権売買契約は本件課税仕入れの日より後の平成20年10月31日の経過をもって解除されたものとみなされたのであるから、客観的には、本件課税仕入れ時には、同契約は存続していたといわざるを得ない。これらの経緯からすると、A社において、本件課税仕入れである本件マンションの取得時に、C社が破産状態に陥ったために同契約が履行されないと考えていたかどうかはともかく、客観的に見て、本件マンションを販売する又はその信託受益権を譲渡する目的で取得したということは否定できない。一方、A社は、本件課税仕入れの日と同日に本件管理委託契約を締結し、その後間もなく、本件各賃貸借契約を締結しており、本件管理委託契約及び本件各賃貸借契約とも、本件マンションの使用目的を住宅に限定しているし、A社は、本件課税期間において、本件マンションの貸付け等に係る収入として807万円余の賃料収入を得ているから、A社において、本件課税仕入れである本件マンションの取得時に、客観的にみて、本件マンションを住宅として貸し付ける目的でも取得したと認めるのが相当である。このように、本件マンションの取得は、本件課税仕入れの日である平成20年9月30日当時において、本件マンションを販売する（信託受益権を譲渡する）目的とともに、住宅として貸し付けることを目的としてされたと認められる。以上からすると、本件課税仕入れは、「課税資産の譲渡等にのみ要するもの」ではなく、「課税資産の譲渡等とその他の資産の譲渡等に共通して要するもの」に該当することとなる。

〔コメント〕

Ｘは、①本件マンションがＣ社への信託受益権の売却を目的として建設・購入されたものであること、②Ａ社としては、Ｃ社が破産状態に陥ったとはいえ、同契約が全く履行されないと考えていたわけではないこと、③信託受益権の売買期日は、本件マンションを賃貸してから１か月も経過しない平成20年10月末日であるから、本件マンションの貸付けは、「住宅の貸付けに係る期間が１月に満たない」ものとして、課税取引に当たること、④本件マンションは、本件課税期間の末日である平成21年５月30日時点では売却していること（消基通11-２-20の適用）からして、当該課税仕入れは「課税売上対応分」に該当すると主張する。これに対し、本判決は、「課税仕入れの用途区分の判定は、課税仕入れを行った日の状況等に基づき客観的に判断すべきものと解するのが相当である。」と説示した上で、本件マンションの取得は、本件課税仕入れの日において、販売目的であるとともに、住宅として貸し付けることを目的としたものであると断じている。そして、Ｘの主張につき、①本件賃貸借契約における賃貸期間は24か月であり、同契約が消費税法施行令16条の２所定の「住宅の貸付けに係る期間が１月に満たない」ものに当たらないこと、②消費税基本通達11-２-20は、課税仕入れ等の用途区分の判定時期につき、「課税仕入れの日に用途区分が定まっていない場合において、課税期間の末日までに当該区分が明らかにされたときには、例外的に、この明らかにされた区分によって個別対応方式を適用できる」旨取り扱っているが、本件では、課税仕入れの日において本件マンションを住宅の貸付の目的でも取得していたことは明らかであるから、同通達が適用される余地はないことを説示して、Ｘの主張を排斥している。

※　名古屋地裁平成26年10月23日判決（税資264号順号12553〔確定〕）は、「課税仕入れの区分については、当該課税仕入れが行われた日の状況に基づき客観的に判断すべきものと解するのが相当である。」とする。

裁判例の紹介55

地方公共団体からの委託業務を行うために設立された法人が設立に当たって支出した施設整備等の費用は、「課税資産の譲渡等にのみ要する課税仕入れ」に当たらないとされた事例

（東京地裁平成24年9月7日判決・裁判所HP「行集」〔確定〕）

〔事案の概要〕

1　X（原告）は、Aセンター（以下「本件施設」という。）の整備、運営等の事業（以下「本件事業」という。）に関する業務を行うことを目的として設立された株式会社であるところ、設立後の最初の事業年度に係る本件課税期間（平20.1.28～平20.3.31）の消費税等について、課税仕入れに係る消費税額（以下「控除対象仕入税額」という。）を個別対応方式により計算するに当たり、本件課税期間中に行った課税仕入れ等が「課税資産の譲渡等にのみ要するもの」に区分されるとして確定申告書を提出した。これに対し、Y（所轄税務署長、被告は国）は、本件課税仕入れが「課税資産の譲渡等とその他の資産の譲渡等に共通して要するもの」（共通対応分）に区分されるとして更正処分等をした。

2　Xと地方公共団体Tは、平成20年3月18日、①Xが本件事業の実施に関する費用を負担し、②Tが本件施設の整備に関する対価の額10億5,098万円余を平成22年4月から32回の元利均等払で支払うほか、③本件施設の維持管理に関する対価等をTが支払う旨の契約を締結して、Xは本件事業に関する業務を行った。Xは、本件課税期間において、①設立費用39万円余のほか、②融資スキームの構築に関する手数料1,659万円及び③法律顧問業務に関する報酬441万円余を支払っているが、本件課税期間においては課税売上げがない。

〔争点〕

法人が設立の際に支出した施設の整備に関する支出は、課税売上対応分に該当するか。

〔判決の要旨〕

1　課税仕入れに係る消費税額を控除する趣旨がいわゆる課税の累積を排除することにあることからすれば、課税仕入れに対応する売上げに係る取引が「その他の資産の譲渡等」（非課税資産の譲渡等）に当たるものであるときには、課税の累積が生じないため、当該課税仕入れに係る消費税額を控除の対象とする必然性はないものの、納税義務者の納税関係の事務の負担への配慮等といった観点から、課税売上割合が95％以上である場合は、課税仕入れと売上げに係る取引との個別的な対応関係を問うことなく、当該課税期間中の課税仕入れに係る消費税額の全額の控除を認めたものであると解される。他方、課税売上割合が95％に満たない場合は、個別対応方式又は一括比例配分方式のいずれかの方法により控除対象仕入税額を計算するものとされるところ、これは、課税売上割合が95％に満たず、売上げに係る取引の大部分が課税資産の譲渡等に当たるといえない場合については、「その他の資産の譲渡等」に要する課税仕入れに係る消費税額は控除の対象とはならないとの前提に立って控除対象仕入税額を計算すべきであるとしたものであると解される。そして、国内において行われた課税仕入れについて個別対応方式により控除対象仕入税額を計算するときは、「課税資産の譲渡等にのみ要する課税仕入れ」の税額に「課税資産の譲渡等とその他の資産の譲渡等に共通して要する課税仕入れに課税売上割合を乗じて計算した金額」を加算する方法によるものとされるところ、その課税仕入れの区分の判断については、当該課税仕入れが行われた日の状況に基づいてその取引が事業者において行う将来の多様な取引のうちのどのような取引に要するものであるのかを客観的に判断すべきものと解するのが相当である。

2　本件施設の整備に関する対価は、本件割賦元本と本件割賦金利とから成るところ、本件割賦元本の合計額である９億4,950万円及び本件割賦金利の合計額である１億148万円は、いずれも本件契約において明示されており、ＴはＸに対してこれらを約８年間にわたり、かつ、32回に分割していわゆる元利均等払いの方法で支払うこととされていたものである。そうすると、本件割賦金利は、「資産の譲渡等の対価の額を２月以上の期間にわたり、かつ、３回以上に分割して受領する場合におけるその受領する賦払金のうち利子の額に相当する額で当該賦払に係る契約において明示されている部分」（消令10③十）に当たり、これを対価とする本件契約に係る役務の提供は、非課税取引とされる（消法６①、別表１、現行は別表２）結果、「その他の資産の譲渡等」に当たることとなる。

3　Ｘの設立のために支払がされた費用等に係る課税仕入れは、設立されたＸが事業として行う各種の資産の譲渡等を含むその事業活動を成す取引全体のために要するものであったと認められるところ、Ｘが本件契約に基づいて行う事業活動によりＴから対価として得ることとなる本件施設の整備に関する対価には、課税資産の譲渡等の対価である本件割賦元本とその他の資産の譲渡等の対価である本件割賦金利とがあるというのであるから、「課税資産の譲渡等とその他の資産の譲渡等に共通して要する課税仕入れ」に区分されるべきものであることは明らかということができる。

4　融資スキームの構築に関する手数料に係る課税仕入れ、及び法律顧問業務に関する報酬等に係る課税仕入れは、いずれも本件融資契約を要素とする融資スキームの構築に関して生じた費用に係るものであるところ、本件融資契約に基づくＸの借入金である本件融資の資金使途が契約保証金及び本件施設の建設代金の各支払とされていることからすれば、いずれも、本件契約の締結に当たってその締結が必要であった契約保証金の納付に代わる支払委託保証契約に係る保証料及び本件施設の建設等に係る建設代金の各支払のための資金の調達に要した費用に係るものであるということができる。そして、本件保証料に係る資金の調達のために要した費用の部分に係るものについては、本件保証料の支払に当たって要した手数料に係るものと同じく、本件契約に基づいてXが行う事業活動を成す取引全体のために要するものであったと認めるのが相当であるところ、本件融資契約は本件保証料及び本件施設の建設代金の各支払のための資金を調達するために締結された契約であり、これを要素とする融資スキームの構築に関して生じた費用は当該融資スキームの構築全体について一体として支払われるものであることからすれば、上記の本件課税仕入れは、本件契約に基づいてXが行う事業活動を成す取引全体のために要するものであったというべきであって、「課税資産の譲渡等とその他の資産の譲渡等に共通して要する課税仕入れ」に区分されるべきものと認めるのが相当である。

〔コメント〕

Xは、設立後の最初の事業年度につき基準期間がなく、当該事業年度開始の日における資本金の額が1,000万円以上であって、新設法人に当たるため、その行った本件課税期間における課税資産の譲渡等については課税事業者に該当する（消法12の2①）。また、Xは、本件課税期間における課税売上額が0円、課税売上割合が0％であるから、仕入税額控除の計算は個別対応方式によることになるが（消法30②）、当該課税仕入れが「課税資産の譲渡等とその他の資産の譲渡等に共通して要するもの」（共通対応分）に該当すると、課税仕入れ等の税額は0円となる（消法30②一）。本件は、Xの設立に要した費用及び融資スキームの構築に関する手数料等に係る課税仕入れ（以下「本件課税仕入れ」という。）が「課税売上対応分」と「共通対応分」のいずれに該当するかが争われたものである。本判決は、「課税仕入れの区分の判断については、当該課税仕入れが行われた日の状況に基づいてその取引が事業者において行う将来の多様な取引のうちのどのような取引に要するものであるのかを客観的に判断すべきものと解するのが相当である。」と説示した上で、XがTから対価として得ることとなる本件施設の整備に関する対価には、課税資産の譲渡等の対価である本件割賦元本と非課税資産の譲渡等の対価である本件割賦金利とがあるので、Xの課税仕入れは、いずれも「共通対応分」に該当すると結論づけている。

裁判例の紹介㊻

不動産販売業者が転売目的で取得した居住用建物の課税仕入れは、「課税資産の譲渡等とその他の資産の譲渡等に共通して要するもの」に該当するとされた事例

（最高裁令和5年3月6日第一小法廷判決・裁判所HP「最近の最高裁判例」）

〔事案の概要〕

1　X（原告・被控訴人・上告人）は、本件各課税期間（平成27年3月期～同29年3月期）において、事業として、転売目的で、全部又は一部が住宅として賃貸されているマンション合計84棟（以下「本件各建物」という。）を購入した（本件各課税仕入れ）。Xは、転売までの間、本件各建物を棚卸資産として計上し、その賃料を収受した。Xは、本件各課税期間の消費税等について、個別対応方式により、本件各課税仕入れが課税対応課税仕入れに区分されることを前提に、本件各課税仕入れに係る消費税額の全額を控除対象仕入税額として本件各申告をした。これに対し、所轄税務署長は、平成30年7月30日付けで、本件各課税仕入れは、課税資産の譲渡等である建物の転売のみならず、その他の資産の譲渡等である住宅の貸付けにも要するものであるから、共通対応課税仕入れに区分されるべきであるなどとして、更正処分等をした。

2 税務当局は、平成7年頃、関係機関からの照会に対し、仮に一時的に賃貸用に供されるとしても、継続して棚卸資産として処理し、将来的には全て分譲することとしている住宅の購入については、課税対応課税仕入れに該当するものとして取り扱って差し支えない旨の回答をし、同9年頃、関係機関からの照会に対し、賃借人が居住している状態でマンションを購入した場合でも、転売目的で購入したことが明らかであれば、課税対応課税仕入れに該当する旨の回答をした。他方、平成17年以降、税務当局の職員が執筆した公刊物等において、事業者の最終的な目的は中古マンションの転売であっても、転売までの間に非課税売上げである家賃が発生する場合には、中古マンションの購入は共通対応課税仕入れに該当する旨の見解が示され、また、本件各申告当時に公表されていた複数の国税不服審判所の裁決例及び下級審の裁判例において、本件各課税仕入れと同様の建物の取得の用途区分につき、上記と同様の見解に基づく税務当局側の主張が採用されていた。

〔争点〕

本件各課税仕入れは、「課税対応課税仕入れ」と「共通対応課税仕入れ」のいずれに該当するか。

〔判決の要旨〕

1 消費税法は、当該課税期間中に行った課税仕入れにつき用途区分が明らかにされていないときは、課税期間中の所定の売上げの総額に占める課税資産の譲渡等に係る売上げの割合を乗じて計算する方法により控除対象仕入税額を計算するものとし（消法30②二）、また、帳簿及び請求書等の保存がない場合には原則として当該課税仕入れに係る消費税額の控除を認めないものとする（消法30⑦）など、課税の明確性の確保や適正な徴税の実現といった他の目的との調和を図るため、税負担の累積が生じても課税仕入れに係る消費税額の全部又は一部が控除されない場合があることを予定しているものということができる。そして、個別対応方式により控除対象仕入税額を計算する場合において、税負担の累積が生ずる課税資産の譲渡等と累積が生じないその他の資産の譲渡等の双方に対応する課税仕入れにつき一律に課税売上割合を用いることは、課税の明確性の確保の観点から一般に合理的といえるのであり、課税売上割合を用いることが当該事業者の事業の状況に照らして合理的といえない場合には、課税売上割合に準ずる割合を適切に用いることにより個別に是正を図ることが予定されていると解されることにも鑑みれば、課税資産の譲渡等とその他の資産の譲渡等の双方に対応する課税仕入れは、当該事業に関する事情等を問うことなく、共通対応課税仕入れに該当すると解するのが消費税法の趣旨に沿うものというべきである。このように解することは、課税仕入れを課税資産の譲渡等「にのみ」要するもの（課税対応課税仕入れ）、その他の資産の譲渡等「にのみ」要するもの（非課税対応課税仕入れ）及び両者「に共通して」要するもの（共通対応課税仕入れ）に区分する同条2項1号の文理に照らしても自然であるということができる。そうすると、課税対応課税仕入れとは、当該事業者の事業において課税資産の譲渡等にのみ対応する課税仕入れをいい、課税資産の譲渡等のみならずその他の資産の譲渡等にも対応する課税仕入れは、全て共通対応課税仕入れに該当すると解するのが相当である。

2　事実関係等によれば、本件各課税仕入れはXが転売目的で本件各建物を購入したものであるが、本件各建物はその購入時から全部又は一部が住宅として賃貸されており、Xは、転売までの間、その賃料を収受したというのである。そうすると、Xの事業において、本件各課税仕入れは、課税資産の譲渡等である本件各建物の転売のみならず、その他の資産の譲渡等である本件各建物の住宅としての賃貸にも対応するものであるということができる。

〔コメント〕

本件は、転売目的で取得した中古の賃貸マンションの課税仕入れについて、その用途区分が争われた事案である（ADワークス事件）。

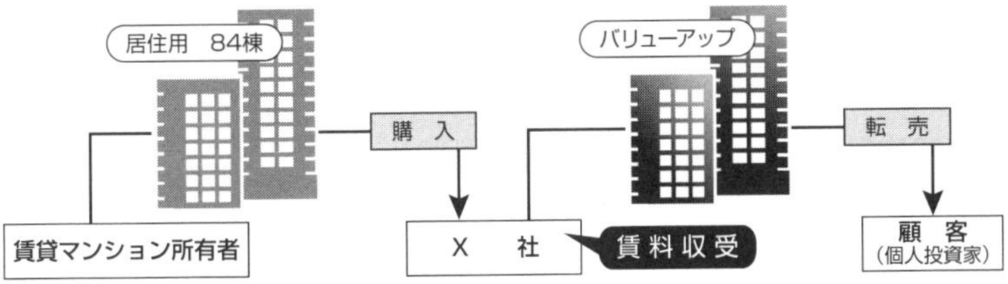

▶X社……課税仕入れは「課税資産の譲渡等にのみ要するもの」（課税対応課税仕入れ）に該当する。
▶所轄税務署長……課税仕入れは「課税資産の譲渡等とその他の資産の譲渡等に共通して要するもの」（共通対応課税仕入れ）に該当する。

（出典：「国税速報」第6660号13頁）

本件の第一審判決（東京地裁令和２年９月３日判決・訟月68巻３号236頁）は、「個別対応方式で控除対象仕入税額を計算する場合において、課税仕入れ等の用途区分に係る判断は、税負担の判断が事業者の恣意に左右されることのないよう、①事業内容・業務実態、②当該事業者における過去の同種の課税仕入れ等及びこれに対応して行われた取引の内容・状況、③当該課税仕入れ等と過去の同種の課税仕入れ等との異同など、仕入日に存在した客観的な諸事情に基づき認定するのが相当である。」とした上で、Xが行う経済活動に関する個別の事情に照して、「課税対応課税仕入れ」に該当すると判断している。これに対し、原審（東京高裁令和３年７月29日判決・訟月68巻３号188頁）は、「各課税仕入れについては、同号の文言及び趣旨等に即して、課税対応課税仕入れとは、当該課税仕入れにつき将来課税売上げを生ずる取引のみが客観的に見込まれている課税仕入れのみをいい、非課税対応課税仕入れとは、当該課税仕入れにつき将来非課税売上げを生ずる取引のみが客観的に見込まれている課税仕入れのみをいい、当該課税仕入れにつき将来課税売上を生ずる取引と非課税売上げを生ずる取引の双方が客観的に見込まれる課税仕入れについては、全て共通対応課税仕入れに区分されるものと解するのが相当である。」とし、「本件においては、各仕入日において、将来、住宅の貸付けによる賃料収入という非課税売上げが見込まれるとともに、本件各マンションの売却による課税売上げも見込まれるから、本件各課税仕入れは、課税対応課税仕入れ及び非課税対応課税仕入れのいずれにも該当せず、共通対応課税仕入れに該当するものと解するのが相当である。」として、第一審判決を取り消したのである（Ｘの請求を棄却)。

裁判例の紹介㊼

住宅用賃貸部分を含む建物を販売目的で仕入れて、課税仕入れの用途区分を「課税売上対応分」として申告したことは、通則法65条４項にいう「正当な理由」がないとされた事例

（最高裁令和５年３月６日第一小法廷判決・裁判所HP「最近の最高裁判例」）

〔事案の概要〕

1　Ｘ（原告・控訴人・被上告人）は、各課税期間（平成５年12月期～同27年12月期）において、事業として、転売目的で、全部又は一部が住宅として賃貸されている建物合計344件（以下「本件各建物」という。）を購入し（本件各課税仕入れ)、本件各課税期間の消費税等について、個別対応方式により、本件各課税仕入れが課税対応課税仕入れに区分されることを前提に、本件各課税仕入れに係る消費税額の全額を控除対象仕入税額として本件各申告をした。これに対し、所轄税務署長は、平成29年７月31日付けで、本件各課税仕入れは、課税資産の譲渡等である建物の転売のみならず、その他の資産の譲渡等である住宅の貸付けにも要するものであるから、共通対応課税仕入れに区分されるべきであるなどとして、更正処分等をした。

2　平成元年に作成された税務当局の部内資料等には、課税対応課税仕入れとは「直接、間接を問わず、また、実際に使用する時期の前後を問わず、その対価の額が最終的に課税資産の譲渡等のコストに入るような課税仕入れ等である」との記載や、土地の賃貸収入がある場合でも分譲用のマンションの建設計画に基づいて土地の所有権を取得していることが明らかであるときは取得の際に支払った仲介手数料は課税対応課税仕入れに該当する旨の記載があり、同年に発行された税務当局関係者が編者である公刊物等には、販売の目的で取得した土地の造成費は一時的に自社の資材置場として使用しているとしても非課税対応課税仕入れになる旨の記載がある。また、税務当局は、平成７年頃、関係機関からの照会に対し、仮に一時的に賃貸用に供されるとしても、継続して棚卸資産として処理し、将来的には全て分譲することとしている住宅の購入については、課税対応課税仕入れに該当するものとして取り扱って差し支えない旨の回答をし、同９年頃、関係機関からの照会に対し賃借人が居住している状態でマンションを購入した場合でも、転売目的で購入したことが明らかであれば、課税対応課税仕入れに該当する旨の回答をした。他方、平成17年以降、税務当局の職員が執筆した公刊物等において、事業者の最終的な目的は中古マンションの転売であっても、転売までの間に非課税売上げである家賃が発生する場合には、中古マンションの購入は共通対応課税仕入れに該当する旨の見解が示され、また、本件各申告当時に公表されていた複数の国税不服審判所の裁決例及び下級審の裁判例において、本件各課税仕入れと同様の建物の取得の用途区分につき、上記と同様の見解に基づく税務当局側の主張が採用されていた。

3　原審（東京高裁令和3年4月21日判決・税資271号順号13551）は、上記事実関係等の下において、本件各建物は転売まで住宅として賃貸されることが見込まれていたから、本件各課税仕入れは、個別対応方式による用途区分において共通対応課税仕入れに区分されるべきであり、本件各更正処分は適法であるなどとした上で、過少申告加算税の賦課決定処分については、次のとおり判断して、その取消請求を認容した。

「税務当局は、平成元年当時、主たる目的又は最終的な使用目的を考慮して用途区分を判定していたとも理解され得るところ、同9年頃、本件各課税仕入れと同様の課税仕入れを転売目的に着目して課税対応課税仕入れに区分したことがあり、その後、同17年頃までに上記の見解を変更したことがうかがわれるから、従来の見解を変更したことを納税者に周知するなど、これが定着するよう必要な措置を講ずるのが相当であったのに、そのような措置を講じているとは認められない。このような税務当局の対応や、これを根拠とする紛争が継続している事情の下では、本件各申告において、Xが、転売を目的とする本件各課税仕入れを課税対応課税仕入れに区分した上で控除対象仕入税額の計算をしたことには、国税通則法65条4項にいう「正当な理由」がある。

〔争点〕

国税通則法65条4項にいう「正当な理由」に該当するか。

〔判決の要旨〕

事実関係等によれば、税務当局は、遅くとも平成17年以降、本件各課税仕入れと同様の課税仕入れを、当該建物が住宅として賃貸されることに着目して共通対応課税仕入れに区分すべきであるとの見解を採っており、そのことは、本件各申告当時、税務当局の職員が執筆した公刊物や、公表されている国税不服審判所の裁決例及び下級審の裁判例を通じて、一般の納税者も知り得たものということができる。他方、それ以前に税務当局が作成した部内資料や税務当局関係者が編者である公刊物及び平成７年頃の関係機関からの照会に対する回答には、事業者の目的に着目して用途区分を判定していたとも理解され得る記載等があるものの、これらは、本件各課税仕入れと同様の課税仕入れに直接言及するものでなく、その趣旨や前提となる事実関係が明らかでないなど、必ずしも上記見解と矛盾するものとはいえない。また、税務当局は、平成９年頃、関係機関からの照会に対し、本件各課税仕入れと同様の課税仕入れを課税対応課税仕入れに区分すべき旨の回答をしているが、このことから、直ちに、税務当局が一般的に当該課税仕入れを事業者の目的に着目して課税対応課税仕入れに区分する取扱いをしていたものということはできないし、上記回答が公表されるなどしたとの事情もうかがわれない。そうすると、平成17年以降、税務当局が、本件各課税仕入れと同様の課税仕入れを当該建物が住宅として賃貸されることに着目して共通対応課税仕入れに区分する取扱いを周知するなどの積極的な措置を講じていないとしても、事業者としては、上記取扱いがされる可能性を認識してしかるべきであったということができる。そして、上記取扱いは消費税法30条２項１号の文理等に照らして自然であるといえ、本件各申告当時、本件各課税仕入れと同様の課税仕入れを事業者の目的に着目して課税対応課税仕入れに区分すべきものとした裁判例等があったともうかがわれないこと等をも考慮すれば、Xが本件各申告において本件各課税仕入れを課税対応課税仕入れに区分して控除対象仕入税額の計算をしたことにつき、真に納税者の責めに帰することのできない客観的な事情があり、過少申告加算税の趣旨に照らしてもなお納税者に過少申告加算税を賦課することが不当又は酷になるということはできない。

〔コメント〕

本件は、354頁の事案と同様に、ビジネスモデルにより収益不動産の転売事業を営むＸが建物の購入（課税仕入れ）について、用途区分が争われた事案である（ムゲンエステート事件）。第一審判決（東京地裁令和元年10月11日判決・税資269号順号13325）は、「用途区分の判断については、その課税仕入れが行われた日の状況に基づいて客観的に解するのが相当であり、各建物はその購入当時に一定の期間は住宅用貸付けに供されているので、課税仕入れは共通対応分である」として、Ｘの請求を棄却している。そして、本件の原審は、課税仕入れが共通課税仕入れに区分されるとした更正処分は適法であるとしたが、過少申告加算税の賦課決定処分については取り消したのである。

最高裁平成27年６月12日第二小法廷判決・民集69巻４号1121頁は、匿名組合契約に基づき分配された航空機リース事業の損失を不動産所得に係る損失として申告したことの当否が争われた事案につき、匿名組合契約に基づく利益の分配は雑所得に該当し、損失の分配として計上された金額が損益通算の対象とならないとした更正処分は適法であると判断したが、過少申告加算税の賦課決定処分については、「平成17年の通達改正によって、上記の所得区分に関する課税庁の公的見解は変更されたものというべきである。」として、平成15年分及び同16年分の申告に関し、「正当な理由」があると判断している。最高裁27年判決は、税務通達の変更を「公的見解の変更」と捉えているのに対し、本判決は、本件各課税期間において、「当該建物が住宅として賃貸されることに着目して共通対応課税仕入れに区分すべきであるとの見解を採っており、一般の納税者も知り得たものということができる」として、国税通則法65条４項にいう「正当な理由」に該当しないと判断している。

(5) 一括比例配分方式

一括比例配分方式は、その課税期間における個々の課税仕入れ等について、①課税売上対応分、②非課税売上対応分、及び③共通対応分にその区分が明らかにされていない場合に適用する簡便な仕入税額控除の計算方法である（消法30②二）。また、一括比例配分方式は、個々の課税仕入れ等について、上記の区分が明らかにされており個別対応方式を適用できる場合であっても、選択適用することができる（消法30④）。ただし、一括比例配分方式を適用した場合には、一括比例配分方式を適用した課税期間の初日から同日以後２年を経過する日までの間に開始する各課税期間につき継続して適用することが要件とされている（消法30⑤）。

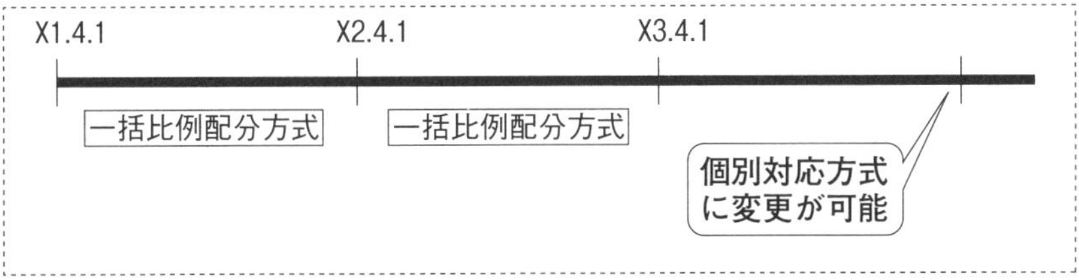

＊　一括比例配分方式を適用した課税期間の翌課税期間以後の課税期間における課税売上高が５億円以下で、かつ、課税売上割合が95％以上となった場合であっても、３年目の課税期間からは、個別対応方式に変更することができる（消基通11-２-21）。

一括比例配分方式を適用する場合の課税仕入れ等の税額

課税仕入れ等の税額＝課税仕入れ等に係る消費税額×課税売上割合

裁判例の紹介㊽

一括比例配分方式により課税仕入れ等の税額を計算して確定申告をし

た後、個別対応方式による計算に変更する更正の請求は認められないとされた事例

（福岡地裁平成９年５月27日判決・行集48巻５＝６号456頁〔確定〕）

〔事案の概要〕

1　本件は、住宅建設販売業であるＸ（原告）の本件課税期間（平2.9.1～平3.8.31）に係る消費税の確定申告について、Ｘがした更正請求に対し、Ｙ（税務署長、被告）が控除税額を過少に認定し過大な納付税額の更正処分を行ったとして、その取消しを求める抗告訴訟である。Ｘの本件課税期間に係る消費税の確定申告額及び更正の請求額ならびに更正額は、次表のとおりである。

	確定申告	更正請求(一次)	更正請求(二次)	更正処分
課税標準	129億121万円	128億8,545万円	129億9,145万円	129億9,145万円
消費税額	３億8,073万円	３億8,565万円	３億8,947万円	３億8,947万円
仕入税額控除	3,948万円	１億8,156万円	４億796万円	7,510万円
納付税額	３億4,755万円	２億499万円	０円	３億1,464万円
仕入税額控除の方式	一括比例配分方式	個別対応方式	個別対応方式	一括比例配分方式

2　Ｘの主張

Ｘの業態において支出する建築費は、課税売上げである建物売上げに対応する課税仕入れであるから、その消費税は課税売上げの消費税から全額控除すべきであり、右控除税額の計算方法として一括比例配分方式を選択することは、土地の売上げのような非課税売上げに比例配分することになって、消費税の本質、立法趣旨に反し許されない。しかるに、Ｘは、一括比例配分方式を選択できるものと誤信し、錯誤により課税仕入れ等の税額を計算したものであり、納付すべき税額の計算には明らかな誤りがあった。

〔争点〕

一括比例配分方式を選択して申告した場合であっても、消費税額が著しく過大となるときは、個別配分方式に変更できるか。

〔判決の要旨〕

1　個別対応方式では全額控除される課税仕入（課税資産の譲渡等にだけ要する課税仕入）についても、一括比例配分方式ではその課税割合分しか控除されないことになり、これを換言すれば、Xが主張するとおり、一括比例配分方式では、課税売上げに対応する課税仕入等に係る消費税を非課税売上にも配分する結果になるということもできないではない。しかしながら、右は一括比例配分方式を適用した場合の当然の結果というべきであるし、そもそも一括比例配分方式は、本来、区分経理（課税売上対応分、非課税売上対応分、共通対応分の区分）がなされておらず個別対応方式による控除税額の算出ができない場合の計算方法であり、その適用を、区分経理をしている事業者にも認めている消費税法30条4項の趣旨は、個別対応方式に比して簡便な税額算出方法である一括比例配分方式について、右事業者には区分経理を理由にその適用を否定することは、区分経理の手間をかけた者に簡便な税額計算を認めないことになって妥当でないとの配慮に基づくものと解される。したがって、区分経理をしている事業者による一括比例配分方式の適用は、その事業形態によって適用が許されたり許されなかったりするという性質のものではなく、Xのように、建物を建築して売却することに伴い土地の売買もするという事業者だからといって、およそ一括比例配分方式を選択することができないという結論を導かなければならないということにはならない。

2　個別対応方式では全額控除されるべき課税資産の譲渡等にだけ要す

る課税仕入等についても、一括比例配分方式ではその課税割合分しか控除されないことから、この点だけをみれば、個別対応方式に比べて不利な結果になることは避けられない。この点、本件において控除税額を個別対応方式によって計算した場合、その全額が控除対象となる消費税額は、一括比例配分方式の控除税額を２億円近く上回り、したがって、納付すべき消費税額にも２億円近くの差異が生じることになる。Ｘは、右のように、一括比例配分方式により算出された納付すべき消費税額が、個別対応方式により算出された額に比して著しく高額になる場合は、一括比例配分方式の適用が税負担の公平に反するものとして許されない旨主張するが、区分経理を行っている事業者は、確定申告の時点で、両方式によって納付すべき消費税額がそれぞれいくらになるかを計算し得るのであって、右のような顕著な差異が生じる場合、納税者がより負担の低い個別対応方式を選択することには何ら制限がない（一括比例配分方式を採用した場合は、２年間これを継続適用をすることが要求されているが、Ｘは、本件課税期間の前年度において個別対応方式を採用しており、右制限は問題とならない)。他方、一括比例配分方式には、個別対応方式に比してより計算が簡便であるという利点があるのであるから、両方式の長所・短所を勘案した上で、そのいずれを選択するかを当該事業者の判断に委ねるとすることに何ら問題はなく、したがって、一括比例配分方式による税負担が個別対応方式による場合に比し大となる場合であっても、両方式の選択が納税者の任意に委ねられている以上、その不利益を甘受するものとして同方式を選択したものと見るほかはない。そして、右の点は、両方式による納税額の格差が顕著となるからといって別異に解すべきでなく、この場合に一括比例配分方式の適用が税負担の公平に反するということにはならないというべきである。しかして、Ｘは、本件課税期間における消費税額の確定申告において、控除すべき課税仕入等に係る消費税を計算するに当たり、一括比例配分方式を選択してこれを算出したのであるから、Xの前記主張は採用することができない。

〔コメント〕

更正の請求は、納税申告書に記載した課税標準等の計算が「国税に関する法律の規定に従っていなかった」又は「当該計算に誤りがあった」場合に限って認められる（通則法23①）ところ、一括比例配分方式を適用した仕入税額控除の計算は、「国税に関する法律の規定に従っていなかった」ものでもなく、「当該計算に誤りがあった」ものでもないから、一括比例配分方式を個別対応方式に変更する更正の請求は認められないというべきであろう。Xは、住宅建売販売のような業態にあっては、本来、仕入税額控除の計算方法として一括比例配分方式を選択することが許されないのであるから、一括比例配分方式を選択した確定申告は誤りである旨、また、個別対応方式によった場合とでは納付税額に著しく顕著な差異が生ずることからしても、更正の請求が認められるべきであるとも主張している。本判決は、①区分経理をしている事業者による一括比例配分方式の適用は、その事業形態によって適用が許されたり許されなかったりするという性質のものではないとした上で、②一括比例配分方式による税負担が個別対応方式による場合に比し大となる場合であっても、両方式の選択が納税者の任意に委ねられている以上、一括比例配分方式を選択した納税申告に誤りはないと判示している。

＊　最高裁昭和62年11月10日第三小法廷判決（集民152号155頁）は、更正の請求によって、医師の社会保険診療報酬に係る必要経費の額を概算控除から実額控除に変更することができるかどうかが争われた所得税事案につき、「租税特別措置法26条１項の規定は、確定申告書に同条項の規定により事業所得の金額を計算した旨の記載がない場合には、適用しないとされているから（同法26③）、同条項の規定を適用して概算による経費控除の方法によって所得を計算するか、あるいは同条項の規定を適用せずに実額計算の方法によるかは、専ら確定申告時における納税者の自由な選択に委ねられているということができるのであって、納税者が租税特別措置法の右規定の適用を選択して確定申告をした場合には、たとえ実際に要した経費の額が右概算による控除額を超えるため、右規定を選択

しなかった場合に比して納付すべき税額が多額になったとしても、納税者としては、そのことを理由に国税通則法23条1項1号に基づく更正の請求をすることはできないと解すべきである。」と判示している。

3　課税仕入れ等の税額の特例・調整

⑴　非課税資産の輸出等を行った場合の仕入控除税額の特例

非課税資産の譲渡等に対応する課税仕入れ等については、本来、仕入税額控除の適用はないのであるが、輸出取引として行われる非課税資産の譲渡等及び自己使用等のために資産の輸出を行った場合については、所定の証明がされることを要件として仕入税額控除の適用が認められる（消法31①②）。この場合、非課税資産の輸出であっても、有価証券、支払手段、金銭債権の輸出は、非課税資産の譲渡等に係る輸出取引に含まれない（消令51①）。

なお、自己使用等のために資産を輸出した場合とは、例えば、事業者が国外にある支店において販売又は貸付けを行うために資産を当該支店あてに輸出する場合のほか、当該支店において使用するために事務機器等を輸出する場合がこれに該当する（消基通11－8－1）。

＊　神戸地裁平成24年11月27日判決（裁判所HP「行集」〔確定〕）は、民間病院等の開設者である原告らが、健康保険法等の法律により診療報酬が公定価格とされているため、社会保険診療等について消費税額相当額を価格に上乗せすることが認められていないにもかかわらず、消費税法が非課税取引である社会保険診療等の仕入れに係る消費税額について仕入税額控除を認めなかった結果、消費税額相当額を消費者に転嫁することもできず、強制的に負担させられる仕組みとなっていると主張して、国家賠償法1条1項に基づく損害賠償を求めた事案である。この訴訟において、裁判所は、非課税資産の輸出等を行った場合の仕入税額控除の趣旨について、次のとおり述べている。すなわち、「消費税法は、生産地（輸出国）では課税せず、消費地（輸入国）において課税するという消費地課税主義を採用し、輸入貨物に対しては消費税を

課税する一方、輸出免税取引については免税とするとともに売上げに対応する仕入税額の控除を認めており、本来仕入税額控除が認められないはずの非課税取引についても、消費税法７条１項各号に該当するものであってその証明がされたものについては輸出免税取引に該当するものとみなして特に仕入税額控除制度の適用を認める（消法31①）ことで、国内において発生した消費税の負担を完全に除去することとしている。このように、本来であれば販売価格に仕入税額相当額の費用を織り込んで消費者に転嫁することで消費税の負担を免れることが想定されているはずの非課税取引についても特に仕入税額控除を認めていることに照らせば、消費税法は、仮に輸出免税取引とみなされる取引につき仕入税額控除ができず、その結果還付も認められないとすると、事業者において転嫁されてきた仕入税額相当額の負担を免れるために、これを上乗せした価格で資産の譲渡等を行うこと（国外消費者への転嫁）が容易に想定され、その結果、実質的に国外の消費者が我が国の消費税の負担を負うという事態が生じかねないということを考慮して、国境税調整の観点から輸出免税取引とみなされる取引について仕入税額控除の適用を認めているものと解される。」と説示している。

⑵　仕入対価の返還等を受けた場合の仕入控除税額の調整

事業者が国内において行った課税仕入れ又は特定課税仕入れにつき、返品をしたり、値引き又は割戻しを受けたことにより、仕入れに係る対価の返還等を受けた場合には、その返還等を受けた日の属する課税期間の課税仕入れ等の税額の合計額から、その対価の返還等を受けた金額に係る税額を控除する（消法32①）。保税地域から引き取った課税貨物に係る消費税額につき還付を受ける場合も、同様に、その還付を受けた日の属する課税期間の課税仕入れ等の税額の合計額から、その還付を受ける税額を控除する（消法32④）。

＊　仕入れに係る対価の返還等とは、支払対価の額の全部若しくは一部の返還、又は支払対価の額に係る買掛金その他の債務の額の全部や一部の減額をいう（消法32①）。

＊　課税仕入れにつき、返品をしたり値引きや割戻しを受けた場合には、課税仕入れに係る返品額等につき税率の異なるごとに合理的に区分した金額を課

税仕入れの税率の異なるごとの金額からそれぞれ控除する経理処理を継続しているときは、この処理が認められる（消基通12-1-12）。

仕入対価の返還等に係る消費税額の計算

<table>
<tr><th>控除方式</th><th colspan="2">課税仕入れ等の税額の計算</th></tr>
<tr><td>課税期間中の課税売上高が5億円以下、かつ、課税売上割合が95%以上</td><td colspan="2">課税仕入れ等の税額 ＝ 課税仕入れ等の税額の合計額 － 仕入対価の返還等を受けた金額に係る消費税額</td></tr>
<tr><td rowspan="2">課税期間中の課税売上高が5億円超又は課税売上割合が95%未満</td><td>個別対応方式</td><td>課税仕入れ等の税額＝A＋B
A＝（課税売上対応分の課税仕入れの税額の合計額）－（課税売上対応分の仕入対価の返還等を受けた金額に係る消費税額）
B＝（共通対応分の課税仕入れの税額の合計額×課税売上割合）－（共通対応分の仕入対価の返還等を受けた金額に係る消費税額×課税売上割合）</td></tr>
<tr><td>一括比例配分方式</td><td>課税仕入れ等の税額＝（課税仕入れ等の税額の合計額×課税売上割合）－（仕入対価の返還等を受けた金額に係る消費税額×課税売上割合）</td></tr>
</table>

＊　課税仕入れ等の税額から仕入対価の返還等に係る消費税額を差し引いた

金額がマイナスの場合には、その金額を課税標準額に対する消費税額に加算する（消法32②⑤）。

＊　仕入対価の返還等を受けた金額に係る消費税額は、「課税仕入れに係る仕入対価の返還等の金額（税込み）×7.8／110（軽減対象課税資産の譲渡等に係るものにあっては6.24／108）となり、「特定課税仕入れ」にあっては7.8／100となる（消法32①一）。

(3)　調整対象固定資産に係る仕入控除税額の特例

固定資産等のように長期間にわたって使用されるものについて、その課税仕入れ等を行った課税期間における課税売上割合や使用形態のみで税額控除を完結させることは、その後の課税期間において課税売上割合が著しく変動した場合や使用形態を変更した場合などを考慮すると、適切な方法とはいえない。そこで、調整対象固定資産の課税仕入れ若しくは特定課税仕入れを行い、又は調整対象固定資産に該当する課税貨物を保税地域から引き取った（以下、「課税仕入れ等」という。）場合において、その後、①課税売上割合が著しく変動した場合、又は②調整対象固定資産を転用した場合には、所要の課税期間の課税仕入れ等の税額を調整する措置が設けられている。

＊　調整対象固定資産とは、購入価額（税込み）が100万円以上の建物及びその附属設備、構築物、機械及び装置、船舶、航空機、車両及び運搬具、工具、器具及び備品、鉱業権等の無形固定資産その他の資産で、棚卸資産以外のものをいう（消法２①十六、消令５）。①回路配置利用権、②預託金方式のゴルフ会員権、③課税資産を賃借するために支出する権利金等、④著作権等、⑤他の者からのソフトウエアの購入費用又は他の者に委託してソフトウエアを開発した場合におけるその開発費用、⑥書画・骨とうも含まれる（消基通12-２-１）。

ア　課税売上割合が著しく変動した場合……第３年度の課税期間において課税仕入れ等の税額を調整する（消法33①②）。

①　課税仕入れ等を行った時において、比例配分法により課税仕入れ等の税額を計算していること。

② 第３年度の課税期間の末日においてその調整対象固定資産を所有していること。

③ 通算課税売上割合が著しく増加又は減少していること。

＊ 比例配分法とは、①課税仕入れ等の全部を課税仕入れ等の税額とした場合、②個別対応方式によりその調整対象固定資産を共通対応分として課税仕入れ等の税額の計算を行った場合、③一括比例配分方式により課税仕入れ等の税額の計算を行った場合がこれに該当する（消法33②)。

＊ 第３年度の課税期間とは、調整対象固定資産の仕入れ等の課税期間の開始の日から３年を経過する日の属する課税期間をいう（消法33②)。

＊ 著しく変動した場合とは、通算課税売上割合が仕入れ等の課税期間の課税売上割合に比べて50％以上変動した場合で、かつ、その変動の幅が５％以上である場合をいう（消令53①)。

＊ 通算課税売上割合は、以下の表により算定する。

	仕入等の課税期間	次年度課税期間	３年度課税期間	通算課税期間
課税売上高	A	B	C	A＋B＋C＝D
非課税売上高	E	F	G	E＋F＋G＝H
課税売上割合	$\frac{A}{A+E}$	$\frac{B}{B+F}$	$\frac{C}{C+G}$	$\frac{D}{D+H}$

○ 課税仕入れ等の消費税額の調整方法（消令53①)

① 課税割合が著しく増加した場合……課税仕入れ等の税額に加算する。

$$\left(\text{調整対象基準税額}\times\text{通算課税売上割合}\right)-\left(\text{調整対象基準税額}\times\text{仕入等の課税期間における売上割合}\right)$$

② 課税売上割合が著しく減少した場合……課税仕入れ等の税額から控除する。

$$\left(\begin{matrix}\text{調整対象}\\\text{基準税額}\end{matrix}\times\begin{matrix}\text{仕入等の課税期間}\\\text{における売上割合}\end{matrix}\right)-\left(\begin{matrix}\text{調整対象}\\\text{基準税額}\end{matrix}\times\begin{matrix}\text{通算課税}\\\text{売上割合}\end{matrix}\right)$$

＊　調整対象基準税額とは、第３年度の課税期間の末日において有するその調整対象固定資産の課税仕入れ等の税額をいう（消法33①一）。

＊　課税仕入れ等の税額から控除しきれない金額がある場合には、その金額を第３年度の課税期間の課税標準等に対する消費税額に加算する（消法33③）。

裁判例の紹介㊾

課税売上割合が０％である事業者は、調整対象固定資産の仕入れに係る消費税額を仕入れ時に控除できないとされた事例

（福岡地裁平成７年９月27日判決・税資213号728頁）

〔事案の概要〕

Ｘ（原告・控訴人・上告人）は、平成４年８月19日、医薬品小売、保険調剤等の営業を目的とする有限会社として設立され、同年10月15日、建物及び車両をそれぞれ1,339万円余及び102万円余で取得して消費税43万円余を支払っているほか、本件課税期間（平4.8.19～平4.10.31）に貯蔵品の購入、販売費及び一般管理費に係る消費税６万円余を支払ったが、Ｘの本件課税期間における課税売上高は０円であり、課税売上割合は０％であった。Ｘは、平成４年８月31日、消費税法（以下「法」という。）９条１項本文の適用を受けない旨を記載した「消費税課税事業者選択届出書」を提出した上で、法定申告期限内に控除不足還付税額49万円余とする消費税の確定申告をしたところ、Ｙ（税務署長、被告、被控訴人、被上告人）は納付すべき税額を49万円余とする更正処分等をした。

〔争点〕

課税期間における課税売上割合が95％未満の場合には、調整対象固定資産の仕入れに係る消費税額を仕入れ日の属する課税期間において全額控除することが許されるか。

〔判決の要旨〕

法30条は、1項において、課税期間の課税仕入れ等に係る消費税額（全額）の控除することを定めつつ、2項において、その例外として、課税期間における課税売上割合が95％に満たない場合には、個別対応方式又は一括比例配分方式により控除すべき課税仕入れ等の税額を計算することを定めているところ、本件の場合、Xの本件課税期間の資産の譲渡等の対価の額は20万円余、本件課税期間の課税資産の譲渡等の対価の額は0円であって、課税売上割合は0％となり95％に満たないので、法30条2項が適用されることは明らかである。また、法33条は、調整対象固定資産の仕入れに係る税額控除の調整に関する規定であるが、それは調整対象固定資産を仕入れた日の属する課税期間から起算して第3年度の課税期間において調整することのみを定めており、それ以外の課税期間、殊にXの主張するような当該仕入れが行われた日の属する課税期間における調整を認めておらず、他にそのような調整を認めた規定は存しない。以上のように、Xの主張する調整対象固定資産の仕入税額控除の方法は法の根拠を有しないものであって、Xの主張は理由がない。

〔コメント〕

Xは、「課税仕入れに係る消費税額は、原則として仕入れた日の属する課税期間において、仕入税額控除の対象とされる。」のであり、「法33条1項によれば、仕入税額控除を比例配分法により計算している場合には、調整対象固定資産の仕入れをした日の属する課税期間の課税売上割合が95％以上であつても、また、それ未満であつても、調整対象固定資産について、その後の年度における課税売上割合の変動などの所定の要件を満たす限り、第３年度の課税期間において、仕入れに係る消費税額を調整することとされている。」から、「本件課税期間における建物等の仕入れに係る消費税額については、いつたん本件課税期間において全額控除し、その後、課税売上割合の変動があれば、第３年度の課税期間において所要の調整を行えば足りる。」と主張している。しかし、Xの本件課税期間における課税売上割合は０％であるから、Xの課税仕入れが「課税資産の譲渡等のみに要するもの」に該当しない限り、仕入税額控除の適用はない。法33条１項は、Xの取得した建物（調整対象固定資産）を第３年度の課税期間の末日に所有している場合には、所要の調整額を仕入税額控除として計算できることを定めたものにすぎないのであり、この定めをもって、仕入時の仕入税額控除が認められるものではないことは明らかであろう。

本件については、福岡高裁平成８年７月17日判決（税資220号175頁）においてXの控訴棄却、最高裁平成11年６月24日第一小法廷判決（税資243号737頁）はXの上告を棄却している。

イ　課税業務用から非課税業務用に転用した場合等……転用した課税期間において課税仕入れ等の税額を調整する（消法34①、35）。

①　課税仕入れ等を行った時において、個別対応方式により課税仕入れ等の税額を計算していること。

②　その課税仕入れ等を行った時から３年以内に転用していること。

○　課税仕入れ等の税額の調整方法

転用の時期	課税仕入れ等の税額から控除（課税用→非課税用）	課税仕入れ等の税額に加算（非課税用→課税用）
取得時から１年以内	調整対象税額の全額	調整対象税額の全額
取得時から１年超２年以内	調整対象税額の２／３相当額	調整対象税額の２／３相当額
取得時から２年超３年以内	調整対象税額の１／３相当額	調整対象税額の１／３相当額

＊　調整対象税額とは、調整対象固定資産の課税仕入れ等の税額をいう（消法34①、35）。

＊　課税仕入れ等の税額から控除しきれない金額がある場合には、その金額を転用した日の属する課税期間の課税標準等に対する消費税額に加算する（消法34②）。

⑷　居住用賃貸建物の取得等に係る仕入税額控除の調整

ア　居住用賃貸建物を課税賃貸用に供した場合……第３年度の課税期間において課税仕入れ等の税額を調整する（消法35の２①）。

①　居住用賃貸建物の全部又は一部を課税賃貸用に供していること

②　居住用賃貸建物を第３年度の課税期間の末日において有していること

＊　居住用賃貸建物については312頁を参照されたい。

○　課税仕入れ等の消費税額の調整方法（消令53の２①）

次の算式で計算した消費税額を第３年度の課税期間の仕入控除税額に加算する。

$$\text{加算する消費税額} = \text{居住用賃貸建物の課税仕入れ等に係る消費税額} \times \frac{\text{(A)のうち課税賃貸用に供したものに係る金額}}{\text{調整期間に行った居住用賃貸建物の貸付けの対価の額の合計額(A)}}$$

イ　居住用賃貸建物を譲渡した場合……第３年度の課税期間において課税仕入れ等の税額を調整する（消法35の２②）。

○　**課税仕入れ等の消費税額の調整方法**（消令53の２①）

居住用賃貸建物の課税仕入れ等に係る消費税額に課税譲渡割合を乗じて計算した消費税額を譲渡した日の属する課税期間の仕入控除税額に加算する。

課税譲渡等割合 ＝ ①譲渡した日までに行った当該居住用賃貸建物の課税賃貸用の貸付けの額の合計額と②当該居住用賃貸建物の譲渡の額との合計額 ／ ①譲渡した日までに行った当該居住用賃貸建物の貸付けの額の合計額と②当該居住用賃貸建物の譲渡の額との合計額

＊「第３年度の課税期間」とは、居住用賃貸建物の仕入等の日の属する課税期間の開始の日から３年を経過する日の属する課税期間をいう。

＊「調整期間」とは、居住用賃貸建物の仕入等の日から第３年度の課税期間の末日までの間をいう。

＊「対価の額」は税抜金額で、対価の額について値引き等がある場合には、その金額を控除した残額で計算する。

(5)　免税事業者が課税事業者となる場合等の棚卸資産に係る仕入控除税額調整

ア　免税事業者が課税事業者となった場合……課税事業者となる日の前日において所有する棚卸資産のうち、納税義務が免除されていた期間中の課税仕入れ等（保税地域からの引取りに係る課税貨物で棚卸資産に該当するものを含む。）に係るものは、課税事業者となった課税期間の課税仕入れ等に係る消費税額とみなして課税仕入れ等の税額の計算をする（消法36①）。

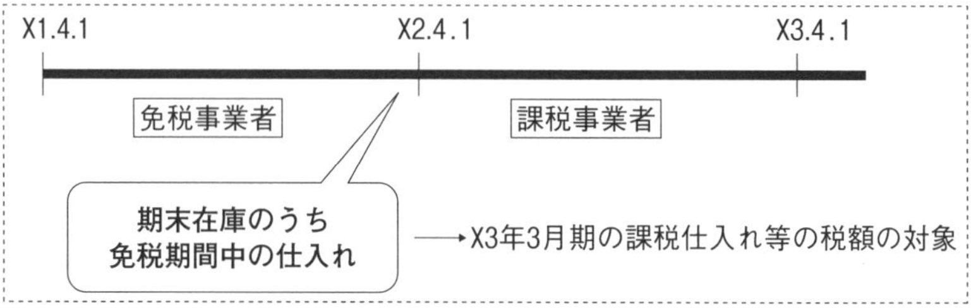

イ　課税事業者が免税事業者となった場合……免税事業者となる課税期間の直前の課税期間に仕入れた棚卸資産のうち、その直前の課税期間の末日において所有しているものは、その直前の課税期間における仕入控除税額の計算の対象にならない（消法36⑤）。

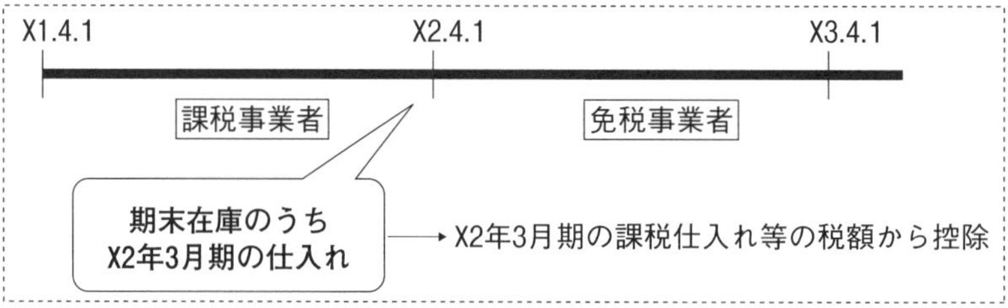

ウ　棚卸資産に係る消費税額の計算

調整対象となる棚卸資産に係る消費税額は、次により計算する（消法36①、消令54①）。

$$\text{調整税額} = \text{棚卸資産の取得に要した費用の額} \times \frac{7.8}{110}$$

＊　軽減対象課税資産の譲渡等に係るものは6.24/108となる。

第７章　税額控除等（その２）

１　簡易課税制度

⑴　概　要

簡易課税制度とは、中小事業者の事務負担を考慮して設けられたもので、その課税期間における課税標準額に対する消費税額に「みなし仕入率」を乗じて課税仕入れ等の税額を計算する方法である。したがって、実際の課税仕入れ等に係る消費税額を計算する必要はなく、課税売上高のみから納付する消費税額を算出することができるのである。

簡易課税制度の適用を受けるには、次の要件をすべて満たす必要がある（消法37①）。

① その課税期間の基準期間における課税売上高が5,000万円以下であること。

② 制度の適用を受けようとする課税期間の開始の日の前日までに「簡易課税制度選択適用届出書」を所轄税務署長に提出していること。

⑵　簡易課税制度の選択等

ア　簡易課税制度選択適用届出書の提出

簡易課税制度の適用を受けるためには、原則として、適用しようとする課税期間の開始の日の前日までに、納税地を所轄する税務署長に「簡易課税制度選択適用届出書」を提出しなければならない（消法37①、消令56①）。「簡易課税制度選択適用届出書」を提出した事業者は、原則として、２年間は消費税法30条から36条までにおいて規定されている方法（以下「本則課税」という。）による仕入税額控除に変更することができない（消法37⑤）。

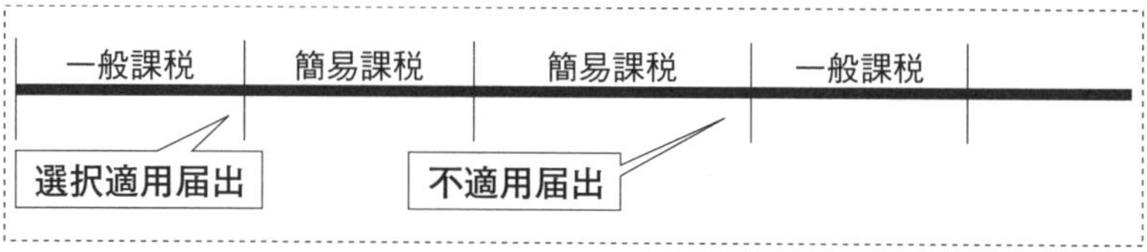

例外①……事業を開始した日の属する課税期間に「簡易課税制度選択適用届出書」を提出した場合は、その提出があった日の属する課税期間以後の課税期間から効力を生ずる（消法37①）。

＊　事業を開始した日には、①個人事業者が相続により簡易課税制度の適用を受けていた被相続人の事業を承継した場合、②法人が合併により簡易課税制度の適用を受けていた被合併法人の事業を承継した場合、③法人が吸収分割により簡易課税制度の適用を受けていた分割法人の事業を承継した場合も含まれる（消令56①）。

例外②……「インボイス発行事業者となる小規模事業者に対する負担軽減」（334頁参照）の適用を受けた課税期間の翌課税期間中に「簡易課税選択適用届出書」を提出した場合において、その届出書を提出した日の属する課税期間から簡易課税制度の適用を受ける旨を記載したときは、課税期間の初日の前日に届出書を提出したものとみなして、その課税期間から簡易課税制度の適用を受けることができる（平成28年所法等改正附則51の２⑥）。

裁判例の紹介⑥⓪

簡易課税制度を選択した事業者は、本則課税による仕入税額控除が有利であるとしても、簡易課税制度が適用されるとした事例

（名古屋高裁平成15年８月19日判決・税資253号順号9408）

〔事案の概要〕

X（原告・控訴人・上告人）は、建築物の清掃及び設備機器のメンテナンス、建築物のリフォーム等を業とする有限会社であり、平成12年5月25日、本件課税期間（平12.10.1～平13.9.30）を適用開始期間として「課税事業者選択届出書」及び「簡易課税制度選択適用届出書」（以下「本件届出書」という。）を所轄税務署長Yに提出し、本件届出書の事業内容欄には「建築物の清掃及び各種設備機器の点検、保守」とあるが、事業区分欄は空欄であった。Xは、平成13年11月12日、本則課税による控除を行って確定申告をし、平成14年5月17日には、適用開始期間（平14.10.1～平15.9.30）について「簡易課税制度選択不適用届出書」を提出した。Yは、平成14年6月25日、本件課税期間に係る消費税等について簡易課税制度を適用して、更正処分等をした。

〔争点〕

簡易課税制度を選択した事業者は、本則課税による仕入税額控除を適用した方が有利であることを理由に、確定申告することができるか。

〔判決の要旨〕

1　消費税簡易課税制度は、中小事業者にとって煩雑である仕入税額控除による計算を簡便にするものであって、合理性を有するものであり、消費税簡易課税制度が選択された場合に、課税売上税額の一定割合（みなし仕入率）が仕入税額とみなされることになるから、仮に実際の仕入税額がみなし仕入税額を超えているとしても、消費税等の性質に反するものといえないことは明らかである。Xが簡易課税制度の選択を内容とする本件届出書をYに提出したことは前提事実のとおりであり、かつ本件課税期間においてはその届出の撤回が許されないものであるから、これを前提とする本件処分がXの預かり消費税を過大に認定した違法なものであると認めることはできない。

2　Ｘは、本件届出書の事業区分欄が記載されていない以上、簡易課税制度選択適用届出としては無効である旨主張するが、簡易課税制度を選択するか否かを当該事業者に委ねたのは、中小事業者については、本則課税による控除を行うか、又はそのために要する煩雑な会計処理の負担を回避してみなし仕入率に基づく簡易課税制度によって控除するかの選択を、実際に行われている事業内容について熟知している事業者自身の判断に委ねるのが最も合理的と考えられたことによるものと解される。また、事業の性質、内容によってみなし仕入率が異なるのは、それぞれの事業の実態に対応した適正なみなし仕入率を定めることにより、各事業間における実質的な不均衡を是正するとともに、実額による仕入税額に近似した金額を算出しようとする趣旨であると考えられる。そうすると、簡易課税制度において用いられるみなし仕入率は、課税期間中に実際に行われた事業の内容・割合に応じて定まるべきものであり、届出書に記載された事業区分のとおりのみなし仕入率が適用されるとは限らないというべきである。簡易課税制度選択適用届出書は、その記載事項すべてが記入されていなければその効力を有しないと解することは合理的ではなく、どの事業者がいつから簡易課税制度を選択するのかに関わる事項など、簡易課税制度選択の趣旨に照らして必要不可欠と考えられる事項の記載が欠けている場合には、その届出は効力を生じないが、それ以外の事項については、その記載を欠くからといって、直ちに届出の効力を否定すべきものとはいえない。

〔コメント〕

消費税法は、税の累積を避けるために仕入れに含まれている消費税額を控除する方式、いわゆる前段階控除方式を採用しているが、その仕入税額控除は、本則課税のほか、事業者の選択により、課税標準額に対する消費税額に「みなし仕入率」を乗じて課税仕入れ等の税額を計算する方法（簡易課税制度）が認められている。そして、簡易課税制度を選択した事業者は、同制度の適用を受けることをやめようとする場合又は事業を廃止した場合には、「簡易課税制度選択不適用届出書」を提出する必要があるところ（消法37⑤）、Xが同届出書を提出したのは、本件課税期間の翌々期間からであるから、本件課税期間については本則課税で計算した方が有利であるとしても、簡易課税制度が適用されるのである。

なお、最高裁平成15年12月18日第一小法廷決定（税資253号順号9488）はXの上告を棄却している。

(3) 簡易課税制度選択適用届出書の効力

簡易課税制度選択適用届出書は、課税事業者の基準期間における課税売上高が5,000万円以下の課税期間について簡易課税制度を選択するものであるから、届出書を提出した事業者のその課税期間の基準期間における課税売上高が5,000万円を超えることにより、その課税期間について同制度を適用することができなくなった場合又はその課税期間の基準期間における課税売上高が1,000万円以下となり免税事業者となった場合であっても、その後の課税期間において基準期間における課税売上高が1,000万円を超え5,000万円以下となったときには、その課税期間について再び簡易課税制度が適用される（消基通13-1-3）。

裁判例の紹介61

税理士が提出した簡易課税制度選択適用届出書の有効性が争われた事例

（東京地裁令和元年11月1日判決・税資269号順号13336）

〔事案の概要〕

1　弁理士であるＸ（原告・控訴人）は、本則課税により控除する課税仕入れに係る消費税額（以下「控除対象仕入税額」という。）を計算した上で、本件各課税期間（平26.１.１～平26.12.31及び平27.１.１～平27.12.31）の消費税等の確定申告をした。所轄税務署長は、Ｘから簡易課税制度選択適用届出書が提出されていることから、簡易課税により控除対象仕入税額を計算すべきであるとして、Ｘに対し、更正処分等をした。

2　Ｘは、平成８年11月頃、乙税理士に対し、Ｘの平成８年分の所得税の確定申告までは、乙税理士にＸの税務に係る税務代理を委任するが、その後は、別の税理士に委任する旨を口頭で告げ、丙税理士に対し、自己の平成９年分以降の所得税に係る税務代理を含むＸの税務全般に係る税務代理を包括的に委任している。乙税理士は、平成９年３月17日、所轄税務署長に対し、所得税確定申告書等とともに「簡易課税制度選択適用届出書」等を提出した。

〔争点〕

簡易課税制度選択適用届出書の有効性

〔判決の要旨〕

1　Ｘは、乙税理士との間で、税務代理の内容を定める契約書を作成していなかったこと、乙税理士は、Ｘに対し、「屋号Ａの税務処理を引き受けることができる」旨を述べたこと、Ｘは、乙税理士に対し、自己の税務処理を依頼する旨を述べたこと、Ｘは、税務に関する専門的知識を有していなかったこと、Ｘは、平成８年秋頃以降、丙税理士に対し、自己の平成９年分以降の所得税に係る税務代理を含むＸの税務全般に係る税務代理を包括的に委任していることの各事実が認められる。これらの事実に加え、個人事業者が、特段の事情のない限り、税目ごとに別々の税理士に対して税務代理を委任することはなく、自己の税務全般に係る税務代理を包括的に委任するものであるとの一般的な経験則があることにも照らすと、Xは、平成7年2月頃、乙税理士に対し、自己の税務全般に係る税務代理を包括的に委任したものと認めるのが相当である。

2　簡易課税制度選択適用届出書は、消費税法及び同法施行規則が規定する記載事項が全て記載されている適式なものであり、乙税理士は、平成9年3月17日、所轄税務署長に対し、所得税確定申告書等とともに提出したのであって、乙税理士が、同日当時、所轄税務署長に対し、所得税確定申告書等を提出する代理権を有していたことは、当事者の間に争いがないことも照らすと、乙税理士は、同日、所轄税務署長に対し、Xから委任されたXの税務全般に係る税務代理権に基づき、有効に簡易課税制度選択適用届出書を提出したものと認められる。したがって、簡易課税制度選択適用届出書を提出したことの効果は、Xに帰属するものと認められる。

〔コメント〕

本件は、関与税理士が「簡易課税制度選択適用届出書」を提出したにもかかわらず、本則課税で消費税の確定申告をしたことの当否が争われたものである。一審判決は、「Xは、当該税理士対し、税務代理を包括的に委任している」と認定した上で、本件各課税期間の消費税等については、本則課税によれず、簡易課税制度を適用すべきであるとした。Xは、その控訴審において、「国税の賦課権や徴収権は、原則として5年の除斥期間又は消滅時効に服するところ、簡易課税制度選択適用届出書の提出から20年以上も税務署が簡易課税制度選択適用届出書に基づく賦課権を行使しなかったことからすれば、その賦課権等は、除斥期間の経過によって行使できない」旨主張する。控訴審である東京高裁令和2年9月10日判決・税資270号順号13410は、「簡易課税制度選択適用届出書には有効期間の定め等はなく、簡易課税制度選択適用届出書が提出されているにもかかわらず、長期間にわたり税務署が簡易課税制度の適用を前提とした処分や指導等を行わなかったとしても、有効に提出された簡易課税制度選択適用届出書の法的効果に影響を与えるものではないから、簡易課税制度選択適用届出書の提出が有効であることを前提として、簡易課税制度を適用した各更正処分等ができなくなるものではない。」と断じて、Xの請求を否定している（確定）。

ア　簡易課税制度選択適用届出書の提出制限

①　課税事業者となることを選択した事業者が課税事業者となった課税期間の初日から2年を経過する日までの間に開始した各課税期間中に調整対象固定資産の仕入れ等を行った場合……その仕入れ等を行った課税期間の初日から同日以後3年を経過する日の属する課税期間の初日の前日までの期間は、「簡易課税制度選択適用届出書」を提出することができない（消法37③一）。

②　新設法人又は特定新規設立法人がその基準期間のない事業年度に含まれる各課税期間中に調整対象固定資産の仕入れ等を行った場合……その仕入れ等を行った課税期間の初日から同日以後3年を経過する日の属する課税期間の初日の前日までの期間は、「簡易課税制度選択適用届出書」を提出することができない（消法37③二）。

③　課税事業者が高額特定資産又は自己建設高額特定資産の仕入れ等を行った場合……その仕入れ等を行った課税期間の初日から同日以後3年を経過する日の属する課税期間の初日の前日までの期間は、「簡易課税制度選択適用届出書」を提出することができない（消法37③三）。

④　事業者が高額特定資産である棚卸資産若しくは課税貨物又は調整対象自己建設高額資産について棚卸資産の調整措置の適用を受けた場合……

高額特定資産である棚卸資産若しくは課税貨物又は調整対象自己建設高額資産について棚卸資産の調整措置の適用を受けた課税期間の初日から、同日（調整対象自己建設高額資産については、課税事業者となった日の前日までに建設等が完了していない場合には、その建設等が完了した日の属する課税期間の初日）以後３年を経過する日の属する課税期間の初日の前日までの期間は、簡易課税制度選択適用届出書の提出を制限することができない（消法37③四）。

なお、これら各課税期間中に、「簡易課税制度選択適用届出書」を提出した後、同一の課税期間に調整対象固定資産等の課税仕入れ等を行った場合には、既に提出した届出書はその提出がなかったものとみなされる（消法37④）。

＊　新設法人（48頁）、特定新規設立法人（49頁）、調整対象固定資産（371頁）、高額特定資産（50頁）、自己建設高額特定資産（50頁）、棚卸資産の調整措置（377頁）を参照されたい。

イ　簡易課税制度選択不適用届出書の提出

簡易課税制度の適用をやめようとする場合又は事業を廃止した場合には、「簡易課税制度選択不適用届出書」を所轄税務署長に提出しなければならない（消法37⑤）。この不適用届出書を提出した場合は、その提出があった日の属する課税期間の翌課税期間以後、簡易課税選択の効力を失う（消法37⑦）。

なお、「簡易課税制度選択不適用届出書」は、事業を廃止した場合を除き、簡易課税制度の適用を開始した課税期間の初日から２年を経過する日の属する課税期間の初日以後でなければ提出することができない（消法37⑥）。

(4)　簡易課税制度選択適用届出書等の提出に係る特例

簡易課税制度の適用を受けようとする事業者が、やむを得ない事情があるため、その適用を受けようとする課税期間の初日の前日までに「簡易課税制度選択適用届出書」を提出できなかった場合において、所轄税務署長の承認を受けたときは、その適用を受けようとする課税期間の初日の前日に提出したものとみなされる（消法37⑧、消令57の２①）。

「簡易課税選択不適用届出書」の提出についても、同様の定めがある（消法37⑧、37の２②）。

承認を受けようとする事業者は、その適用を受けようとする課税期間の初日の年月日、その課税期間の初日の前日までに提出できなかった事情等を記載した「簡易課税制度選択適用（不適用）届出に係る特例承認申請書」をその事情がやんだ後相当の期間内に提出する必要がある（消法37⑧、消令57の２①②）。

なお、「やむを得ない事情」とは、次のものをいう（消基通13-１-５の２、１-４-16）。

①　震災、風水害、雪害、凍害、落雷、雪崩、がけ崩れ、地滑り、火山の噴火等の天災又は火災その他の人的災害で自己の責任によらないものに基因する災害が発生したことにより、届出書の提出ができない状態になったと認められる場合

②　①に規定する災害に準ずるような状況又は当該事業者の責めに帰することができない状態にあることにより、届出書の提出ができない状態になったと認められる場合

③　その課税期間の末日前おおむね１月以内に相続があったことにより、当該相続に係る相続人が新たに届出書を提出できる個人事業者となった場合

④　①から③までに準ずる事情がある場合で、税務署長がやむを得ないと認めた場合

裁判例の紹介62

簡易課税制度選択不適用届出書を提出していないから、簡易課税を適用した課税処分は適法であるとされた事例

（東京地裁令和４年４月12日判決・公刊物未登載、TAINS）
（東京高裁令和４年10月26日判決・公刊物未登載、TAINS、上告受理申立中）

〔事案の概要〕

1　X（原告・控訴人）は、清掃用品の製造販売及び不動産の賃貸、売買、管理等を目的とする株式会社であり、平成元年９月30日、所轄税務署長に対して、適用開始課税期間を平成元年２月１日から平成２年１月31日までとする簡易課税制度選択適用届出書を提出した。Xは、平成17年１月課税期間について簡易課税を適用して消費税等の申告を行っているが、それ以降の本件課税期間（平29.4.1～平30.3.31）の前までの各課税期間については、基準期間の課税売上高がいずれも5,000万円を超えていたため、仕入控除税額を本則課税により計算して消費税等を算出し、申告を行っている。

2　Xは、本件課税期間の消費税等について、本則課税で消費税等を計算した上で、確定申告書を法定申告期限内に提出したところ、所轄税務署長は、令和２年３月27日付けで、Xが簡易課税制度選択適用届出書を提出していること及び本件基準期間の課税売上高が5,000万円以下であることを理由に、本件課税期間の消費税等について、簡易課税を適用して計算して更正処分等を行った。Xは、平成30年９月10日に「簡易課税制度選択不適用届出書」（以下、「不適用届出書」という。）を提出している。

〔争点〕

本件課税期間の消費税等の計算につき簡易課税が適用されるか。

〔判決の要旨〕

1　事業者が簡易課税制度選択適用届出書を提出した場合において、提出の日の属する課税期間の翌課税期間以降、その課税期間の基準期間における課税売上高が5,000万円以下であるときは、簡易課税が適用される。簡易課税の届出をした事業者が簡易課税の適用を受けることをやめようとするときは、所轄の税務署長に対し、適用をやめようとする課税期間の開始日の前日までに不適用届出書を提出しなければならず、同日までにこれを提出できなかった場合には、「やむを得ない事情」がやんだ後相当の期間内に不適用承認申請書を提出して、所轄税務署長の承認を受けなければならない。

2　簡易課税の趣旨はあくまで中小事業者の事務負担の軽減であって、課税期間終了後に簡易課税の適用の有無を任意に選択することによって租税負担の回避・軽減を図ることまで許容する趣旨ではないことを明確にするものであると解される。その趣旨を踏まえると、やむを得ない事情とは、天災又は人的災害で自己の責任によらないものに基因する災害が発生したことにより不適用届出書の提出ができない状態になったと認められる場合その他これに準ずる場合をいうと解するのが相当であり、少なくとも、当該事業者の不注意や法の不知等により不適用届出書を提出しなかった場合はこれに含まれないものというべきである。

3　Xは、提出期限までに不適用届出書の提出をしなかったことについて、①簡易課税制度選択適用届出書を提出してから課税期間までに30年近くが経過しており、最後に簡易課税により申告を行ってから10年以上にわたり本則課税により申告してきたこと、②平成10年以降、課税売上高が５億円や２億円を超えた期はなく、本社ビルの解体及び新築工事という特殊要因があった基準期間から課税期間までの間を除き、課税売上高が5,000万円を下回る課税期間もなかったこと、③平成20年頃にＸの経理責任者が甲から乙に交代した際、甲がその後もＸの課税売上高が5,000万円を下回るとは考えず、簡易課税に関する事務引継等を行わなかったこと、④乙が、その後もＸが数年間にわたり本則課税により申告し続けてきた結果、簡易課税制度選択適用届出書が提出されていることに気付かなかったことからすれば、やむを得ない事情がある旨主張する。しかしながら、Ｘが不適用承認申請書を提出せず、税務署長の承認を受けてもいない以上、やむを得ない事情の有無にかかわらず簡易課税が適用されるべきことは、前記において説示したとおりである。

〔コメント〕

簡易課税制度は、中小事業者の納税事務負担に配慮する観点から、事業者の選択により、売上げに係る消費税額を基礎として仕入れに係る消費税額を算出することができる制度であり、簡易課税制度の適用をやめようとする場合には、その課税期間の初日の前日までに不適用届出書を提出する必要がある。Ｘは、簡易課税制度選択適用届出書を提出しているところ、課税期間の開始の日の前日である平成29年３月31日までに不適用届出書の提出をしてなく、かつ、基準期間の課税売上高が5,000万円を下回っているから、本則課税による仕入税額控除を適用することはできない（380頁参照）。本判決は、「Ｘが不適用承認申請書を提出せず、税務署長の承認を受けてもいない以上、やむを得ない事情の有無にかかわらず簡易課税が適用される」とした上で、消費税法施行令57条の２第３項は、やむを得ない事情がある場合、不適用承認申請書を「当該事情がやんだ後相当の期間内」に所轄税務署長に提出しなければならない旨規定しているところ、「Ｘの主張は、事務引継の不足や、簡易課税制度選択適用届出書の提出事実に気付かなかった理由についてＸ内部の事情を述べるものにすぎず、それが仮に事実であったとしても、これらはいずれも天災などXの責めに帰することができない状態にあることにより不適用届出書の提出ができなかったものとはいえないのはもとより、これと同視すべき事情と評価することもできないから、やむを得ない事情があったとは認められない。」と断じている。

(5)　災害等による簡易課税制度選択届出書等の提出に係る特例

　災害その他やむを得ない理由が生じたことにより被害を受けた事業者が、その災害等が生じた日の属する課税期間につき、簡易課税制度の適用を受けることが必要となった場合には、所轄税務署長の承認を受けることによって、「簡易課税制度選択適用届出書」をその適用を受けようとする課税期間の初日の前日に退出したものとみなされる（消法37の2①）。

　承認を受けようとする事業者は、簡易課税制度の適用を受けることが必要となった事情等を記載した「災害等による消費税簡易課税制度選択適用（不適用）届出に係る特例承認申請書」を災害等がやんだ日から2か月以内に提出する必要がある（消法37の2②⑥）。

　なお、「災害その他やむを得ない理由」とは、①地震、暴風、豪雨、豪雪、津波、落雷、地すべりその他の自然現象の異変による災害、②火災、火薬類の爆発、ガス爆発、その他の人為による異常な災害、③これらの災害に準ずる自己の責めに帰さないやむを得ない事実という（消基通13-1-7）。

(6)　課税仕入れ等の税額の計算
ア　控除税額の計算

$$\left(\begin{array}{c} \text{課税標準額に対}\\ \text{する消費税額} \end{array} - \begin{array}{c} \text{売上げに係る対価}\\ \text{の返還等の金額}\\ \text{に係る消費税額} \end{array} \right) \times \begin{array}{c} \text{みなし}\\ \text{仕入率} \end{array} = \begin{array}{c} \text{課税仕入れ}\\ \text{等の税額} \end{array}$$

　　＊　「課税標準額に対する消費税額」及び「売上げに係る対価の返還等の金額

に係る消費税額」については、その課税売上げに適用される消費税率（7.8%又は6.24%）の異なるごとに計算する。

・　第一種事業から第六種事業までのうち１種類のみの事業を営む場合

$$\text{仕入控除税額の計算} = \left(\text{課税標準額に対する消費税額} - \text{売上げに係る対価の返還等の金額に係る消費税額}\right) \times \text{みなし仕入率}\begin{cases}\text{・第1種事業 90\%}\\ \text{・第2種事業 80\%}\\ \text{・第3種事業 70\%}\\ \text{・第4種事業 60\%}\\ \text{・第5種事業 50\%}\\ \text{・第6種事業 40\%}\end{cases}$$

・第一種事業から第六種事業までのうち２種類以上の事業を営む場合

○　原則法（消令57②）

$$\text{仕入控除税額の計算} = \left(\text{課税標準額に対する消費税額} - \text{売上げに係る対価の返還等の金額に係る消費税額}\right) \times \frac{A \times 90\% + B \times 80\% + C \times 70\% + D \times 60\% + E \times 50\% + F \times 40\%}{A + B + C + D + E + F}$$

A……第一種事業に係る消費税額

B……第二種事業に係る消費税額

C……第三種事業に係る消費税額

D……第四種事業に係る消費税額

E……第五種事業に係る消費税額

F……第六種事業に係る消費税額

＊　売上げに係る対価の返還等がある場合には、それぞれの事業に係る消費税額からそれぞれの事業の売上げに係る対価の返還等に係る消費税額を控除す

る。売上げに係る対価の返還等に係る金額につき、第一種事業から第六種事業に係る事業の区分をしていない部分があるときは、区分していない部分については、事業者の課税売上げに係る帳簿等又は対価の返還等に係る帳簿等を基に合理的に区分する（消基通13-２-10）。

○　**簡便法**（消令57②）

仕入控除税額の計算＝
Ａ×90％＋Ｂ×80％＋Ｃ×70％＋Ｄ×60％＋Ｅ×50％＋Ｆ×40％

＊　簡便法は、①貸倒れ回収額がある場合、②売上げに係る対価の返還等がある場合で、各種事業に係る消費税額から、それぞれの事業の売上げに係る対価の返還等に係る消費税額を控除して控除しきれない場合のいずれにも該当しないときに適用できる。

○　**特例の計算**（消令57③）

①　２種類以上の事業を営む事業者で、１種類の事業の課税売上高が全体の課税売上高の75％以上を占める場合……その事業のみなし仕入率を全体の課税売上げに対して適用する。

②　３種類以上の事業を営む事業者で、特定の２種類の事業の課税売上高が全体の課税売上高の75％以上を占める場合……その２種類のうちみなし仕入率の高い方の事業に係る課税売上高については、その仕入率を適用し、それ以外の課税売上高については、その２種類の事業のうち低い方のみなし仕入率をその事業以外の課税売上げに対して適用する。

○　**事業区分をおこなっていない場合**（消令57④）

２種類以上の事業を営む事業者が課税売上げを事業ごとに区分してい

ない場合……区分していない事業のうち一番低い仕入率を適用して仕入控除税額を計算する。

裁判例の紹介63

みなし仕入率の適用に当たって、事業の種類ごとに課税売上高が区分されていないとした事例

（大阪地裁平成12年９月28日判決・訟月47巻10号3155頁〔確定〕）

〔事案の概要〕

1　X（原告）は、レンタル・個室ビデオ店、ランジェリー販売店、おとなのおもちゃ販売店、カラオケパブ店、カラオケボックス店、宝石小売店を営んでおり、青色申告の承認を受けて所得税及び消費税の確定申告をしたところ、Y（税務署長、被告）は、Xに対し、平成２年分以降の青色申告承認の取消処分をした上で、所得税及び消費税についてそれぞれ更正処分並びに過少申告加算税及び重加算税の賦課決定処分をした。消費税に係る更正処分等については、各店舗における売上げについての課税仕入れ等の税額について争いがある。

2　Yは、消費税の更正処分の適法性について、次のとおり主張した。すなわち、Xは、消費税法（平成３年法律第73号により改正された後のもの）37条１項の適用を受ける旨記載した届出書を提出しているところ、XのC店舗及びD店舗は第二種事業（小売業）に該当するから、課税資産の譲渡等に係る消費税額の合計額から売上げに係る対価の返還等の金額に係る消費税額の合計額を控除した残額に100分の80を乗じ、それ以外の店舗は第四種事業（サービス業等）に該当するから100分の60を乗じた金額の合計が課税仕入れ等の税額となる。他方、Xは、「C店舗及びD店舗以外の店舗において行われている事業のうち、生テープ部門やテープ販売部門は明らかに小売業であり、これらにつき、みなし仕入率は80％とされるべきである。」と主張している。

〔争点〕

納税者が作成している売上集計表は、消費税法施行令71条の要件を備えた法定帳簿（課税資産の譲渡等と課税資産の譲渡等以外の資産の譲渡等が区分されている）に該当するか。

〔判決の要旨〕

消費税法施行令71条で定められている帳簿の記録事項は、同法施行規則27条３項によれば、小売業その他これに準ずる事業で不特定かつ多数の者に資産の譲渡等を行う事業者の現金売上に係る資産の譲渡等については、課税資産の譲渡等（Ｘは消費税法37条１項の規定の適用を受ける事業者なので、第一種事業から第四種事業の種類ごとの課税資産の譲渡等）と課税資産の譲渡等以外の資産の譲渡等に区分した日々の現金売上のそれぞれの総額で足りるものとされている。ところで、Ｅ店舗の売上集計表には、売上区分として、「ROOM」「レンタル」「延滞」「生テープ」「会員」のほか、「Ａ」「Ｂ」とのみ記載のあるものと空欄のものがあり、第一種事業から第四種事業の種類ごとの課税資産の譲渡等と課税資産の譲渡等以外の資産の譲渡等が区分されているとはいい難い。したがって、右売上集計表は、消費税法施行令71条の要件を備えた法定帳簿であるとはいえない。また、Ｅ店舗の売上げについては、レジペーパー等の原始帳票が提出されていないから、改正通達（コメント欄に記載した消基通13-３-１を指す。筆者注）所定の方法による事業の種類ごとの課税売上高の計算が行われたと認めることはできない。そうすると、消費税法施行令57条４項によれば、Ｅ店舗における課税資産の譲渡等は第四種事業に係るものとされるから、課税仕入れ等の税額は、課税資産の譲渡等に係る消費税額の合計額から売上げに係る対価の返還等の金額に係る消費税額の合計額を控除した残額に100分の60を乗じるべきであり、Xの主張は採用できない。

〔コメント〕

本件は、所得税の青色申告承認取消事由の有無及び推計課税の必要性・合理性が争われているほか、消費税に関しては、簡易課税制度におけるみなし仕入率の適用、すなわち、納税者が2種類以上の事業を営む場合において、事業の種類が区分されているか否かが争点となっているのである。消費税法では、事業の区分をしていない課税資産の譲渡等については、その営む事業のうち最もみなし仕入率が低い事業に該当すると規定しているが（消令57④）、区分の方法については、何らの定めを置いていない。本判決は、帳簿等の記載事項についての規定を根拠に、Xの帳簿書類では、事業の種類が区分されていないと判断している。

なお、大阪地裁平成14年3月1日判決（税資252号順号9081〔確定〕）は、「簡易課税制度を適切に適用するためには、全ての課税資産の譲渡等について上記の区分がなされていることが必要であるから、結局、納税者が消費税法施行令57条2項及び3項の適用を主張するには、納税者において全ての課税資産の譲渡等について事業の種類ごとの区分がなされていることを主張立証することが必要であると解するべきである。」と判示している。

＊　実務上は、事業の種類の区分方法として、当該事業者の帳簿に事業の種類を記帳する方法のほか、①納品書、請求書、売上伝票又はレジペーパー等に事業の種類又は事業の種類が区分できる資産の譲渡等の内容を記載する方法、②事業場ごとに一の種類の事業を行っている事業者にあっては、当該事業場ごとに区分する方法によることを認めている（消基通13-3-1）。

イ　みなし仕入率

みなし仕入率は、事業の種類に応じて定められている（消法37①、消令57①）。

事業区分	事業内容	みなし仕入率
第一種事業	卸売業	90%
第二種事業	小売業	80%
第三種事業	製造業等	70%
第四種事業	その他の事業	60%
第五種事業	サービス業等	50%
第六種事業	不動産業	40%

＊　軽減税率の導入に伴い、飲食料品の譲渡を行う事業のうち、農業、林業及び漁業の飲食料品の譲渡を行う部分については、第二種事業としてみなし仕入れ率80%が適用される（平成28年消令改正附則11の2、消令57⑤）。

(7)　事業区分

ア　第一種事業（卸売業）

他の者から購入した商品をその性質、形状を変更しないで他の事業者に対して販売する事業をいう（消令57⑤一、⑥）。消費者から購入した商品を品質又は形状を変更しないで他の事業者に販売する事業も卸売業に該当する。また、業務用に消費される商品の販売（業務用小売）であっても、事業者に対する販売であることが帳簿、書類等で明らかであれば卸売業に該当する。

イ　第二種事業（小売業）

他の者から購入した商品をその性質、形状を変更しないで販売する事業で第一種事業以外のものをいう（消令57⑤二、⑥）。食料品小売店が他から購入した食料品を、その小売店舗において、仕入商品に軽微な加工をして販売する場合で、加工前の食料品の販売店舗において一般的に行われると認められるもので、当該加工後の商品が当該加工前の商品と同一の店舗において販売されるものについては、加工後の商品の販売についても第二種事業に該当する（消基通13-２-３）。

なお、農業、林業又は漁業のうち、飲食料品の譲渡を行う部分については第二種事業となる（消基通13-２-４㈡１）。

＊　米を生産する事業者について、食用として売り上げたもの（軽減税率適用）と飼料用として売り上げたもの（標準税率適用）がある場合、前者の売上げには第二種事業としてみなし仕入率80％が適用され、後者の売上げには第三種事業としてみなし仕入率70％が適用される（財務省HP『税制改正の解説（平成30年版）』983頁参照）。

ウ　第三種事業（製造業等）

農業、林業、漁業、鉱業、建設業、製造業（製造小売業を含む。）、電気業、ガス業、熱供給業及び水道業をいい、第一種事業、第二種事業に該当するもの及び加工賃その他これに類する料金を対価とする役務の提供を除く（消令57⑤三）。加工賃その他これに類する料金を対価とする役務の提供は、対価たる名称のいかんを問わず、他の者の原料若しくは材料又は製品等に加工等を施して、当該加工等の対価を受領する役務の提供又はこれらに類する役務の提供をいい、その事業は第四種事業に該当する（消基通13-２-７）。第三種事業は、おおむね日本標準産業分類の大分類に掲げる分類を基礎として判定するが、次の事業は、第三種事業に該当するものとして取り扱われる（消基通13-２-５）。

①　自己の計算において原材料等を購入し、これをあらかじめ指示した条件に従って下請加工させて完成品とする製造問屋。

②　自己が請け負った建設工事の全部を下請に施工させる建設工事の元請。

③　天然水を採取して瓶詰等して人の飲用に販売する事業。

④　新聞・書籍等の発行、出版を行う事業。

＊　さいたま地裁平成15年3月5日判決（税資253号順号9299、その控訴審である東京高裁平成15年9月16日判決・税資253号順号9435は控訴棄却、最高裁平成16年6月8日第三小法廷決定・税資254号順号9664は上告棄却）は、自らが建築主として建築基準法における建築確認を受け、建設業者との間で自らが施主となって請負契約を締結し、建設業者に施工させた建物を一般消費者に販売する事業形態をとっていた者の営む事業は第三種事業に分類されるのが相当であると判示している。

エ　第四種事業（その他の事業）

第一種事業、第二種事業、第三種事業、第五種事業及び第六種事業以外の事業をいい（消令57⑤六）、第三種事業から除かれる加工賃その他これに類する料金を対価とする役務の提供を行う事業及び第五種事業のサービス業から除かれる飲食店業に該当する事業がこれに当たる（消基通13－2－8の3）。事業者が自己において使用していた固定資産の譲渡を行う事業も第四種事業に該当する（消基通13－2－9）。

オ　第五種事業（サービス業等）

運輸通信業、金融業及び保険業、サービス業（飲食店業に該当する事業を除く。）をいい、第一種事業から第三種事業までの事業に該当する事業を除く（消令57⑤四）。日本標準産業分類の大分類に掲げる①情報通信業、②運輸業、郵便業、③金融業、保険業、④不動産業、物品賃貸業（不動産業に該当するものを除く。）、⑤学術研究、専門･技術サービス、⑥宿泊業、飲食サービス業（飲食サービス業に該当するものを除く。）、⑦生活関連サービス業、娯楽業、⑧教育、学習支援業、⑨医療、福祉、⑩複合サービス業、⑪サービス業（他に分類されないもの）が「サービス業等」に該当する（消基通13－2－4）。日本標準産業分類の大分類がサービス業等に該当するものは、「加工賃その他これに類する料金を対価とする役務の提供を行う事業」であっても、第五種事業に該当する（消基通13－2－7）。

＊　事業者が行う事業が第一種事業から第五種事業までのいずれに該当する

かの判定は、原則として、その事業者が行う課税資産の譲渡等ごとに行う（消基通13-2-1）。

カ　第六種事業（不動産業）

日本標準産業分類の大分類に掲げる「不動産業、物品賃貸業」のうち、不動産業に該当するものをいう（消基通13-2-4）。第一種事業、第二種事業、第三種事業又は第五種事業に該当するものを除く（消令57⑤五）。不動産代理業・仲介業、不動産賃貸業、貸家・貸間業、駐車場業、不動産管理業などがある。

裁判例の紹介㊿

主要材料を元請業者から支給を受けて建設工事を営む事業は、第三種事業（建設業）に該当しないとされた事例

（大阪地裁平成12年3月29日判決・税資247号105頁〔確定〕）

〔事案の概要〕

X（原告）は、とび・土木工事業を営んでいる個人であるが、本件各課税期間（平成4年12月期～平成6年12月期）の消費税について、いわゆる簡易課税制度の適用を受ける旨の届出をした上で、仕入れに係る消費税額の計算に当たり、みなし仕入率70％（第三種事業）を適用して、法定申告期限までに確定申告をしたところ、Y（税務署長、被告）は、Xの事業が第四種事業に該当するから、みなし仕入率は60％（第四種事業）を適用すべきであるとして、更正処分等をした。

〔争点〕

「加工賃それに類する料金を対価とする役務の提供を行う事業」（第四種事業）に該当するか。

〔判決の要旨〕

1　Ｘの行う事業は、山留支保工と呼ばれるもので、建築物を建てるために地下を掘削して基礎工事をする際に、土砂がなだれ込まないように周囲に杭等を打ち込んだものが、掘削の進行に従って周りの土砂からの圧力により倒壊することを防ぐために、Ｈ鋼を縦横に張り巡らして右杭等を支える工事であり、必要が無くなった場合には右Ｈ鋼を解体し、大規模な工事においては、必要に応じてクレーン等を乗せる構台等を架設・解体する工事が含まれる場合もある。そして、Ｘは、右山留支保工等の業務を行うに当たり、Ｈ鋼や構台等の重量資材のほか、ボルト、履工鉄板、アングル材、チャンネル材等は元請業者などから無償で提供を受け、自らは、工具の他、アセチレンガス、酸素ガス、溶接棒などの消耗品、補助的材料を負担し、自ら所有するクレーンを用いて山留支保工等を行い、Ｘが支払を受ける工事代金は、工事の難易度も勘案されるものの、基本的には主要材料の重量（トン数）にトン当たりの単価を乗じた額とされている。なお、Ｘは、少なくとも４台の移動式クレーン及び１台の油圧式ショベルを所有している。

2　消費税法施行令（平成７年改正前のもの。以下「令」という。）57条は、事業の種類を４つに区分し、みなし仕入率をそれぞれ第一種事業が100分の90、第二種事業が100分の80、第三種事業が100分の70、第四種事業が100分の60と規定している。この分類を、課税資産の譲渡等に係る消費税額のうちに課税仕入れ等の税額の通常占める割合の観点からみると、第三種事業は、第一種事業である卸売業、第二種事業である小売業と比較すると一般的に課税仕入れ等の税額の割合が低いが、第四種事業に典型的に該当すると解される飲食店、金融・保険業、不動産業、サービス業に比較すると一般的に課税仕入れ等の税額の割合が高くなり、これを逆からみると、第一種事業から第四種事業になるに従い、一般的に課税資産の譲渡等の対価に対する課税仕入れ等に含まれない費用（給与等）及び利益の額の割合が高くなるものといえる。そして、簡易課税制度は、中小事業者の負担を軽減するために、実額による課税仕入れの煩雑な算定をさけるために、具体的な事業者の個別性による差異を捨象し、右のように当該事業の一般的な課税仕入れの態様に応じて類型化した事業区分を用いてそれぞれみなし仕入率を定め、簡易に当該課税期間における仕入れに係る消費税額を算定することを可能にしたものと解される。

3　本件においては、Xの事業が原則第三種事業とされる令57条5項3号ホの建設業に該当することは争いのない事実であり、同号かっこ書の「加工賃その他これに類する料金を対価とする役務の提供を行う事業」に該当するか否かが争点であるが、上記2の観点からすると、「加工賃その他これに類する料金を対価とする役務の提供を行う事業」に該当する事業とは、主要原材料等を他の者から提供を受けているため課税資産の譲渡等に係る消費税額のうちに課税仕入れ等の税額の通常占める割合が第三種事業に比べて一般的に低いと認められるものであって、これを建設業においてあてはめると、他の事業者から主要原材料等の提供を受け、当該他の事業者の建設工事の一部を行う人的役務の提供を行う事業であって、自らが課税仕入れによって得て使用する材料、工具、建設機械等の補助的な建築資材の調達費用の割合が一般的に建設業一般より低い事業がこれに当たるというべきである。これをXの事業についてみるに、Xの行う事業のうち9割以上を占める山留支保工及びそれに付随する構台の架設・解体工事は、元請業者等が行う建設工事の一部をなすものであって、H鋼等を主要材料として、これをクレーンで移動しつつ、アセチレンガス、酸素ガス、溶接棒等を用いて組み立て、必要に応じてクレーンやトラックの構台等を架設・解体する事業であるが、Xは、その主要材料であるH鋼等を元請業者から支給されており、自らが課税仕入れによって得て使用する材料、工具の額は、低いものであり、しかも、Xが取得する工事代金額が主として主要材料の重量によって決定されることをも併せ考慮すると、その中心は、人的役務を提供するところにあると認められる。以上からすると、Xの営む事業は、第四種事業に該当するというべきであり、そのみなし仕入率は100分の60が適用されることとなる。

〔コメント〕

本件は、とび・土木工事業が第三種事業（製造業等）又は第四種事業（その他の事業）のいずれに該当するかが争われた事案である。消費税法施行令57条5項3号は、第三種事業から「加工賃その他これに類する料金を対価とする役務の提供」を除いているところ、実務上、建設業のうち、他の事業者の原材料を使用し、当該他の事業者の建設工事の一部を行う人的役務の提供は、「加工賃その他これに類する料金を対価とする役務の提供」に該当するとしている（『消費税法基本通達逐条解説（平成30年版）』823頁参照）。本判決は、「Xは、その主要材料であるH鋼等を元請業者から支給されており、自らが課税仕入れによって得て使用する材料、工具の額は、低いものであり、しかも、Xが取得する工事代金額が主として主要材料の重量によって決定されることをも併せ考慮すると、その中心は、人的役務を提供するところにあると認められる。」と説示して、実務の取扱いを支持しているところである。

なお、Xは、クレーンや油圧式ショベルを所有しているところ、これらの設備投資を行った課税期間においては、本則課税による方が仕入税額控除額の計算上有利であったとも考えられる（ただし、調整対象固定資産の課税仕入れを行った日の属する課税期間の初日から3年間は「簡易課税制度選択適用届出書」を提出できない。）。

＊　福岡地裁平成26年11月4日判決（税資264号順号12562〔確定〕）は、下水道及びポンプ場の据付工事等を請け負う事業者の事業区分が争われた事例である。裁判所は、「消費税法施行令57条5項3号柱書所定の『加工賃その他これに類する料金を対価とする役務の提供を行う事業』とは、主要原材料等を他の者から提供を受けているため課税資産の譲渡等に係

る消費税額のうちに課税仕入れ等の税額の通常占める割合が第三種事業に比べて一般的に低いと認められるものであって、これを建設業においてあてはめると、他の事業者から主要原材料等の提供を受け、当該他の事業者の建設工事の一部を行う人的役務の提供を行う事業であって、自らが課税仕入れによって得て使用する材料、工具、建設機械等の補助的な建築資材の調達費用の割合が一般的な建設業より低い事業がこれに当たるというべきである。」と説示した上で、原告が営んでいた建設業は全て、他の事業者から主要原材料等の提供を受け、当該他の事業者の建設工事の一部を行う人的役務の提供を行う事業であるから、第四種事業に該当すると判示している。

＊　京都地裁平成13年３月30日判決（税資250号順号8874）（大阪高裁平成15年11月23日判決・税資253号順号9263は控訴棄却〔確定〕）は、消費税法施行令57条５項３号かっこ書きの「加工賃その他これに類する料金を対価とする役務の提供」とは、対価たる料金の名称のいかんを問わず、他の者の原料若しくは材料又は製品等に加工等を加えて、当該加工等の対価を受領する役務の提供又はこれに類する役務の提供をいうものと解されるところ（消基通13-２-７）、納税者の業務の内容は、呉服問屋から主要な原材料である白生地の支給を無償で受け、それを外注先に加工させて、反物に仕上げて、それを呉服問屋へ納品して対価を受けるものであり、上記の役務の提供に該当するものというべきであると判示している。

裁判例の紹介㊺

歯科技工業を営む法人の事業は、第三種事業（製造業）と第五種事業（サービス業）のいずれに当たるかが争われた事例

（名古屋地裁平成17年６月29日判決・訟月53巻９号2665頁）

（名古屋高裁平成18年２月９日判決・訟月53巻９号2645頁）

〔事案の概要〕

1　X（原告･被控訴人）は、歯科技工所を営む有限会社であり、平成10年１月７日、Y（税務署長、被告･控訴人）に対し、簡易課税制度選択適用届出書を提出した。Xは、自ら原材料を仕入れ、歯科医師の指示書に従って歯科補てつ物等を製作し、歯科医師に納品している。また、修正、作り直しが必要な場合であっても、専ら歯科医師の指示に従って修正、作り直しをするのであって、Xが患者に直接接する機会はない（以下、Xの事業を「本件事業」という。）。

2　Xは、本件事業が消費税法施行令（以下「令」という。）57条５項３号へ所定の製造業（第三種事業）に該当し、みなし仕入率が100分の70であるとして、本件各課税期間（平成12年10月期～平成14年10月期）の消費税等について、いずれも法定申告期限内に確定申告をしたところ、Yは、本件事業が令57条５項４号ハ所定のサービス業（第五種事業）に該当するから、Xの確定申告に係る課税仕入れ等の税額は過大であるとして、更正処分等をした。

〔争点〕

歯科技工業に係る事業は、簡易課税の適用に当たって製造業等に当たるか。

〔第一審判決の要旨〕

1　租税賦課の根拠となるべき法令すなわち租税法中の用語は、当該法令ないし他の国法によって定義が与えられている場合は、これによるべきことは当然であるが、そうでない場合には、原則として、日本語の通常の用語例による意味内容が与えられるべきである。令57条１項ないし４項で用いられている第一種事業ないし第五種事業については、同条５項１号ないし５号でその区分に属する事業が列挙されているところ、同条6項で第一種事業たる卸売業及び第二種事業たる小売業についてのみ定義規定が置かれているものの、第三種事業及び第五種事業に属する各事業自体の内容を明らかにした定義規定は存在しない。また、本件において問題となっている第三種事業の一つである製造業については、「製造した棚卸資産を小売する事業を含む。」との、第五種事業の一つであるサービス業については、「飲食店業に該当するものを除く。」とのかっこ書きが付記されているものの、それらの意味内容が法令によって明らかにされていることはない。

2　日本語の通常の用語例によれば、令57条5項3号へにいう製造業は、「有機又は無機の物質に物理的、化学的変化を加えて新製品を製造し、これを卸売又は小売する事業」と、他方、同項4号ハにいうサービス業とは、「無形の役務を提供する事業（不動産業、運輸通信業及び飲食店業に該当するものを除く。）」と解するのが相当である。

3　歯科技工士は、印象採得、咬合採得、試適、装着等、患者と直接接することが禁止され、まして、歯科技工士が患者と対面することも考えられない歯科技工所で営まれる本件事業は、原材料を基に患者の歯に適合するように成形した補てつ物を納入し、これの対価として一定の金員を受け取るという内容であり、有形物を給付の内容とすることが明らかであるから、本件事業が製造業に当たると解するのが相当である。また、患者に対して無形の役務を提供しているとみることは困難であるから、サービス業には当たらない。

〔控訴審判決の要旨〕

1　租税法規の解釈については、当該法令が用いている用語の意味、内容が明確かつ一義的に解釈できるかをまず検討することが必要であることはいうまでもないが、それができない場合には、立法の趣旨目的及び経緯、税負担の公平性、相当性等を総合考慮して検討した上、用語の意味、内容を合理的に解釈すべきである。本件において問題となっている第三種事業の一つである「製造業」については、「(製造した棚卸資産を小売する事業を含む。)」と、第五種事業の一つである「サービス業」については、「(飲食店業に該当するものを除く。)」とそれぞれ付記されているものの、「製造業」又は「サービス業」自体の意味内容が法令によって明らかにはされていない。

2　本件事業は、日本標準産業分類の事業区分によれば、大分類「N医療、福祉」に分類されており、消費税法基本通達13-２-４に従えば、令57条５項４号ハ所定の「サービス業」に該当することになるところ、TKC経営指標の資料によれば、１企業当たり平均の課税仕入れ及び構成比は、製造業が70.7％、歯科技工所が42％であることが認められ、令57条の定めでは、みなし仕入率は、「製造業」が第三種事業として100分の70、「サービス業」が第五種事業として100分の50とほぼ符合するものである。したがって、歯科技工所を営む事業者が、簡易課税制度の適用を利用する場合の税負担の公平性、相当性等の面からみて、上記「サービス業」に分類することに不合理性は認められない。

3　本件事業が令57条５項所定の「サービス業」に該当するのか、「製造業」に該当するのかについて判断するに、消費税法の簡易課税制度が、納税事務の簡素化を目的としつつ、税負担の公平性の実現のために改正が重ねられてきた経緯、消費税基本通達が、事業の範囲判定の基準として、いずれも日本標準産業分類を掲げているところ、同分類は、本来、統計上の分類の必要から定められたものではあるが、日本における標準産業を体系的に分類しており、他にこれに代わり得る普遍的で合理的な産業分類基準は見当たらないことなどから簡易課税制度における事業の範囲の判定に当たり、同分類によることの合理性は否定できないこと、本件事業が歯科医師の指示書に従って、歯科補てつ物を作成し、歯科医師に納品することを業務内容としており、歯科医療行為の一端を担う事業である性質を有すること、また、1企業当たり平均の課税仕入れ及び構成比に照らしても、みなし仕入率を100分の50とすることには合理性があること及び税負担の公平性、相当性等をも考慮すると、本件事業は、令57条5項4号ハ所定の「第五種事業」中の「サービス業」に該当するものと判断するのが相当である。

〔コメント〕

本件は、みなし仕入率の適用に当たって、歯科技工士に係る事業(本件事業)が「製造業」(第三種事業)又は「サービス業」(第五種事業)のいずれに該当するか争われた事例であり、第一審判決と控訴審判決では、その判断が分かれている(上告審である最高裁平成18年6月20日第三小法廷決定・税資256号順号10431は上告棄却)。第一審判決及び控訴審判決のいずれにおいても、消費税法に定める「製造業」・「サービス業」は、その意味内容が法令によって明らかにはされていないとする点では同じであるが、第一審判決は、日本語の通常の用語例に従えば、①製造業は、「有機又は無機の物質に物理的、化学的変化を加えて新製品を製造し、これを卸売又は小売する事業」であり、②サービス業は、「無形の役務を提供する事業」と解するのが相当であるから、最高裁昭和57年6月24日第一小法廷判決(シュトイエル248号1頁)及びその原審である広島高裁昭和56年7月15日判決(訟月27巻12号2345頁、物品税法における「製造」の意義を判示したもの)を引用して、本件事業は「製造業」に該当するとした。これに対し、控訴審判決は、本件事業が「製造業」又は「サービス業」のいずれに該当するかの判断に当たっては、「立法の趣旨目的及び経緯、税負担の公平性、相当性等を総合考慮して検討した上、用語の意味、内容を合理的に解釈すべきである。」とした上で、①日本標準産業分類の事業区分、②消費税法基本通達13－2－4、③TKC経営指標などからみて、本件事業は「サービス業」に該当すると断じている。

なお、名古屋地裁令和3年3月1日判決・税資271号順号13532〔確定〕は、歯科技工業の事業区分が争点となった事案につき、「歯科技工は、歯科医業に付随、関連する業務であり、歯科医療行為の一環として行われるものというべきであるから、その内容に補てつ物等の作成等を含むものの、歯科技工業は、製造業ではなく、サービス業に該当すると解するのが相当である。」と判示している。

＊　熊本地裁平成14年7月19日判決（税資252号順号9161〔確定〕）は、自動車板金塗装等の事業区分につき、「本件業務は、持ち込まれた車両につき『つくろい直す、造り直す及び交換等をする』という技能・技術を提供し、その対価として報酬を得る事業であり、その本質は、『つくろい直す、造り直す及び交換等をする』というサービスを提供し、顧客から持ち込まれた車両の価値を高めることにあると認めるのが相当である。したがって、本件業務は、新製品の製造加工を行うものではなく、個人又は事業所に対して修理、板金、塗装及び改造等のサービスを提供するものであるから、産業分類上、サービス業（大分類L）に当たり、製造業（大分類F）には当たらないというべきである。」と説示して、第五種事業に該当すると結論づけている。

＊　東京高裁平成15年12月18日判決（本書267頁参照）は、「パチンコ業は、日本標準産業分類の大分類においてサービス業に区分されているが、このことから直ちに、パチンコ業が簡易課税の区分にあたってもサービス業に分類されることになるわけではない。しかし、パチンコ業は、顧客から貸玉料という対価を受けるのと引き換えに、顧客に遊技玉を貸し出し、また、パチンコ店や店内の遊技機を利用させ娯楽というサービスを提供する事業であるから、サービス業と評価できる。」と説示し、パチンコ業は第五種事業に該当すると断じている。

裁判例の紹介㊻

「生そばうどん」コーナーを運営する事業は、飲食店業には該当しないから、第五種事業に該当するとされた事例

（福岡地裁令和3年7月14日判決・税資271号順号13587〔控訴〕）

〔事案の概要〕

1　「生そばうどん」コーナー（以下「本件店舗」という。）を運営するX（原告）は本件課税期間（平成27年～同29年）の消費税等について、本件事業が第四種事業に該当するとして確定申告をしたところ、所轄税務署長から、本件事業は第五種事業に該当するとして、消費税等の更正処分等を受けた。

2　Xは、平成22年4月1日、株式会社Aとの間で、本件店舗の運営（本件事業）に関し契約を締結している。A社が展開するうどん事業の店舗は、①A社の直営店と、②個人事業主との間で「粗利益折半方式」と呼ばれる契約を締結し、当該個人事業主に運営を委託している店舗の二つに分かれている。本件店舗は後者に該当し、①Xが本件店舗の運営に必要な人件費を負担し、②A社は、仕入れに係る経費のほか、水道光熱費並びに店舗運営に必要な建物、設備、厨房器具、備品及び什器等の人件費以外の経費を負担し、③本件店舗における売上げは、全てA社に帰属するが、Xの売上げは、本件契約に基づきA社から支払われる営業委託料により構成される。

〔争点〕

本件事業が「飲食店業」に該当するか否かである（飲食店業に該当する場合には第四種事業となり、これに該当しない場合には第五種事業となる。）。

〔判決の要旨〕

1　消費税の課税対象である「資産の譲渡等」の意義や、簡易課税制度における事業区分の目的（控除対象仕入税額の算定）に照らせば、役務の提供に係る事業区分については、当該事業者に係る「事業として対価を得て行われる…役務の提供」とは何か、すなわち、対価の支払者に対して提供される役務の内容及び性質によって決せられると解するのが相当である。

2　消費税法施行令57条５項４号ハ括弧書きの「飲食店業」について、法令上の定義規定はないが、標準産業分類によれば、「主として客の注文に応じ調理した飲食料品、その他の食料品又は飲料をその場所で飲食させる事業所…をいう。」とされている。このような標準産業分類における定義は、一般的な社会通念に合致するものであり、消費税法基本通達13-２-４が、消費税法施行令57条５項４号の規定により第五種事業に該当することとされているサービス業等の範囲は、おおむね標準産業分類の大分類に掲げる分類を基礎として判定する旨定めていることも踏まえると、「飲食店業」とは、主として客の注文に応じ調理した飲食料品、その他の食料品又は飲料をその場所で飲食させる事業をいうものと解するのが相当である。

3　本件事業は、Ｘが、Ａ社の指示に従って、本件店舗における調理業務、原材料の発注業務、売上金の回収業務、従業員の管理、店舗のクレンリネスの維持等を含む本件店舗の運営に係る一連の業務を遂行することにより、Ａ社から、上記業務遂行の対価として営業委託料を受領することを内容とする事業であるといえる。したがって、本件事業は、「主として客の注文に応じ調理した飲食料品、その他の食料品又は飲料をその場所で飲食させる事業」に該当するものとはいえず、飲食店業には該当しない。

4　Ｘは、本件店舗という一定の場所において、営業に必要な原材料を仕入れるための発注をし、雇い入れた従業員と共に不特定多数の顧客からそばやうどんの注文を受け、商品を調理して提供し、その場で飲食した顧客から代金を回収するということを継続して行っていることから、本件事業は、飲食店の行うサービスそのものである旨主張する。しかし、Ｘは、本件店舗を運営し、飲食店が通常行う業務の多くを遂行し、客に対して飲食物及び飲食の場を提供しているとはいえ、原材料費や店舗等の費用を負担し、飲食物及び飲食の場を提供する対価として客からその代金を得ているわけではないのであり、対価の支払者たるＡ社との関係においては、Ａ社の委託を受けて、その指示に従い、本件店舗の一連の運営業務の遂行という役務を提供しているものといわざるを得ない。

〔コメント〕

本判決は、ＸとＡ社との間に締結された「粗利益折半方式」と呼ばれる契約の内容やＡ社の役員との供述から詳細な事実認定の上で、本件事業は、「主として客の注文に応じ調理した飲食料品、その他の食料品又は飲料をその場所で飲食させる事業」（飲食店業）には該当せず、「サービス業（飲食店業に該当するものを除く。）（第五種事業）」に当たると判断している。Ｘが本件店舗の運営に必要な人件費を負担するが、本件店舗に係る仕入費用のほか、水道光熱費並びに店舗運営に必要な建物、設備、厨房器具、備品及び什器等の人件費以外の経費をＡ社が負担するという事実関係に照らして、本件事業が飲食店業に該当しないというべきであろう。

なお、控訴審である福岡高裁令和４年１月13日判決（公刊物未登載）は、Ｘの控訴を棄却している。

2　売上げに係る対価の返還等をした場合の消費税額の控除

事業者が国内において行った課税資産の譲渡等（輸出取引等の消費税が免除されるものを除く。）につき、売上げに係る対価の返還等をした場合には、その対価を返還等した日の属する課税期間の課税標準等に対する消費税額からその対価の返還等に係る消費税額を控除する（消法38①）。

標準税率が適応される場合

売上対価の返還等の金額に係る消費税額 ＝ 売上対価の返還等の金額（税込み） × 7.8／110

軽減税率が適用される場合

売上対価の返還等の金額に係る消費税額 ＝ 売上対価の返還等の金額（税込み） × 6.24／108

＊　売上げに係る対価の返還等の金額が課税資産の譲渡等（軽減対象課税資産の譲渡等に該当するものを除く。）に係る部分と軽減対象課税資産の譲渡等に係る部分とに合理的に区分されていないときは、軽減対象課税資産の譲渡等に係る部分について、次により計算する（消令58②）。

$$\text{売上げに係る対価の返還等の税込価額} \times \frac{\text{軽減対象課税資産の譲渡等の税込価額の合計額}}{\text{課税資産の譲渡等の税込価額の合計額}}$$

＊　課税資産の譲渡等の税率の異なるごとの金額から売上げに係る対価の返還等につき税率の異なるごとに合理的に区分した金額をそれぞれ控除する経理方式を継続しているときは、その控除後の金額を課税売上げに係る金額とすることができる（消基通14-１-８）。

(1)　売上げに係る対価の返還等

売上げに係る対価の返還等とは、事業者が行った課税資産の譲渡等について、返品を受け又は値引き若しくは割戻しをしたことにより、当該課税資産の譲渡等の対価の額（税込み）の全部若しくは一部の返還又はその課税資産の譲渡等の税込価額に係る売掛金その他の債権の額の全部若しくは一部の減額をしたことをいう（消法38①）。

＊　海上運送事業を営む事業者が船舶による運送に関連して支払う早出料は、売上げに係る対価の返還等に該当する（消基通14-１-１）。

＊　販売奨励金等、事業分量配当金、売上割引は、売上げに係る対価の返還等に該当する（消基通14-１-２～14-１-４）。

(2)　適用要件

売上げに係る対価の返還等の金額等の明細を記録した帳簿を７年間（課税期間の末日の翌日から２月を経過した日以後）保存しなければならない（消法38②、消令58の２②）。

帳簿の記載事項は、①売上げに係る対価の返還等を受けた者の氏名又は名称、②売上げに係る対価の返還等を行った年月日、③売上げに係る対価の返還等に係る課税資産に係る資産又は役務の内容（軽減対象課税資産の譲渡等である場合には、資産の内容及び軽減対象課税資産の譲渡等である旨）、④税率の異なるごとに区分した売上げに係る対価の返還等をした金額である（消令58の２①）。

3　特定課税仕入れに係る対価の返還等を受けた場合の消費税額の控除

課税事業者が国内において行った特定課税仕入れについて、値引き又は割戻しを受けたことにより特定課税仕入れに係る対価の返還等を受けた場合は、返還等を受けた課税期間の課税標準額に対する消費税額から、特定課税仕入れに係る対価の返還等の金額に係る消費税額を控除する（消法38の２①）。

特定課税仕入れに係る対価の返還等に係る消費税額 ＝ 特定課税仕入れに係る対価の返還等の金額 × 7.8／100

特定課税仕入れに係る対価の返還等を受けた金額の明細を記録した帳簿を保存することが必要である（消法38の２②）。

帳簿の記載事項は、①特定課税仕入れに係る対価の返還等をした者の氏名又は名称、②特定課税仕入れに係る対価の返還等を受けた年月日、③特定課税仕入れに係る対価の返還等の内容、④特定課税仕入れに係る対価の返還等を受けた金額、⑤特定課税仕入れに係る対価の返還等である旨である（消令58の３①）。

4　貸倒れに係る消費税額の控除

課税事業者が国内において課税資産の譲渡等を行った場合に、その相手方に対する売掛金その他の債権が貸倒れとなったときは、貸倒れとなった日の属する課税期間の課税売上げに係る消費税額から貸倒れ処理をした金額に係る消費税額の合計額を控除する（消法39①）。

貸倒れに係る消費税額 ＝ 貸倒れに係る金額（税込み）× 7.8／110

軽減税率が適用される場合

貸倒れに係る消費税額 ＝ 貸倒れに係る金額（税込み）× 6.24／108

＊　領収することができなくなった課税資産の譲渡等の税込価額が課税資産の譲渡等（軽減対象課税資産の譲渡等に該当するものを除く。）に係る部分と軽減対象課税資産の譲渡等に係る部分とに合理的に区分されていないときは、軽減対象課税資産の譲渡等に係る部分について、次により計算する（消令60①）。

$$\text{課税資産の譲渡等の税込価額} \times \frac{\text{軽減対象課税資産の譲渡等の税込価額の合計額}}{\text{貸倒れ等の対象となった課税資産の譲渡等の税込価額の合計額}}$$

＊　課税資産の譲渡等（軽減対象課税資産の譲渡等を除く。）に係る売掛金等の債権、軽減対象課税資産の譲渡等に係る売掛金等の債権及びその他の資産の譲渡等に係る売掛金等の債権について貸倒れがあった場合において、これらを区分することが著しく困難であるときは、貸倒れとなったときにおけるそれぞれの債権の額の割合により課税資産の譲渡等に係る貸倒額及び軽減対象課税資産の譲渡等に係る貸倒額を計算することができる（消基通14－２－３）。

＊　貸倒れに係る消費税額の控除を受けた売掛金等を領収（回収）した場合には、その領収した税込価額に係る消費税額を領収日の属する課税期間の課税標準等に対する消費税額に加算する（消法39③）。

(1)　貸倒れが生じた場合

課税資産の譲渡等の相手方に対する売掛金等につき、次の事実が生じたため、課税資産の譲渡等の税込価額の全部又は一部を領収できない場合をいう（消法39①、消令59、消規18）。

①　更生計画認可の決定又は特別清算に係る協定の認可の決定により債権の切捨てがあったこと。

②　債務者の財産の状況、支払能力等からみて当該債務者が債務の全額を弁済できないことが明らかであること。

③　関係者の協議決定により債権の切捨てがあったこと。

④　債務者の債務超過の状態が相当期間継続し、その債務を弁済できないと認められる場合において、その債務者に対し書面により債務の免除を行ったこと。

⑤　継続的な取引を行っていた債務者につき、その資産の状況、支払能力等が悪化したことにより、取引を停止した時から１年以上経過した場合等において、債権の額から備忘価額を控除した残額を貸倒れとして経理したこと。

⑥　同一地域の債務者について有する売掛債権の総額がその取立てのために

要する旅費その他の費用に満たない場合において、その債務者に対して支払を督促したにもかかわらず弁済がないこと。

(2)　適用要件

債権の切捨ての事実を証する書類、その他貸倒れの事実を明らかにする書類を７年間（課税期間の末日の翌日から２月を経過した日以後）保存しなければならない（消法39②、消規19）。

裁判例の紹介㊼

公設市場における受託商品の卸売業者は、その商品の買受人に対する債権が貸倒れとなったことにつき、貸倒れに係る消費税額の控除を適用することができるとされた事例

（大阪地裁平成25年６月18日判決・裁判所HP「行集」〔確定〕）

〔事案の概要〕

1　大阪市が開設した市場において牛枝肉等の卸売を行う卸売会社であるＸ（原告）は、出荷者から販売の委託等を受けて、牛枝肉等の売買への参加について大阪市長から許可を受けた仲卸業者及び大阪市長から承認を受けた売買参加者（両者を併せて、以下「買受人」という。）を相手に牛枝肉等を販売していた。Ｘは、平成10年10月30日から同12年６月16日までの間、買受人Ａに対し、牛枝肉等を販売し、９億4,642万円余の債権を有していたところ、Ａは、平成17年９月７日、破産決定を受けた。そこで、Ｘは、Ａに係る債権が実質的に回収不能になったとして、本件課税期間（平17.4.1～平18.3.31）において、上記債権金額を貸倒れとして経理処理した。また、Ｘは、平成12年４月12日から同年７月３日までの間、買受人Ｂに対し、牛枝肉等を販売し、2,848万円余の債権を有していたところ、Ｂの資産状態や支払能力等が悪化したことから、同年12月14日以降、Ｂとの取引を停止し、本件Ｂに係る債権につき、本件課税期間に消費税法施行規則18条３号に規定する備忘価格１円を控除した後の金額を貸倒れとして経理処理した。

2　Ｙ（税務署長、被告は国）は、本件各債権について貸倒れに係る消費税額の控除が認められないとして、Ｘに対し、本件課税期間の消費税等について更正処分等を行った。Ｙは、消費税法39条１項及び同法13条によると、貸倒れに係る消費税額の控除が認められるのは、課税資産の譲渡等に係る対価を享受する者につき、当該資産の譲渡等によって取得した債権が貸し倒れた場合であるところ、本件牛枝肉取引において、「課税資産の譲渡等」を行った者は、委託者（出荷者）であって、Ｘではないから、本件各債権の貸倒れについて、消費税法39条１項は適用されないと主張している。

〔争点〕

出荷者から牛枝肉等の販売の委託等を受けた卸売業者は、課税資産の譲渡等を行った者に該当するか。

〔判決の要旨〕

1　Ｘは大阪市により開設された市場において牛枝肉等の卸売を行う卸売業者であり、出荷者から牛枝肉等の販売の委託等を受けて、買受人を相手に牛枝肉等を販売していたのであり、かかる牛枝肉取引におけるＸの立場は、商法上の問屋に当たると解される。問屋は、問屋自身が権利義務の主体となって（「自己ノ名ヲ以テ」）、他人の計算すなわち経済的利益を他人に帰属させて（「他人ノ為メニ」）物品の販売又は買入を行うことを業とするものであって、当該物品の販売ないし買入という売買契約に係る問屋と相手方との関係（外部関係）は、問屋が当該売買契約の当事者、すなわち権利義務の主体となるものであり、一方、問屋と委託者との関係（内部関係）は、委任関係となる。右のとおり、問屋と相手方との間の売買契約に係る経済的利益は問屋ではなく委託者に帰属するものであり、Ｘが行っている牛枝肉取引においても、Ｘがこれにより得る経済的利益はＸが委託者（出荷者）から収受する委託手数料（卸売金額の100分の3.5）であって、当該売買契約に係る売買代金のうち、かかる委託手数料や諸費用等を控除した金額は、売買仕切金として、Ｘから委託者（出荷者）に支払われる。このことからすれば、Ｘが問屋として行う牛枝肉取引による牛枝肉等の譲渡に係る対価を享受するのはＸではなく委託者（出荷者）であるといえそうであるが、資産の譲渡等を行った者の実質判定はその法的実質によるべきものであるところ、牛枝肉等取引の法的実質として、法律上資産（牛枝肉）の譲渡等を行ったとみられる者すなわち問屋であるＸが、単なる名義人にすぎず、当該資産（牛枝肉）の譲渡等を行ったものではないということはできないものと解するのが相当である。

2　本件牛枝肉等取引を含む市場における牛枝肉等の取引において、Ｘは商法上の問屋と認められ、Ｘと買受人との間の売買契約に係る経済的利益はＸではなく委託者（出荷者）に帰属するものであって、牛枝肉等の譲渡に係る対価を享受するのはＸではなく委託者（出荷者）であるとしても、市場における牛枝肉等取引において、制度上およそＸが売買代金回収のリスクを負わない仕組みが構築されているものとはいえず、本件牛枝肉等取引においてもＸが本件各買受人からの売買代金回収のリスクを負うものであって、委託者（出荷者）は同リスクを何ら負わないこと、Ｘと買受人との間の牛枝肉等の売買代金の合意（売買契約の締結）についても、委託者（出荷者）は特段の関与はしていないこと、買受人に対する瑕疵担保責任を負うのもＸであって委託者（出荷者）ではないことに照らせば、本件牛枝肉等取引において、Ｘが、その法的実質として、単なる名義人として課税資産（本件牛枝肉）の譲渡を行ったものにすぎないということはできず、したがって、Xは、課税資産（本件牛枝肉）の譲渡を行ったものとして、本件牛枝肉等取引に係る本件各債権について、消費税法39条１項の貸倒れに係る消費税額の控除の適用を受けるものと解するのが相当である。

〔コメント〕

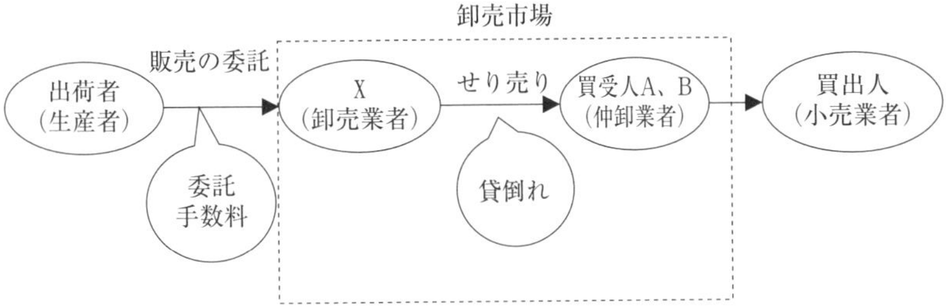

本件事例では、①Xが受託商品の買受人（仲卸業者）に対し債権を有していたこと、②債務者Aが破産決定を受けたこと、③債務者Bとは取引を停止した時から１年以上経過した後に、債権の額から備忘価額を控除した残額を貸倒れとして経理したことについては、当事者間に争いがない。しかるに、Yは、本件牛枝肉等取引において課税資産の譲渡等を行ったのは委託者（出荷者）であって、Xは受託物品である本件牛枝肉等の卸売という役務の提供により、委託手数料を受領するにすぎないのであるから、Xの債務者A及びBに対する債権は、消費税法39条１項に規定する「課税資産の譲渡等の相手方に対する売掛金等」に当たらないというのである。かくして、本判決は、消費税法13条《資産の譲渡等を行った者の実質判定》は、法的実質によるべきことを規定しているところ、①本件牛枝肉等取引に係る買受人に対する牛枝肉等の売主はXであって委託者（出荷者）ではなく、買受人に対する売買代金請求権を有するのも委託者（出荷者）ではなくXであること、②買受人からの代金回収ができなかった場合に、Xが委託者（出荷者）に対する売買仕切金の支払を免れ、あるいは、委託者（出荷者）から既払の売買仕切金の返還を受けることができる旨の定めは存しないこと、③牛枝肉等に隠れたる瑕疵が存

した場合の瑕疵担保責任（民法570条）は、その売主であるＸが負うものと解されることなどを説示して、Ｘの債務者Ａ及びＢに対する債権は、「課税資産の譲渡等の相手方に対する売掛金等」に当たると断じている。判旨は相当であろう。

第8章　申告・納付・還付等

1　申告納税制度

納税義務とは、国からみれば租税債権であり、納税者からみれば租税債務である。納税義務は税法に定める課税要件が充足すると抽象的に発生する。消費税等は、課税資産の譲渡等若しくは特定課税仕入れをした時又は保税地域からの引取りの時に納税義務が成立するが（通則法15②七）、納税義務が成立したからといって、直ちに、税金を納付するとか還付を受けるとか、あるいは国が徴収することはできない。それには税額を確定する手続が必要となる。

納税義務の確定手続には、①申告納税方式、②賦課課税方式及び③自動確定方式があるといわれているが、消費税等は、所得税や法人税等と同様に申告納税制度（申告納税方式）を採用している。申告納税制度は、納税者自身が行う申告により第一次的に税額が確定し、その税額を納税者自身が国に納めるという制度であって、この制度が適正に機能するためには、納税者自身の自発的な納税意欲と、納税者が継続的かつ正しい記帳を行い、客観的な計数に基づいて課税標準等を計算するということが前提となっている。もとより、申告納税制度の下では、納税者自らが法定申告期限までに正しい申告とその申告に基づく税額を納付することを前提としているので、その申告が正しくなかったり申告しなかった場合には、何らかの是正措置が設けられていなければならない。税務署長は、納税申告書の提出があった場合に、その納税申告書に記載された課税標準等又は税額等の計算が国税に関する法律の規定に従っていなかったとき、その他調査したところと異なるときは、その調査に基づき当該申告書に係る課税標準等又は税額等を更正することとし（通則法24）、納税申告書を提出する義務があると認められる者が当該申告書を提出しなかった場合には、その調査に基づき当該申告書に係る課税標準等又は税額等を決定することとしているのである（通則法25）。すなわち、税務署長の処分により第二次的に納税義務が確定することになる。

2　納税申告と申告内容の是正

納税申告には期限内申告、期限後申告及び修正申告があり、期限内申告は、法定申告期限までにする申告で義務的な申告であるのに対し、期限後申告は申告期限までに申告をしなかった者がその後にする申告をいい、また、修正申告は申告書に記載した課税標準等又は税額等が過少である場合に是正する申告である。納税申告書に記載した課税標準等又は税額等に誤りがあった場合には、次のような方法がある。

(1)　修正申告

修正申告は、納税者が期限内申告又は期限後申告をすることにより第一次的に納税義務が確定した場合に、その後、納税者自らが申告内容を増額変更するもの、又は税務署長の更正又は決定により納税義務が確定した後に、納税者自らが申告内容を増額変更するものである。つまり、修正申告書は、納税申告書を提出した者及び更正又は決定を受けた者（これらの相続人など権利義務を包括して承継した者を含む。以下、更正の請求に同じ。）が①納付すべき税額に不足があるとき、②純損失等の金額が過少であるとき、③還付金の額に相当する税額が過大であるとき、④納付すべき税額がないとしていた場合に納付する税額があるときに限って、税務署長の更正があるまでの間に提出できる任意的な申告書である（通則法19①②）。ただし、法定申告期限から５年（偽りその他不正の行為によりその全部又は一部の税額を免れた場合は７年）

を経過したときは、修正申告書を提出できない。

⑵　更正の請求

納税申告書を提出した後に申告内容の誤りが判明した場合で、その税額が過大であるとき又は還付金の額が過少であるときは、更正の請求をすることによって是正を求めることができる（通則法23①②）。更正の請求は、納税申告により既に確定した税額等が過大であるときなどに、納税者が税務署長に対しその税額の減額等の職権発動を求める手続であって、それ自体、税額を確定させることを意味していない（税額を確定させる効力がない点で、修正申告とは異なる。）。更正の請求があった場合には、税務署長がその更正の請求に係る課税標準等又は税額等を調査し、その調査に基づいて減額更正をし、又は更正をすべき理由がない旨の通知をする（通則法23④）。

更正の請求には、通常の場合の更正の請求と後発的な事由による請求とがある。通常の場合の更正の請求ができるのは、納税申告書を提出した者について、納税申告書に記載した課税標準等又は税額等の計算が「国税に関する法律の規定に従っていなかったこと」又は「当該計算に誤りがあったこと」により、①納税申告書の提出により納付すべき税額（更正があった場合には更正後の税額、以下同じ。）が過大であるとき、②納税申告書に記載した純損失等の金額が過少であるとき又はその金額の記載がなかったとき、③納税申告書に記載した還付金の額に相当する税額が過少であるとき又はその金額の記載がなかったときに限られ、この更正の請求は、法定申告期限から５年以内にしなければならない（通則法23①）。

一方、後発的な事由による更正の請求は、申告時点では申告に誤りがなかったが、申告時に予知し得なかった事態その他やむを得ない事由がその後に生じた場合、すなわち、当初の申告に原始的・内在的な瑕疵はなかったが、その後の事情の変更により、納税申告書に記載した課税標準等又は税額等が過大になったときに、その減額更正を求めるものである。この更正の請求ができるのは、納税申告書を提出した者又は決定を受けた者について、法定申告期限後に次のような理由が生じたことにより上記①から③までに該当することとなった場合である（通則法23②、通則令６）。

ア　申告、更正又は決定に係る課税標準等又は税額等の計算の基礎となった事実に関する訴えについての判決（判決と同一の効力を有する和解等を含む。）により、その事実がその計算の基礎としたところと異なることが確定したとき……その確定した日の翌日から起算して２か月以内に更正の請求をしなければならない。

イ　申告、更正又は決定に係る課税標準等又は税額等の計算に当たって、その申告をし又は決定を受けた者に帰属するものとされていた所得その他の課税物件が他の者に帰属するものとする他の者に係る更正又は決定があったとき……その更正又は決定があった日の翌日から起算して２か月以内に更正の請求をしなければならない。

ウ　①申告、更正又は決定に係る課税標準等又は税額等の計算の基礎となった事実のうちに含まれていた行為の効力に係る官公署の許可その他の処分が取り消されたこと、②申告、更正又は決定に係る課税標準等又は税額等の計算の基礎となった事実に係る契約が、解除権の行使によって解除され若しくは当該契約の成立後生じたやむを得ない事情によって解除され又は取り消されたこと、③帳簿書類の押収その他やむを得ない事情により、課税標準等又は税額等の計算の基礎となるべき帳簿書類その他の記録に基づいて国税の課税標準等又は税額等を計算することができなかった場合において、その後、当該事情が消滅したこと、④租税条約に基づき我が国と相手方当事国との権限ある当局間の協議により、先の課税標準等又は税額等に関し、その内容と異なる合意が行われたこと、⑤申告、更正又は決定に係る課税標準等又は税額等の計算の基礎となった事実に係る国税庁長官が発した通達に示されている法令の解釈その他の国税庁長官の法令の解釈が、更正又は決定に係る審査請求若しくは訴えについての裁決若しくは判決に伴って変更され、変更後の解釈が国税庁長官により公表されたことにより、その課税標準等又は税額等が異なることとなる取扱いを受けることとなったことを知ったこと……これらの理由が生じた日の翌日から起算して２か月以内に更正の請求をしなければならない。

＊　更正の請求をしようとする者は、その更正の請求をする理由が課税標準たる所得が過大であることその他その理由の基礎となる事実が一定期間の取引に関するものであるときは、その取引の記録等に基づいてその理由の基礎となる事実を証明する書類をその更正請求書に添付しなければならない。その更正の請求をする理由の基礎となる事実が一定期間の取引に関するもの以外のものである場合において、その事実を証明する書類があるときも、同様である（通則令６②）。

＊　福岡地裁平成９年５月27日判決（行集48巻５＝６号456頁）は、一括比例配分方式により課税仕入れ等の税額を計算して確定申告をした後、個別対応方式による計算に変更する更正の請求は認められないと判示している（本書363頁参照）。

(3)　更正の請求の特例

更正の請求の特例は各税法に定められているが、消費税法では、「修正申告書を提出し又は更正若しくは決定を受けた者は、その修正申告書の提出又は更正若しくは決定に伴い、その課税期間後の課税期間の申告又は決定に係る課税標準等又は税額等が過大になる場合又は還付金の額が過少になる場合には、その修正申告書の提出又は更正若しくは決定を受けた日の翌日から起算して２か月以内に更正の請求ができる。」旨の規定が設けられている（消法56①）。

3　消費税の中間申告

直前の課税期間の確定消費税額が48万円を超える課税事業者は、中間申告書を提出しなければならない（消法42①、43①）。ただし、次の場合は中間申告書の提出を要しない（消法42①）。

① 個人事業者の事業を開始した日の属する課税期間。

② 法人の設立（合併による設立を除く。）の日の属する課税期間。

③ 法人の3か月を超えない課税期間。

④ 課税期間の特例制度を適用している事業者。

＊ 課税事業者である個人事業者が相続により被相続人の事業を承継した場合、その事業を承継した個人事業者の中間申告については、その相続人である個人事業者の直前の課税期間に係る確定消費税額を基礎として中間申告額を算出する（消基通15-1-1）。分割により分割法人の事業を承継した分割承継法人についても同様である。

＊ 「確定消費税額」とは、中間申告対象期間の末日までに確定した消費税の年税額（地方消費税額を含まない。）をいう。

(1) 中間申告の税額と期限

中間申告は、直前の課税期間の確定消費税額に応じて、次のように計算し申告する（消法42①④⑥）。

直前の課税期間の確定消費税額	48万円以下	48万円超～400万円以下	400万円超～4,800万円以下	4,800万円超
中間申告の回数	不要	年1回	年3回	年11回
中間申告・納付期限		各中間申告対象期間の末日の翌日から2月以内		原則は左に同じ
中間申告税額		直前の課税期間の確定消費税額×1/2	直前の課税期間の確定消費税額×1/4	直前の課税期間の確定消費税額×1/12

＊ 直前の課税期間の確定消費税額が4,800万円超の場合の中間申告期限は、①個人事業者の1月分～3月分→5月末日、4月分～11月分→中間申告対象期間の末日の翌日から2か月以内、②法人の課税期間開始後の1か月分→課税期間開始日から2月を経過した日から2月以内、その後の10か月分→中間申告対象期間の末日の翌日から2月以内となる（消法42①、措令46の2①）。

(2) 法人が合併した場合の中間申告の特例

ア 吸収合併に係る合併法人

法人が合併した場合の中間申告税額は、上記(1)により計算した金額に次の算式で計算した金額を加算する（消法42②⑤⑦）。

① その課税期間の直前の課税期間内に吸収合併があった場合

$$\frac{\text{被合併法人の確定消費税額}}{\text{被合併法人の確定消費税額の計算の基礎となった課税期間の月数}} \times \frac{\text{合併法人の直前の課税期間開始の日からその合併の日の前日までの期間の月数}}{\text{合併法人の直前の課税期間の月数}}$$

＊ 中間申告回数が年３回の事業者は上記の割合に３を乗じ、また、中間申告回数が年１回の事業者は６を乗じて計算する。以下に同じ。

② その課税期間開始の日から中間申告対象期間の末日までの期間内に吸収合併があった場合

$$\frac{\text{被合併法人の確定消費税額}}{\text{被合併法人の確定消費税額の計算の基礎となった課税期間の月数}}$$

イ 新設合併により設立された合併法人

新設合併法人の設立後最初の課税期間における中間申告税額は、次のとおりとなる（消法42③⑤⑦）。

$$\frac{\text{各被合併法人の確定消費税額}}{\text{各被合併法人の確定消費税額の計算の基礎となった課税期間の月数}}$$

(3)　任意の中間申告制度

直前の課税期間の確定消費税額が48万円以下の事業者は、任意に中間申告書（年１回）を提出する旨を記載した届出書を提出することにより、当該届出書を提出した日以後にその末日が最初に到来する６月中間申告対象期間（課税期間開始の日以後６月の期間で、年１回の中間申告の対象となる期間）から、中間申告をすることができる（消法42⑧）。申告期限は、課税期間開始の日以後６月の期間の末日の翌日から２月以内であり、中間納付税額は、直前の課税期間の確定消費税額の２分の１である（消法42⑧）。

なお、中間申告書をその提出期限までに提出しなかった場合には、６月中間申告対象期間の末日に、任意の中間申告制度の適用をやめようとする旨を記載した届出書の提出があったものとみなされる（消法42⑪）。

(4)　中間申告の方法

中間申告は、直前の課税期間の確定消費税額に基づいて納付税額を計算する（前期実績）方法のほか、仮決算に基づいて計算する（仮決算）方法が認められている。仮決算に基づく中間申告は、中間申告対象期間を一課税期間とみなして仮決算を行い、課税標準額に対する消費税額から控除されるべき消費税額を差し引いた残額に相当する金額を中間申告税額として計算するのである（消法43①）。

＊　仮決算に基づく中間申告書の提出により、仕入れに係る消費税額の控除不足額が生じても、還付を受けることはできない（消基通15-１-５）。

(5)　中間申告書の提出がない場合

中間申告書を提出すべき事業者が中間申告書を提出期限までに提出しなかった場合には、直前の課税期間の確定消費税額に基づいて算出した消費税額等を記載した中間申告書の提出があったものとみなされる（消基通15-１-６）。

4　消費税の確定申告

課税事業者は、課税期間ごとに、その課税期間の末日の翌日から２月以内に消費税等の確定申告書を提出しなければならない（消法45①）。ただし、課税事業者であっても、国内における課税資産の譲渡等及び特定課税仕入れがない場合又は課税資産の譲渡等のすべてが輸出免税の対象となる場合において、かつ、納付すべき消費税額等がないときには、申告義務がない（消法45①ただし書）。

⑴　確定申告書の提出期限

ア　課税事業者は、原則として、その課税期間の末日の翌日から２月以内に確定申告書を提出しなければならない（消法45①）。

イ　個人事業者の12月31日の属する課税期間の確定申告書は、その翌年３月31日までに提出する（措法86の４）。

＊　課税期間が１年の場合……提出期限は翌年３月31日
　課税期間が３月ごとの場合……提出期限は、①１月分～３月分は５月31日、②４月分～６月分は８月31日、③７月分～９月分は11月30日、④10月分～12月分は翌年３月31日となる。

ウ　個人事業者が課税期間の末日の翌日から確定申告期限までに死亡した場合には、その相続人が相続のあったことを知った日の翌日から４月を経過した日の前日までに確定申告書を提出しなければならない（消法45②）。相続人が２人以上あるときは、連署により一の書面で提出するが、他の相続人の氏名を付記して各別に確定申告書を提出できる（消令63②）。

エ　個人事業者が課税期間の中途において死亡した場合において、その者の当該課税期間分の消費税について確定申告書を提出しなければならない場合に該当するときは、その相続人が相続のあったことを知った日の翌日から４月を経過した日の前日までに確定申告書を提出しなければならない（消法45③）。相続人が２人以上あるときについては、上記ウの場合と同様である。

オ　清算中の法人につきその残余財産が確定した場合には、残余財産の確定した日の翌日から１月以内（１月以内に残余財産の最後の分配又は引渡しが行われる場合には、その行われる日まで）に確定申告書を提出しなければならない（消法45④）。

カ　法人税の申告期限の延長の特例（法法75の２）の適用を受ける法人が「消費税申告期限延長届出書」を提出した場合には、その提出をした日の属する事業年度以後の各事業年度終了の日の属する課税期間に係る消費税の確定申告の期限について、その課税期間の末日から３月以内となる（消法45の２）。

(2)　確定申告書の記載事項

確定申告書には、次の事項を記載しなければならない（消法45①、消規22①）。

①　その課税期間中に国内において行った課税資産の譲渡等（消費税が免除されるものを除く。）に係る税率の異なるごとに区分した課税標準である金額の合計額及びその課税期間中に行った特定課税仕入れに係る課税標準である金額の合計額

②　税率の異なるごとに区分した課税標準に対する消費税額

③　その課税期間中において消費税額から控除されるべき消費税額の合計額

④　上記②に掲げる消費税額から③に掲げる消費税額の合計額を控除した残額に相当する消費税額

⑤　上記②に掲げる消費税額から③に掲げる消費税額の合計額を控除してなお不足額があるときは、その不足額

⑥　中間申告書を提出した事業者である場合には、④に掲げる消費税額から中間納付額を控除した残額に相当する消費税額

⑦　④に掲げる消費税額から中間納付額を控除してなお不足額があるときは、その不足額

⑧　申告者の氏名又は名称、納税地及び個人番号又は法人番号

⑨　当該課税期間の初日及び末日の年月日、その他参考となるべき事項

＊　上記②に掲げる「税率の異なるごとに区分した課税標準額に対する消費税額」は、原則として、税率の異なるごとに標準税率又は軽減税率を乗じて算出した金額を合計する方法により算出した金額となるのであるが、その課税期間中に国内において行った課税資産の譲渡等につき交付した適格請求書又は適格簡易請求書の写しを保存している場合（電磁的記録を保存している場合を含む。）には、当該適格請求書又は当該適格簡易請求書に記載した消費税額等の合計額に100分の78を乗じる方法により算出した金額とすることができる（消基通15－２－１の２）。

(3)　確定申告書の添付書類

消費税の確定申告書には、課税期間中の資産の譲渡等の対価の額及び課税仕入れ等の税額の明細その他の事項を記載した書類を添付しなければならない（消法45⑤）。添付書類の具体的な記載内容は、簡易課税制度を適用する場合と適用しない場合で異なる（消規22②～④）。

ア　簡易課税制度を適用しないで一般用申告書を使用して申告する場合

①　資産の譲渡等の対価の額の合計額の計算に関する明細

②　課税仕入れ等の税額の合計額の計算に関する明細

③　仕入れに係る消費税額の計算に関する明細

④　消費税の還付申告に関する明細書

⑤　その他参考となるべき事項

イ　簡易課税制度を適用して簡易課税用申告書を使用して申告する場合

①　課税標準額に対する消費税額の計算に関する明細

②　仕入れに係る消費税額の計算に関する明細

③　その他参考となるべき事項

⑷　還付申告

課税事業者であっても、その課税期間において、国内における課税資産の譲渡等がない場合又は課税資産の譲渡等のすべてが輸出免税の対象となる場合において、かつ、納付すべき消費税額等がないときには、申告義務がないが（消法45①ただし書）、次の場合に該当するときは、還付申告書を提出することができる（消法46①）。

①　仕入れに係る消費税額等の控除不足があるとき

＊　控除不足還付税額のある還付申告書を提出する場合は、「消費税の還付申告に関する明細書」を添付しなければならない（消規22③）。消費税の仕組みを悪用した不正還付の事例に対応するためである。

②　中間納付額の控除不足額があるとき

なお、個人事業者が課税期間の中途において死亡した場合において、その者の当該課税期間分の消費税について還付申告書を提出することができる場合に該当するときは、その相続人が還付申告書を提出することができる（消法46②）。

⑸　電子情報処理組織（e-Tax）による申告

特定法人である事業者（免税事業者を除く。）は、原則として、中間申告書、確定申告書、還付申告書及び修正申告書に記載すべきものとされている事項又はその申告書に添付すべきものとされている書類に記載すべきものとされている事項について、電子情報処理組織を使用する方法により行わなければならない（消法46の２①）。

特定法人とは、次の法人をいう（消法46の２②）。

①　当該事業年度開始の時における資本金の額又は出資の金額等が１億円を超える法人

②　相互会社

③　投資法人

④　特定目的会社

⑤　国又は地方公共団体

＊　消費税の申告は、事業者の選択により、電子情報処理組織（e-Tax）を使用する方法により行うことができる（国税関係法令に係る行政手続等における情報通信の技術の利用に関する省令３～６）。

(6)　輸入取引に係る申告

申告納税方式が適用される課税貨物を保税地域から引き取ろうとする者は、原則として、次の事項を記載した輸入申告書を税関長に提出しなければならない（消法47①）。

①　引取りに係る課税貨物の品名並びに品名ごとの数量及び課税標準である金額

②　課税標準額に対する消費税額

③　その他財務省令で定める事項

なお、関税法７条の２第２項に規定する特例申告を行う場合には、課税貨物の引取りの日の属する月の翌月末日までに申告しなければならない（消法47③）。

＊　関税法では、申告納税方式が適用される貨物を輸入しようとする者は、税関長に対し、当該貨物に係る課税標準及び税額その他必要な事項を記載した確定申告書を提出しなければならないが（同法７①②)、貨物を輸入しようとする者であって、あらかじめ税関長の承認を受けた者（特例輸入者）については、当該貨物に係る課税標準及び税額その他必要な事項を記載した申告書（特例申告書）を税関長に提出することによって、関税の納付に関する申告を行うことができる（同法７の２①)。この特例申告書は許可の日の属する月の翌月末日までに提出することとされている（同法７の２②)。

5　消費税の納付と還付

(1)　納　付

ア　中間申告による納付

中間申告書を提出した事業者は、その申告書の提出期限までに、その申告書に記載した納付すべき消費税額を納付しなければならない（消法48)。中間申告書の提出があったものとみなされる事業者も同様である（消基通15-1-7)。

＊　消費税に相当する金銭に納付書を添えて、これを日本銀行（国税の収納を行う代理店を含む。）又はその収納を行う税務署の職員に納付する（通則法34①)。

＊　個人事業者に係る消費税等は、指定した金融機関の預貯金口座からの振替納税が利用できるほか、インターネット上のクレジットカードでの納付やダイレクト納付もある。

イ　確定申告による納付

確定申告書を提出した事業者は、法定納期限までに、その申告書に記載した納付すべき消費税額を金融機関等で納付しなければならない（消法49)。

なお、修正申告書を提出した事業者は、その修正申告により増加した所得税額について、当該修正申告書を提出した日までに納付しなければならない（通則法35②)。

＊　消費税等の全部又は一部を法定納期限内に納付しない場合には、未納税額を課税標準として延滞税が課される（通則法60①)。延滞税の額は、国税の法定納期限の翌日からその国税を完納する日までの期間に応じ、未納の税額に延滞税特例基準割合（銀行の貸出約定平均金利（新規・短期）＋1％）と年7.3％のいずれか低い割合を乗じて計算した額である。ただし、その割合は、納期限までの間又は納期限の翌日から2月を経過する日までの期間については、延滞税特例基準割合＋1％と年7.3％のいずれか低い割

合を適用する（通則法60②、措法94①）。

（参考）延滞税の割合

期　間	納期限の翌日から２月を経過する日まで	納期限の翌日から２月を経過する日の翌月以後
令和３.１.１～12.31	2.5％	8.8％
令和４.１.１～12.31	2.4％	8.7％
令和５.１.１～12.31	2.4％	8.7％

＊　電子情報処理組織を使用する方法（e-Tax）により行われる期限内申告等と併せてダイレクト納付の手続が法定納期限に行われた場合（その税額が１億円以下である場合に限る。）において、法定納期限の翌日にその納付がされたときは、法定納期限に納付があったものとみなして、延滞税等に関する規定が適用される（通則法34②）。令和６年４月１日以後に行うダイレクト納付の手続について適用される。

ウ　輸入取引に係る納付

申告納税方式が適用される課税貨物の引取りに係る課税標準等の申告書を提出した者は、その申告に係る課税貨物を保税地域から引き取る時までに、その申告に係る消費税額等を納付しなければならない（消法50①）。担保を提供したときには、最長３月間の納期限の延長が認められる（消法51①）。また、関税法７条の２第２項に規定する特例申告を行う場合にあっては、その特例申告書の提出期限までに、その申告に係る消費税額等を納付しなければならない（消法50①）。この場合において、担保を提供したときには、最長２月間の納期限の延長が認められる（消法51③）。

⑵　納税の猶予

消費税等は、法定の納期限までに自主的に納付すべきであり、この納期限を経過しても納付がされない場合には、督促を経て滞納処分が行われることになるが、例えば、災害や事業の休廃業などの特殊な事情が生じたために、納税者がその消費税等を一度に納付することができない場合には、「納税の猶予」という制度が設けられている（通則法46①～③）。

ア　災害により損失を受けた場合の納税の猶予

震災、風水害、落雷、火災その他これらに類する災害により納税者がその財産につき相当な損失を受けた場合は、納税者の申請（災害がやんだ日から起算して2月以内）に基づき、被害にあった財産の損失の状況及び当該財産の種類を勘案して納税を猶予することができる（通則法46①）。猶予の対象となる消費税は、①その災害のやんだ日以前に課税期間が経過した課税資産の譲渡等に係る消費税で、その納期限がその損失を受けた日以後に到来するもののうち、その申請の日以前に納付すべき税額の確定したもの（通則法46①二）、②中間申告の消費税で、その納期限がその損失を受けた日以後に到来するもの（通則法46①三、通則令14②）である。

＊「相当な損失」とは、災害による損失の額が納税者の全積極財産の価額に占める割合がおおむね20％以上の場合をいう（通則法基本通達徴収部関係46－2）。

イ　一般的な納税の猶予

次のいずれかに該当する事実に基づき、納税者がその国税を一時に納付することができないと認められるときは、その納付することができないと認められる金額を限度として、納税者の申請に基づき、1年以内の期間に限り、その納税を猶予することができる（通則法46②）。

①　納税者の財産が震災、風水害、落雷、火災その他の災害を受け、又は盗難にかかったこと。

②　納税者又はその者と生計を一にする親族が病気にかかり、又は負傷したこと。

③　納税者がその事業を廃止し、又は休止したこと。

④　納税者がその事業につき著しい損失を受けたこと。

⑤　上記①から④までの事実に類する事実があったこと。

なお、猶予にかかる税額が100万円以下である場合、その猶予の期間が

３月以内の場合又は担保を徴することができない特別の事情がある場合を除き、その猶予に係る金額に相当する担保を提供しなければならない（通則法46⑤）。次のウの場合も同様である。

ウ　確定手続等が遅延した場合の納税の猶予

法定申告期限から１年を経過した日以後に納付すべき税額が確定した場合において、納税者がその確定した部分の税額を一時に納付することができない理由があると認められる場合には、その納付することができないと認められる金額を限度として、その国税の納期限内にされたその者の申請（税務署長等においてやむを得ない理由があると認める場合には、その国税の納期限後にされた申請を含む。）に基づき、その納期限から１年以内の期間に限り、その納税を猶予することができる（通則法46③）。

裁判例の紹介㊳

消費税の事業者がその事業につき著しい損失を受けていたとして、納税の猶予の不許可処分が取り消された事例

（名古屋地裁平成25年４月26日判決・裁判所HP「行集」〔確定〕）

〔事案の概要〕

1　鉄工業を営むＸ（原告）は、平成21年３月30日、平成19年分の消費税等のうち既に納付した24万4,600円を控除した14万円及び平成20年分の消費税等37万300円の合計51万300円について、平成21年４月１日を始期とする納税の猶予の申請をしたところ、Ｙ（税務署長、被告は国）は、平成21年７月８日、その申請を不許可とする処分をした。そこで、Ｘは、納税の猶予の不許可処分の取消しを求めて、不服申立手続を経た上で本訴を提起した。

2　本件猶予申請書には、納税の猶予を受けようとする理由として、「国税通則法46条２項４、５号に該当し、やむを得ない事由により売上げの減少のため平成20年12月から利益が半減ないし赤字のため」と記載されていたが、Ｘは、本件訴訟を提起した後、Ｙ職員に対し、売上及び経費に関する帳簿及び原資料（領収書、預金通帳、出金伝票等）を提示し、同職員の確認を受けた上、これを踏まえて納付能力調査表を本件訴訟の証拠として提出した。これらの証拠により、Ｘの平成19年11月から平成20年３月までの利益金額が86万7,282円、同年11月から平成21年３月までの損失金額が181万1,734円であり、国税通則法（以下「通則法」という。）46条２項４号に該当する事実が存在することにつき、ＸとＹとの間で争いがなくなった。

〔争点〕

納税の猶予を不許可とした処分は、裁量権の範囲を逸脱し又はこれを濫用した違法なものであるか否か。

〔判決の要旨〕

1　納税の猶予制度の趣旨や通則法46条２項の定める納税猶予の要件等に鑑みると、同項は、納税の猶予の申請をした納税者に納税の猶予を許可するか否かを税務署長等の裁量的判断に委ねていると解するのが相当であるから、納税の猶予を許可しない処分が違法と評価されるのは、当該処分をした税務署長等の判断に、裁量権の範囲の逸脱又はその濫用があると認められる場合に限られるというべきである。納税の猶予の許否については、税務署長等の裁量的判断に委ねられているものであるけれども、納税者間の負担の公平を図り、税務行政の適正妥当な執行を確保するためには、一定の基準ないし運用方針に基づいて、納税の猶予の許否の判断がされることが望ましいところであり、昭和

51年6月3日付け徴徴3―2ほか「納税の猶予等の取扱要領の制定について」通達（以下「猶予取扱要領」という。）は、このような趣旨の下に定められたものと解され、その趣旨に鑑みると、猶予取扱要領の定めが合理性を有するものである場合には、納税の猶予の許否に関する税務署長等の判断がその定めに従っている限り、その判断は、裁量権の範囲の逸脱又はその濫用があるとの評価を受けることはないというべきである。

2　猶予取扱要領2章1節1⑶ニ(イ)は、通則法46条2項4号にいう「事業につき著しい損失を受けた」とは、調査期間の損益計算において、調査期間の直前1年間である基準期間の利益金額の2分の1を超えて損失が生じていると認められる場合（基準期間において損失が生じている場合には、調査期間の損失金額が基準期間の損失金額を超えているとき）をいうものとする旨定めている。通則法46条2項4号にいう「損失」とは、その文理に照らし、事業に係る損益計算において損失（いわゆる赤字）が生じていることを意味するものと解されるところ、同項の納税の猶予の制度が納税者に対する例外的な救済措置であることや、同号が単なる損失ではなく「著しい損失」と限定していることに加え、同項5号が「前各号の一に該当する事実に類する事実」と規定しており、同項1号ないし4号に該当しない場合でも同項5号に該当する余地が残されていることを考慮すれば、猶予取扱要領が上記のような数値的な基準をもって同項4号該当性を判断することとしていることは、合理性を有するものということができる。猶予取扱要領第2章第1節1⑶ヘ(ロ)及び(ハ)には、納税者が売上げの減少の影響を受けたことが掲げられているが、これらは、「事業の休廃止又は事業上の著しい損失に類する事実」として掲げられたものであるから、そこでいう「売上げの減少」とは、単に従前に比べて売上げが減少したというだけでは足りず、事業の休廃止若しくは事業上の著しい損失があったのと同視できるか又はこれに準ずるような重大な売上げの減少があったことをいうものと解するのが相当である。また、このような売上げの減少があったか否かは、事柄の性質上、一定の期間を設けて判断するのが相当であるところ、猶予取扱要領が「事業につき著しい損失を受けた」といえるかどうかを判断する際に用いている調査期間（納税の猶予の始期の前日前１年間）及び基準期間（調査期間の直前の１年間）という期間設定の方法は、上記のような売上げの減少があったか否かを判断する上でも適切なものであり、基本的には、これによって判断するのが相当である。

3　以上説示したとおり、通則法46条２項４号及び５号該当事実に関する猶予取扱要領の定めは、合理性を有するものと認められるところ、Ｘについては、平成20年11月に損失原因が発生したものであり、平成20年11月から平成21年３月までの修正調査期間の損益計算において平成19年11月から平成20年３月までの修正基準期間の利益金額86万7,282円の２分の１を超えて、181万1,734円の損失が生じたものであるから、Ｘは、その事業につき著しい損失を受けたと認められ、通則法46条２項４号の猶予該当事実があったというほかはない。そして、Ｘは、①通則法46条２項４号に該当する事実に基づき、②納付すべき国税51万300円を一時に納付することができなかったと認められ、③納税の猶予の申請書を提出しており、④同条１項の規定（相当な損失を受けた場合の納税の猶予）の適用を受ける場合でなく、⑤担保の提供はなかったが、納付すべき国税は50万円（同条５項ただし書参照）を僅か１万300円超えるものであるところ、その担保に供すべき財産を有しておらず、担保を徴することができない特別の事情（同項ただし書）があるといえるから、納税の猶予の要件を満たすというべきである。

〔コメント〕

税務署長が納税の猶予をするとき又は猶予を認めないときは、その旨を納税者に通知しなければならない（通則法47①②）。本件は、消費税の事業者（納税者）からの納税の猶予申請に対し、Yがこれを認めないとする処分（不許可処分）したことから、その適否が争われたものである。本判決は、猶予取扱要領の定めに合理性を認めた上で、「税務署長等の判断が当該基準に合致しないときは、当該基準によらないことについて合理的な理由がない限り、裁量権の範囲の逸脱があると評価することが相当である。」と説示して、本件不許可処分は相当でないと結論づけている。もっとも、Xについての猶予該当事実は、本件訴訟が相当程度進行した段階で提示・提出した証拠により認定できるに至ったものであることから、Yは、「処分時までに納税者から提出された資料の範囲内で納税の猶予の許否を判断すれば足りる」旨の主張をしたのであるが、本判決は、「納税の猶予制度に関し、納税者自身の積極的な資料提出が要請されていたり、国税徴収法141条に規定されているような質問検査権がないとしても、それのみでは、処分の取消訴訟における判断資料が処分時までに納税者から提出された資料に限定されることには当然には結び付かない」旨を説示してYの主張を排斥している。

なお、本判決では、Xのほか、料理飲食業を営むX_2及び家電小売業を営むX_3に対する不許可処分の適否も争点となっているが、これらに対するYの判断は、猶予取扱要領の定めに従ってされたものであり、裁量権の範囲の逸脱又はその濫用があるということはできないと判断し請求を棄却している。

＊　平成26年度の改正により、①納税の猶予申請書には、猶予該当事実を明らかにする書類、財産目録及び収支の状況等を明らかにする書類の添付義務、②納税の猶予の申請に関する調査に係る質問検査権の規定の整備などが行われている（通則法46の２）。

(3) 還　付

ア　仕入れに係る消費税額の控除不足額の還付

確定申告書又は還付申告書の提出があった場合において、その申告書に係る控除対象不足額の記載があるときは、税務署長は、これらの申告書を提出した者に対し、その控除不足額に相当する消費税を還付する（消法52①）。

イ　中間納付税額の還付

中間申告書を提出した者からその中間申告に係る課税期間の確定申告書又は還付申告書の提出があった場合において、これらの申告書に中間納付額に係る控除不足額の記載があるときは、税務署長は、これらの申告書を提出した者に対し、その控除不足額に相当する中間納付額を還付する（消法53①）。

ウ　還付の手続

税務署長は、上記の控除不足額の記載がある申告書の提出があった場合には、その不足額が過大であると認められる場合を除き、遅滞なく、還付又は充当の手続をしなければならない（消法52①、53①、消令64、67）。

＊　消費税法施行令64条にいう「当該不足額が過大であると認められる事由がある場合」とは、還付税額が過大であることが明らかな場合のみならず、還付税額が過大であることを相当程度に疑わせる事情がある場合をも含む（福岡地裁平成19年２月26日判決・訟月54巻３号778頁〔確定〕）。

＊　富山地裁平成17年１月12日判決（裁判所HP「行集」、名古屋高裁金沢支部平成17年10月12日判決（裁判所HP「行集」）は控訴棄却）は、上記の「遅滞なく」の意義につき、「できる限り最も速やかにという意味であって、合理的な理由がある場合にはその限度で還付が遅れることは許容されると解される。税務署長が還付金を速やかに還付すべきであることは当然であるものの、不正還付や誤還付にあたるものまで還付を義務づけられているわけではなく、税務署長は消費税の還付申告書の内容を審査することができるというべきである。消費税法施行令64条、67条は、このことを明確にした規定であると解される。」と判示している。

エ　還付加算金の計算

還付金には、還付加算金が付されるが、その計算の基礎となる期間は、次の掲げる日の翌日からその還付のための支払決定をする日又はその還付金につき充当する日までの期間となる（通則法58①、措法95、消法52②、53③）。

① 期限内申告……提出期限

② 期限後申告……提出があった日の属する月の末日

③ 還付申告……提出があった日の属する月の末日（課税期間の末日の翌日から２月前に提出された場合には、その２月を経過する日）

④ 中間申告……納付の日

（参考）還付加算金の割合

期　間	還付加算金特例基準割合
令和３.１.１～12.31	１％
令和４.１.１～12.31	0.9％
令和５.１.１～12.31	0.9％

6　帳簿の備付け等

ア　事業者（消費税を納める義務が免除される事業者を除く。）は、帳簿を備え付けてこれにその行った資産の譲渡等又は課税仕入れ若しくは課税貨物の保税地域からの引取りに関する事項を整然と、かつ、明瞭に記録し、これをその帳簿の閉鎖の日の属する課税期間の末日の翌日から２月を経過した日から７年間、当該事業者の納税地又はその事業に係る事務所、事業所、その他これらに準ずるものの所在地に保存しなければならない（消法58、消令71①②）。

イ　特例輸入者（アに掲げる事業者で簡易課税制度の適用を受けない者を除く。）は、帳簿を備え付けてこれに課税貨物（特例申請に係る課税貨物に限る。）の保税地域からの引取りに関する事項を整然と、かつ、明瞭に記録し、これをその特例申告貨物の輸入の許可の日の属する月の翌月末日の翌日から

７年間、当該特例輸入者の本店若しくは主たる事務所若しくは当該特例申告貨物の輸入取引に係る事務所、事業所その他これらに準ずるものの所在地又は当該特例輸入者の所在地に保存しなければならない（消法58、消令71③④）。

＊　特例輸入者とは、課税貨物の保税地域からの引取りについて特例申告書を提出する者をいい（消法51①）、特例申告書とは、引取りに係る課税貨物につき特例申告を行う者が提出する申告書をいう（消法２①十八）。

7　税務調査と更正決定等

申告納税制度の下では、納税者自らが法定申告期限までに正しい申告とその申告に基づく税額を納付することを前提としているので、その申告が正しくなかったり申告がなかった場合には、何らかの是正措置が設けられていなければならない。この是正措置が税務調査であり、税務署長の行う更正又は決定である。

(1)　税務調査の意義

租税の賦課に関する調査（税務調査）には、任意調査と強制調査があるが、通常行われる税務調査は前者の任意調査である。任意調査の法的根拠には、税法に基づく税務職員の質問検査権（通則法74の２①）があり、税法は、ゆえなくしてその質問検査権の行使に従わなかった者に対して罰則を科することとしているので（通則法127）、調査を受けるも受けないも任意という意味ではなく、直接強制力を用いて調査することができないというにとどまる。これに対して、強制調査は、国税通則法「第11章」に基づいて行われる調査であって、脱税嫌疑がある場合に、これを犯則事件として追及するために発動されるものである。

＊　最高裁昭和48年７月10日第三小法廷決定（刑集27巻７号1205頁）は、「質問検査権に対しては、相手方はこれを受忍すべき義務を一般的に負い、その履

行を間接的に強制されているものであって、ただ、相手方において、あえて質問検査を受忍しない場合には、それ以上、直接的物理的に右義務を履行し得ないという関係を称して一般に『任意調査』と表現されているものである。」とする。

(2) 税務職員の質問検査権

国税庁、国税局又は税務署の当該職員は、消費税に関する調査について必要があるときは、次に掲げる者に質問し又はその事業に関する帳簿書類その他の物件の提示若しくは提出を求めることができる（通則法74の２①三）。この質問検査権は、正しい申告がされているかどうか等を調査するために認められているものであって、犯罪捜査のために認められたものではない（通則法74の８）。

① 納税義務がある者、納税義務があると認められる者又は還付申告書を提出した者

② 上記①に掲げる者に対し、金銭若しくは資産の譲渡等をする義務があると認められる者又は①に掲げる者から金銭若しくは資産の譲渡等を受ける権利があると認められる者（納税者の取引関係者）

なお、当該職員は、質問に当たってその身分を示す証明書を携帯し、関係人の請求があったときは、これを提示しなければならない（通則法74の13）。

(3) 税務調査の手続

ア 事前通知の実施

納税義務者に対し実地の調査を行う場合には、原則として、調査の対象となる納税義務者及び税務代理人の双方に対し、電話等により、①実地の調査において質問検査等を行う旨、②調査を開始する日時、③質問検査等を行う場所、③調査の目的、④調査対象税目、⑤調査対象期間、⑥調査の対象となる帳簿書類等を事前通知する（通則法74の９①）。

ただし、納税義務者の申告若しくは過去の調査結果の内容又はその営む事業内容に関する情報その他国税庁、国税局又は税務署がその時点で保有する情報に鑑み、①違法又は不当な行為を容易にし、正確な課税標準等又は税額等の把握を困難にするおそれがあると認められる場合、②その他国税に関する調査の適正な遂行に支障を及ぼすおそれがあると認める場合には、事前通知を要しない（通則法74の10）。

イ　提出を受けた帳簿書類等の留置き

国税庁等の当該職員は、調査について必要があるときは、提出された物件を留め置くことができる（通則法74の７）。

ウ　調査結果の通知及び説明

実地の調査の結果、更正決定等をすべきと認められないと判断される税目、課税期間がある場合には、質問検査等の相手方となった納税義務者に対して、当該税目、課税期間について更正決定等をすべきと認められない旨の通知を書面により行う（通則法74の11①）。調査の結果、更正決定等をすべきと認められる非違がある場合には、納税義務者に対し、当該非違の内容等（税目、課税期間、更正決定等をすべきと認める金額、その理由等）について原則として口頭により説明する（通則法74の11②）。

エ　修正申告等の勧奨

国税庁等の当該職員は、納税義務者に対し、更正決定等をすべきと認められる非違の内容を説明した場合において、修正申告又は期限後申告（以下「修正申告等」という。）を勧奨することができる。調査の結果について修正申告等をした場合には、不服申立てをすることはできないが更正の請求をすることはできる旨を説明するとともに、その旨を記載した書面を交付しなければならない（通則法74の11③）。

オ　再調査の実施

更正決定等をすべきと認められない旨の通知をした後又は調査の結果に

つき納税義務者から修正申告書等の提出があった後若しくは更正決定等をした後においても、国税庁等の当該職員は、新たに得られた情報に照らして非違があると認めるときは質問検査等を行うことができる（通則法74の11④）。

(4) 更正決定等

ア 更正決定等の意義

税務署長は、納税申告書の提出があった場合に、その納税申告書に記載された課税標準等又は税額等の計算が国税に関する法律の規定に従っていなかったとき、その他調査したところと異なるときは、その調査に基づき当該申告書に係る課税標準等又は税額等を更正することとし（通則法24）、納税申告書を提出する義務があると認められる者が当該申告書を提出しなかった場合には、その調査に基づき当該申告書に係る課税標準等又は税額等を決定することとしている（通則法25）。また、税務署長が更正又は決定をした後にその更正又は決定をした課税標準等又は税額等が過大又は過少であることを知ったときは、除斥期間（通則法70）にかかるまでは、その調査に基づきその更正又は決定に係る課税標準等又は税額等を更正することができる（再更正、通則法26）。

なお、更正には、①納付すべき税額を増加させ又は純損失等の金額で課税期間に生じたもの若しくは還付金の額相当額を減少させる増額更正と、②納付すべき税額を減少させ又は純損失等の金額で課税期間に生じたもの若しくは還付金の額相当額を増額させる減額更正とがあり、また、税務署長が職権に基づいて行う更正と、納税者の更正の請求に基因して行う更正（この場合は減額更正に限られる。）とがある。

イ 更正決定等の手続

更正決定等は、原則として、その処分を行う際における国税の納税地を所轄する税務署長が行う（通則法30①）。更正決定等は、税務署長が更正通知書又は決定通知書を送達して行い、国税庁又は国税局職員による調査に基づく場合には、その旨が附記される（通則法28①③）。また、更正決定や加算税の賦課決定処分は、すべて理由が附記される（通則法74の14）。

ウ　更正決定等の期間制限

更正決定等には、租税法上の法律関係の安定を図る観点から、期間制限（除斥期間）が設けられており、法定申告期限（還付申告書にあっては、その申告書を提出した日）から５年を経過した日以後は更正決定等ができない（通則法70①）。ただし、偽りその他不正の行為により国税の全部又は一部の税額を免れ、又はその全部又は一部の税額の還付を受けた場合の更正決定の除斥期間は、７年となる（通則法70④）。

8　申告納税制度の違反に対する措置

申告納税制度は、納税者自らが法定の期限までに正しい申告と納税をすることを予定しているから、納税者が申告を怠った場合には、課税庁がこれを是正するための更正又は決定という手続が設けられているが、ただ単に申告が是正されただけでは、適正な申告をした者との間の公平さを保つことができない。そこで、税法では、申告納税義務の違反の態様に応じて各種の加算税を課するとともに、悪質な申告納税義務の違反に対しては罰則を適用することとしている。このうち各種の加算税は、申告納税制度の下で国の歳入を確保する目的で、正当な納税義務の履行者とそうでない者との間の公平負担を図るための行政上の措置であると位置づけられている。加算税には、過少申告加算税、無申告加算税、不納付加算税及び重加算税がある。

なお、納税者が納付すべき国税を法定納期限までに納付しない場合には、①期限内に納付した者との権衡を図る必要があること、②期限内納付を促進する見地等から、遅延利息に相当する延滞税が課される（436頁参照）。

(1) 過少申告加算税

ア 過少申告加算税の計算

期限内申告書（還付請求申告書を含む。）が提出された場合、又は期限後申告書が提出された場合であって期限内申告書の提出がなかったことについて正当な理由があると認められるときなど（無申告加算税が課されない場合）において、修正申告書の提出又は更正があったときは、次の過少申告加算税が課される（通則法65①～③）。

通常の過少申告加算税額

増差税額×10％＝過少申告加算税の額

＊　増差税額は、修正申告又は更正に基づき新たに納付すべき税額である。

申告漏れ割合が大きい場合の過少申告加算税額

（通常分）増差税額×10％＝加算税の額…………①

（加重分）累積増差税額－控除額（期限内申告額相当額と50万円とのいずれか多い額）＝A

A×５％＝加算税の額…………②

①＋②＝過少申告加算税の額

＊　累積増差税額は、今回の修正申告又は更正前において既に修正申告又は更正があるときはこれらの額を加算した額である。

＊　令和４年度の改正では、過少申告加算税制度及び無申告加算税制度ついて、一定の帳簿（その電磁的記録を含む。）に記載すべき事項等に関しその修正申告等又は期限後申告等があった時前に、税務職員から帳簿の提示又は提出を求められ、かつ、次に掲げる場合のいずれかに該当するとき（納税者の責めに帰すべき事由がない場合を除く。）の過少申告加算税の額又は

無申告加算税の額は、通常課される過少申告加算税の額又は無申告加算税の額に修正申告又は期限後申告に係る納付すべき税額（当該帳簿に記載すべき事項等に係るもの以外の事実に基づく税額を控除した税額に限る。）の10％（②に該当する場合には５％）に相当する金額を加算した金額とされる（通則法65④、66⑥）。令和６年１月１日以後に法定申告期限等が到来する国税について適用される（令和４年所法等改正附則20）。

① 帳簿の提示若しくは提出をしなかった場合又は提示等された帳簿に記載すべき事項等のうち、納税申告書の作成の基礎となる重要なものとして一定の事項の記載が著しく不十分である場合

② 提示又は提出がされた帳簿に記載すべき事項等のうち、特定事項の記載が不十分である場合として一定の場合

イ　調査通知を受けて修正申告等を行う場合

実地の調査に際し、納税義務者に対して、①調査を行う旨、②調査対象税目、③調査対象期間の通知（以下「調査通知」という。）があった場合において、その調査通知以後に修正申告書が提出され、かつ、その提出が調査による更正を予知してされたものでない場合には、その申告に基づいて納付すべき税額に５％（期限内申告税額と50万円のいずれか多い額を超える部分は10％）の割合を乗じて計算した金額に相当する過少申告加算税が課される（通則法65①②）。調査通知前、かつ、更正等予知前の修正申告については、過少申告加算税が課されない（通則法65⑥）。

なお、その納付すべき税額の計算の基礎となった事実のうちに、その修正申告又は更正前の税額（還付金の額相当額を含む。）の計算の基礎とされていなかったことについて「正当な理由がある」と認められる場合には、その部分について過少申告加算税が課されない（通則法65⑤）。

＊ 最高裁平成18年４月20日第一小法廷判決（民集60巻４号161頁）は、「通則法65条４項にいう『正当な理由があると認められる』場合とは、真に納税者の責めに帰することのできない客観的な事情があり、過少申告加算税の趣旨に照らしても、なお、納税者に過少申告加算税を賦課することが不当又は酷

になる場合をいうものと解するのが相当である。」と判示している。

＊　水戸地裁平成８年２月28日判決（訟月43巻５号1376頁）、東京高裁平成９年６月30日判決（税資223号1290頁）は控訴棄却〔確定〕は、破産管財人が破産宣告の日において引渡しを受けていない課税仕入れにつき、仕入税額控除を適用して申告したことは「正当な理由」に当たらないと判示している（322頁参照）。

＊　住宅用賃貸部分を含む建物を販売目的で仕入れて、課税仕入れの用途区分を「課税売上対応分」として申告したことは、「正当な理由」がないとする最高裁令和５年３月６日第一小法廷判決がある（354頁参照）。

(2)　無申告加算税

ア　無申告加算税の計算

期限後申告書の提出又は決定があった場合若しくは期限後申告書の提出又は決定があった後に修正申告書の提出又は更正があった場合には、次の無申告加算税が課される（通則法66①～⑤）。

通常の無申告加算税額

期限後申告等の税額×15％＝無申告加算税の額

納付税額が多額となる場合の無申告加算税額

（通常分）期限後申告等の税額×15％＝加算税の額…………①

（加重分）期限後申告等の税額－控除税額（期限後申告等の税額と50万円のいずれか多い額）＝A

A×５％＝加算税の額…………②

①＋②＝無申告加算税の額

短期間に繰り返して無申告等が行われた場合の無申告加算税額

（通常分）期限後申告等の税額×15％＝加算税の額…………①

（加重分）期限後申告等の税額×10％＝加算税の額…………②

①＋②＝無申告加算税の額

＊　期限後申告等があった日の前日から起算して５年前の日までの間に、無申告加算税又は重加算税を課されたことがある場合の無申告加算税額の計算である。

＊　令和５年度の改正では、①納付すべき税額が300万円を超える部分に対する無申告加算税の割合が30％に引き上げられるとともに、②過去に無申告加算税又は重加算税が課されたことがある場合に無申告加算税又は重加算税の割合を10％加重とする措置の対象に、期限後申告等があった場合において、その前年度及び前々年度の国税について、無申告加算税又は重加算税（無申告）を課されたことがあるときが加えられている。令和６年１月１日以後に法定申告期限が到来する国税について適用される（令和５年所法等改正附則１）。

イ　調査通知を受けて期限後申告等を行う場合

調査通知以後に期限後申告書（その修正申告書を含む。）が提出され、かつ、その提出が調査による更正又は決定を予知してされたものでない場合には、その申告に基づいて納付すべき税額に10％（50万円を超える部分は15％）の割合を乗じて計算した金額に相当する無申告加算税が課される（通則法66⑦）。期限後申告書の提出があった場合において、当該国税に係る調査があったことにより決定があるべきことを予知して提出されたものでなく、期限内申告書を提出する意思があったと認められる一定の場合に該当してされたものであり、かつ、当該期限後申告書が法定申告期限から１月を経過する日までに提出された場合には、無申告加算税が課されない（通則法66⑧）。

なお、期限内申告書の提出がなかったことについて「正当な理由」があると認められる場合には、無申告加算税が課されない（通則法66①ただし書）。

裁判例の紹介⑲

消費税の全額に相当する金額を法定納期限内に納付し、法定申告期限後に納税申告書を提出した場合であっても、無申告加算税が課されるとされた事例

（大阪地裁平成17年９月16日判決・裁判所HP「行集」〔確定〕）

〔事案の概要〕

1　X（原告）の本件課税期間（平14.4.1～平15.3.31）に係る消費税等の法定申告期限及び法定納期限は、同年６月２日であるところ、Xは、本件課税期間の消費税等につき、同日、指定金融機関に対し、納付書を添えてを納付した。

2　平成15年６月12日、所轄税務署の職員がXの従業員に対し、本件課税期間の消費税等に係る申告書の提出の確認を行ったところ、Xが同申告書の提出を失念していたことが判明した。Xは、同月13日、Y（税務署長、被告は国）に対し、本件課税期間の消費税等について、確定申告書を提出した。

3　Yは、本件納付書の記載内容から、本件納付を本件課税期間に係る消費税等の予納として扱い、本件申告書の提出により確定した上記消費税等の税額に充当した上で、本件申告書の提出をもって、国税通則法66条１項１号及び３項により、期限後申告書の自発的な提出に当たるものとして、平成15年９月30日、Xに対し、本件課税期間の消費税等に係る無申告加算税として12億3,892万円余の賦課決定（本件処分）

をした。

〔争点〕

納付書の提出等を「瑕疵ある申告」とみなし、期限後申告書の提出によって瑕疵が治癒したものといえるか否か。

〔判決の要旨〕

1　消費税等のように申告納税方式により納付すべき税額が確定するものとされている国税等については、納税義務者によって法定申告期限内に適正な申告が自主的にされることが納税義務の適正かつ円滑な履行に資し、税務行政の公正な運営を図る上での大前提となるのであり、納税申告書を法定申告期限内に提出することは、正に申告納税方式による国税等の納税手続の根幹を成す納税義務者の重要な行為であるといわなければならない。そのため、このような納税申告書の期限内提出の重要性にかんがみて、通則法は、納付すべき税額の確定のための納税申告書の期限内提出という納税義務者に課された税法上の義務の不履行に対する一種の行政上の制裁として、納付すべき税額をその法定納期限までに完納すると否とにかかわりなく、無申告加算税を課すこととしているものと解されるのである。以上の諸点にかんがみれば、たとい本件課税期間に係る消費税等の全額に相当する金額が本件納付書を添えてその法定納期限までに収納機関に納付（本件納付）された上、法定申告期限のわずか11日後に本件申告書が提出されているとしても、法定申告期限内に提出すべきものとされている納税申告書と見ることはおよそできない本件納付書の提出及び本件納付書の提出を受けて予納として扱われたにすぎない本件納付をもって「瑕疵ある申告」とみなした上、法定申告期限後に本件申告書が提出されたことをもって上記「瑕疵」が治癒したものと解することは、申告納税方式により納付すべき税額が確定するものとされている国税等の納税手続における納税義務者による法定申告期限内の納税申告書の提出の重要性をないがしろにし、申告納税制度を定めた法の趣旨を没却するものというべきである。以上から、本件納付書の提出及び本件納付を「瑕疵ある申告」とし、期限後申告書（本件申告書）の提出によって同瑕疵が治癒したものとして、本件は「無申告」には該当しないとするXの主張は理由がない。

2　通則法66条1項ただし書は、期限内申告書の提出がなかったことについて正当な理由があると認められる場合には、無申告加算税を課さない旨規定しているが、納税申告書を期限内に提出しなかった場合に無申告加算税を課すものとしている法の趣旨にかんがみれば、同項ただし書にいう「正当な理由」とは、期限内申告書の提出をしなかったことについて納税者の責めに帰すべき事由がなく、上記のような制裁を課すことが不当と評価されるような場合をいうものと解するのが相当である。これを本件についてみるに、Xは、本件課税期間の消費税等の法定申告期限及び法定納期限が平成15年6月2日であったことから、同日、本件納付書を添えて、本件納付書記載の金額合計247億7,850万円余を納付（本件納付）したものの、上記法定申告期限までに納税申告書の提出をしなかったものであり、同月11日に所轄税務署の職員がXの従業員に対し、本件課税期間の消費税等に係る申告書の提出の確認を行ったところ、Xが同申告書の提出を失念していたことが判明し、Xは同月13日本件申告書を提出したものである。以上の事実経過に照らせば、Xが本件課税期間に係る消費税等についてその法定申告期限内に納税申告書（期限内申告書）を提出しなかったのは、Xが同申告書の提出を失念していたということに尽きるのであって、これは納税者であるXの責めに帰すべき事由に基づくものにほかならず、このように失念して期限内に納税申告書を提出しなかったXに対し行政制裁として無申告加算税を課すことは、法の趣旨に照らして何ら不当と評価されるものではない。

〔コメント〕

Xは、本訴において、納付書の提出と納付をもって「瑕疵ある申告」とみなすことができ、かつ、期限後申告書の提出によって同瑕疵が治癒したものといい得るから、「無申告」には該当しない旨主張したが、本判決は、「納付書は、国税を納付する場合に、国税の納付の手続の履行を書面により明らかにするため、納付すべき税額に相当する金銭に添えて、日本銀行等に提出する書面であって、年度、税目、納付の目的及び税額等が記載されるものであり、納税申告書とは、その機能及び法的効果が全く異なるものであるから、納付書をもって納税申告書とみることは到底できない。」と説示して、Xの主張を排斥するとともに、Xは、納税申告書の提出を失念していたのであるから、期限内申告書の提出がなかったことについて正当な理由があると認めることはできないと断じている。

なお、本判決後、平成18年度の税制改正において、確定申告書が法定申告期限から2週間以内に提出され、その申告に係る納付すべき税額の全額が法定納期限までに納付されている場合には、その申告が調査があったことにより決定等があるべきことを予知されたものではなく、期限内申告書を提出する意思等があったと認められるときに限り、無申告加算税は課されないこととする立法措置が講じられている（通則法66⑥、通則令27の2①）。

＊　東京地裁平成19年5月11日判決（税資257号順号10709）、東京高裁平成19年11月8日判決（税資257号順号10819）は控訴棄却、最高裁平成20年3月21日第二小法廷決定（税資258号順号10923は上告棄却）は、平成18年度の改正趣旨について、「近年、納付すべき税額は法定納期限内に全額納付していたにもかかわらず、申告書については、事務的な手違いで数日後に税務署に提出されるという事例が見受けられるところ、このような事例においては、従来、「正当な理由」があるとは認められず、無申告加算税が課されていたが、無申告加算税制度の趣旨に照らすと、期限内

申告書を提出する意思があったと認められる場合で、かつ、法定申告期限後速やかに申告書が提出されたような場合にまで、行政上の制裁を課すこととなれば、誠実な納税者の適正な申告納税の意欲をそぐ結果ともなりかねないことから、「正当な理由」とは別に、特例として、無申告加算税は課さないこととする無申告加算税の不適用制度が創設されたものと認めるのが相当である。」と判示している。

裁判例の紹介⑦⓪

税務署職員から基準期間の課税売上高が1,000万円を超えていることを指摘されて確定申告書を提出した場合には、「調査により決定を予知」した申告に当たるとされた事例

（東京地裁平成25年２月19日判決・税資263号順号12151）

（東京高裁平成25年８月28日判決・税資263号順号12278は控訴棄却）

（最高裁平成26年１月28日第三小法廷決定・税資264号順号12440は上告棄却）

〔事案の概要〕

1　弁護士であるＸ（原告・控訴人・上告人）は、所轄税務署の職員から、平成22年５月17日付けの「所得税の確定申告書・消費税及び地方消費税の確定申告書の提出状況についてのお尋ね」と題する書面により、平成21課税期間の消費税等の確定申告書を提出したか否かの確認及びその回答を依頼された。そこで、Ｘは、お尋ね文書の回答欄に「消費税は平成19年度が売上1,000万円未満なので非課税」と記載してこれを返送し、回答した。担当職員は、①平成19年分の所得税の確定申告書には事業所得の総収入金額が1,336万円と記載されていること、②同年分の収支内訳書（一般用）及び同付表《弁護士用》によれば、平成19課税期間の消費税等の課税売上高も同額であって1,000万円を超えていることから、Ｘが、平成21課税期間において、免税事業者に該当しないと判断した。また、担当職員は、Ｘが提出した上記回答書の職業欄に「弁護士」と記載され、Ｘからは「事業廃止届出書」等の提出はなく、内部資料によればＸは平成20課税期間の消費税等につき５万7,100円として確定申告書を提出していたことなどから、Ｘには、平成21課税期間についても当然に弁護士報酬等の「国内における課税資産の譲渡等」があると推認し、平成21課税期間についても、休業等の特別の事情がない限り、納付すべき税額があることが見込まれると判断した。

2　Ｘは、平成22年９月17日に担当職員と電話で話し、平成21課税期間の消費税等の確定申告書を提出していないことは分かっているが、消費税等は平成19課税期間の課税売上高が1,000万円以下であると記憶しており、平成21課税期間の消費税等の確定申告書を提出する必要がないなどと述べた。これに対し、担当職員は、平成19年分の所得税の確定申告書では、事業所得に係る総収入金額が1,000万円を超えていることから、消費税等の平成19課税期間の課税売上高が1,000万円を超えていると思われるので、同確定申告書控を確認してほしいとＸに告げた。

3　Ｘは、平成22年11月４日、平成21課税期間の消費税等の確定申告書（以下「本件期限後申告書」という。）等をＹ（処分行政庁）に提出したところ、Ｙは、Ｘに対し、平成22年12月24日付けで無申告加算税の賦課決定処分をした。

〔争点〕

期限後申告書の提出がその申告に係る国税についての「調査があったことにより当該国税について決定があるべきことを予知してされたもの

でないとき」という要件に該当するか否か。

〔判決の要旨〕

1　認定事実によれば、担当職員は、XがYに提出していた平成19年分の所得税の確定申告書に添付された平成19年分収支内訳書（一般用）及び同付表《弁護士用》に基づき、Xが法定申告期限までに平成21課税期間の消費税等の確定申告書をYに提出する義務を負っており、Xが提出した回答書の記載や平成21年分の所得税の確定申告書の記載等から、Xには、平成21課税期間についても、休業等の特別の事情がない限り、納付すべき税額があることが見込まれると判断し、平成22年9月17日に、Xに対し、平成19年分の所得税の確定申告書によれば、消費税等の平成19課税期間の課税売上高が1,000万円を超えていると思われるので、同確定申告書控を確認してほしい旨Xに電話で告げたことが認められ、これらの担当職員の内部資料調査やXに対する確認の促しは、課税庁が行う課税標準等又は税額等を認定するに至る一連の判断過程の一部分にほかならず、国税通則法66条5項に規定する「調査」に該当し、担当職員は、遅くとも平成22年9月17日までには、本件期限後申告書による申告に係る平成21課税期間の消費税等についての調査に着手して無申告が不適正であることを発見するに足るかあるいはその端緒となる資料を発見していたと認められる。

2　そして、上記認定事実によれば、担当職員は、遅くとも平成22年9月17日までには、Xについて、消費税等の平成19課税期間の課税売上高が1,000万円を超えていることを示す資料を発見しており、また、Xには、平成21課税期間について、休業等の特別の事情がない限り納付すべき消費税等があることが見込まれると判断していたのであって、その後の調査が進行すればやがて決定がされるであろうということが判明しており、担当職員が、Xに対し、平成22年9月17日に平成19年課税期間の課税売上高が1,000万円を超えていることを電話で指摘して、Xの認識の誤りを正したことを契機として、Xは、平成21課税期間の消費税等の確定申告書をYに提出する義務を負っていることを認識するに至ったと認められる。したがって、Xは、その後の調査が進行すればやがて決定がされるであろうということを認識した上で期限後申告することを決意して、平成22年11月4日に至り本件期限後申告書を提出したものであると認められる。以上によれば、本件期限後申告書の提出は、国税通則法66条5項に規定する「その提出が、その申告に係る国税についての調査があったことにより当該国税について決定があるべきことを予知してされたものでないとき」という要件に該当するものとは認められない。

〔コメント〕

自発的な是正申告があった場合には、過少申告加算税が課されないし（通則法65⑤）、無申告加算税は軽減される（通則法66⑥）。その意義については、①納税者に対する具体的調査により、申告不足額が発見された後の修正申告書の提出でないことをいうとする説、②課税庁の調査着手後にされた修正申告書の提出でないことをいうとする説、③課税庁の調査着手後、申告額が不適正であることの端緒となる資料が発見された後にされた修正申告書の提出でないことをいうとする説があるが、本判決は③説の見解に立っている。

国税庁の事務運営指針は、「事業者に対する臨場調査、その事業者の取引先に対する反面調査又はその事業者の申告書の内容を検討した上での非違事項の指摘等により、当該事業者が具体的な調査があったことを了知したと認められた後に修正申告書が提出された場合の当該修正申告書は、原則として、更正があるべきことを予知してされたものに該当する。」（無申告加算税の軽減の場合の決定等の予知についても準用）としている。本件は、基準期間の課税売上高が1,000万円を超えていると指摘された後の期限後申告であるから、決定処分を予知してされたものといえよう。

＊　東京地裁平成24年９月25日判決・判時2181号77頁〔確定〕は、機械及び装置の増加償却の特例の適用要件である「増加償却の届出書」の提出を行っていなかったにも関わらず、増加償却の適用をして法人税額を算出した上で、法人税の確定申告書を提出していたところ、法人税調査の実施中に、修正申告をした事案につき、次のとおり判示して、過少申告加算税を取り消している。すなわち、国税通則法65条１項及び同条５項の趣旨や文言に照らすと、同項にいう「その申告に係る国税について調査があったことにより当該国税について更正があるべきことを予知してされたものでないとき」とは、税務職員が申告に係る国税について調査に着手し、その申告が不適正であることを発見するに足るかあるいはその端緒となる資料を発見し、これによりその後の調査が進行しその申告が不適正で申告漏れの存することが発覚し更正に至るであろうということが客観的に相当程度の確実性をもって認められる段階（いわゆる「客観的確実時期」に達した後に、納税者がやがて更正に至るべきことを認識した上で修正申告を決意し修正申告書を提出したものでないことをいうものと解するのが相当である（いわゆる客観的確実性説という。)。

⑶　重加算税

ア　重加算税の計算

重加算税には、申告納税方式による国税に係るものと源泉徴収等による国税に係るものとがある。申告納税方式による国税に係る重加算税は、納税者がその国税の課税標準等又は税額等の計算の基礎となる事実の全部若しくは一部を隠蔽又は仮装し、その隠蔽又は仮装したところに基づいているときに、過少申告加算税又は無申告加算税に代えて次の金額が課される（通則法68①②)。

過少申告加算税に代えて課される重加算税額

増差本税×35％＝重加算税の額

無申告加算税に代えて課される重加算税額

期限後申告等の税額×40％＝重加算税の額

なお、短期間（５年間）に繰り返して隠蔽・仮装が行われていると、重加算税の割合が10％加算される（通則法68④）。

イ　重加算税の適用除外

過少申告加算税については、納税者に隠蔽又は仮装の事実があっても、調査による更正を予知しないで自発的に修正申告書の提出をした場合には、過少申告加算税が課されないか又は軽減されるが、この場合には重加算税も課されない（通則法68①かっこ書）。同様に、無申告加算税についても、これらの税が課されない場合及び軽減される場合には、重加算税は課されない（通則法68②かっこ書）。

裁判例の紹介㊆

内容虚偽の還付申告書を提出したことは重加算税の賦課要件を充足しているとされた事例

（大阪高裁平成16年９月29日判決･判タ1185号176頁）

〔事案の概要〕及び〔争点〕

本書11頁参照。

〔判決の要旨〕

1　国税通則法15条13号において、過少申告加算税、不納付加算税、重加算税の成立時期が規定されており、同法施行令５条12号によれば、「還付請求申告書に係る過少申告加算税又は重加算税については、当該還付請求申告書の提出の時」と規定されていることからも、還付申告に対し、過少申告加算税や重加算税を課すことができることを前提にしているといえる。

2　本件還付申告書は、訴外Ａ社に帰属する本件輸出取引をＸ（原告・控訴人）に帰属すると仮装した内容であること、Ｘは、Ａ社の代表者であるＢからその申告書記載の内容について事前に説明を受け、内容が虚偽であることを認識した上でこれらの書類の一部に署名・押印し、所轄税務署長に提出したこと、本件還付申告書の提出に先駆け、個人事業の開業等の届出書を作成・提出することにより、自己が個人事業者であることを装い、もって、本件還付申告を含む消費税の申告手続等を行い得るようにしたこと、同様に、本件還付申告書の提出に先駆け、消費税課税事業者選択届出書及び消費税課税期間特例選択届出書も作成・提出することにより、内容虚偽の本件還付申告書が提出できるようにしたことが認められ、これらの事実によれば、内容虚偽の本件還付申告書があたかも正当なものであるかのように体裁を整えたものというべきであり、国税通則法68条１項の「納税者が、その国税の課税標準等又は税額等の計算の基礎となるべき事実の全部又は一部を隠ぺいし、又は仮装し、その隠ぺいし、又は仮装したところに基づき納税申告書を提出していること」の要件を充足することは明らかである。

〔コメント〕

国税通則法68条１項は、「納税者がその国税の課税標準等又は税額等の計算の基礎となる事実の全部又は一部を隠蔽又は仮装し、その隠蔽又は仮装したところに基づき納税申告書を提出していたとき」は、重加算税を課することと規定している。本判決は、Ａ社の従業員であるＸが提出した還付申告書につき、内容虚偽の申告書をあたかも正当なものであるかのように体裁を整えたものというべきであるから、重加算税の賦課は適法であると判示している。最高裁平成7年4月28日第二小法廷判決（民集49巻4号1193頁）では、「重加算税を課するためには、納税者のした過少申告行為そのものが隠ぺい、仮装に当たるというだけでは足りず、過少申告行為そのものとは別に、隠ぺい、仮装と評価すべき行為が存在し、これに併せた過少申告がされたことを要するものである。しかし、重加算税制度の趣旨にかんがみれば、架空名義の利用や資料の隠匿等の積極的な行為が存在したことまでを必要であると解するのは相当でなく、納税者が、当初から所得を過少に申告することを意図し、その意図を外部からもうかがい得る特段の行動をした上、その意図に基づく過少申告行為をしたような場合には、重加算税の賦課要件が満たされるものと解すべきである。」旨判示している。

＊　最高裁昭和62年5月8日第二小法廷判決（訟月33巻1号149頁・集民151号35頁）では、「重加算税は、各種の加算税を課するべき納税義務違反が事実の隠ぺい又は仮装という不正の方法に基づいて行われた場合に、違反者に対して課される行政上の措置であって、故意に納税義務違反を犯したことに対する制裁ではないから、重加算税を課し得るためには、納税者が故意に課税標準等又は税額等の計算の基礎となる事実の全部又は一部を隠ぺい又は仮装し、その隠ぺい、仮装行為を原因として過少申告の結果が発生したものであれば足り、それ以上に申告に際し、納税者において過少申告を行うことの認識を有していることまでを必要とするものではないと解するのが相当である。」旨判示している。

＊　輸出免税取引に係る還付申告につき、重加算税の賦課決定処分が適法であるとした裁判例については、11頁及び206頁を参照されたい

9　不服申立て

納税者が確定申告書を提出しなかったり、過少申告をした場合などについては、税務署長は、調査した結果に基づき更正や決定などの処分を行うし、未納の税額があり督促をしてもなお納付がされないときは、差押えなどの滞納処分を行う。このような税務署長の処分に対して不服がある場合には、次

の「不服申立て制度」と「訴訟」が認められている。

(1) 再調査の請求

税務署長、国税局長又は国税庁長官がした国税に関する法律に基づく処分に不服がある者は、処分通知書の送達を受けた日の翌日から起算して３か月以内に、その処分をした税務官庁に対し再調査の請求をすることができる（通則法75①、77①）。この場合、税務署長がした処分で、その処分に係る事項の調査が国税局又は国税庁の職員によってされた旨の記載のある書面により通知されたものについては、その調査が、①国税局の職員であるときは所轄の国税局長に、②国税庁の職員であるときは国税庁長官に対し再調査の請求をすることができる（通則法75②）。

再調査の請求をされた税務官庁は、①再調査の請求が不適法であるときには、これを却下し、②再調査の請求に理由がないときは棄却し、③再調査の請求に理由があるときは、その申立てに係る処分を取消し又は変更する（通則法83⑦～⑨）。

なお、再調査の請求についての決定は、再調査の請求人に決定の理由を附記した再調査決定書の謄本を送達して行う（通則法84③～⑤）。

(2) 審査請求

税務署長等が行った処分に不服があるときには、納税者の選択により、処分の通知を受けた日の翌日から３か月以内に国税不服審判所長に対する審査請求をすることができる（通則法75①、77①）。税務署長等に対して再調査の請求を行った場合において、税務署長等の再調査の請求に係る決定後の処分になお不服があるときにおいても、再調査の請求に係る決定の通知を受けた日の翌日から１か月以内に国税不服審判所長に対して審査請求をすることができる（通則法75③、77②）。また、再調査の請求をした日の翌日から起算して３か月を経過しても再調査の請求に係る決定がないときは、国税不服審判所長に対して審査請求をすることができる（通則法75④）。

国税不服審判所長は、①審査請求が不適法であるときには、これを却下し、②審査請求に理由がないときは棄却し、③審査請求に理由があるときは、処分を取消し又は変更する（通則法98①②）。

なお、審査請求についての裁決は、審査請求人に裁決の理由を附記した裁決書の謄本を送達して行う（通則法101①、84③～⑤）。

⑶　訴　訟

審査裁決があった場合において、審査請求人がその裁決を経た後の処分についてなお不服があるときは、裁決書謄本の送達があった日から6か月以内に、地方裁判所に対して処分の取消しの訴えを提起することができる（通則法115、行政事件訴訟法14①）。訴訟を提起するためには、不服申立手続を経る必要があるが（不服申立前置主義、通則法115①）、①審査請求がされた日の翌日から起算して3月を経過しても裁決がないとき、②更正決定等の取消しを求める訴えを提起した者が、その訴訟の係属している間に当該更正決定等に係る国税の課税標準等又は税額等についてされた他の更正決定等の取消しを求めようとするとき、③審査請求についての裁決を経ることにより生ずる著しい損害を避けるため緊急のあるとき、その他その決定又は裁決を経ないことにつき正当な理由があるときは、不服申立てを経ないで、直接、訴訟を提起することができる（通則法115①ただし書）。

第９章　国、地方公共団体等の特例

１　概　要

消費税は、国内において課税資産の譲渡等を行う個人事業者及び法人を納税義務者としているから、国、地方公共団体、公共法人等及び公益法人等も納税義務者となる。しかし、国や地方公共団体等の事業活動は、公共性の強いものであり、法令上各種の制約を受け、あるいは国等から財政的な援助を受けるなど、一般の営利法人とは異なる面を有しているので、①課税単位、②資産の譲渡等、課税仕入れ及び課税貨物の保税地域からの引取りを行った時期、③課税仕入れの税額の計算方法、④申告期限等の各種の特例規定が設けられている（消法60）。

なお、国や地方公共団体の特別会計、消費税法別表第三に掲げる法人又は人格のない社団等であっても、事業者免税点制度及び簡易課税制度が適用される。

※　次のものは、消費税法別表第三に掲げる法人とみなされる。

①	政党交付金の交付を受ける政党等に対する法人格の付与に関する法律に規定する法人である政党又は政治団体
②	地方自治法第260条の２第１項の認可を受けた地縁による団体
③	建物の区分所有等に関する法律に規定する管理組合法人
④	特定非営利活動促進法に規定する特定非営利活動法人
⑤	マンションの建替え等の円滑化に関する法律に規定するマンション建替組合及びマンション敷地売却組合
⑥	密集市街地における防災街区の整備の促進に関する法律に規定する防災街区整備事業組合

2　事業単位の特例

⑴　一般会計と特別会計

国又は地方公共団体が一般会計又は特別会計を設けて行う事業に係る資産の譲渡等については、その会計ごとに一の法人が行う事業とみなされる（消法60①）。ただし、国又は地方公共団体が特別会計を設けて行う事業であっても、専ら一般会計に対して資産の譲渡等を行う特別会計などは一般会計に属するものとみなされる（消法60①、消令72①）。

＊　専ら一般会計に対して資産の譲渡等を行う特別会計とは、経常的に一般会計に対して資産の譲渡等を行うために設けられた特別会計をいい、例えば、次のような特別会計がこれに該当する（消基通16-１-１）。

①　専ら一般会計の用に供する備品を調達して、一般会計に引き渡すことを目的とする特別会計

②　専ら庁用に使用する自動車を調達管理して一般会計の用に供することを目的とする特別会計

③　専ら一般会計において必要とする印刷物を印刷し、一般会計に引き渡すことを目的とする特別会計

⑵　一部事務組合に係る特例

地方自治法285条の一部事務組合（複合事務組合）が特別会計を設けて行う事業につき特別決議の制度を採用している場合には、その事業は一般会計に係る業務として行う事業とみなされる（消令72②）。ただし、地方公共団体の組合が一般会計を設けて行う次の事業は特別会計を設けて行う事業とみなされる（消令72③）。

①　法令においてその事業に係る収入及び支出を経理する特別会計を設けることが義務付けられている事業

②　地方公営企業に係る事業

③　対価を得て資産の譲渡又は貸付けを主として行う事業

④　地方競馬、自転車競走、小型自動車競走及びモーターボート競走の事

業

＊　一部事務組合とは、地方公共団体の一種で、普通地方公共団体及び特別区がその事務の一部を共同処理するために設ける組合をいい（地方自治法284②)、複合事務組合とは、市町村の事務又は市町村長若しくは市町村の委員会若しくは委員の権限に属する国、他の地方公共団体その他公共団体の事務に関し相互に関連するものを共同処理するために設けられた地方自治法284条１項に規定する一部事務組合をいう（消基通16-１-２)。

3　資産の譲渡等の時期の特例

(1)　国又は地方公共団体の特例

国又は地方公共団体の会計は、予算決算及び会計令又は地方自治法施行令の規定により、その歳入又は歳出の所属会計年度が定められており、これらの規定において、一定の収入又は支出については、発生年度を基準として年度経過後の一定の期間（出納整理期間）内の収入又は支出をその発生年度の決算に計上し、これにより得ないものについては、現金収支の事実の属する会計年度の所属として整理するなど、一般の民間企業とは異なる会計処理が行われている。

そこで、国又は地方公共団体が行った資産の譲渡等、課税仕入れ及び課税貨物の保税地域からの引取りの時期については、その対価を収納すべき又は費用の支払をすべき会計年度の末日に行われたものとすることができる（消法60②、消令73)。

(2)　公共法人・公益法人等

消費税法別表第三に掲げる法人のうち、国又は地方公共団体に準ずる法人として所轄税務署長の承認を受けた法人は、その法人が行った資産の譲渡等又は課税仕入れ等の時期についてその対価を収納すべき又は費用の支払をすべき課税期間の末日に行われたものとすることができる（消法60③、消令74①②）。

ただし、承認を受けることができる法人は、消費税法別表第三に掲げる法人のうち、法令又はその法人の定款、寄附行為、規則若しくは規約に定める会計処理の方法が国又は地方公共団体に準じて、収入･支出の所属会計年度について発生主義以外の特別な会計処理により行うこととされているものに限られる（消令74①）。

4　仕入税額控除についての特例

消費税の納税額は、当該課税期間中の課税売上げに係る消費税額から課税仕入れ等に係る消費税額を控除して計算するが、国等の仕入税額控額の計算においては、一般の事業者と異なり、補助金、会費、寄附金等の対価性のない収入を「特定収入」として、これにより賄われる課税仕入れ等の消費税については仕入税額控除の対象から除外することとされている（消法60④）。

この場合の納付すべき消費税額は、次表のとおりとなる。

納付税額＝当該課税期間中の課税標準額に対する消費税額－（通常の方法により計算した課税仕入れ等の税額－特定収入に係る課税仕入れ等の税額）

なお、国又は地方公共団体の一般会計に係る業務として行う事業については、その課税期間の課税標準額に対する消費税額から控除できる消費税額の合計額は、その課税期間の課税標準額に対する消費税額と同額とみなされる（消法60⑥）。

(1)　特例計算の対象となる事業者

特例計算の対象となる事業者は、国や地方公共団体の特別会計、消費税法別表第三に掲げる法人又は人格のない社団等であるが、簡易課税制度の適用を受けている場合や特定収入割合が５％以下の場合には、仕入税額控除の調整を要しない（消法60④、消令75③）。

なお、特定収入割合とは、その課税期間において、次の算式により計算した割合をいう。

$$\text{特定収入割合} = \frac{\text{特定収入の合計額}}{\text{資産の譲渡等の対価の額の合計額(※)} + \text{特定収入の合計額}}$$

※　資産の譲渡等の対価の額の合計額＝課税売上高（税抜き）＋免税売上高＋非課税売上高＋国外売上高

(2)　特定収入の意義

特定収入とは、資産の譲渡等の対価に該当しない収入のうち、次に掲げるもの以外の収入をいう（消令60④、消令75①）。

①　借入金及び債券の発行に係る収入で、法令においてその返済又は償還のため補助金、負担金等の交付を受けることが規定されているもの以外のもの（通常の借入金等）

②　出資金

③　預金、貯金及び預り金

④　貸付回収金

⑤　返還金及び還付金

⑥　法令又は交付要綱等において、次に掲げる支出以外の支出（以下、「特定支出」という。）のためにのみ使用することとされている収入

㋐　課税仕入れに係る支払対価の額に係る支出

㋑　特定課税仕入れに係る支払対価等の額に係る支出（特定課税仕入れに係る消費税額等に相当する額を含む。）

㋒　課税貨物の引取価額に係る支出

㊁　通常の借入金等の返済金又は償還金に係る支出

＊　交付要綱等とは、国、地方公共団体又は特別の法律により設立された法人から資産の譲渡等の対価以外の収入を受ける際にこれらの者が作成したその収入の使途を定めた文書をいい（消令75①六）、補助金等交付要綱、補助金等交付決定書のほか、これらの附属書類である補助金等の積算内訳書、実績報告書を含む（消基通16-２-２⑴）。

＊　特定支出とは、例えば、①人件費補助金、②利子補給金、③土地購入のための補助金、④特殊な借入金等の返済のための負担金などがある。

＊　国税不服審判所平成24年２月24日裁決は、「Ｘ（請求人）は、収益事業部門（結婚式場等）と非収益事業部門（神社）における収支を厳密に区分経理しており、非収益事業部門における初穂料等の収入（本件収入）が収益事業部門における課税仕入れに使われることはないなどとして、本件収入が消費税法「特定収入」に該当しない旨主張するが、消費税法施行令75条１項第６号イは、法令又は交付要綱等によって課税仕入れ等に係る支払対価以外の支出のみに使途が限定されている収入を特定収入から除く旨規定しているところ、本件収入は、法令の規定又は交付要綱等によって拘束されることなくＸが自らその使途を選択できる収入であり、同号イに掲げる収入に該当しないことは明らかであるから、Ｘが収益事業部門と非収益事業部門における収支を厳密に区分経理していたとしても、Ｘが任意に本件収入の使途を定めているにすぎず、そのことをもって、本件収入が特定収入から除かれる収入に当たるということはできない。」と指摘している。

⑦　国又は地方公共団体が合理的な方法により資産の譲渡等の対価以外の収入の使途を明らかにした文書において、特定支出のためにのみ使用することとされている収入

⑧　公益法人等が作成した寄附金の募集に係る文書において、特定支出のためにのみ使用することとされている寄附金の収入で、次に掲げる要件の全てを満たすことについて確認を受けているもの

㋐　特定の活動に係る特定支出のためにのみ使用されること

㋑　期間を限定して募集されること

㋒　他の資金を明確に区分して管理されること

したがって、例えば、①租税、②補助金、③交付金、④寄附金、⑤出資に対する配当金、⑥保険金、⑦損害賠償金、⑧資産の譲渡等の対価に該当しない負担金、⑨他会計からの繰入金、⑩会費等、⑪喜捨金等は、特定収入に該当する（消基通16-2-1）。

裁判例の紹介㉒

特定非営利活動法人が地方公共団体から交付された補助金等は、特定収入に該当し仕入控除税額の計算特例が適用されるとした事例

（鹿児島地裁令和3年10月27日判決・税資271号順号13622）

〔事案の概要〕

1　本件は、特定非営利活動法人であるX（原告）がI市から交付された補助金等につき、これを特定収入として消費税法（以下「法」という。）60条4項所定の控除対象仕入税額の調整をすることなく消費税等の確定申告をしたところ、所轄税務署長から同項所定の調整をして控除対象仕入税額を減額すべきであることなどを理由に本件各処分を受けたため、その一部の取消しを求める抗告訴訟である。

2　Xは、I市の観光振興等を目的とする特定非営利活動法人であり、Xの定款52条は、Xが解散をしたときの残余財産につき、国、地方公共団体、公益社団法人、公益財団法人等のうち総会の議決を経て選定したものに帰属する旨規定している。

3　I市は、補助金等交付規則（以下「本件規則」という。）及び商工業及び観光振興奨励補助金交付要綱（以下、「本件要綱」という。）を定めており、Xに対し、平成27年11月2日、食の拠点エリア直売所整備事業に対する補助（本件要綱2条）として補助金1億円を交付する旨決定し、同28年7月22日までに同金員を交付した（以下、この金員を「本件補助金」という。)。

〔争点〕

① Xは法60条4項の適用対象となる事業者であるか。

② 本件補助金が法施行令75条1項2号所定の「出資金」に該当するか。

〔判決の要旨〕

1　Xは、特定非営利活動法人であり、特定非営利活動促進法70条2項により法60条4項所定の「別表第三に掲げる法人」とみなされるから、同項の適用対象となる。

Xは、Xが本件補助金により建築した建物を第三者に賃貸して得た賃料収入に対して消費税が課せられており、Xを法60条4項の想定する最終消費者と位置付けることができないとか、Xの活動実態が一般社団法人と異なるところがないなどとも主張する。しかしながら、法60条4項は、「課税標準額に対する消費税額…から控除することができる課税仕入れ等の合計額」の計算方法を定める規定なのであるから、Xが本件補助金により建築した建物を第三者に賃貸して得た賃料収入に対して消費税が課せられているからといって、そのことを理由にXについて同項の適用を除外すべきであるとは解し得ないし、一般社団法人にも法60条4項の適用があるのであるから（法別表第三の1号参照)、Xの活動実態が一般社団法人と異なるところがないとしても、そのことを理由にXに同項が適用されないということもできない。

2　Xは、本件補助金が特定収入の除外事由である「出資金」（消令75①二）に該当する旨主張する。しかしながら、出資金とは、共同の事業のために拠出される金銭であって、その目的となる事業の成功を図るために用いられるものをいうと解されるところ、本件規則、本件要綱及びXの定款を総覧しても、I市がXの事業に共同参画するために本件補助金を交付したとは認められないのであって、このことに徴すると、Xの主張する諸事情を踏まえても、本件補助金が法施行令75条1項2号所定の「出資金」に該当すると認めるに足りず、その他にこれを認めるに足りる証拠はない。

〔コメント〕

「国、地方公共団体、公共・公益団体等の仕入控除税額の計算の特例」は、課税仕入れが課税売上げの対価から支払われていることを前提として、仕入税額控除が設けられているところ、課税仕入れが課税売上げの対価から行われるのではなく、補助金等から行われているという実態に即して、国等に係る消費税等の計算について、仕入控除税額を調整するという趣旨で設けられている。本判決の指摘するとおり、「Xは特定非営利活動促進法70条2項により「別表第三に掲げる法人」とみなされるから、法60条4項の適用対象となる事業者に該当する。また、Xは、①本件補助金は当期正味財産増減額として処理されていること、②本件補助金により取得した不動産は処分が制限されること、③Xが解散した場合に当該不動産は残余財産として補助金を交付したI市に帰属することに鑑みれば、「本件補助金は、実質的に出資金としての性格を有するものといえるから、法施行令75条1項2号所定の『出資金』に該当する。」と主張するが、本判決は、「Xの主張する諸事情を踏まえても、本件補助金が法施行令75条1項2号所定の『出資金』に該当すると認めることはできない」と断じている。

なお、Xはこれを不服として控訴したが、福岡高裁宮崎支部令和4年4月13日判決（公刊物未登載）は控訴を棄却している。

(3) 補助金等の使途の特定方法

補助金等のうち特定支出のためにのみ使用することとされている収入は、特定収入に該当しないが、特定収入に該当する補助金等であっても、その使途によって仕入税額控除の計算方法が異なる（479頁参照）。そのため、補助金等の「資産の譲渡等の対価以外の収入」については、その使途の特定を行う必要がある。

ア　国又は地方公共団体

国又は地方公共団体の特別会計における補助金等の使途は、次により判定することとされている（消基通16-2-2）。

① 法令又は交付要綱等により補助金等の使途が明らかにされているもの……法令等で明らかにされているところにより使途を特定する。

② 法令又は交付要綱等においてその使途の細部は不明であるが、その使途の大要が判明するもの……合理的な方法により補助金等の使途を明らかにした文書によって使途を特定する。

⑶ 補助金等の使途が予算書（予算関係書類）又は決算書（決算関係書類）で明らかなもの……これらの書類で明らかにされるところにより使途を特定する。

④ 法令・交付要綱等又は予算関係書類・決算関係書類において、借入金等の返済費又は償還費のための補助金等とされているもの……次の算式であん分する。

$$\text{特定収入} = \text{補助金等の額(A)} \times \frac{\text{(B)のうちの課税仕入れ等の支出の額(C)}}{\text{借入金等に係る事業が行われた課税期間における支出(B)}}$$

$$\text{特定収入以外の収入} = \text{(A)} \times \frac{\text{(B)のうちのその他の支出の額}}{\text{(B)}}$$

⑤ 上記によっては使途が特定できない補助金等……次の算式であん分する。

$$\text{特定収入} = \text{補助金等の額(A)} \times \frac{\text{(B)のうちの課税仕入れ等の支出の額(C)}}{\text{当該課税期間における支出(B)}}$$

$$\text{特定収入以外の収入} = \text{(A)} \times \frac{\text{(B)のうちのその他の支出の額}}{\text{(B)}}$$

イ　公共・公益法人等

法令又は交付要綱等によりその使途が明らかにされている補助金等については、その明らかにされているところにより使途を特定する。また、公共・公益法人等が国又は地方公共団体から交付を受ける補助金等の使途は、その多くが予算又は決算において明らかにされているので、公共・公益法人等においても前記②（478頁）の方法により補助金等の使途を特定できる。

公共・公益法人等が前記②の方法により使途を特定する場合には、補助金等の交付先であるが国又は地方公共団体がその補助金等の使途を明らかにした文書を確定申告書とともに所轄税務署長に提出する。

(4)　特定収入に係る課税仕入れ等の税額の計算

一般課税により仕入税額控除の計算を行う（簡易課税を適用しない）場合で、特定収入割合が５％を超えるときは、特定収入に係る課税仕入れ等の税額の調整計算が必要となる（消法60④、消令75③）。

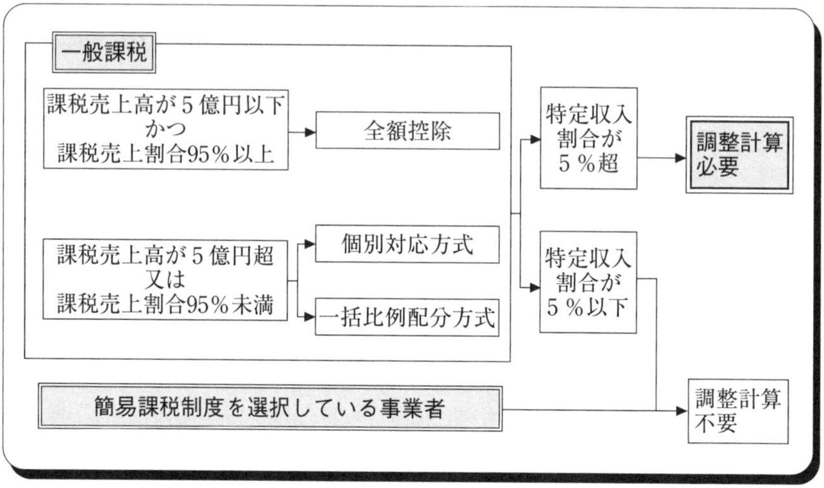

ア　その課税期間における課税売上高が５億円以下であり、かつ、課税売上割合が95％以上の場合（消令75④一）

特定収入に係る課税仕入れ等の税額＝①＋②

①＝Ａの金額＋Ｂの金額

Ａ：特定収入のうち標準税率適用課税仕入れ等にのみ使途が特定されている部分の金額（課税仕入れ等に係る特定収入の額）$\times \dfrac{7.8}{110}$

Ｂ：特定収入のうち軽減税率適用課税仕入れ等にのみ使途が特定されている部分の金額（課税仕入れ等に係る特定収入の額）$\times \dfrac{6.24}{108}$

②（調整前の仕入控除税額－①の金額）×調整割合

＊　（調整前の仕入控除税額－①の金額）がマイナスとなる場合の特定収入に係る課税仕入れ等の税額は、次により計算する。

$$\text{特定収入に係る課税仕入れ等の税額} = \text{①の金額} - \left(\text{①の金額} - \text{調整前の仕入控除税額}\right) \times \text{調整割合}$$

イ　その課税期間における課税売上高が５億円超又は課税売上割合が95％未満で個別対応方式を適用している場合（消令75④二）

特定収入に係る課税仕入れ等の税額＝③＋④＋⑤

③＝Ｃの金額＋Ｄの金額

Ｃ：特定収入のうち課税資産の譲渡等のみに要する標準税率適用課税仕入れ等のためにのみ使用することとされている部分の金額 $\times \frac{7.8}{110}$

Ｄ：特定収入のうち課税資産の譲渡等のみに要する軽減税率適用課税仕入れ等のためにのみ使用することとされている部分の金額 $\times \frac{6.24}{108}$

④＝Ｅの金額＋Ｆの金額

Ｅ：特定収入のうち課税資産の譲渡等と非課税資産の譲渡等に共通して要する標準税率適用課税仕入れ等のためにのみ使用することとされている部分の金額 $\times \frac{7.8}{110} \times$ 課税売上割合

Ｆ：特定収入のうち課税資産の譲渡等と非課税資産の譲渡等に共通して要する軽減税率適用課税仕入れ等のためにのみ使用することとされている部分の金額 $\times \frac{6.24}{108} \times$ 課税売上割合

⑤　{調整前の仕入控除税額－(③＋④)}×調整割合

＊　(調整前の仕入控除税額－(③＋④)) がマイナスとなる場合の特定収入に係る課税仕入れ等の税額は、次により計算する。

特定収入に係る課税仕入れ等の税額＝③＋④－（(③＋④)－調整前の仕入控除税額）×調整割合

ウ　その課税期間における課税売上高が５億円超又は課税売上割合が95％未満で一括比例配分を適用している場合（消令75④三）

特定収入に係る課税仕入れ等の税額＝⑥＋⑦

⑥＝Ｇの金額＋Ｈの金額

Ｇ：特定収入のうち標準税率適用課税仕入れ等にのみ使途が特定されている部分の金額（課税仕入れ等に係る特定収入の額）$\times \frac{7.8}{110}$

Ｈ：特定収入のうち軽減税率適用課税仕入れ等にのみ使途が特定されている部分の金額（課税仕入れ等に係る特定収入の額）$\times \frac{6.24}{108}$

⑦（調整前の仕入控除税額－⑥の金額）×調整割合

＊　（調整前の仕入控除税額－⑥の金額）がマイナスとなる場合の特定収入に係る課税仕入れ等の税額は、次により計算する。

特定収入に係る課税仕入れ等の税額 ＝ ⑥の金額－（⑥の金額－調整前の仕入控除税額）×調整割合

エ　調整割合は、次により計算する。

$$調整割合 = \frac{使途不特定の特定収入の額}{資産の譲渡等の対価の額 + 使途不特定の特定収入の額}$$

5　申告･納付期限の特例

国又は地方公共団体の申告及び納付期限について、①国にあっては、課税期間の末日の翌日から５月以内、②地方公共団体にあっては、課税期間の末日の翌日から６月以内（地方公営企業は課税期間の末日の翌日から３月以内）とされる（消法60⑧、消令76②）。また、消費税法別表第三に掲げる法人で所轄税務署長の承認を受けた法人の申告及び納付期限は、課税期間の末日の翌日から６月以内で承認を受けた期間内とされる（消法60⑧、消令76①～④）。

ただし、承認を受けることができるのは、消費税法別表第三に掲げる法人のうち、法令によりその決算を完結する日が会計年度の末日の翌日以後２か月以上経過した日と定められていることその他特別な事情がある法人に限られる。

6　帳簿の記載方法及び保存

売上げ、仕入れ及び返品等について、①取引の相手方の氏名又名称、②取引年月日、③取引の内容（軽減税率の対象品目である旨）、④税率の異なるごとに区分した取引金額等を整然と、かつ、明瞭に記載し、この帳簿を閉鎖の日の属する課税期間の末日から２か月を経過した日（申告、納付期限の特例の適用を受ける場合には、その適用により延長された提出期限の翌日）から７年間、納税地等で保存しなければならない（消法58、消令77）。

国、地方公共団体の特別会計及び公共・公益等については、上記事項のほか、⑤特定収入等に係る相手方の氏名又名称、⑥特定収入等を受けた年月日、⑦特定収入等の内容、⑧特定収入等の金額、⑨特定収入等使途を合わせて記載する（消令77、消規31）。

〔用 語 索 引〕

〔き〕

〔く〕

〔け〕

〔こ〕

〔さ〕

〔し〕

〔す〕

〔せ〕

〔そ〕

〔た〕

〔ち〕

〔つ〕

〔て〕

〔と〕

〔ま〕

〔み〕

〔む〕

〔め〕

〔や〕

〔ゆ〕

〔よ〕

〔り〕

〔裁判例・裁決例索引〕

場　　所	月　　日	出　　典	掲載頁
最高裁（一小）	昭和39年11月13日	訟月11巻2号312頁	270
最高裁（三小）	昭和43年10月8日	民集22巻10号2093頁	31
最高裁（三小）	昭和46年3月30日	刑集25巻2号359頁	316
最高裁（三小）	昭和48年7月10日	刑集27巻7号1205頁	446
最高裁（二小）	昭和56年4月24日	民集35巻3号672頁	301
広島高裁	昭和56年7月15日	訟月27巻12号2345頁	409
最高裁（一小）	昭和57年6月24日	シュトイエル248号1頁	409
最高裁（三小）	昭和62年4月21日	民集41巻3号329頁	31
最高裁（二小）	昭和62年5月8日	訟月33巻1号149頁	466
最高裁（三小）	昭和62年11月10日	集民152号155頁	367
最高裁（三小）	平成4年10月20日	集民166号105頁	31
国税不服審判所	平成5年7月1日	事例集46号225頁	41
大阪高裁	平成6年12月13日	判時1532号69頁	4
最高裁（二小）	平成7年4月28日	民集49巻4号1193頁	466
東京地裁	平成7年6月30日	訟月42巻2号397頁	76
福岡地裁	平成7年9月27日	税資213号728頁	373
水戸地裁	平成8年2月28日	訟月43巻5号1376頁	322，453
国税不服審判所	平成8年11月22日	事例集52号145頁	28
福岡地裁	平成9年5月27日	行集48巻5＝6号456頁	364，427
国税不服審判所	平成9年5月28日	事例集53号477頁	255
東京高裁	平成9年6月30日	税資223号1290頁	322，453
東京地裁	平成9年8月8日	行集48巻7＝8号539頁	99，311
東京地裁	平成9年8月28日	行集48巻7＝8号385頁	219
徳島地裁	平成10年3月20日	税資231号179頁	253
東京高裁	平成10年4月21日	税資231号718頁	97
最高裁（二小）	平成10年11月6日	税資239号1頁	97
福岡地裁	平成11年1月26日	税資240号222頁	19，127
東京地裁	平成11年1月29日	判タ1039号133頁	28
東京地裁	平成11年1月29日	判タ1041号176頁	152
最高裁（二小）	平成11年2月5日	税資240号627頁	219
国税不服審判所	平成11年3月30日	事例集57号529頁	96

場　　所	月　　日	出　　典	掲載頁
高松高裁	平成11年４月26日	税資242号295頁	253
東京高裁	平成11年８月31日	税資244号552頁	152
最高裁（一小）	平成11年９月30日	税資244号1021頁	253
東京高裁	平成12年１月13日	税資246号１頁	28
横浜地裁	平成12年２月16日	税資246号659頁	108
大阪地裁	平成12年３月29日	税資247号105頁	401
東京高裁	平成12年３月30日	判時1715号３頁	282
鳥取地裁	平成12年５月16日	税資247号721頁	22
最高裁（一小）	平成12年６月８日	税資247号1165頁	152
大阪地裁	平成12年９月28日	訟月47巻10号3155頁	395
福岡高裁	平成12年９月29日	税資248号1017頁	99
国税不服審判所	平成12年10月11日	事例集60号575頁	246
京都地裁	平成13年３月30日	税資250号順号8874	405
国税不服審判所	平成13年４月９日	事例集61号635頁	166
松江地裁	平成13年10月24日	裁判所HP「下級裁判所判例集」	330
大阪地裁	平成14年３月１日	税資252号順号9081	271，397
国税不服審判所	平成14年５月21日	事例集63号645頁	164
熊本地裁	平成14年７月19日	税資252号順号9161	410
大阪高裁	平成14年12月20日	税資252号順号9252	311
新潟地裁	平成15年２月７日	税資253号順号9277	267
さいたま地裁	平成15年３月５日	税資253号順号9299	400
広島高裁松江支部	平成15年５月30日	裁判所HP「下級裁判所判例集」	327
最高裁（三小）	平成15年６月24日	税資253号順号9374	311
京都地裁	平成15年７月10日	訟月51巻９号2500頁	14
名古屋高裁	平成15年８月19日	税資253号順号9408	380
東京高裁	平成15年９月16日	税資253号順号9435	400
大阪高裁	平成15年11月23日	税資253号順号9263	405
名古屋高裁金沢支部	平成15年11月26日	税資253号順号9473	74
最高裁（一小）	平成15年12月18日	税資253号順号9488	383
東京高裁	平成15年12月18日	税資253号順号9493	267，410
最高裁（三小）	平成16年６月８日	税資254号順号9664	400
最高裁（一小）	平成16年６月10日	税資254号順号9666	74
徳島地裁	平成16年６月11日	税資254号順号9671	109
東京高裁	平成16年８月31日	税資254号順号9731	37

場　所	月　日	出　典	掲載頁
大阪高裁	平成16年９月29日	判タ1185号176頁	11，464
最高裁（一小）	平成16年12月16日	民集58巻９号2458頁	221
最高裁（二小）	平成16年12月20日	集民215号1005頁	225
富山地裁	平成17年１月12日	裁判所HP「行集」	444
最高裁（三小）	平成17年２月１日	民集59巻２号245頁	25
最高裁（三小）	平成17年３月１日	税資255号順号9946	327
名古屋地裁	平成17年３月３日	判タ1238号204頁	168
最高裁（一小）	平成17年３月10日	民集59巻２号379頁	225
名古屋地裁	平成17年６月29日	訟月53巻９号2665頁	405
名古屋高裁	平成17年９月８日	税資255号順号10120	168
名古屋地裁	平成17年８月31日	裁判所HP「下級裁判所判例集」	91，150
大阪地裁	平成17年９月16日	裁判所HP「行集」	455
前橋地裁	平成17年９月30日	税資255号順号10150	200
名古屋高裁金沢支部	平成17年10月12日	裁判所HP「行集」	444
札幌地裁	平成17年11月24日	裁判所HP「行集」	83
名古屋高裁	平成18年２月９日	訟月53巻９号2645頁	405
最高裁（一小）	平成18年４月20日	民集60巻４号161頁	452
最高裁（三小）	平成18年６月20日	税資256号順号10431	409
広島地裁	平成18年６月28日	裁判所HP「行集」	52
最高裁（三小）	平成18年10月３日	税資256号順号10522	168
東京地裁	平成18年10月27日	判タ1264号195頁	250
東京地裁	平成18年11月９日	裁判所HP「行集」	176
東京地裁	平成18年11月９日	税資256号順号10569	211
名古屋高裁	平成18年11月25日	税資250号順号10282	91
福岡地裁	平成19年２月26日	訟月54巻３号778頁	444
東京地裁	平成19年５月11日	税資257号順号10709	458
福井地裁	平成19年９月12日	金融法務事情1827号46頁	30
東京高裁	平成19年９月30日	税資238号450頁	219
東京高裁	平成19年11月８日	税資257号順号10819	458
東京地裁	平成20年２月20日	税資258号順号10897	314
最高裁（二小）	平成20年３月21日	税資258号順号10923	458
国税不服審判所	平成20年４月２日	事例集75号659頁	156
東京高裁	平成20年４月23日	税資258号順号10947	297
国税不服審判所	平成20年５月８日	事例集75号711頁	265

場　　所	月　　日	出　　典	掲載頁
名古屋高裁金沢支部	平成20年６月16日	判タ1303号141頁	28
国税不服審判所	平成20年７月４日	事例集76号465頁	129
国税不服審判所	平成22年９月21日	事例集80号155頁	245
最高裁（二小）	平成20年10月10日	税資258号順号11048	297
名古屋地裁	平成20年10月30日	裁判所HP「行集」	186
国税不服審判所	平成20年12月15日	事例集76号476頁	247
熊本地裁	平成21年２月19日	税資219号順号11146	241
国税不服審判所	平成21年４月21日	事例集77号495頁	104
国税不服審判所	平成21年５月22日	事例集77号482頁	110
大阪地裁	平成21年11月12日	税資259号順号11310	111
名古屋高裁	平成21年11月20日	税資259号順号11320	186
国税不服審判所	平成22年３月２日	事例集79号582頁	158
国税不服審判所	平成22年６月16日	事例集未登載	166
国税不服審判所	平成22年６月25日	事例集79号591頁	173
東京地裁	平成22年10月13日	訟月57巻２号549頁	64
最高裁（三小）	平成23年１月25日	税資261号順号11597	186
鹿児島地裁	平成23年３月15日	税資261号順号11641	305
国税不服審判所	平成23年３月28日	事例集82号254頁	145
京都地裁	平成23年４月28日	訟月58巻12号4128頁	118
東京地裁	平成24年１月24日	判時2147号44頁	146
国税不服審判所	平成24年１月31日	事例集86号429頁	165
大阪高裁	平成24年３月16日	訟月58巻12号4163頁	121
福岡高裁	平成24年３月22日	裁判所HP「行集」	87，150，311
神戸地裁	平成24年３月29日	税資262号順号11924	325
東京地裁	平成24年９月７日	裁判所HP「行集」	350
東京地裁	平成24年９月25日	判時2181号77頁	463
大阪地裁	平成24年９月26日	訟月60巻２号445頁	311
名古屋地裁	平成24年10月25日	税資262号順号12082	310
神戸地裁	平成24年11月27日	裁判所HP「行集」	368
東京地裁	平成24年12月13日	税資262号順号12116	339
東京地裁	平成25年２月19日	税資263号順号12151	459
名古屋高裁	平成25年３月28日	税資263号順号12188	307
山口地裁	平成25年４月10日	訟月60巻４号918頁	201
大阪高裁	平成25年４月11日	訟月60巻２号472頁	311

場　　所	月　　日	出　　典	掲載頁
東京高裁	平成25年４月25日	税資263号順号11209	146
東京地裁	平成25年４月26日	裁判所HP「行集」	302
名古屋地裁	平成25年４月26日	裁判所HP「行集」	439
大阪地裁	平成25年６月18日	裁判所HP「行集」	52，418
さいたま地裁	平成25年６月26日	税資263号順号12241	345
東京高裁	平成25年８月28日	税資263号順号12278	459
広島高裁	平成25年10月17日	税資263号順号12309	202
東京高裁	平成25年10月23日	裁判所HP「行集」	302
最高裁（三小）	平成26年１月28日	税資264号順号12440	459
東京地裁	平成26年２月18日	裁判所HP「行集」	114，156
最高裁（三小）	平成26年４月22日	税資264号順号12457	307
名古屋地裁	平成26年10月23日	税資264号順号12553	349
福岡地裁	平成26年11月４日	税資264号順号12562	404
国税不服審判所	平成26年12月10日	事例集97号237頁	108，344
最高裁（三小）	平成27年３月３日	税資265号順号12617	202
東京地裁	平成27年３月26日	裁判所HP「行集」	195
松山地裁	平成27年６月９日	判タ1422号199頁	104
最高裁（二小）	平成27年６月12日	民集69巻４号1121頁	362
最高裁（三小）	平成27年７月７日	税資265号順号12690	302
東京高裁	平成28年２月９日	裁判所HP「行集」	195
東京地裁	平成28年２月24日	判時2308号43頁	190
大阪高裁	平成28年７月28日	税資266号順号12893	143
前橋地裁	平成28年９月14日	税資266号順号12901	262
最高裁（一小）	平成29年１月19日	税資267号順号12957	143
東京高裁	平成29年５月11日	税資267号順号13018	262
国税不服審判所	平成29年６月16日	事例集107号157頁	41
東京地裁	平成30年１月23日	裁判所HP「行集」	77
那覇地裁	平成31年１月18日	税資269号順号13227	238
東京地裁	平成31年２月20日	税資269号順号13244	294
東京地裁	平成31年３月14日	判タ1481号122頁	322
東京地裁	平成31年３月15日	税資269号順号13254	322
大阪地裁	令和元年５月24日	税資269号順号13273	197
東京高裁	令和元年９月26日	訟月66巻４号471頁	318
東京高裁	令和元年９月26日	税資269号順号13319	322

場　　所	月　　日	出　　典	掲載頁
東京地裁	令和元年10月11日	税資269号順号13325	362
東京地裁	令和元年10月25日	税資269号順号13331	257
東京地裁	令和元年11月１日	税資269号順号13336	383
東京高裁	令和元年11月６日	税資270号順号13337	294
大阪高裁	令和元年11月29日	税資269号順号13347	197
東京高裁	令和元年12月４日	税資269号順号13351	322
大阪地裁	令和元年12月13日	税資269号順号13358	81
東京地裁	令和２年１月30日	訟月68巻２号143頁	159
福岡高裁那覇支部	令和２年２月25日	税資270号順号13384	238
大阪地裁	令和２年６月11日	税資270号順号13393	322
神戸地裁	令和２年６月16日	税資270号順号13414	322
東京地裁	令和２年６月19日	税資270号順号13415	206
東京地裁	令和２年９月３日	訟月68巻３号236頁	357
東京高裁	令和２年９月10日	税資270号順号13410	386
最高裁（二小）	令和２年10月２日	税資270号順号13459	241
最高裁（一小）	令和２年10月15日	税資270号順号13466	322
最高裁（一小）	令和２年10月22日	税資270号順号13471	197
最高裁（二小）	令和２年10月23日	税資270号順号13472	318，322
大阪高裁	令和２年11月26日	税資270号順号13485	322
東京高裁	令和３年１月27日	訟月68巻２号134頁	159
名古屋地裁	令和３年３月１日	税資271号順号13532	409
福岡地裁	令和３年３月10日	税資271号順号13540	163
大阪高裁	令和３年４月28日	税資271号順号13860	322
東京地裁	令和３年６月２日	税資271号順号13572	72
福岡地裁	令和３年７月14日	税資271号順号13587	410
東京高裁	令和３年７月29日	訟月68巻３号188頁	358
東京高裁	令和３年９月２日	税資271号順号13599	206
大阪高裁	令和３年９月29日	税資271号順号13609	78
東京地裁	令和３年10月19日	税資271号順号13619	180
和歌山地裁	令和３年10月26日	税資271号順号13621	291
鹿児島地裁	令和３年10月27日	税資271号順号13622	475
福岡高裁	令和３年12月７日	税資271号順号13638	163
福岡高裁	令和４年１月13日	公刊物未登載	413
東京地裁	令和４年１月21日	公刊物未登載	205

場　　所	月　　日	出　　典	掲載頁
東京地裁	令和４年４月12日	公刊物未登載	389
福岡高裁宮崎支部	令和４年４月13日	公刊物未登載	477
東京地裁	令和４年４月15日	公刊物未登載	68
大阪高裁	令和４年５月31日	公刊物未登載	293
国税不服審判所	令和４年10月25日	事例集129号	183
東京高裁	令和４年10月26日	公刊物未登載	389
東京高裁	令和４年12月18日	公刊物未登載	68
東京高裁	令和５年１月25日	公刊物未登載	205
最高裁（一小）	令和５年３月６日	裁判所HP「最近の最高裁判例」	354
最高裁（一小）	令和５年３月６日	裁判所HP「最近の最高裁判例」	358

【著者紹介】

池本征男（いけもとゆくお）

税務大学校研究部主任教授、東京国税不服審判所横浜支所長、大和及び八王子税務署長などを経て、平成12年７月に退職し税理士事務所を開設

平成13年４月から同24年３月まで中央大学商学部商学研究科講師、平成19年度から同21年度まで税理士試験委員

〔主要著者・論文〕

『所得税法－理論と計算〔十七訂版〕』（税務経理協会、令和５年刊）

『裁判例からみる相続税法〔四訂版〕』（共著、大蔵財務協会、令和３年刊）

『買換・交換・収用の税務事典〔三訂版〕』（共著、東林出版社、平成14年刊）

「申告納税制度の理論とその仕組み」（税務大学校論叢32号、平成10年刊）

ほか

三訂版
裁判例からみる消費税法

令和５年９月26日　初版印刷
令和５年10月６日　初版発行

著　者　池　本　征　男

（一財）大蔵財務協会　理事長
発行者　木　村　幸　俊

発行所　一般財団法人　大蔵財務協会
〔郵便番号 102-8585〕
東京都墨田区東駒形１丁目14番１号
（販　売　部）TEL03(3829)4141・FAX03(3829)4001
（出版編集部）TEL03(3829)4142・FAX03(3829)4005
URL　http://www.zaikyo.or.jp

落丁・乱丁はお取替えいたします。
ISBN978-4-7547-3163-2

印刷　三松堂株式会社